高等院校公共基础课特色教材系列

大学生心理适应与发展

李焰 主编

耿睿 刘丹 沈雨瞳 史光远 副主编

清华大学出版社
北京

本书封面贴有清华大学出版社防伪标签，无标签者不得销售。
版权所有，侵权必究。举报：010-62782989，beiqinquan@tup.tsinghua.edu.cn。

图书在版编目（CIP）数据

大学生心理适应与发展 / 李焰主编．－－北京：清华大学出版社，2025.6.
（高等院校公共基础课特色教材系列）．－－ISBN 978-7-302-68343-8

I. G444

中国国家版本馆 CIP 数据核字第 20257NQ884 号

责任编辑：王如月
装帧设计：常雪影
责任校对：王荣静
责任印制：杨　艳

出版发行：清华大学出版社
网　　址：https://www.tup.com.cn, https://www.wqxuetang.com
地　　址：北京清华大学学研大厦 A 座　　邮　编：100084
社 总 机：010-83470000　　邮　购：010-62786544
投稿与读者服务：010-62776969，c-service@tup.tsinghua.edu.cn
质量反馈：010-62772015，zhiliang@tup.tsinghua.edu.cn
印 装 者：三河市人民印务有限公司
经　　销：全国新华书店
开　　本：185mm×260mm　　印　张：16　　字　数：377 千字
版　　次：2025 年 6 月第 1 版　　印　次：2025 年 6 月第 1 次印刷
定　　价：69.00 元

产品编号：091866-01

本书编委会

主　编： 李　焰

副主编： 耿　睿　刘　丹　沈雨曈　史光远

编　委：（按姓氏笔画为序）

　　　　　王　旭　刘静远　杨笑蕾

　　　　　张　霞　赵嘉路　阎　博

序
守护身心健康，点燃青春梦想

大学生是党和国家宝贵的人才资源，是祖国的未来、民族的希望。他们处于青年早期，告别了中学、辞别了父母，怀揣着梦想来到大学，等待他们的既可能是辉煌的前程，也可能是一些挫折。他们的心理还未完全发展成熟，也相对缺少人生阅历和社会经验，对自我的认识还不够全面，在大学生活中难免会遇到情绪波动、学习困扰、人际冲突、恋爱纠结以及生命困惑等问题。这些问题的出现非常正常，是大学生心理适应与成长过程中的普遍现象，我们也将其称为成长发展性的问题。心理健康，是指大学生在成长和发展过程中，认知合理、情绪稳定、行为适当、人际和谐、适应变化的一种完好状态，是健康的重要组成部分。大学需要大力开展心理健康教育工作以促进学生心身全面健康成长。

清华大学历来高度重视学生心理健康教育工作，将其看作人才培养过程中不可或缺的重要环节，是思想政治教育的重要组成部分。学校早在1988年就成立了学生心理发展指导中心，在艰苦的条件下开展了大量工作，帮助同学排解在学习、生活和成长过程中遇到的烦恼和心理障碍，为促进大学生心理健康发展作出了不懈努力，也取得一些傲人成就。作为大学的教育工作者，我们应该始终坚守立德树人的初心，在工作中不断发现问题、探索规律，培养学生具备健全人格，帮助他们成为德智体美劳全面发展的社会主义合格建设者和可靠接班人。

第一，加强对学生成长规律的分析和研究

在学校做教育工作，一直要思考和研究的问题是：如何把握学生成长的规律，如何把握教育的规律。学生在成长过程中生理和心理都会发生剧烈变化，如何根据他们这种变化来开展工作，从而更好地了解他们、帮助他们完成这种心理建设，是非常重要的一个问题。

大学生到了大学以后，不仅身体发生变化，心理也要有重新调整的过程。清华大学学生心理发展指导中心（下文简称心理中心）曾编写过一本《成长的足迹》。通过读这本书，可以更真切地了解我们在面对什么样的学生、面临什么样的挑战。在平常工作中我们看得比较多的是学生的学习状况，是很优秀还是不及格，但是在这本书里能看到很多生动的例子，比如学生想家的问题、军训走不了正步的问题……这些都会让学生有一定挫折感，都是学生在成长过程中面临的挑战。心理中心是我们了解学生的重要渠道，在这里可以看到一个个鲜活的

学生个体,听到他们的内心独白,了解他们的所思所想,这样会更加拉近我们和学生的距离,有利于我们更加深入地开展工作。

对本科生来说,到了青年阶段,对于情感的需求会自然产生。可能很多学生都希望谈一场恋爱,但他们之前并没有或少有这种经历,于是就会好奇,就会有试探的过程。应该如何了解把握学生的这类成长规律和需求?在以前的大学生活中,学生比较难忘的有舞会、联谊宿舍等活动,这些活动在促进男女同学交流甚至跨校交流方面发挥了一定作用,某种程度上缓解了大家的焦虑和紧张情绪,这是值得肯定的。现在这些活动少了,学生更愿意通过网络的方式去交友,如何在变化的时代中发挥新载体、新形式的积极作用,需要我们不断关注和研究。

如何把握学业给学生带来的压力?本科阶段是学生适应大学和健全人格的重要阶段,从大一到大四,它的变化特点非常明显。大一基础课的学业挑战度很大,适应起来会比较艰难;大二是慢慢在专业道路上成长的过程;大三面临着出国、推研、就业的各种选择,往往是比较紧张的时候;大四基本上尘埃落定,除了个别学生毕业面临困难,基本上是平稳的,甚至还有过度放松的情况。对于不同年级学生的不同心理状态和需求,我们需要精细化地把握和应对。

本科生、硕士生和博士生这三类学生,学习成长规律也会有所差异,其压力来源也不尽相同。本科生的焦虑往往是在学业方面,所以对本科生要增加心理调适的内容;硕士生更需要的是职业发展教育,帮助他们科学认识自己、善于适应他人、勇敢面对挫折;博士生则会面临很大的学术压力,压力调节对他们更为重要。本科生更多的是集体生活,通常以班级形式存在,班主任、辅导员对他们的成长发展会起到很大的作用;硕士生的集体凝聚力也比较强,而博士生到了高年级,集体活动减少,导师就成了非常重要的力量,导师对学生的关心和指导也就变得愈发重要。根据这些不同阶段的特点,我们需要精准施策、对症下药。

第二,提升工作的有效性

心理健康教育的课程体系不见得强求百分百覆盖,但是应该思考如何更好地去覆盖有需要的学生。我们的工作对象和学生实际需求之间,往往会有不匹配的情况。在理想情况下,我们的工作对象应该恰好是那些最有需要的同学,但在实际中两者很难完全一致。如何让这种匹配更加精准,则是我们重要的努力方向。因此,心理健康教育既有覆盖面的问题,也有结构性的问题,需要根据学生的特点和需求去精准设计。

比如说"大学生心理训练与潜能开发"这门课,内容相对来说比较全面,学生选课积极性就不是那么高。而"爱、性与健康"这门课从一开课就受到学生的广泛欢迎,现在已经开了三个课次,还不能满足需求,这启发我们要对课程体系做出一定的调整。此外,根据不同类型学生的需求,是否还可以围绕特定的专题再开设一些新的课程?或将原有内容较为全面的课程做出细分调整?这些问题我们都要思考,既要扩大覆盖面,也要提升有效性,要反复研究"如何把水底的鱼给捞起来"。当然,在课程体系建设方面,也不完全是根据学生的想法来开展，不是学生想要什么样的课程，我们就开什么样的课程。这里面有一个教育理念的问题，就是思考给学生提供什么样的心理健康教育。

这两年心理中心做了大量的建设，开放了更多的咨询时间，也投入了更多的资源，学校对此非常肯定。学生心理健康状况引起了全校上下的高度重视，老师们强烈地感受到了由学生心理问题引发的危机感，这反映出我们的工作成效非常显著。但是，除了在资源上有更多的投入以外，我们仍然要不断思考如何增加工作的有效性和针对性。

第三，构建一整套学生发展指导体系

近年来，心理中心工作的专业化程度不断提高，专职师资力量不断加强，学校对心理中心的资源支持和空间支持也都在大幅增加。学校现在有心理发展、学习与发展、全球胜任力发展和职业发展等多个支持学生全面发展的指导中心。在国外大学，学生发展咨询是很大一块工作，有很多针对学生各种需求的发展咨询机构，其中最多的是学术发展类型的，因为学生在大学学习过程中探索自己的学术兴趣、思考未来发展方向等方面的困惑最多。我校在开展学生思想政治教育的过程中，一方面不断思考学生心理发展指导需要如何提高专业化能力，另一方面也在不断研究如何有针对性地满足学生的各类需求。以前，如果有学生缺乏学习动力，我们通常会对他进行思想政治教育，但有时会发现学生主要不是思想问题，而是心理健康出了问题，于是学校成立了心理发展中心。再后来我们发现，还有学生遇到了学习方法方面的问题，无法适应大学的学习要求，于是我们成立了学习与发展中心。面向学生的各类咨询与指导工作仍在不断地细分和专业化，我们希望能够尽快构建一套完整和多元的学生发展指导体系。

清华学生面临的最大挑战，往往是到了清华之后该如何面对人生第一次重要挫折。有一些同学在学校的综合表现十分优秀，但是可能就在某个重要的时间节点上突然出现了心理崩溃的现象。我们的心理健康教育要关注这些问题，引导学生正视自己、接纳自己，调控情绪、自我激励，走出青年期、与身边人友好相处，甚至从父母那里持续获得成长的力量。我们也希望学生能够加深对多元社会的理解、接纳和关怀，树立对社会与后代的责任感，培养对社会现象、潮流的批判思维，通过学校的教育和培养，形成健康的身心和健全的人格。

在新时代，期待与清华大学学生心理发展指导中心的同事们并肩谱写新篇章，共同为清华学生的全面发展、成才报国保驾护航。

过 勇

清华大学党委副书记

2024 年 9 月于清华园

目 录

第一章 人生秋色正清华——大学适应与心理成长 ... 1
- 第一节 大学适应的新问题 ... 2
- 第二节 适应与发展是人生的常态 ... 6
- 第三节 调整心态促进适应 ... 13

第二章 不识庐山真面目——大学生的自我认识 ... 26
- 第一节 自我认识基本概述 ... 27
- 第二节 自我认识的维度 ... 30
- 第三节 做真实的自己 ... 37

第三章 天生我材必有用——自我接纳和自信心的建立 ... 43
- 第一节 自我接纳概述 ... 44
- 第二节 大学生的自我认同感 ... 47
- 第三节 从认同到接纳 ... 50
- 第四节 塑造健康的自我接纳观念和自信 ... 61

第四章 学海无涯乐作舟——认识大学学习 ... 68
- 第一节 学习背后的心理学秘密 ... 69
- 第二节 适应大学的学习特点 ... 73
- 第三节 掌握高效的学习方法 ... 78
- 第四节 理解学习方式的差异 ... 83

第五章 此情有计可消除——情绪的识别与管理 ... 91
- 第一节 情绪的基本概述 ... 91
- 第二节 情绪管理 ... 95
- 第三节 大学生常见情绪困扰及处理 ... 101

第六章 欲作家书意万重——大学生家庭关系处理 ... 111
- 第一节 家庭关系基本概述 ... 112
- 第二节 理解家庭系统关系：家谱图 ... 115

第三节　理解家庭发展规律：家庭生命周期 121
　　　第四节　家庭关系中的常见问题及应对方法 129

第七章　君子之交淡如水——人际关系的艺术 139
　　　第一节　大学生人际关系概述 140
　　　第二节　大学生的主要人际冲突 147
　　　第三节　大学生人际沟通的金钥匙 150

第八章　众里寻"Ta"千百度——大学生的亲密关系 163
　　　第一节　爱情内涵概述 164
　　　第二节　爱的迷思 172
　　　第三节　"练爱"成长手册 178

第九章　纸上得来终觉浅——性的发展与成熟 185
　　　第一节　性的基本概念 186
　　　第二节　性的发展与成熟 191
　　　第三节　理解爱与性的关系 195
　　　第四节　性的困扰与自我关照 201
　　　第五节　预防性的伤害 206

第十章　轻舟已过万重山——大学生挫折心理及应对 209
　　　第一节　挫折概述 210
　　　第二节　大学生中的常见挫折 215
　　　第三节　应对挫折的方法 218

第十一章　生如夏花之绚烂——追求生命的意义 227
　　　第一节　认识生命和生命价值观 228
　　　第二节　面对生命中的丧失 232
　　　第三节　追求自我实现的丰盛人生 235

后　记 246

第一章　人生秋色正清华
——大学适应与心理成长

【名人名言】

天行健，君子以自强不息；地势坤，君子以厚德载物。

——《周易》

溪光初透彻，秋色正清华。

——杜牧《题白蘋洲》

【案例引入】

一位优秀清华学子的心路历程

2008年8月，我进入梦寐以求的清华园读书。大一军训期间，校刊印发了一篇文章《北大是泉水，清华是岩浆》，在新生之间风靡一时。文章开篇很动人地说："很多人生平的第一次骄傲感，是从戴上北大或清华的校徽开始的。"彼时的我，对这句话印象深刻，还特地翻出清华的淡绿色校徽，端详了许久，心里觉得真是幸福。然而，短暂的幸福感之后，接踵而至的便是深深的挫败感。

我的挫败感，曾经源于上课。大学老师讲课速度很快，教学内容又多，我经常跟不上、听不懂。这对于一路学业优秀的我，几乎是全新的体验：周围同学跟老师频频互动，时不时做出领悟的表情，而我傻傻地坐在他们中间，听懂了下句又忘记了上句，两眼鳏鳏，一头雾水。

我的挫败感也曾来自实验。读中学时，学校的实验教学条件一般，我几乎没有亲自动手做过化学实验。因此，实验课也曾给我带来很大的困扰：其他同学迅速搭建实验装置，完成称量、加样、移液、滴定等各种操作，而我笨笨地站在实验台前，时不时碰翻样品甚至打碎玻璃仪器，手忙脚乱，心急如焚。

我为此感到沮丧和惶恐，但又不甘落后，于是开始了艰苦的努力。

我在听课的同时，认真记了课堂笔记，在听不懂的地方做好标记，下课就去找老师解惑。我又到图书馆借来各种参考资料，配合教材、讲义，一一研读，亲自推导每一个公式、定理，仔细钻研每一道习题，甚至尝试一题多解，把所学知识融会贯通，起到举一反三的效果。

我还在上实验课之前，花费大量的时间做预习，反复穷究原理，牢记实验步骤，然后合上教材，在头脑中默念如何做实验，每一步怎么做、为什么这么做，可能出现什么现象或者遇到哪些困难……这样等到真正开始做实验的时候，就会快很多。同时，我抓住一切机会默默练习，尽量提高操作速度，积极思考还有什么可提升的空间，然后详细记到实验记录本上，有空就拿出来看一看、想一想，直到彻底理解。

艰苦的努力需要心无旁骛，也需要持之以恒。大学里，我每天7点准时到达教室，一直学到晚上10点才回宿舍休息。早晚校园里人很少，我沉默地走在寂静的小路上，仿佛也坚定地走在自己的成长之路上。这条路可能崎岖坎坷，但对我有着莫大的吸引力。我知道，人生就是这样一个持续攀登的过程，每一步都要付出努力，每一层都有新的风景；而清华，赋予我格物致知的底气和直面挑战的勇气。

艰苦的努力带来累累硕果，也使我破茧成蝶。当我掌握越来越多的知识与技能，当我在多门课程中取得满分，当我连续多年成绩排名年级第一，当我获得清华学子的最高荣誉——特等奖学金的时候，我感到的不只是如愿以偿的快乐，更有古井不波的踏实。我明白，清华最伟大的地方不是汇聚了半国英才，也不是到处高手如云，甚至不是追求卓越，而是自强不息的精神。

正是这精神让平凡的我们相信天道酬勤，相信一分耕耘一分收获，在日复一日、年复一年的努力中，不断拉近梦想与现实的距离，艰难困苦，玉汝于成。

这位优秀的清华学子的成长故事是否打动了你的心扉，是否给你如何度过大学生活以启迪？

大学生的年龄一般在18岁到22岁、23岁之间，在发展心理学上把这段时间定义为成年早期（成年早期为18～35岁）或者青年期（18～23岁）。它既是青少年到成人的过渡阶段，也是成人的开始阶段。处于这一阶段的大学生智力水平发展到巅峰，开始摆脱家长的束缚，自我意识更加独立自主，人格逐渐成熟，开始恋爱，走向婚姻，准备职业思考和选择等。同时，他们也处于人生观、价值观、世界观形成至稳固的时期，也是最为迫切、最为认真地关心人生态度、生活方式、生存价值等一系列问题的时期，如"人这一生应该怎样去走？""这一生应该以什么态度去生活？""人生的价值、人生的意义是什么？""什么样的生活才是真正的生活？"……青年的价值取向决定了未来整个社会的价值取向，青年时期是扣好价值观第一粒扣子的重要阶段。如上这位同学的故事让我们看到一个大学生的心路历程，他/她在不断迎接学业挑战中收获了累累硕果，并树立了积极的价值观。

第一节　大学适应的新问题

期待已久的大学生活徐徐在同学们眼前展开。有人说，大学生活充满了浪漫色彩；还有人说，大学生活弥漫了痛苦滋味。每个人大学生活的体验不同，原因可能很多。但是对于一年级大学生来说，主要的原因在于对大学生活的不适应。

一、理想与现实的反差

理想是大学生在学习生活中形成的、具有实现可能性的对未来的向往和追求，是大学生世界观、人生观和价值观在奋斗目标上的集中体现。

考上大学，特别是考上理想的大学是全中国高中学生的梦想。上大学是青年长大成熟的转折点，绝大部分同学都像放飞的小鸟，冲上了自由的天空。对于即将入学的大学新生来说，大学生活神秘而美好，不少同学头脑中会不由自主地编织一幅幅大学生生活的图像，充满了诗情画意：环境优雅，集体温暖，善良友好的同学，学识渊博的教授，丰富的课余活动，有趣的社会实践。有的同学甚至把大学想象为"理想的天堂"和"生活的乐园"。也有的同学说，想象中的大学应该是激情四溢、到处都是研讨、心灵飞扬的地方！

有的同学终于实现了人生梦想进入了大学。但是理想大学或许并不是理想的样子，自然环境、城市氛围、大学文化、五湖四海的室友、校友系友的发展、对专业发展的理解等与自己的期待有所冲突。比如，有的同学考入了生物学系，其实并不是因为自己在生物学方面有多热爱，仅仅是因为听到了"21世纪是生物科学的世纪"的宣传，一腔热血之下，进入了生物学专业的学习。有的同学从小喜欢建筑学，立志进入某985高校的建筑学院学习。因为高考发挥出色，成绩超过了自己的梦想高校，进入了中国更优秀大学，但是被录取到了另外的专业，等等。即便是进入了自己心心念念的专业学习，仍要面临学习上、就业上的挑战。

有的同学因为高考没有发挥好或者志愿没有填报好而与理想的大学擦肩而过，带着一份深深的遗憾进入了大学。有的专业性院校校园不是很大，课余文化生活也并不是十分丰富。有的经济相对落后地区的大学，各方面的设施不尽如人意。因此，不少新生到校后，情绪急剧失落，失望感油然而生。

以上种种情况，会带来理想间歇期现象。所谓"理想间歇期"是指原来的理想已经实现，而新的理想尚未确定的阶段。在中学阶段，许多学生的理想就是考上大学。为了实现这个理想和目标，他们的学习和生活一直处于十分紧张的状态。当进入大学后，自己原定目标实现了，难免有一种"船到码头车到站"的心理，认为"该轻松了"，开始不思上进，而新的目标还没有建立起来，出现"理想间歇期"，导致学习成绩大幅下降。

二、自我定位的失落

社会比较是人类社会生活中普遍存在的现象。菲斯汀格（Festinger）最早对此现象进行了系统的阐述，并提出了经典的社会比较理论。该理论认为，个体有评估自身能力、观点的需求或动机。在这种动机的驱使下，人们会努力寻求各种信息资料来评估自己，以获得明确的自我评价，这个过程就是社会比较。

社会比较可以在无任何主观意图的情况下自动发生，甚至无须个体付出主观努力，表现为一种无意识的自发行为。中国学生最擅长社会比较，因为他们就是在"比"中长大，在"比"中获得自我定位的。"比"给你们带来的好处，是当人发现自己比别人强的时候充满力量。有比较才有鉴别，他们成了"比"的最大受益者，在比较的基础上构建了对自己的看法，即自我认识。

在高中阶段，大家的比较对象是高中同学，能考入理想大学的同学都相对比较优秀，自我评价较高，在高中同学中"一览众山小"。到了大学，比较对象是大学同学，大部分同学感受到了"人外有人，天外有天"。而大学阶段是建立新自我认同的重要阶段，特别在意自己在同学中的"形象"。有的同学因为早早树立人生新目标，大学伊始，就朝向梦想前行，几年下来，获得丰厚的成就。更多的同学觉得自己最大的优势是学习好，到了大学，人人都学习好，自己的最大优势没有了，"自我定位"出现了晃动。比如，有的同学曾经是高三学霸，到了大学，出现成绩上的反差；有的同学认为自己已经非常努力了，可还是有同学比自己强；有的同学总觉得有人出身高贵，是"高富帅"，而自己出身寒门；有的同学在某一学科上天赋异禀，成绩一骑绝尘，而自己挥汗如雨，依旧望尘莫及；有的同学琴棋书画剑、诗酒花茶拳样样擅长，而自己谈笑非鸿儒，往来皆白丁；有的同学总是异性缘极好，而自己却是钢铁直男，等等。

研究表明，社会比较是个体自我提升的重要手段，个体进行社会比较的目的不是获得准确的自我评价，而是试图建立并维持一个积极的自我形象。为达成此目的，个体一方面会选择与比自己更差的个体进行比较（下行社会比较）以提升自我形象，维护自尊与主观幸福感，尤其在自我价值感受到威胁时更是如此。另一方面，个体也会选择与比自己更好的人进行比较（上行社会比较），以帮助自身获得提高的信息与方法，从而自我激励、自我完善。因此，社会比较既是个体获得社会性信息以形成准确自我评价的途径，又是个体形成积极的自我评价，提升自我形象，满足自我完善需要的有效手段。

三、学习适应的焦虑

同学们在父母的庆贺、老师的赞扬、亲友的夸奖和同伴的羡慕下进入大学，大多数都有强烈的优越感。他们对自己在大学的学习充满信心，自认为能进入班级前三分一。然而，由于大学和中学的学习方式不同，一些同学不能适应大学生活，学习上出现适应困难。

大学与中学学习不同在于：

一是学习任务不同。中学学习科学文化的各种基础知识，为升学做准备；大学则以培养专业人才为目标，学生要学专门知识，掌握专门技能，而专业设置本身反映出社会的需要，从而把学生与社会联系起来。尽管大学也在改革，以通识教育为主，或者是大类教育，但是大部分大学仍然以专业设置为主。

二是学习内容不同。中学学习是多学科、全面、通识地学习，内容都是同一层次的知识，总共十来门；大学则是一种定向的专业知识，要学基础课、专业基础课和专业课三大层次，几十门课程，再加上通识必修、通识选修、讲座、实验、实习和社会调查等许多课程。

三是学习方法不同。中学的教育方式一般以课堂讲授为主，教学各环节老师安排得很具体，敦促很严格，教师日日在班，天天辅导，学生对老师的依赖性很大，学习的内容相对较少，多数课程贯穿数年，学习方法也较简单，按照老师要求的去做就可以了。而在大学，课堂讲授时间相对减少，教师上课来、下课走，每节课容量、进度、深度都增大，授课和教材有取舍和补充，教师授课只是指导性地讲解和释疑。这就要求学生学会记笔记，具有较高的理解能力、把握重点和难点的能力。学生以自学为主，自己安排好自己的时间，做好复习和下次课的预习，需要具有独立性、主动性和思考钻研精神，由过去追求分数到真正获得知识和能力。

学习上的这一系列变化，使刚入学的大学生感到不适，茫然不知所措，心理有压抑感。这种适应性困难如果发生在中学时期的佼佼者身上，情况可能更严重。大学里"人才济济，高手云集"，同学们会发现自己面临新的排列组合的严峻局面。之前的优势在大学同学面前已经不存在了，而摆在自己面前的则是一连串的不适应。入大学的第一次考试常常是很多大学生学习生涯的"第一次"挫折，因为得了从来没有的低分数，心里容易产生悲观消极的情绪，失去信心，变得自卑和焦虑。

大一某男生，在中学时学习成绩名列前茅，担任过多种学生干部职务，深得老师的信任和同学的羡慕。高考时成绩突出，考入了全国比较顶尖的高校。入校后在军训时表现优秀，获得了新生军训二等奖。鉴于他在军训中的优秀表现，辅导员支持他担任了班级干部。开课后他学习非常认真，什么时候辅导员去宿舍巡查，都能看到他刻苦学习的身影，而且他不玩游戏，也不在网上闲逛，展现了一个标准优秀学生的模样。第一次期中考试成绩平均分比较低，到期末考试时就有三门课程接近不及格。他寻找原因，努力想积极面对，但是身心不由自主地出现了焦虑紧张、失眠现象，甚至有心动过速的情况。越着急学习，效果越不好，到一年级下学期期末考试时三门课程不及格，这名同学心态彻底崩溃了。

导致这名男生成绩下滑的原因可能有很多，其中不适应大学学习方法可能是一个主要原因。如果是这样，该生成绩不够理想的情况是可以改变的。比如，要有充分的思想准备，客观认识自己目前的情况，解除心理负担；稳定好情绪，恢复正常睡眠；合理分配时间，借助资源，改进学习方法，进入正常的学习和复习。一般来说，学习成绩慢慢就会稳步提高的。

四、人际问题的新挑战

某位男生，进大学之前曾幻想大学生活浪漫而快乐，可是来到大学之后，却觉得人地两生、孤独寂寞。特别是周末、假日，看到当地同学回家或者与老同学聚会，怀旧之情油然而生。大学同学来自五湖四海，家庭环境千差万别，难有与自己一样背景、一样成长经历、能懂自己的人，于是开始怀念过去熟悉的生活环境、过去的同学朋友。逐渐觉得考上大学也没有什么意思，因此非常苦恼。某位女生，家庭温馨，父母宠爱。上大学前，生活事宜均由父母料理。异地入学后，非常想念父母，严重影响了学习，每天抱着手机，守着微信与家人和旧友交流。

两位同学的情况或许在大一新生中常见。大学生人际环境适应是一个普遍问题。中学基本上是封闭式教学，生活比较简单。学生的主要内容就是学习，无暇他顾，活动范围也比较狭窄，大多走读，家里、学校"两点运动"。在校有同学、老师，回家有父母、亲朋。高考的压力下难有自由时间，友谊的需要很少。大学同学来自天南地北，吃住、学习在一起，同学之间交往频繁，由生活的"小天地"进入了"大家庭"。远离家乡、亲人的同学们只能在身边发展友情，寻找伙伴，对于一些同学来说，这是全新的心理体验。友谊之花开始在大学绽放。友谊可化解孤独和寂寞，友谊可帮助自己在矛盾、压抑、恼怒之时宣泄情感，友谊可使"自己"感受到被支持和被环境接纳。

在全新的生活面前，人们比较容易产生"回归心理"。回归心理是指大学新生由于对陌生环境不适应而产生的回归故里、回归中学时代的心态，这是适应过程中非常正常的一种心理现象。人们就是这样一步三回头地进入了新的环境。那么，如何才能更快融入新环境呢？首先，主动"下手"，主动靠近同学。同宿舍同学是最先熟悉的伙伴，同班同学是最容易有共同语言的人群，通过宿舍集体活动、共同出游、班级共建活动等方式主动展示自己，去发现那些与自己"相似"的人。大家有缘来到一个学校，一个院系，一个班级，一个专业，这里有太多说不完的话题。其次，老乡是常见的建立友谊的途径。"老乡见老乡，两眼泪汪汪"，在不能直接感受父母亲情的时候，乡情起到了替代亲情的作用。同专业、同院系、同年级、上下年级的老乡、中学校友有相似的成长背景、相同的文化，当你思乡心切，节假日孤独时找他们一起出游或者活动，聊聊老家的故事，儿时的趣事，可在一定程度上缓解思乡之情。再次，爱好可以派上用场。爱好是一个人自我相处的方式，是度过时光的方法，让自己愉快。同时相同的爱好也可能使你交到志同道合的朋友，可以消除孤独和寂寞。所以在课余时光多多去做你喜欢的事情吧！最后，多多参加各种课外活动，参加各类社团，在正式组织、非正式组织中发现和寻找与你意气相投的人。当你能和上上下下、左左右右的同学发生联接，就像八爪鱼的触角有了着力点，你就在大学里融入了新生活。

【潜能训练】

我是一个心理健康的人吗？

请你完成20个"我是谁"的句子。等全部写完之后，回顾写下的语句，请思考以下两个问题：(1) 做完练习后你有什么发现？（2）完成练习的过程是否顺利？

我们来看看一位同学在一节心理课上写下的"我是谁"。

1. 我是一个身高175cm，体重65kg的男生。
2. 我来自江苏。
3. 我现在在××学院读大一。
4. 我喜欢打篮球、旅游和古典音乐。
5. 我平时很热情开朗，但有时容易急躁。
6. 我人缘很好，社工出色。
7. 我是个外表自信、内心自卑的人。

第二节　适应与发展是人生的常态

人的心理发展是分阶段的。我们把人生分为婴幼儿、儿童、青少年、青年、中年、老年等。人从出生到上幼儿园，从上小学到上中学、大学，从大学毕业到工作，从恋爱到结婚，从两人生活到养育后代，从后代离家重新回到两人生活，再从职场回归家庭，最后从老年到离世，每个阶段都面临不同的心理发展任务，人生就是在不断完成这些任务的过程中，走向个人完善，实现自己的价值。从一种生活环境到另一种生活环境，人们都要经历一个从不适应到适应的过程。适应与发展是人一生的心理课题，在生命的每一个阶段都存在，是心理健康的重要标志。从中学到大学的转变，是人生适应和发展的一段旅程。大学阶段是重要的人生阶段，实现个人价值的良好发展，是大学生的共同愿望。

一、适应与发展概述

（一）适应的概念

适应就是指一个人通过不断调整自身，使其个人需要能够在环境中得到满足的过程。适应也是自我与环境和谐统一的一种良好的生存状态。

任何一种生物，都要与所在的环境相适应，才能够生存下来。而每一种生物都有这样的生存智慧去与环境融合，是大自然赋予了生物这样的能力。作为万物之灵的人类更有这样的智慧，在某种环境中生活，与这种环境相适宜，从而保持一种相互平衡的状态。人们与环境的适应有两个途径，一种是人自身作出改变来适应，另一种是更换新环境以寻求融合。在大学，绝大多数同学都会自觉或不自觉地改变自身来适应大学生活，也有比较少的人通过换专业，或者考研，或者干脆退学重考的方式寻求与新环境的融合。

（二）发展的概念

人的发展，指的是从胚胎发育、出生、成熟、衰老直到死亡的整个生命进程中所发生的一系列身体和心理变化过程。发展通常指个体基于心理与行为符合发展规律，为了适应外部环境而发生的一系列身心变化。

心理发展是个体成长的重要方面，它包含各种心理能力，例如感知、观察、记忆、想象、思考、解决问题以及智力和语言成长的能力。当我们出生时，心理能力可能非常简单，随着个体发展，我们会拥有越来越复杂的心理活动。例如，婴儿只有6种基本情绪，随着年龄增长和心理成长，个体会拥有更多的情绪体验，并拥有复合情绪，例如悲喜交加。心理发展的程度，受年龄、性别、特殊经历等各种因素的影响。尽管有一般的心理发展模式，每个人都以自己独特的方式成长和发展。

人的发展同其所处的环境和个体主动性密不可分。社会、家庭等环境影响并塑造了个体特征，同时个体也会主动探索发现，从而明确发展方向，实现自我价值。

（三）适应和发展的关系

适应和发展是密切相关的，它们是同一过程的两个方面。适应有两种，一种是积极适应，一种是消极适应。积极适应带来发展，消极适应带来退化。

大学生的积极适应是指他们在大学里（新环境）积极主动调整自己与环境的不适应行为，增强自己在环境中的主动性、积极性，使自身得到发展。积极适应是能充分找到环境中有利于个人成长的积极因素，同时也能正确分析自己的特点，并在其中找到自己新的成长点。人本主义心理学家马斯洛（Abraham Harold Maslow）说过，"环境的作用最终只是允许他和帮助他，使他自己的潜能现实化，而不是实现环境的潜能。环境并不赋予人潜能，是人自身从萌芽或胚胎的形态开始就具有这些潜能，正如他的胚胎形成的胳膊和腿一样。创造性、自发性、个性、真诚、关心别人、爱的能力、向往真理全都是胚胎形成的潜能，属于人类全体成员，正如他的胳膊、腿、脑、眼睛一样。"每个人都有潜能，环境是发展的条件，而不是种子。潜能能够被激活成为能力的重要条件是个人的行动。人通过调动个性中的积极因素，充分利用环境中有利因素，去行动，人就获得了一种积极的适应。比如，一位男生是通过自强计划考进大学的，与其他同学相比，自强计划的同学分数要低一些。在大学里，他不怕吃苦，学习努力，胸怀宽广，而且这位同学积极争取学校为自强计划的同学提供的特别资源，并获得了支持。四年后不但圆满完成了学业，还考取了研究生，让自己获得了进一步深造的机会。他就是一个积极适应的例子。

大学生的消极适应是指他们在大学里（新环境）认同、顺应了环境中的消极因素，激活了自身的消极因素，忽略了自身的积极因素及潜能，在环境适应中处于被动状态，导致对新环境难以融入，出现退化现象。比如，有同学看到了大学生活要自我管理，可是自己已经习惯了被老师安排时间、家长打理生活中一切。在他还没有发展出自我管理的能力时，大学生活扑面而来，他每天凑凑合合地生活，随波逐流地上课，不到半年，学习成绩就已经跟不上同学们了。该生因此感觉自己并不适合大学生活，悲观失望，甚至产生了退学的心理。这位同学没有跟上环境的要求，没有调动自身的积极因素，没有激活自己的潜能。这种对环境的不适应就是退化。

（四）中国文化中的心理发展理念

心理发展一直根植于中国文化中。古代"六经之首"的《周易》，写道："天行健，君子以自强不息；地势坤，君子以厚德载物。"这两句话，深刻地体现了中国人血脉中刚健有为、海纳百川的气质，也体现了中华民族生生不息，不断发展的文明传承。清华大学的校训"自强不息，厚德载物"也源于此，体现了一代代学子不断追求发展与卓越、务实求学与创新的重要品质。

《礼记·大学》中，格物、致知、正心、诚意、修身、齐家、治国、平天下，是儒学经典思想的主要内容。这八项内容同心理发展的概念十分吻合，并体现了发展的阶段性，是指导历代知识分子修身养性、齐家治国的重要准则。

抗日战争时期，民族存亡之际，在"华北已经安放不下一张安静的书桌"的时代背景下，清华、北大和南开在昆明成立了西南联合大学。当时的生活环境非常恶劣，还常常要躲避日军的空袭，但师生们不畏艰辛，克服困难，取得了令人瞩目的成就。西南联合大学办学8年，培养学生8 000余名，其中包括杨振宁、华罗庚、吴大猷、黄子卿、叶企孙、朱自清等人。西南联合大学第一届毕业生、著名翻译家许渊冲曾说，西南联合大学的精神就是"好上加好、精益求精，不到绝顶，永远不停"的自强不息的中华民族精神。

二、大学生适应与发展的理论

发展一直是心理学研究的重要课题，不同心理学流派从不同的角度提出了适应和发展的观点。学习和了解心理发展的理论，了解大学阶段人生发展的任务，认识和掌握人生发展的规律，将有助于大学生自身的发展。

（一）埃里克森的人生发展理论

埃里克森（E. H. Erikson）是美国著名精神病学家，新精神分析学派的代表人物。他认为人的发展，首先来源于个体自我成长的需要，不同的阶段个体具有不同的成长需要。其次，人是在与环境的互动中成长的，可从环境中获得满足，即为发展顺利；也可能受到环境的限制，自我成长的需要得不到满足，即出现发展危机，表现出对环境的不适应。埃里克森认为人的一生共有八阶段的发展需求，人们需要不断学习，适应环境，发展自我，实现自我需求，从而走向人生新阶段。由于个人的适应调节能力不同，个人的发展趋向也不同。

埃里克森关于人生八个阶段的适应与发展过程见表1-1。

表 1-1　埃里克森心理发展理论

阶段	年龄	心理危机	发展顺利的心理特征	发展受挫的心理特征
1	出生～1岁婴儿期	信任 VS 不信任	对人信任，有安全感	面对新环境焦虑不安
2	1～3岁幼儿期	自主行动 VS 羞怯怀疑	能自我控制，行为有信心	自我怀疑，行为畏首畏尾
3	3～6岁学前期	自动自负 VS 退缩内疚	有目的方向，能独立进取	畏惧退缩，无自我价值感
4	6～11岁学龄初期	勤奋进取 VS 自贬自卑	具有求学、做人、待人的基本能力	缺乏生活基本能力，充满失败感
5	12～18岁青年初期	自我同一 VS 角色混乱	自我观念明确，追寻方向肯定	生活缺乏目标，感到迷茫彷徨
6	成年期	友爱亲密 VS 孤僻疏离	与人相处有亲密感	与社会隔离，时感寂寞孤独
7	中年期	精力充沛 VS 颓废迟滞	热爱家庭，关怀社会，栽培后进学	不关心别人与社会，缺少生活意义
8	老年期	完美无缺 VS 悲观绝望	充实完善，安享晚年	悔恨旧事，消极失望

对于大学生而言，主要的发展任务是自我同一和友爱亲密。本书的模块一详细论述了自我认识。大学生的发展任务是将过去、现在的自我相整合，将他人眼中及自己眼中的自我相整合，将现实和理想的自我相整合，以达到一种相对和谐稳定的自我概念，从而指导自己追求热爱的事业，独立生活，并承担社会责任。本书的第三模块论述了关系，对大学生而言，随着心理的发展，他们渴望拥有"睡在上铺的好兄弟"，也渴望拥有一起坐在情人坡的亲密伴侣。发展出建立亲密关系的能力，对于个体适应社会和发展自我是有极大帮助的，如果发展受限，则可能会引起孤僻隔离的性格。

（二）人本主义的发展理论

人本主义心理学兴起于20世纪五六十年代的美国。由马斯洛创立，以罗杰斯为代表，被称为除行为学派和精神分析外，心理学上的"第三势力"。人本主义和其他学派最大的不同是特别强调人的正面本质和价值，而并非集中研究人的问题行为，并强调人的成长和发展，称为自我实现。

人本主义认为，人的发展有三个阶段，发展的最终方向是实现自我潜能的现实化，并达到同环境的良好整合。人本主义强调人的潜能同自我的发生发展密切相关，发展是逐步递进的，因此个体毕生停留在某个阶段都是可能的。这三个阶段分别是：

①外在化自我阶段。在个体出生后的三四年，婴幼儿发展的主动性依赖于父母，父母的反馈形成了个体的自我认识，例如受鼓励和照料的小孩，基于父母的行为，认为自己是被爱的、有价值的。长大后，仍然会关注他人对自己的评价和看法。然而极端的情况下，有些人几乎完全将自我的价值依赖于外在评价，这些人就会局限于外在化自我的阶段。

②内在化自我阶段。人本主义认为，如果要打破决定个体的外在力量，个体需要不断实

践和自省，并逐步发展自我的认知、情感、道德等功能，从而产生内在化的自我评价标准。外在无条件的积极关注，他人对我们的尊重，将我们当成独立的、有感知的个体，将促进这一阶段的发生。人本主义认为，第二阶段的过渡可能发生在人生中的任何时期，也可能根本不发生。

③整合化与现实化的自我阶段。个体通过不断实践、反省，能恰当充分地认识到自我和环境，并掌握自我实现的方法和路径，最终实现自我的整合化和现实化。这就如马斯洛和罗杰斯所说的，成为一个自由和谐的、充分发挥自我潜能的人。

【心灵故事】

《无问西东》中沈光耀的原型

电影《无问西东》中的沈光耀是一个富家子弟，在清华大学读书。后来抗日战争爆发，清华大学迁往云南并入西南联合大学，沈光耀希望为国奉献，但母亲希望他能够平平安安地度过一生。随着战争，看到身边无辜孩童的身亡，他由心而发，决定实现真正的自我，不顾母亲的反对，毅然决然地成为一名飞行员。他经受住了严苛的训练，给饥肠辘辘的孩童投放食物，最终在一次与日军的交战中壮烈牺牲。

沈光耀的历史人物原型，就是1928年考入清华大学土木工程系的才子沈崇诲。1932年沈崇诲在清华大学毕业后不久，放弃了待遇优厚的工作，冒着大雪赶到杭州投考进中央航校轰炸科，毕业后便留校担任飞行教官。在1937年8月19日奉命执行轰炸任务时，沈崇诲义无反顾地驾机撞向敌舰，与敌人同归于尽，殉国时年仅27岁。

如电影名所说，什么是无问西东呢？——爱你所爱，听从你心，无问西东。

三、大学生心理发展的影响因素

（一）生理影响

青春期大概从自9~13岁起，至18~22岁结束。大学生可能仍处于青春期，突出表现为具有逐渐增长的成熟意识，对父母等权威沟通交往时，倾向于坚持己见，不愿意同他人沟通，渴望独立自主。

处于青春期的大学生，剧烈的生理变化势不可当，青春期荷尔蒙激素分泌激增，他们的身体会加快新陈代谢，感觉到"内在的惊雷"或"体内的陌生人"。同时，神经科学的研究表明，负责情绪调节的大脑前额叶脑区的神经髓鞘化直至25岁左右才完成。因此，对于大学生而言，激素与神经网络的不平衡发展，常会伴随一系列情绪和行为的不稳定表现。

（二）社会影响

社会家庭的期待：进入了心仪的大学，很多学生会感受到来自社会和家庭的期待，例如考入顶尖大学后，父母会期待孩子未来能有优秀的前途和发展。带着这种期待，很多学生进入大学后，如果发现自己很"普通"，甚至不如别人，会产生自卑、自责、无力感，从而影响发展。

人际圈子的变化：进入大学，大学生同父母的接触会大幅减少，与舍友和同学的关系会变得非常重要，之前的生活行为习惯可能也会发生改变。如何发展人际能力，适应人际圈子的变化，这也是大学心理发展的重要主题。

互联网的影响：当代大学生都是"00后"，作为"数字土著"，从思维方式到娱乐方式都属于互联网的一代，使用互联网追星、看综艺、看动漫、打游戏、聊天、交友都是他们的日常行为。网上海量的信息、丰富的娱乐内容、沟通交流的便捷性，既给当代大学生提供了心理发展的新土壤和新机会，让他们成为标新立异的一代；同时也带来了不小的挑战，需要学生有更多的信息处理能力、思考和控制力，这也是新时代的心理发展主题。

（三）心理影响

大学生的心理包括智力、思维、情绪、意志、自我意识、个性等呈现出现的样貌，这些样貌在大学生的心理发展中起到了推动作用。

在认知上，善于学习新知识，"少壮在努力"，他们仍具备很强的学习能力。大学生智力发展以抽象思维能力为代表，已经达到最高水平，既能吸收知识，又能批判以及重新组合知识。同时，因为经验不多，最可能有创新思想，也可能会剑走偏锋。从注意广度看，大学生不仅关心自己目前的情况，也会关心毕业、求职、恋爱、婚姻等方面，还会关心国家和社会的发展，心智活动范围大大增加。

在情绪上，大学生感情丰富，纯洁单纯，一旦"动情"，容易有疾风暴雨式的反应，迅速付诸行动。在意志上，他们更有"见识"，决断力和执行力都比青少年时期更强。一旦下定决心，就会把它变成现实。

在自我意识上，他们有强烈的独立自主的欲望及重视个人隐私的要求。希望摆脱父母的控制，和逐渐摆脱老师的影响，喜欢自己作判断，作决定，逐渐走向自己的独立王国。同时，与高中相比，他们和同龄人吃住在一起，更能学习他人，反观自己，对自我的理解更加全面而深刻。

在个性上，一些与生俱来的特点已经相当稳定，比如内外向、情绪稳定性、追求完美等方面，但是与社会特点关系大的性格仍然有可塑造的空间。有些同学经过大学四年的历练，毕业时会让人感觉"耳目一新"。当然，也会有小部分同学，经过大学四年的"挤压"，变得"老气横秋"。

大学生的这些心理特征与生理影响、社会影响互相叠加，一起形塑大学生在自我认识、情绪管理、人际关系、爱情与婚姻、应对挫折、就业选择以及人生意义等发展议题上的表达。

【潜能训练】

大学的你，心理发展任务是什么？

活动分组：4人一组。

活动目的：运用课堂所学理论，分析自己大学阶段的目标。

活动实施：

（1）小组讨论10分钟，并汇总每组的任务目标。

（2）大组分享：

大学生的发展任务是有什么？

发展有哪些需要关注的重点？

四、大学生心理发展的任务和要求

现代社会的快速变化，对现代人提出了关于适应与发展新的任务和要求。世界各国都把大学生在大学期间的适应与发展作为人才培养的重要内容。了解高等教育对大学生适应与发展的具体要求，有助于同学们紧跟社会潮流，完成适应与发展的任务和要求。

基于心理发展的理论，大学阶段的发展任务和要求主要包括如下几个方面。

（一）发展多种能力

在大学期间应发展多方面的能力，包括智力、体力和社会交往能力等。

（二）学会管理情绪

大学生的情绪情感非常丰富，同时也具有不善于表达、不善于控制和管理自己情绪的特点。所以，学会觉察、理解、接纳和管理自己的情绪非常重要。

（三）由自主走向相互依赖

大学生中存在心理困扰的学生不在少数，他们其实非常需要来自同学、朋友、老师、家人，甚至是专业人士的支持和帮助。但处于青春后期的大学生，仍然非常崇尚"独立自主"，认为自己的问题，应该自己想办法解决。实际上，自己解决往往会消耗掉很多的精力，而且效果也不是很好。自主不等于孤立，所以，大学生应重新认识"自主"，要学会利用周围的资源，同时也应把自己纳入整个资源系统中，也就是"我为人人，人人为我"，大家互相支持，共同进步。

（四）发展成熟的人际关系

大学生还应学习发展成熟的人际关系，培养人际交往能力。人际交往能力主要包括沟通能力、合作能力和主动关心别人的意识。要学会表达自己的观点、意见和见解，也要学会倾听、理解和尊重对同一问题的不同观点和态度。要学会与他人合作，共同完成学习和成长的任务，培养合作精神和合作能力，为以后走上工作岗位做准备。同时要学会做人，学会爱周围的人，主动关心他人。

（五）建立同一性

对自己有比较客观、全面的了解，知道"我"是怎样的人、我想成为一个什么样的人、自我如何向着自己的理想努力。逐步建立稳固、同一的自我意识，肯定自己的优点和长处，也能接纳自己的缺点和不足。做到准确地感知自我、接纳自我、监控自我、完善自我。

（六）确立目标

大学生的主要任务仍是学习，但是需要把现在的学习和未来的发展紧密地联系在一起。在大学阶段，如何在全面认识和了解自己的兴趣、特长、能力等方面的基础上，确立自己的发展目标就变得非常重要。大学阶段的学习和实践在很大程度上将会影响你今后的发展目标，甚至影响一生的追求。

（七）进行整合

发展的动力因素主要包括理想、信念、价值观和动机。这些动力因素为大学生的发展指明了方向，提供了动力。这些动力因素其实是联系在一起的，形成一个系统，并在很大程度上决定了发展的高度、深度和广度。大学生在学习和实践中，应逐步把自己发展的动力系统与发展的任务、指向发展的行动整合在一起，这样才能实现全面和谐的发展。

第三节　调整心态促进适应

一、适应中常见的心理问题

人无完人。在适应与发展过程中，每个人都多多少少地会产生一定的心理健康问题，比如对自我或者对世界的偏激看法，或者是面对压力时不当的应对方式等，只是每个人的表现和程度存在差异。心理健康没有绝对的标准，心理健康描述的其实是个连续谱，一端是非常健康状态，用马斯洛的话说，是完成了自我实现的人；另一端是非常的不健康状态，是精神疾病状态。世界上每个人的心理状态都可在这个连续谱上寻找到相应的位置点。当然，每个人因为年龄不同、状态不同、健康水平不同，相对应的点也不同。同一个人因为状态不同，不同时间下心理健康水平也会有波动。德国存在主义哲学家、精神病学泰斗雅斯贝斯（K. Jaspers）曾经说过，研究极端是理解常态的钥匙，而不是相反。

（一）相关概念的区分

很多同学对有心理疾病、心理障碍的人存在歧视，对学校的心理咨询机构也有误解，认为有心理疾病的人才去做心理咨询。所以首先要说明什么是心理健康？什么是心理障碍？什么是精神困扰？我们先把相关概念进行一下区分。

1. 心理障碍

心理障碍（Psychological Disorder）又称精神障碍（Mental Disorder），是指所有够得上诊断标准的心理上的疾病。在这里，"疾病"和"障碍"有类似的含义，只是疾病是指对其病因、病理机制、临床表现、治疗和愈后都比较清楚，而"障碍"可以有相对多的假设，至今人们对心理障碍的很多理解还是停留在假设水平，所以采用"障碍"比"疾病"更合适。"心理障碍"和"精神障碍"也有类似的内涵，国际医学领域统称为"精神障碍"。本书定义的心理障碍包括精神病和轻型心理障碍。

2. 精神疾病

精神疾病是指心理障碍中的重型障碍，其只占心理障碍人数的一小部分，约10%。一般人们说的"神经病""疯子"通常指的是精神疾病，而医学上所说的"神经病"是指神经系统的疾病。

3. 轻型心理障碍

轻型心理障碍是指除了精神疾病之外的那些心理障碍，包括神经症、人格障碍、适应障碍、情感障碍、进食障碍等，这些占心理障碍人数的90%。

如果同学们担心自己有心理障碍，需要首先去精神专科医院进行诊断和治疗，然后辅佐以心理咨询。

4. 一般心理问题

一般心理问题是指够不上诊断标准的心理的不适。史琼等对南京地区10 358名大一新生，采用大学生人格测试（UPI）进行调查，发现有心理不适的同学占比23.9%。成静等采用《中国大学生心理健康筛查量表》，对西藏某高校 1 913 名 2018 级新生进行心理健康问卷调查，发现民族地区大学新生心理健康状况不容乐观，一级心理问题检出率为 12.44%。清华大学连续八年的新生心理测试发现，每年新生大约有 8%～10% 的同学表示自己有一般心理问题，比如在面对学习、工作、生活中的各种日常烦恼和应激时，有较多负面自我评价，较大挫折感，有低落的情绪，焦虑的心态，紧张、矛盾、痛苦的心理体验等。这些都是大学生在成长中出现的发展性问题，而非心理障碍，可以通过生活实践和自我反思来改善和调整，或者通过学校提供的心理健康教育和心理咨询解决。实践出真知，斗争长才干，大学生就是在不断遇到烦恼和应激，不断产生困扰过程中，不断地发展出解决问题的能力。这些痛苦和烦恼恰好是大学生在适应与发展过程中"适当剂量"的"疫苗"，既能引发免疫反应，又不会引发严重疾病，从而机体的适应能力得以锻炼和提高。

同学们既有积极心理体验，也有消极心理体验。如果较长时间里有自卑、痛苦、抑郁、焦虑、仇恨、虚荣等消极情绪体验，或者有颓废、退缩、愧疚、愤世、嫉妒、内卷、报复心理等复杂的消极心理体验，你的心理健康水平可能处于一般心理问题的状态。诊断常常以应激源作为分类依据，而不是以情绪体验本身作为划分依据。从应激源的角度，大学生的一般心理问题可以划分为以下几个方面。

（二）大学生常见的一般心理问题

1. 自我认识偏差带来的烦恼

大学生的自我定位会因比较对象而发生变化。较多的同学会因为自己在大学同学中相对地位的落差而产生"自己不够好"的自卑心理。包括可能学业不够好、成绩不够突出、长得不够帅气或者漂亮、出身不够高贵、个子不够高等。

2. 学习带来的困扰

学生的天职是学习。大学学习是专业学习、是深度学习、是职前学习。学习内容、学习方法与中学区别很大。很多同学可能出现专业学习基础不够、学习动力不足、学习目的不明、不喜欢所在学校、不喜欢所学专业、不擅长所学专业、学习方法不适、学习成绩过低，或者学业成就不够（不如其他同学、不能达到获得国奖标准、不能达到推研标准、不能达到出国申请深造标准、没有达到预期目标）等问题，导致学业困难或者学业失败。因此带来深深的挫败、自卑、退缩、愧疚、嫉妒、焦虑及痛苦等。

3. 人际关系带来的困扰

大学生的集体生活，是最容易发展友谊的环境。大学生可能会因为自己的性格缺点，比如自卑、退缩，不擅长与人交往；也可能因为自己的性格弱点，比如讨好或者懦弱或者胆小，不擅长处理冲突；也可能因为自己性格的局限，比如非常强势、自我中心，而容易挑起冲突等，带来紧张、焦虑、被排斥感、挫败感等痛苦体验。

4. 恋爱带来的烦恼

大学是爱情之花的芬芳阶段，同时与爱情有关的烦恼也如影随形。很多同学品尝到了情窦初开的甜蜜，也有一些同学浪费了自己的爱情，感受到了失恋、单相思、暗恋等痛苦。一些同学在爱情观上有很多误解，如在忠诚与背叛、爱情的唯一性、排他性等方面的遭遇导致了深层的苦闷。目前，很少有大学开设《爱情心理学》的课程，同学们只能通过个人体验、自学、朋辈之间交流等方式来增加自己爱情经验。

5. 性带来的烦恼

很少有大学开设与性教育有关的课程，有的大学仅有选修课中的一节羞羞答答地介绍了有限的性知识。大学生关于性生理、性心理的发展，两性相处之道，性观念、性道德、性行为等方面知识更是缺少学习渠道，大多数同学只能自我摸索，或者道听途说。关于自慰、白日梦、性幻想等青年人常有的心理现象也少有人懂得。另外，"性少数群体"越来越多被提及，LGBT 是大学生们越来越熟悉的的词汇。随着社会的开放和包容，曾经在地下的各种性取向见了阳光，甚至可以公开讨论了。北京师范大学蛋蛋君团队对北京市大学在校生及校友有一个连续 5 年的滚动调查（2016—2020 年），调查显示大约有 85% 左右的同学是异性恋，15% 左右的同学是包括同性恋、双性恋、跨性别恋等多种性取向。临床咨询实践表明，"性少数群体"同学最有被歧视感，痛苦感最强。

6. 职业选择的困扰

大学是职前学习阶段，学习是在为工作做准备。"长大后我就成了你"是一首歌的名字，谈的是人们对职业理想的追随。很多大学生进入本专业学习是一个偶然的行为，而不是对自己有深入了解或者对行业有深入了解后的理性选择。比如，分数够了，所以上了一个热门专业；分数不够，所以选了一个能托底的专业。自己不了解自己喜欢什么、擅长什么；不知道自己能力的优势领域；不了解行业发展；不清楚如何获得一个职位等。还有，是否要读研究生，要读什么专业，什么时候读都是人生重大议题，都需要认真和慎重思考。当然，这些本来也是在青年人成长中一直思考、一直实践的内容，难有在 18 岁、19 岁时就得到一劳永逸的正确答案或者终极答案。伴随着职业选择的不确定性，同学们体验到焦虑、迷茫、恐惧也是正常的。

7. 家庭关系的困扰

过去，人们认为大学是大学生离家独立的阶段，原生家庭影响已经不在大学生的视野之内了。但是现在"原生家庭"这个词却越来越火了，而大学的心理健康教育工作也强调家校合作的重要性。这一方面说明大学生的幸福与痛苦体验仍与原生家庭有千丝万缕的联系，另一方面也表明与原生家庭的关系确实也成为大学生困扰的主要影响因素。这几年，大学生与父母之间极端冲突事件也偶有发生。家庭关系的困扰主要表现在家族或者父母对子女过重的期待、过高的要求、父母停留在青春期前的子女教育模式、亲子关系冲突、父母对青春后期青年心理的不了解导致冲突、父母对子女成长中的漠视、遗弃、忽略或者压制等带来的创伤等等。

大学生的一般心理问题主要发生在大学生的学习和生活实践中，主要表现在如上方面。请注意，这些问题是成长中出现的发展性问题，不是"精神病"，因为他们有自知力，有良好的社会适应能力，有痛苦感，有主动解决问题的意识。这些问题也不是"思想问题"，是由于某种个体内部或者外部的因素导致的压力过大的反应，通过心理咨询、个人调整都可以解决。因此，大学的心理咨询机构专门提供个体或者团体心理咨询，来辅助同学们解决这些成长中烦恼。

【心理测试】

你的心理适应水平怎么样?

表 1-2 是一个 10 道题的心理量表,由心理学家荣森伯格(Rosenberg)编制,用于评价青年心理适应水平的。总共 10 道题,每个题目分 4 个选项。请同学仔细阅读题目,自我测试一下。经过一段大学生活后,你的适应情况如何?

表 1-2

题 目	很不符合	不符合	符合	非常符合
1. 我感到我是一个有价值的人,至少与其他人在同一水平上	1	2	3	4
2. 我感到我有许多好的品质	1	2	3	4
3. 归根到底,我倾向于觉得自己是一个失败者	4	3	2	1
4. 我能像大多数人一样把事情做好	1	2	3	4
5. 我感到自己值得自豪的地方不多	4	3	2	1
6. 我对自己持肯定态度	1	2	3	4
7. 总的来说,我对自己是满意的	1	2	3	4
8. 我希望我能为自己赢得更多尊重	1	2	3	4
9. 我确实时常感到毫无用处	4	3	2	1
10. 我时常认为自己一无是处	4	3	2	1

如果你的平均分在 2 分及以下,说明你适应不良。如果你的平均分在 2 分以上,说明你适应比较好,平均分越高说明适应越好。

二、大学生心理健康的标准

如上所述,大约有 10% 的同学有一般心理问题。由于心理健康状态具有随时性、变动性和发展性,这 10% 左右的同学中,有的人适应顺利,或者经过心理调整,进入了心理健康的行列;如果有人在学习和生活中出现急剧的变化或者转变,例如学业困难、深造压力、恋爱受阻、就业失败等重大心理应激事件,心理变得不那么健康,有可能演化成严重的精神障碍甚至引发心理危机。同学们可能疑惑,那么余下的 90% 的同学属于什么问题呢?他们应该属于心理健康的人。

(一)国外学者关于心理健康的论述

现代心理健康运动兴起于 20 世纪初,至今已有百年历史。1908 年,美国耶鲁大学学生比尔斯(C. W. Beers)根据自己的亲身经历和体会,用生动的文笔写成并出版了《自觉之心》(*A Mind That Found Itself*)一书,由此掀起了一场以保持和促进心理健康、预防和治疗心理疾病、维护和增进人类幸福为主题的心理健康运动。世界卫生组织对健康的定义是:"健康乃是一种躯体上、心理上和社会上的完满状态,而不仅仅是没有疾病或虚弱。"因此,有学者提出心理健康同躯体健康一样，指情绪和心理良好状态，而不仅仅是没有心理问题或心理疾病。

《简明不列颠百科全书》指出："心理健康是个体心理在本身及环境条件许可范围内所能达到的最佳功能状态，但不是指十全十美的绝对状态。"书中指出心理健康的具体标准是：①认知过程正常，智力正常；②情绪稳定乐观，心情舒畅；③意志坚强，做事有目的；④人格健全，性格、能力、价值观等均正常；⑤养成健康习惯和行为，无不良行为；⑥精力充沛地适应社会，人际关系良好。

很多学者提出自己的心理健康标准，比较有代表性的有：精神医学专家曼宁吉（Karl Menninger）用自我控制和应对生活挑战的能力定义心理健康，并认为个体的心理健康水平可以分为不同的等级，由最佳心理健康到严重的精神疾病，构成心理健康/疾病连续谱，体现了适应和发展的有机结合。他认为，心理健康是指人们对于环境及相互间具有最高效率及快乐的适应情况，不只要有效率，也不只要能有满足之感，或是能愉快地接受生活的规范，而是需要三者兼备，心理健康的人应能保持平静的情绪、敏锐的智能、适应社会环境的行为和愉快的气质。社会工作者波孟（W. W. Boehm）认为："心理健康就是合乎某一水准的社会行为，一方面能为社会所接受，另一方面能为本身带来快乐。"

美国人格心理学家奥尔波特（G. W. Allport）提出了6条标准：①力争自我的成长；②能客观地看待自己；③人生观的统一；④有与他人建立亲睦关系的能力；⑤人生所需的能力、知识和技能的获得；⑥具有同情心，对生命充满爱。美国心理学家马斯洛和密特尔曼（N. Mittelman）提出心理健康的10条标准：①具有适度的安全感；②具有适度的自我评价；③具有适度的自发性与感应性；④能与现实环境保持良好的接触；⑤适度的接受个人的需要；⑥有自知之明；⑦能保持人格的完整与和谐；⑧有切合实际的生活目的；⑨具有从经验中学习的能力；⑩在团体中能与他人建立和谐的关系，在不违背团体的原则下能保持自己的个性。

舒尔兹（Schulth D.）把心理健康看作人的积极心理品质与潜能的最全面的发展。归纳出5项心理健康标准：①能够控制自己的生活；②能认识自己是怎样的一个人；③能正视现实；④能向新目标或新经验挑战；⑤独特性的人格特质。这是一种个人成长的心理健康理论，即认为心理潜能的发展是一个人全面发展的前提条件。

（二）我国学者关于心理健康的论述

王极盛认为心理健康有6条标准：①智力正常；②情绪稳定而愉快；③行为协调；④反应适度；⑤人际关系适度；⑥心理特点和年龄相符合。朱永新把心理健康标准归纳为以下6点：①认知健康适应；②情感饱满适度；③意志坚强可控；④个性和谐统一；⑤人际关系和谐；⑥杜绝心理异常。陈永胜在此基础上又增加了4条：①自我意识客观；②社会适应良好；③人生态度积极；④行为表现规范。刘华山认为，心理健康的标准有以下6条：①对现实的正确认识；②自知、自尊与自我接纳；③自我调控能力；④与人建立亲密关系的能力；⑤人格结构的稳定与协调；⑥生活热情与工作效率。

还有一些学者根据中国社会和中国人的人格特点对心理健康进行界定。例如，林崇德认为心理健康主要是一种个人的主观体验，既包括积极的情绪情感和消极的情绪情感，也包括个人生活的方方面面，其核心是自尊。并且认为心理健康的标志应有两点：①没有心理疾病；②有一种积极向上发展的心理状态。

（三）大学生心理健康的标准

依据中外专家学者对心理健康标准的描述，结合大学生特有的生活和年龄，笔者把大学生心理健康标准概括为如下 6 条。

1. 有健康的自我意识和自我接纳

自我意识是指对自己以及自己与周围世界关系的认识和体验。自我意识是人格的核心，可以说，拥有了健康的自我意识，就奠定了健康人格的基础。拥有健康的自我意识的大学生对自己有恰当、积极的认知，能体验到自己存在的价值，既不过分自卑，也不过分自恋，不奴役自己，也不奴役他人。不会对自己提出过分苛刻的要求，能够适当满足自己的需要。个人的生活目标比较切合实际，对自己的状态总是比较满意。而且，心理健康的大学生努力发展自身的潜能，对无法做到的事情也能坦然接受。

而如果自我意识不正确，对自己评价过低或者过高，则可能骄傲自大，目空一切，不明大体，狂放不羁；或者自卑自贱，多愁善感，悲观失望，烦恼多端，这就是心理不健康的表现了。

2. 能控制情绪和保持良好的心境

心境是指微弱但比较持久的情绪状态。"人逢喜事精神爽"说的就是一种心境。心理健康的大学生既有能力体验到积极正向的情绪，也有能力体验到消极负面的情绪，同时生活和学习中体验到的积极正向情绪多于消极负面的情绪。他们拥有化解消极情绪的能力，有让自己处于比较愉快、乐观、满意的情绪状态里的能力。他们也能用适当方式或者途径来表达自己积极或者消极的情绪。

心理不健康的大学生常常体验到较多的消极情绪，经常会郁郁寡欢，闷闷不乐，或者情绪烦躁，难以平静。同时，他们也难以找到有效化解情绪的方式或者途径。

3. 有较浓厚的学习兴趣和求知欲望

学习是大学生的天职。心理健康的大学生能保持对学习的浓厚兴趣，有较强烈的求知欲，有较强的学习能力。热爱和珍惜生活，有来自对生命的热忱。他们尽力发展潜能，使自己的学习和行为富有成效。

心理不健康的大学生常常在学习上提不起兴趣，没有探索新知识的欲望，表现不出对生活或者生命的热忱。严重者甚至会失去了学习动力，不得不中断学业。

4. 有和谐的人际关系和乐于交往

心理健康的大学生心里有他人，有朋友。喜欢与人交往，乐于与人交往，与他人有良好沟通能力，有相互信任，能发展出健康的友谊。对人有基本信任感、安全感，有较强的人际适应能力。在与人相处时，友爱、信任、平等、尊重、亲近、付出、牺牲、贡献等积极态度多于猜疑、嫉妒、敌视等消极态度。一个心理健康的大学生在班级里能与大多数同学和谐相处，愿意与他人在一起，也能感到与别人相处的快乐。同时，亦能被别人所接纳，有相互信任、倾诉衷曲的朋友。

相反，如果一个大学生很少参加集体活动，无法与大多数同学进行交流，经常一个人独处，并有孤独、自卑或者猜疑、畏惧、嫉妒、敌视的情感体验，与他人在一起感到不自在并且认为是一个沉重的负担，这就是心理不健康了。

5. 能保持良好的环境适应能力

"人生不如意十之八九"。心理健康的大学生在遭遇挫折时能很快地调整自己，主动适应大学生活，妥善处理生活、学习上的困难；能对周围环境作出客观认识，并作出积极反应；能接受现实，承受打击，积极地发展自己。他们不退缩，不羞怯，不沉溺于不切实际的幻想之中。

而心理不健康的大学生在遇到挫折，比如失恋、暗恋、没有评上三好学生、没有入上党、没有评上奖学金、被别人善意批评，或者别人的恶语相向时，会引发强烈的反应，长久不能化解。

6. 人格和谐统一

人格是心理学中的一个比较重要的概念，它可以有多种内涵。在这里，人格可以理解为一个人心理的方方面面，如认知过程，包括感觉、知觉、记忆、想象和思维；个性心理特征，包括气质、能力、性格；个性动力系统，包括动机、兴趣、理想、信念、价值观、世界观。人格完整和谐为上述的各方面均衡发展；是和谐、完整地发展，这样的大学生才是一个心理健康的人。人既有感情，也有理智。如果一个大学生情感过于发达，而理智不足，他就有可能形成癔病性人格，临床表现为情绪反应强烈，喜怒无常，对事物的反应过于贫乏或过于夸张。

如果一个大学生逻辑思维过于发达，他就会表现出冷淡、没有同情心，难以理解有情感色彩的事物。这两者都是人格发展不和谐造成的心理不健康的表现。

了解了心理健康的标准，也许一些同学开始担心自己的心理健康状况了。严格按照上面的条款，是不是自己也是一个不健康的人了呢？要符合上述几条才算做心理健康的人？如果少一条是否还是呢？如果6条基本符合，但是都比较勉强，自己是不是心理健康的人呢？同学们不必有此顾虑，理由如下。

一是心理健康的人和不健康的心理是两码事。一个人心理是否健康是对他心理的总体评价，但心理健康的人并不是每时每刻都是健康的。他可能也会因某事暂时而烦恼和焦虑。也就是说，一个心理健康的人也可能在某时某事上表现出不健康的心理。

二是心理健康和心理疾病并非泾渭分明，心理健康与心理不健康之间是一条连续谱。也就是说，它们只是量的不同，没有绝对的边界，异常心理与正常心理、变态心理与常态心理之间没有绝对的界限，是逐渐过渡的过程。不健康心理的不断积累就会使一个心理健康的大学生逐渐走向心理不健康。因此，每一位大学生终其一生都需要重视自己的心理状态，不断调整自己的心理状态，让自己永远处于心理健康的状态下。

（四）大学生心理成长的途径

作为一名大学生，如何在适应和发展中实现心理健康？

1. 做好心理改变的准备

"机会永远给有准备的人"。大学是与中学不同的人生阶段，读过的书，遇到的人，经历的事，对未来的准备都有不同。带着一颗准备适应和改变的心，带着好奇进入大学，将更快地适应大学，获得更多积极正向经验，获得心理成长。

大学足球场上经常有足球飞来飞去，如果你经过运动场，一不小心被足球砸到头上，轻者疼上一会儿，重者脑震荡，因为你没有任何准备。但是很多足球运动员在比赛中会用头顶球。客观地说，足球带来的冲击力是一样的；但是当事人的体验却全然不同，这是因为人们的心理状态不同。路过的人没有思想准备，而足球运动员蓄谋已久。

社会永远在发展，作为社会中的一员，需要永远准备好去适应。

2. 学习心理知识，增加知识储备

（1）通过心理课程获得知识。

"兵马未动，粮草先行。"先行储备间接经验，可以及时指导生活实践。各高校均已把心理素质教育课程纳入高校教学计划，有些高校甚至把心理健康类课程列为必修课。一般心理健康通识类课程中都有对大学生常见的成长困扰的指导内容，包括正确地认识自己，接纳自我，悦纳自我，善于与父母、爱人、朋友沟通交流，保持和谐的人际关系，并能在未来的人生道路上保持不断发展自身潜能的意识的内容；这都可以指导大学生的生活实践。心理健康选修课程中会针对同学们的某些特殊需求来设置，比如《接纳自我与自我成长》《情商与影响力》《恋爱心理学》《婚姻与家庭》《生死学与生命的意义》《人际交往心理学》《成功心理训练》等课程，都是专门针对某一个方面的知识进行深入学习的设计。同学们可根据自己的兴趣、爱好进行选择。

（2）努力汲取课外知识。

除了在课堂上获得心理知识以外，也可通过书籍获得。市场上有大量应用类心理学书籍。这类书籍是心理学知识在现实生活中的具体运用，大多写得生动有趣，可以作为了解心理知识、指导自己学习和生活之使用。此外，还可通过网络媒介获得。社会大众传媒或者各高校的心理咨询机构都有相关的网络媒介平台，宣传心理知识，推送科普文章，帮助同学们认识心理现象、化解心理烦恼，掌握心理调整的方法，提高心理健康水平，顺利适应社会和发展自己。

3. 积极参与大学生社会实践

大学里不仅仅有学生，还有教师、职员、楼长、食堂的大师傅等。大学生四年本科毕业，有些楼长和大师傅可能会在学校待上很多年，但是他们永远都不可能有大学生的心态、大学生的思想和大学生的关切，因为他们没有经历大学生的生活实践。受 2020 年新冠病毒肺炎疫情影响，很多大学都实行了如期上课、延迟返校的政策，以保证教学进度不受疫情影响。但是在线教学与线下教学有本质不同，师生们都无比盼望着校园生活恢复正常，因为正常的校园生活大学生才有正常的心理行为表现，才能促进大学生的心理成长。

同学们来到大学，就开始参与大学生的社会实践。同学们要经历离开家乡、集体住宿、重建友谊的生活实践；自己选课，或者在辅导员帮助下进行选课，要去上课、实习、见习、自习、参与讨论、完成作业等，要经受知识和价值观的洗礼，要学技能，这是教学实践。情窦初开的你们还可能在教室回眸一瞥，或者在运动场三步上篮的健美身姿展现中彼此发展了甜蜜的爱情，开启了爱情的实践。在这些实践中，同学们积累经验，增长才干，校正方向，发展出适应性行为，心理获得成长。

4. 有意识地学习心理调适

大学阶段是人自我意识发展的重要阶段，其中一个非常重要的标志是自我的功能分化。人的自我可以分成客体我、主体我，有发出行动和思考的能力（主体我的功能），也有反思和回应的能力（客体我的功能）。自我体验能力达到一个新高度，让一个人自我调整"成为"或"成了"可能。

"橘生南方为橘，生北方为枳。""一方水土养一方人。"人从出生就要适应社会，每个人天然拥有自我调整的能力，也可称适应能力。只是在中学以前，人们是本能地、不觉察地、被动地适应或者调整。而到了大学，随着自我意识的发展，大学生可以更加主动、自觉、有意识地去调整自己，适应转变。

比如，在中学时，一次考试你发现同桌成绩比你好很多（假设平时都是你比同桌成绩好），你生了一天的闷气。晚上吃顿好饭，睡了一个好觉，第二天心情变好了些。到了大学，第一次期中考试，你发现居然有一门课程得了67分，从来没有过的新低度，你心情很郁闷。怎么办呢？除了吃顿好饭、睡个好觉，你可能还会想为什么自己会郁闷？为什么会出现这样的分数？自己是否努力了？是否比其他同学落后？需要调整学习方法吗？需要重新理解分数的意义吗？谁考得好？是不是要向分数高的同学学习一下怎样才能学得好？这件事想教会我什么等等。你已经开始主动进行调整，适应转变了。人人都是心理学家，每个人都有适合自己的一套心理调适方法。

一般说来，通过积极面对并解决问题、向他人求助、受到挫折后将注意力转移到另外一件有意义的事情上、合理宣泄情绪等应对方式是积极适应，而回避问题、退缩、压抑自己的坏心情，或者放任自己等属于不良的应对方式。我们终将在生活中不断发展出自己的一套心理调适方法。

（五）适时地寻求专业帮助

求助是强者的行为，是有效利用资源的一种表现，是一种积极的人生态度。智者借力而行。各个高校都有心理健康教育与咨询机构，都开展了丰富的心理健康教育活动，这些活动都是在帮助同学们适应大学生活，调整心态，走向健康生活。一般来说，与同学密切相关的活动有个体心理咨询、团体心理咨询、电话咨询或者网络咨询等服务形式。服务形式不同，目的只有一个，帮助促进大学生适应和发展。

1. *寻求个体心理咨询*

个体心理咨询帮助你打开心中的千千结。心理咨询是指受过咨询心理学专门训练的咨询师运用心理学理论、知识和技术，针对求助同学的各种适应和发展的问题，通过与来访同学的交谈，帮助来访同学达到自立自强、提高心理健康水平和社会适应能力的目的。一般来说，同学们通过电话或者在线预约的方式获得服务，每次咨询50分钟。心理咨询师把50分钟的咨询定义为给来访学生的"50分钟的爱"，因为咨询师的专业理念、充满人性的理解能够给予来访学生深度关怀，学生可以敞开心扉，解开心结。

个体心理咨询中最重要的是专业设置，这是学生能来做咨询的保障。很多学生及其家长对心理咨询有偏见，认为去做咨询的人都是精神不正常的人，甚至选择心理咨询这个职业的人也是有问题的人。也有人担心自己的"肮脏""不能见人"的想法会被咨询师取笑或者排斥。第一次登门来咨询的学生都耻于让别人知道。心理咨询机构一般会营造温馨放松的环境，墙壁颜色、房间摆设都充满人文关怀的气息。比如有沙发、茶几、绿植、纸巾等物品，咨询师亲切可人，微笑与接纳的态度，保密原则的落实，价值中立的心理咨询理论取向可以让来访学生彻底放下包袱，并从中获得心灵成长。

例如，一个有性困扰的学生在犹豫了很久之后来到中心求助，进门就四处乱看，担心遇到熟人。还要求不做记录，一再问是否保密。在得到肯定的回答后才忐忑不安地坐下来。咨询开始的时候只是谈自己因为学业困难很痛苦，后来大概感到咨询师很值得信任，又谈到其实是情感问题让自己痛苦，直到首次访谈快结束时才说："老师，其实我是有性方面的困扰。我开始时不敢谈自己真正的想法，怕被歧视。现在我彻底放下包袱了"。后来，这个同学又多次来访，理解了自己的性困扰，重新建立了自信，开始乐观面对生活。

2. 寻求团体心理咨询服务

你还可以寻求团体心理咨询服务。团体心理咨询是对一群人提供心理帮助与指导的心理咨询形式，它是通过团体内人际交互作用，促使学生在交往中通过观察、学习、体验，认识自我、探讨自我、接纳自我，调整和改善与他人的关系，学习新的态度与行为方式，以发展良好的生活适应的助人过程。一般而言，团体心理辅导是由 1~2 名带领者主持，参与学生因团体心理辅导的目标不同，少则 3~5 人，多则十几人到几十人。

团体心理咨询充分发挥人际交互作用，高效解决学生相似困扰。团体心理咨询与个体心理咨询最大的区别在于，学生对自己问题的认识与解决是在团体中通过成员间的交流、相互作用和相互影响来实现的。学生在参与团体的过程中常常体会到原来自己不是唯一具有某种困扰的，大家问题的相似性提升了学生对自己问题的接纳；而大家对于问题解决方法的多样性又增加了每个学生应对困难的灵活性。因此，相对于个体心理咨询一次只解决一个人的问题，团体心理咨询在解决学生心理问题方面更为省时省力而快捷高效。

研究发现，自信提升、自我接纳、自我成长、人际关系改善、亲密关系探索、新生适应、情绪管理、积极心理塑造、生涯规划等议题常是大学生关切的话题。他们最需要在这些方面得以成长和改善，这都是团体心理咨询的主题。团体心理咨询创造了一个类似真实的社会生活情境，增强了实践作用，也拉近了咨询与生活的距离，使得咨询较易出现效果，而效果也较易迁移到日常生活之中。具体而言，学生在团体心理咨询中学习到情绪管理方法、人际交往技巧、自信提升办法、心理适应能力等，都可以直接而迅速地应用到日常的学习与生活之中并稳定地保持这些效果。

"正念团体咨询"是指利用正念的方法训练情绪控制的团体活动。正念是不评判地对当下身心内外经验的觉察，源头来自佛教禅修，作为一种训练方法在过去几十年受到西方医疗界、心理学界和教育界越来越广泛的重视和应用。一个正念团体咨询活动一般 15 人左右，由一位团体咨询师带领，通过持续 5~8 周、每周一次 2 小时的定制化服务，围绕正念与压力的介绍、正念练习的实操、练习体验的分享与相关问题的解答等内容，有效地帮助学生获得更好的自我觉察能力和情绪管理能力。学生参与团体咨询后对自己的内在经验和身心互动有了更为清明的体察和了解、更有技巧地面对生活中的压力挑战、整体身心健康水平和主观幸福感得到显著提升。比如，参加过该活动的学生普遍给予的反馈："我认识到了人总是可以科学地处理自己的情绪。""我觉得身体扫描和观察呼吸对我很有帮助，我更能观察自己了，我非常开心。""大家共同学习一件事情，会得到很多的支持和鼓励，当感觉孤立无援的时候，在团体中聆听朋友的分享，会感到很温暖。"……

3. 寻求心理热线电话或者网络咨询服务

热线电话服务是学生助人自助的一种方式。心理热线电话是一种利用电话提供心理帮助与指导的心理辅导模式。网络咨询指的是利用即时通信方式为来访同学提供服务。它们共同的特点是具有经济、便捷、容易获得、保密等诸多优点。面对专业心理咨询，同学们有时会有"只是想倾诉一下""用不着专门预约心理咨询"的想法，以及会有"期望听听同龄人遇到相似的问题会怎么解决"的诉求。有的大学开设了热线电话服务，有的开设网络咨询服务。社会上也有很多公益机构提供了热线电话服务。

【心理测试】

看看你现在心理健康吗？

以下60道题目，请你按照题号的顺序阅读。在你最近半年中，常常感觉到、体验到的项目的题号上划"√"；在没有感觉到或不经常感觉到的项目的题号上划"×"，请注意只有两种选择，要么划"√"、要么划"×"，不可空着不填。

1. 食欲不振
2. 恶心、胃口难受、肚子痛
3. 容易拉肚子或便秘
4. 关注心悸和脉搏
5. 身体健康状况良好
6. 牢骚和不满多
7. 父母期望过高
8. 自己的过去和家庭是不幸的
9. 过于担心将来的事情
10. 不想见人
11. 觉得自己不是自己
12. 缺乏热情和积极性
13. 悲观
14. 思想不集中
15. 情绪起伏过大
16. 常常失眠
17. 头痛
18. 脖子、肩膀酸痛
19. 胸痛憋闷
20. 总是朝气蓬勃
21. 气量小
22. 爱操心
23. 焦躁不安
24. 容易动怒
25. 想轻生
26. 对任何事都没有兴趣

27. 记忆力减退
28. 缺乏耐力
29. 缺乏决断能力
30. 过于依赖别人
31. 为脸红而苦恼
32. 口吃，声音发颤
33. 身体忽冷忽热
34. 关注排尿和性器官
35. 心情开朗
36. 莫名其妙地感到不安
37. 一个人独处时感到不安
38. 缺乏自信心
39. 办事畏首畏尾
40. 容易被人误解
41. 不相信别人
42. 过于猜疑
43. 厌恶交往
44. 感到自卑
45. 杞人忧天
46. 身体倦乏
47. 一着急就出冷汗
48. 站起来就头晕
49. 曾有失去意识、抽筋
50. 人缘好，受欢迎
51. 过于拘泥
52. 对任何事情不反复确认就不放心
53. 对"脏"很在乎
54. 摆脱不了毫无意义的想法
55. 觉得自己有怪气味
56. 觉得别人在自己背后说坏话
57. 总注意周围的人
58. 在乎别人视线
59. 觉得别人轻视自己
60. 情绪易被破坏

这是清华大学樊富珉教授从日本引进并修订过的心理健康量表，帮助大学生评估自己的心理健康状态。如果你打"√"的题目数不超过20个，那么恭喜你，你的心理健康状况良好。如果你打"√"的题目数大于或等于20个但少于25个，你属于一般心理健康状况，平时多注意调整自己的心理状况。如果你打"√"的题目数大于或等于25个，或者第25题回答了"√"，则说明可能存在一定的心理问题。建议你去本校的心理咨询机构获得心理老师的指导。

【本章回顾】

本章介绍了大学这个人生新阶段给大学生带来的心理发展新挑战，介绍了生物适应与发展的基本理论，讨论了大学阶段心理发展的任务，介绍了心理发展的途径。

【话题讨论】

1. 你的大学和你的专业都是你想要的吗？如果是，请说明这个梦想是怎么来的？如果不是，你怎样看待这个落差？

2. 请你分析一下你的心理状态，你觉得自己是一个心理健康的人吗？请给出理由。

3. 请了解你所在大学的心理健康教育部门，你怎么能获得这个部门的服务？这个部门都开展了哪些活动？你对哪些活动感兴趣？这些活动给了你或者将会带给你什么样的体验？

【参考文献】

[1] ［美］曾文星. 青年人的心理与治疗 [M]. 北京：北京大学出版社，2001.

[2] 史琼，马晓璐. 南京专转本新生与普通本科新生心理健康状况比较 [J]. 中国学校卫生，2020.

[3] 陈静，高蕾. 民族地区大学新生心理健康状况调查研究 [J]. 科教文汇，2020.

[4] 李焰，黄芩. 大学生心理健康概论 [M]. 哈尔滨：黑龙江人民出版社，2002.

[5] 蔺桂瑞. 大学生心理健康与自我成长 [M]. 北京：北京出版社，2011.

[6] 沈德立. 大学生心理健康 [M]. 北京：高等教育出版社，2013.

[7] 林崇德，李虹，冯瑞琴. 科学的理解心理健康与心理健康教育 [J]. 陕西师范大学学报，2003，32（5），110–116.

[8] 林崇德. 发展心理学 [M]. 北京：人民教育出版社，1995.

[9] 叶奕乾，祝蓓里. 心理学 [M]. 上海：华东师范大学出版社，1987.

[10] Festinger, L. A Theory of Social Comparison Processes[J]. Human Relations, 1954, 7, 117–140.

[11] Gilbert, D. T., Giesler, R. B., Morris, K. A. When Comparisons Arise[J]. Journal of Personality and Social Psychology, 69, 227–236.

第二章　不识庐山真面目
——大学生的自我认识

【名人名言】

知人者智，自知者明。

——老子

世界上最伟大的事情是自己知道如何做自己的主人。

——蒙田

人生最大的智慧，就是认识你自己。

——苏格拉底

【案例引入】

　　大一新生小卓最近又兴奋又烦恼。一方面，他还沉浸在成功考入这所顶尖大学的喜悦中，感到校园里的一切都是那么新鲜，而作为大一新生的自己有那么多想去尝试的新事物。他首先参加了一个体育类的社团，还报名参加了舞蹈社团和棋牌社团，这些都是他在高中时代渴望钻研，但限于学习紧张没有机会体验的！他还计划加入老乡会，想在里面大展身手。于公，他希望为自己的家乡学子引介更优质的教育资源，帮助更多的学弟学妹们能够考上更好的学校；于私，他也希望能够干出一番成就，为自己的大学生涯积累起丰厚的资历和人脉。总而言之，他希望在学业、生活、社交、身体形象、性格气质等各方面都有全新的突破，实现一个不一样的自己！

　　另一方面，现实又好像总是和自己过不去，他常常发现自己实际的生活、学习和自己"期望中的、预设的"自我相差太远。几个协会的活动时间冲突在一起，让他难以选择，去了几次，又发现只是在练习最基本的动作这让自己有些失望；老乡会里他提出了为家乡筹款捐建图书馆的愿景，结果发现根本没人重视和支持自己的想法！

　　他发现自己没有过出一个"精彩、积极、充满能量、井井有条、受人敬仰、学业有成"的大学生活，反而产生了一系列自己也不能完全理解的负面情绪，有时候着急、生气，甚至很沮丧。更糟糕的是，因为要兼顾太多的事情，他有好几节课没有去上了，作业也欠得越来越多，第一次考试彻底砸锅了。他想不把它当回事，拿大学里有更多更重要的事情要做来自我安慰，但也慢慢感到心里时常像是堵着什么东西似的。他有些不认识自己，这个已经不同于高中时的自己，是自己想要的样子么？他花了很多时间阅读心理学公众号上的文章，看了图书馆里与心理学、自我认识、情绪调节有关的一系列书籍，但他仍然觉得"道理似懂非懂了，可仍然过不好大一的生活"。

　　古今中外，人们都在试图探索、理解自己的心灵。古希腊人认为，了解自身是人类最宝贵的追求之一。"了解你自己"这句箴言被刻在了古希腊德尔菲的阿波罗神庙上。《道德经》

中也提出:"知人者智,自知者明"。但是了解自己意味着什么呢?它又会被什么因素所蒙蔽、干扰?小卓似乎希望改变自己、塑造自己,但他是否足够了解自己?在大一这个兴奋、混乱又令人迷惑的阶段,有哪些因素会干扰小卓对自己的认识?

　　本章将要介绍自我意识的发展特点和自我认识的不同维度。小卓的变化与烦恼,很大程度涉及大学阶段人生发展任务的变化。一个人从青春期向成年期转变的重要阶段,也是人的自我意识发展并走向完善的重要时期。这个阶段往往成长与失去交织、收获与痛苦并存,期间出现起伏、波动、前后摆荡,都是常见的情况。法国艺术家保罗·高更的名画《我们从哪里来?我们是谁?我们向何处去?》也许就是在试图描绘这个生命发展阶段的本质:我是怎样的人?我的性格是从哪里形成的?我适合做什么?我应该做什么?我想要做什么?我今后的目标是什么?在别人眼里,我是怎样的一个人?……这些在心理学中都属于自我认识的范畴。正确的自我认识是良好心理素质的体现,也是心理健康的标志。

第一节　自我认识基本概述

　　认识自己看似容易,毕竟,每个人都是自己生活的专家,掌握自己的生命体验,可以内省到自己的感受、想法、信念。但自我认识实际也很难,因为我们同时是研究者和被研究的对象。这导致很难获得一个好的、准确的或客观的视角。中国有句老话叫作"灯下黑",指的就是人无法看清自己眼皮底下的事情,比如他自己。

　　正因为视角无法客观,自我认识也容易滑向自我沉醉。一个人陷入对自己的冗长思考、内在探索中,不一定能为他的外在行为、适应社会带来太大的改变。希腊神话中纳西索斯的故事就隐喻了这种情况,这位美少年太过沉醉与凝视水中自我的倒影,导致消耗光了他有限的生命。而唐太宗李世民和魏征的故事则恰好相反,"以人为鉴,可以明得失"。在自我认识的道路中,也需要开放、坦诚地接纳他人的意见、欢迎外来的评论与观察,这也是本章节希望向读者说明和强调的。

　　认识自己,需要有开放、接纳的态度,既指接纳自己身上的种种特点,也指接纳他人为你提出的意见和建议,而不会固守在自己的信念、定式当中。

一、自我的含义

　　1890年,威廉·詹姆斯(William James)在《心理学原理》一书中首次提出自我的概念。自我(self)是指认识、行动着的主体,是由生物性、社会性以及自我意识诸因素构成的有机统一体。他认为,自我分为主体自我(I)和客体自我(me)两个部分。主体自我与改变或行动有关,是我们对心理过程(感觉、知觉、思维)的主观意识。客体自我是个体对自我认识的积累,譬如我是怎样的人,我对自己和世界的认识是怎样的,等等。客体自我奠定了自我概念理论发展的基础。每个人对自己的认识是在发展过程中逐步形成和发展起来的。

　　自我既是心理活动的主体,又是心理活动的客体,是涉及认知、情感、意识过程的多层次、多维度的心理现象。自我意识可以分为现实自我、理想自我和投射自我三种类型。现实自我是个体从自己的立场出发，对自己目前实际状况的看法。理想自我是个体想要达到的完善的形象，是个人追求的目标。投射自我是个体想象自己在他人心目中的形象、他人对自己的评价，以及由此产生的自我感。理想自我与现实自我不一定是一致的。当理想自我与现实自我有一定差异，尤其是负性差异过大时，就会感受到失落、沮丧等情绪。虽然理想自我不是现实自我，但理想自我仍会对个人的认知、情绪和行为产生很大的影响，是个人行为的动力和参照系。此外，投射自我和现实自我之间往往也有差距。当投射自我与现实自我之间的差距加大时，个体会感到自己不被别人了解。因此，当这三种类型的自我之间不一致的程度过大时，一些心理问题也会由此产生。

1951年，心理学家卡尔·罗杰斯（Carl Rogers）明确提出了"自我概念"理论。自我概念指的是从人、物和事这些外在于自我的部分中区分什么是自我直接的部分。罗杰斯认为个体自我概念是理解心理失调产生的关键，是临床心理学中解释情绪困扰或其他心理与行为问题的核心观念。萨威尔森（Richard Shavelson）认为，个体对自己的知觉即为自我概念，不论是他人对自己的评价，还是自己对自身行为的归因都会对自我概念的形成有一定作用。1976年，萨威尔森等人据此提出了自我概念多维度多层级模型。该模型分为学业自我概念和非学业自我概念两大领域和四个子领域。学业自我概念下属的子领域包括英语、数学、自然科学等学科门类，非学业自我概念包括社会自我概念、情绪自我概念和身体自我概念。学者黄希庭认为，自我概念是个体对自己各个方面的觉知，具有区分性、多维性、评价性的特点。林崇德等人提到，自我概念是个体对自己内在与外在的整体认识，包括外表、能力、特点、态度、情感和价值等。总之，个体对自我的理解是关于我们是谁、我们应该是怎样的以及我们想要什么的认知。自我概念包括两个元素，一个是指导我们对与自我有关的信息进行特殊加工的自我图式（Self-schemas），一个是我们梦想或害怕成为的可能自我（Possible Selves）。对于自我的认识有些是通过社会比较（Social Comparison）后得出的，在比较中认识自己、思考自我。

用20个"我是谁"来描述一个完整的自己显然是不够的，但从上面的练习中还是可以看到，这位同学通过对"我"的一些描述，对自我进行了一个梳理，帮助他了解自己。同时我们也可以看到，"我"包括了很多方面的内容。在心理学中又是怎样对此进行研究和划分？有没有什么重点？对我的认识是否有质量上的好坏？

二、大学生的自我认识

大学生属于青年人。《钢铁是怎样炼成的》的作者奥斯特洛夫斯基说："生活赋予我们一种巨大的和无限高贵的礼品，这就是青春：充满着力量，充满着期待、志愿，充满着求知和斗争的志向，充满着希望、信心和青春。"

1957年11月17日，毛泽东主席访问苏联期间，他在莫斯科大学接见中国留学生时说："世界是你们的，也是我们的，但是归根结底是你们的。你们青年人朝气蓬勃，正在兴旺时期，好像早晨八、九点钟的太阳，希望寄托在你们身上。"2019年4月30日，习近平总书记在纪念五四运动100周年大会上提及："当代青年思想活跃、思维敏捷，观念新颖、兴趣广泛，探索未知劲头足，接受新生事物快，主体意识、参与意识强，对实现人生发展有着强烈渴望。

同时，青年人阅历不广，容易从自身角度、从理想状态的角度来认识和理解世界，难免给他们带来局限性。这是青年成长的规律，我们要尊重这个规律。"

如何从心理学的视角理解青年人的身心发展规律？美国著名的发展心理学与精神分析学家埃里克森提出了人格的心理社会发展八阶段理论，用来描述个体在不同年龄阶段的心理发展变化。他认为，个体在每一阶段都有特殊的社会心理任务，每一阶段都有一个特殊矛盾。通过面对并克服新的挑战，一个人将会迈向下一级更高的人生阶梯。

该理论的第五个阶段涵盖了青春期的发展，在这个阶段里，青年开始思考自己是谁、该如何适应环境、人生该何去何从等一系列涉及自我思考的问题。一个人的学业志趣与对学习的感受、对自己身体的体验、对爱情和性的种种想法和感觉、对人际关系的理解与预期、对个人品位和兴趣爱好的追求可能会发生强烈的碰撞。第六个阶段是成年期前期，这是建立、探索亲密感的阶段，亲密感包括友情和爱情。这时的青年人已具备一定的能力并自愿准备着去分担相互信任、工作调节、生儿育女和文化娱乐等生活，以期以最佳的状态进入社会。

（一）自我意识的矛盾性复杂性

大学生心理发展由于处在自我认同的关键阶段，社会化过程才刚刚开始。大学生的自我意识、自我评价出现矛盾，甚至出现不连贯、极端化的情况，也是客观的发展规律。在大学阶段，可能会有过度的自我接纳，或者是过度的自我拒绝。具体而言，是自尊心过强、自我中心和独立意识过强，或者自卑感过重、缺少个人主见和过分听从他人的意见。另外，矛盾性可能还表现为理想自我和现实自我之间的矛盾，自我评价和他人评价之间的矛盾。大学生活中各种新鲜的活动、任务呈现在眼前，学习、爱情、人际、兴趣爱好交织在一起，身份认同的七个维度各个都很有挑战，也会令大学生的自我意识充满了复杂的内涵。

（二）自我意识的成长性丰富性

大学生的自我评价呈现上升趋势。研究表明，自我评价水平会随着年龄的增长起伏变化。幼儿（3~8岁）对自己的评价是最高的。但在小学阶段，由于学业、成长的多方面压力，儿童对自己的评价有下降的趋势，这样的下降趋势持续到青春期之前。到了青春期，生理上的发育成长带来了心理效能感，自我评价总体上呈现上升趋势，并且一直持续到成年。大学生的自我评价上升，既是因为大学生对自己的认识更加辩证和深刻，对自己认识更加全面，也是因为大学生自我意识的发展日益成熟，能够理性客观看待他人评价。

大学生的自我体验逐渐丰富。他们的经历和自我体验变得更加多彩。在学业和社工、爱情与亲密关系、人际关系、个人的兴趣爱好等方面都有发展，对未来也充满了信心和期待。

大学生的自我控制能力随着年龄增长不断提高。随着知识的积累和生活阅历的增加，以及大脑的发育、激素水平的稳定等生理因素的影响，大学生对自己的认识更加充分，也有更好的行为自觉性和自控性。

【知识链接】

良好自我意识的标准

对于大学生来说，良好的自我意识应当包括以下指标：

1.接受自己的生理状况，不自怨自艾；

2. 对自己的心理素质有较清晰的认识，知道自己的长处和短处；
3. 对自己所处的环境有较清晰的认识，包括家庭和学校环境；
4. 对自己的经历有正确的评价；
5. 对未来自我发展有较明确的目标；
6. 对自己的需求有清楚的认识；
7. 知道生活中什么是应该珍惜的，什么是应该抛弃的；
8. 对妨碍自己达到目标的因素有较清楚的认识；
9. 对自己能够做到的事情有较清楚的认识；
10. 对自己的希望和能力的差距比较清楚；
11. 能正确评价自己的社会角色；
12. 对自己的情绪有较清楚的认识；
13. 明白自己能力的极限。

第二节　自我认识的维度

正如上文所述，研究者从不同的维度解析自我概念，结合日常生活，我们列举了5种理解自我的维度分类方法，随后也归纳了自我认识的特点。

一、认识你的大脑

大脑既是生物体内结构和功能最复杂的器官，也是高超、精巧和完善的信息处理系统。认识自己，需要先对大脑的功能运作有一些了解。当然，脑神经科学是一门庞大、深奥的学科，还有很多领域尚未被探索清楚，某一个功能运作的细节可能就需要一个研究团队为之探索多年。

美国国立卫生研究院的神经解剖学家保罗·麦克莱恩（Paul MacLean）提出了三重脑的理论，帮助非专业人士对大脑的功能进行定位和分类，以及帮助人们将对大脑的解剖学和功能的认识转换为对心智（意义）的理解。此项研究自20世纪60年代开始，至1990年完成，最终出版了《进化中的三重脑：古脑功能的角色》。麦克莱恩描述了三个不同的脑部系统，每一个都有其首要的功能，并同时与其他两个相互混合和交流。每一个"子大脑"都是漫长进化的产物，是为了满足物种不断发展变化的需求。

（一）最原始的爬行脑

爬行脑是从爬行动物进化而来的遗留物，是人类大脑最早发展的部分。生理上来讲，它是脊髓顶部的球状延伸，见图2-1所示。爬行脑是基本生存的主要控制中心，包括所有的调节功能（心跳、呼吸、吞咽等）。爬行脑同时也包含一些基本的动作和行为功能，用以维持躯体生存和物种延续，比如原始的攻击行为、求偶交配行为、守卫领地的行为等。从性质上看，这些行为是自动化和仪式化的。从成熟程度上来说，爬行脑这一部分在婴儿出生时就已完全成熟，开始运作了。

爬行脑和人的生理、躯体状态息息相关。人有很多下意识的行为受到爬行脑的调节，比如闻到美味食物的香味会咽口水，听到突然巨大的声响会惊得跳起来。这一些行为具有自动化的本质属性，从生理过程上讲是难以违抗的。一个人刻意疏忽或否定自己的生理需要，可能会导致身心出现紊乱，比如熬夜、饮食不规律等，都可能干扰爬行脑主导的各项生理过程的运作，从而影响整个大脑和精神状态。

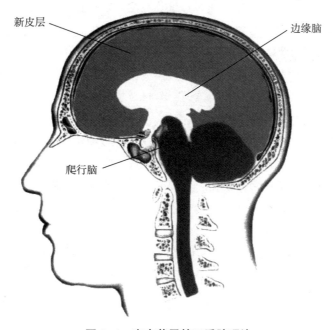

图 2-1　麦克莱恩的三重脑理论

（二）主管情绪的边缘系统（情绪脑、古哺乳类脑）

边缘脑包裹在爬行脑外围，是随着爬行动物向哺乳动物的进化而发展出来的。爬行动物和哺乳动物在进化层面的一个显著区别是，哺乳动物生产下幼崽，需要在相当长的时间里哺乳喂养幼崽。这形成了一个联系得更为紧密的养育系统。相反，爬行动物下蛋，一旦蛋体孵化，很短时间内就不再有养育幼崽的倾向了。由于哺乳动物对下一代的照料，需要发展出一套更复杂的情绪互动系统，让母亲和幼崽之间可以互相沟通。比如，当哺乳动物的幼崽感到分离的威胁时，可能会发出悲痛的呼喊声，母亲听到后会被激发起养育、安抚、保护幼崽的情感冲动。

麦克莱恩指出，与爬行动物只会使用仪式化的、僵化的反应不同，情绪是以沟通为目的，随着大脑的边缘系统的发展而出现的。边缘系统（也被称作"情绪大脑"）负责情绪加工，并且，对于人类来说，这一情绪系统在进化中逐渐变得更为复杂。人类的边缘系统将记忆的编码功能、记忆的提取索引功能、建立自传体记忆的功能囊括其中，而上述的三种记忆功能都是形成自我意识的基础功能。边缘系统结构还包括属于前脑的丘脑和下丘脑，这两个大脑结构与感知觉和运动相关，因此边缘脑还是连接内部心理过程和外部世界的重要通道。

婴儿一出生就能够接受外部信息，这是因为边缘系统在出生时也基本成熟了。婴儿基于视觉、听觉、嗅觉、触觉等诸多感官通道感知与养育者的互动，形成相应的情绪，并且通过表达和释放情绪进而影响、调节养育者的反应。比如最简单的例子就是婴儿感到饥饿，就会开始哭泣，吸引母亲前来照料；或是感到有熟悉的养育者在自己身边，于是露出愉悦的微笑，让养育者也感到作为照料者的成就感与幸福感。

边缘脑在情绪互动、情绪调节方面有着重要地位。人们的心理健康水平部分依赖于边缘脑在唤起情绪、调节情绪时的有效运作。而每个人的神经系统各不相同，因此会有不同的先天气质特点。这与一个人体格上的先天差异一样，构成了先天的身心特质。

边缘脑中的海马体出生时尚未成熟，海马体负责记忆的编码加工，尤其是那些能够被有意识提取出的外显记忆，都需要靠海马体进行编码，才能够由大脑储存起来，并在日后被回忆起。正因如此，人们没有婴儿时期的外显记忆。

边缘系统中的杏仁核是情绪体验的"打火石"，杏仁核中生成的情绪神经电信号，连同诸多其他信息，都会汇入海马体，编码成为一段有情景、有事件、有情绪的记忆片段。那些最为重要的记忆形成了一个人的核心记忆，这些记忆里面必然包含着与这个人自身有关的重要关系、情感信息。例如，在电影《头脑特工队》中，女主人公的大脑中就有着好几个重要的核心记忆，支撑起她的性格特点。

饱含情感的核心自传体记忆是一个人性格的基础，并且是可以发展的。随着成熟、成长，生活阅历的丰富，生命中宝贵的朋友体验、爱情体验、挫折后的反思与收获，都能让人构建起新的核心记忆，成为人格成长的新基石。当然这少不了下面要介绍的大脑结构的参与，而且有的时候，也需要一些外界的专业帮助。

（三）负责决策与理性思维的新皮层

新皮层是最新发展的部分，同时也是人类大脑中最大的部分。这个部分负责高级的功能，例如说话、推理、写作、决策、意识、判断等等。爬行脑和情绪脑一出生功能就已经齐备，而新皮层不同。新皮层在出生后的头三年呈指数级发展，并且终身持续发展。

我们常常谈及的"理性"就属于新皮层，特别是人类大脑的前额叶，更是负责高级认知、行为控制的核心，一个人是否能够延迟自己的满足感、动用意志力去做有挑战的事情、克服枯燥挫败感坚持练习，都与前额叶的功能息息相关。前额叶的成熟是最缓慢的，有研究表明，前额叶需要到20～25岁才能完全成熟和稳定。良好的前额叶"理性"运作除了依托生理上成熟，还取决于当下的身心状态：长期熬夜必然会导致注意力下降、疲劳感增加、对情绪波动的控制力也会减退。"理性"运作能否占主导，还和情绪脑释放的情绪强烈程度、频繁程度，以及情绪的性质有关。如果一个人时常感到强烈不可控制的情绪，他前额叶再强大也会吃不消，在情绪的洪流面前败下阵来。爱情中的跌宕起伏、学业上的波澜壮阔、同伴人际或家庭关系上的宽窄曲折，都可能暂时或长期地让情感部分盖过理性部分。当然，这本身也没什么，重要的是如何调整、是否适应当下的生活任务。

二、生理自我、心理自我、社会自我

现今，越来越多的心理学家采用"生理—心理—社会"的整合范式来构建自我理论，把自我分为生理自我、心理自我和社会自我。生理自我是指个体对自己的生理属性的认识，如身高、体重、长相；心理自我是指个体对自己心理属性的认识，如心理过程、思维、信念、能力、气质、情绪、性格等；社会自我是指个体对自己社会属性的认识，如自己在各种社会关系中的角色、地位、权利等。自我类型划分示意图见图2-2所示。

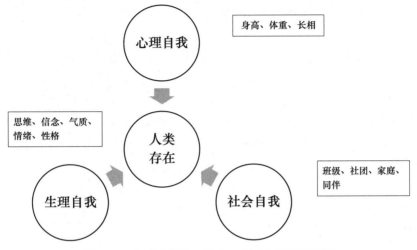

图2-2 自我（生理、社会、心理）类型示意图

【潜能训练】

三种自我状态

请完成20个"我是谁"的句子，将它们按照"生理自我""心理自我""社会自我"分类。看看你发现了什么？随后，请在相对比较少的自我状态里面补充上对自己是谁的描述。

三、意识的自我与潜意识的自我

弗洛伊德（Sigmund Freud）是奥地利精神病学和心理学家，他创立了精神分析理论。弗洛伊德认为，人的心理活动主要包含意识和潜意识（或无意识）两个部分。意识与感知相联系，一些理性、推理、决策判断过程也属于意识层面。而潜意识则主要包括个体的冲动动机、深刻情感、各种本能和欲望。这些冲动、动机、情感、本能和欲望往往与社会道德、风俗习惯、价值观念相冲突，因而被排挤到意识阈之下。然而，潜意识中的成分在不自觉地积极活动，构成了人类行为背后的驱动力。

其实，人们早在弗洛伊德之前，就注意到人的一些行为是在意识以外做出的。在日常生活中，人们有很多自动化的活动，比如骑自行车、走路，平时对这些活动不必集中注意力，骑车或走路的人可以一边和别人谈话或全神贯注地思考问题，一边行进。这一些活动可以叫作描述性无意识。而弗洛伊德关注的是动力的无意识。说得清楚一些，是指在人的无意识中动机、欲望、压抑的愿望之间的冲突关系，这些冲突矛盾是动态的，而不是静止的。然而，在一般情况下，人无法意识到这种冲突关系。

四、理想自我、现实自我、他人自我

理想自我是指希望自己成为怎样的人，希望有怎样的特征和品质，是对将来或想象中的自我的认识。其中涉及的根本问题是"我想成为怎样的一个人""我应该是怎样的一个人"。

现实自我是指我认为我实际上现在具有的特征和品质。

他人自我是指自己在与别人接触、交往的过程中，别人认为我是怎样的一个人，对我有怎样的评价。

可以看出，理想自我是一种要求、期待。曾子的"吾日三省吾身：为人谋而不忠乎？与朋友交而不信乎？传不习乎？"是我们耳熟能详的谚语，指的就是对照自己的现实自我判断是否能够符合理想自我的要求。达到自己的期待会令人产生自尊、自信的情绪，但是如果将理想自我定的标准太高、太严苛，或者太不切实际，导致自己达不到呢？那么可能就会像本章开头的小卓那样，产生诸多负面的烦恼。因此，为自己设立合理的理想自我标准，既重要，同时也是自我认识的健康表现。罗杰斯认为，一个人的理想自我与现实自我的差距越大，一个人内心的冲突与烦恼就越多。而心理健康的人，即是一个理想自我与现实自我能够统一的人。但要达到这种统一的境界，也需要不断从经验中学习、从生活中成长，是个长期的、需要付出努力的过程。孔子说："吾十有五而志于学，三十而立，四十而不惑，五十而知天命，六十而耳顺，七十而从心所欲不逾矩。"其中"从心所欲不逾矩"，指的就是理想自我与现实自我已经高度统一了，因此能够做到行事自由，随心而动。

【潜能训练】

自我认识的十种策略

有的时候，对自己的洞察来自灵光一闪，但也可以通过深入的思索来加深对自己的认识。

1. 倾听赞美并吸收赞美。如果你发现自己总是习惯对来自他人的赞美轻描淡写，那么试着让自己慢下来，思索一下他人眼中积极、优秀的自己。了解自己的长处是自信和自我觉察的基础之一。

2. 注意情绪的起伏状态。你什么时候会快乐地迷失在正在做的事情中？这表明你所做的事情是你喜爱的、擅长的，而消极的情绪也可以帮助你增加对自我的了解。有时，愤怒、悲伤和恐惧等情绪会告诉你，你可能需要面对、接受或改变你的生活。

3. 观察自己的想法。这里指的是正念练习，通过冥想来观察自己的思考内容。这些想法将引导你更好地了解自己。例如，在朋友的劝说下，你买下一件特别的衣服，但之后你感到后悔，而不是快乐，因为你发现自己其实更想把钱存下来。这让你意识到，此时此刻，你更重视储蓄而不是花钱的快乐。

4. 与错误做朋友。失败是成功之母，成长型的心态意味着能够接受错误，接受不完美，将困难问题视为挑战，并且从经验中学习。哪怕是最彻底的失败，虽然极其痛苦，但也可以刺激出新的方向。

5. 记日记或留出一些时间进行反思。这里推荐经典的"三件好事"练习：在一天结束的时候，记下或者反思你白天做的三件好事，或者发生在你身上的三件好事情。

6. 倾听别人的话语，但要自己做决定。

7. 与咨询师交谈。在探索自我时，可能会出现种种内部或者外部的阻力，这时便需要专业咨询师的帮助了——既可以是心理咨询师，也可以是职业咨询师。在专业咨询师的帮助下，深入探索自身的特点。

8. 尝试性格和气质测试。包括大五人格测试、霍兰德职业测试等等，这些都是了解自己的好手段。

9. 练习坚定地表达自己。

10. 身边有接受你的人，助力你的成长。

五、学业与社会工作、爱情与性、人际关系和兴趣爱好

为了思考"自己从哪里来？自己是谁？自己向何处去"，我们需要了解自己在这个世界上方方面面的存在状态。美国心理学家奥托·科恩伯格（Otto F. Kernberg）针对社会—心理功能，提出了解释自我发展的四维度理论，四个维度分别是学业及社会工作、爱情和性、人际关系、个人兴趣爱好。

（一）学业及社会工作

学习及工作发展能力是一个人的基本面。即一个人是否能够在学业上有投入，并且有真正的成就感，可以享受学习的过程，在学习中感受到创造性和快乐，而不是硬着头皮或为了成绩和一些外在目的。延续到工作时代，最终的核心目标是一个人能够过上有生产力的生活。作为工作人士，喜爱所从事的工作，取得满意的收入，能够感受到为社会产出价值，为自己产出的成果感到快乐和满意，并且让自己在这个世界上有了立足的本钱。这是一个人社会适应、功能运作的最基本面，因而在四个能力中放在第一位。

学业和社会工作的发展不良状态包括学业倦怠、创造力缺乏、意义感缺失、成就感缺失、缺少自尊、自信感、主观能动性不足、学业拖延等问题；发展良好的状态则是能够投入到学习和工作当中，能够从学业及工作中收获意义感、价值感，对自己的学业及工作有足够的认可与接纳，有主观能动性。

（二）爱情和性

20～30岁的人需要爱情的滋养，也必然会有性的体验。需要将爱的柔情与性的激情结合在一起。爱情和性的发展任务是建立和维系亲密关系、处理丧失和哀伤、妥善面对自己的性观点、冲动和行为，学习社会的基本性伦理。发展不良的状态包括孤独感、冲动性行为、性别认同问题等；发展好的状态是具备建立并维持一段亲密关系的能力，能够在柔情亲密和激情冲动之间（保持关系 VS 满足冲动）取得平衡，能够建设性地面对自身的性观念、性冲动、行为。

（三）人际关系

人际关系的发展任务在于建立一个连续、互惠的关系能力，应对同伴关系与同伴压力，处理与舍友、老师和其他重要他人的关系，思考独立与依赖、分享与隐私等主题。发展不良的状态包括自我中心、持续的人际冲突矛盾等。发展良好的状态是能够真诚开放，与家人和朋友建立连续互惠的关系。

（四）个人兴趣爱好

这涉及平常闲暇时间会安排什么样的生活，怎么样打发自己的业余时间。兴趣爱好能够丰富一个人的情趣感与意义感，有助于身体健康，增强生命活力与创造力。人们常常将个人的兴趣爱好与"学业和工作"相混淆。比如一位同学提到自己喜欢看书，但具体问看什么书，回答则是高等数学分析、离散数学等，那么这位同学是真的热爱数学，还是为了取得好成绩？如果是为了取得好成绩的话，喜欢看书就可能要归为"学业和工作"的分类里面。一个好的状态是，有良好的爱好，能丰富内心生活，享受独处的时光。如果没有兴趣爱好，一个人可能会体会到空虚感和匮乏感。

这四个维度构成了人类存在体验的根基，缺一不可。每个人都需要在这四个维度上取得平衡、协调的发展，才能够达到身心健康、全面发展的状态。在人生不同的阶段，人们在四个维度上投入的时间可能有差异。比如在大学时代，学业投入肯定是最多的；到了晚年，兴趣爱好投入是最多的。但是即便在大学阶段，其他三个方面也不能是零。我们需要思考在这四个维度上，是否有参差起伏，哪一点还需要提升。

【潜能训练】

梳理四个功能维度

请完成20个"我是谁"的句子，将它们按照"学习与社工""爱情与亲密关系""人际关系""兴趣爱好"分类。看看你发现了什么？随后，请在相对比较少的维度里面补充上自己是谁的描述。

六、自我认识具备复杂性与深入性的特点

回到20个"我是谁"的练习，你是否能够很轻松地写出20个关于自己的条目？写出来之后，这些条目是否能够涵盖生理、心理、社会，以及理想自我、现实自我、他人自我等不同的维度？如果你可以和身边的同学、朋友对照，会不会通过对比发现一些明显的缺失？比如完全没有提到自己的生理自我，或是只描述了在他人眼中的自我？或者你能够在大体上前后一致的前提下，展现出你不同的面貌、性格中的不同特点？

另外，你的描述是否有深度？这指的是，你能够通过描述呈现出你的一些内在品质，让人对你的内在心灵世界产生更多了解。具体来说，可以通过以下探索来增加自我认识的深度。

（1）需要了解自己的想法，以及想法背后一些根深蒂固的核心信念。

（2）需要了解自身的情绪特点。我们可能认为自己有某种感觉，但真实体验的可能却不同。比如一个人说"我不难过"，但随后眼泪不由自主地流了出来。所以一个人有时会有情绪反应，只是没有觉察到自己有情绪了。长此以往，这样的行为表现可能会成为某种行为模式，进而在生活中被自己或朋友识别出来，比如同学朋友常常说自己"不苟言笑"或"情绪容易冲动"，这就是情绪的长期特点。

（3）是否清楚地了解自己的目标。我们有时可能会感到迷茫，不知道自己的目标是什么，感到被某种不确定的东西折磨。短暂地处于这种状态是正常的，但如果长期感到缺乏目标，则是自我认识上的一个问题。

（4）需要更深入地了解自身的优势和局限。有的人对自己的优势过度自信，也有人为通常都有的不足局限感到气馁。我们需要实事求是地评估自己的能力和弱点，这样的自我认识才更准确和有建设性。

（5）需要好好认清那些会影响自身选择的恐惧和吸引因素。有时候人们会说"自己是颜控"或"我完全受不了嘈杂的环境"，这背后都是那些强烈吸引着我们的，或是令我们感到十分恐惧不安的事物。需要深入理解它们的起源由来，避免因为它们而作出糟糕的决定。

毫无疑问，深入的自我认识还有其他方面。举出这几个例子只是希望引发多元视角，增添我们对自己的理解与认识的深度。

【知识链接】

自我认识的好处

通过自我认识，你将获得如下益处。

1. 幸福。当你能描述出自己是谁时，你会更快乐。清楚地表达自己，提出你的愿望会让你更容易得到你想要的。

2. 减少内心冲突。当你的外在行动符合你的内心感受和价值观时，你会体会到更少的内心冲突。

3. 更好的决策能力。当你更了解自己时，你能对每件事做出更好的选择，从像去哪个食堂这样的小决定，到像选择哪个专业作为人生方向这样的重大决定。你会拥有清晰的思路来解决生活中各种各样的问题。

4. 自我控制力。当你了解自己，了解是什么在帮助你克服坏习惯，并养成好习惯，你能清楚认识到是哪些价值观和生活目标激发起你的意志。

5. 抵抗社会压力。当你坚定于自己的价值观和喜好时，你能够更容易地说"不行"，而不用一味地说"好的"。

6. 更加宽容和理解他人。你对自己的困难和矛盾有深入理解，可以帮助你更加有能力共情他人的感受。

7. 更有活力、更快乐。做真正的自己会让人感觉更活跃，让你的生活体验更丰富、更广阔、更精彩。

第三节　做真实的自己

人本主义心理学家马斯洛曾指出，健康的个体能够接受自己和自己的本性，并且能够接受现实的自我状态和理想自我之间不符合之处。英国儿童心理学家温尼科特（Donald Winnicott）认为，一个人能够活得"真实"，即拥有"真实自我"，乃是心理健康、生活有活力、精彩丰富的前提条件。但这也是有难度的，因为个体在不断变化成长，所认同的价值观会发生变化；社会价值也会随时代变化而变化，结果是社会价值常常与一个人的价值观念产生冲突，或者被"我希望我是谁""我应该是谁"而迷惑了实现，从而忽略了真实的自我。

积极心理学中有一个概念叫作"福流",指的是一种幸福的极致状态。当一个人感受到与自己的"真实自我"建立起坚实的联接时,会产生欣喜若狂、如痴如醉、欢乐至极的感受。并且这种与自我合一的感受令人有动力、有热情去为自己内心所向往的事业而奋斗,使人变得专注且沉浸,物我两忘、知行合一,感到被一种愉悦的力量所推动,去创造和探索。完成了之后,也会感受到一种发自内心的兴奋、喜悦、感动、激励、敬畏和升华,确认生命的价值和意义。这种深刻的幸福感受,是和做真实的自己密切相关的。

一、统合客观认识与主观认识,发掘自我潜能

自我的维度中,有主观的自我认知,也有来自他人的客观观察,如何平衡这不同维度之间的关系呢?心理学的"乔韩窗口理论"(Johari Window)可以很好地帮我们统合客观与主观,并且能够通过这个认识自己的工具来发掘自身的潜能。

"乔韩窗口理论"是由美国心理学家乔伊·卢夫特(Joey Luft)和哈林顿·英厄姆(Harrington Ingham)提出的关于人的自我认识的理论。他们认为人对自己的认识是一个不断探索的过程。乔韩窗口理论按照自己对自己的了解程度,其他人对自己的了解程度,把一个人的自我划分为4个部分:公开的自我、隐藏的自我、盲目的自我和未知的自我,如表2-1所示。

表 2-1 乔韩窗口理论

	别人了解的	别人不了解的
自己了解的	公开区:意识知道的。 如:我是聪明的。	隐藏区:也许是自己不希望别人了解的。 如:尽管别人看起来我很棒,其实我很自卑。
自己不了解的	盲区:我们的潜意识通过我们的行为展示出来的。需要探索自己潜意识才知道的。 如:我不知道我是很有能力应对困难的。	未知区:更加深层的潜意识。 如:我和别人的交往模式其实是我和父母交往模式的再现。

(1)**公开的自我**:也就是透明的自我,这部分自己很了解,别人也很了解。一个人的身高、外貌,外显的性格特点,包括一些特定情境下的行事方式,都属于公开的自我。

(2)**隐藏的自我**:是自己了解但别人不了解的部分,也就是属于自己的秘密与隐私。每个人都有自己的秘密和隐私,需要得到尊重。但如果一个人有太多隐藏的自我,就会时刻处在担心自己的秘密被曝光的焦虑中,心理压力会很大。

(3)**盲目的自我**:别人看得很清楚,自己却不了解的自我。大文豪苏轼写道:"不识庐山真面目,只缘身在此山中。"人的一些习惯性的反应模式,或者是一些潜意识的举止,常常是不自知的,而这些行为模式、举止能被身边人观察到,因此出现了自我认识上的盲区。可以说,强调自我意识的盲区的概念,并且通过一种非常简单、直观的形式指出如何发现自己的盲区,是乔韩窗口理论最大的价值。

(4)**未知的自我**:是别人和自己都不了解的潜在部分,即更加深层的潜意识,可以通过一些契机激发出来。

通过不断拓宽自己的公开区域，通过他人的反馈减少盲目的自我，人对自己的了解就会更多、更客观。

如果一个人自我的"公开区"越大，那么他就生活得越真实，在与人交往时也往往能够更加坦诚、自然、愉快。这需要一个人有一点勇气开放自己，在令自己感到安全放松的环境里，减少自己"隐藏区"的内容。

探索自己的盲目区域，可以借助一些在线的乔韩窗口工具，来认识自己的盲区。

【潜能训练】

乔韩窗口在线测试

在线版的乔韩窗口利用一个非常简单、巧妙的程序实现了乔韩窗口的功能，建议大家上网尝试，得出属于自己的乔韩窗口。

在线版乔韩窗口的工作原理是，先请一个人在一系列的性格形容词中选出6个自认为最能够代表自己的词汇，比如"热情的""谨慎的""矛盾的""平和的"，等等。然后，再将网站生成的链接发给自己的朋友们，请他们根据对你的印象选择最能够形容你的词汇。

这样一来，有一些词汇是你自己和别人都选到了的，那就是"公开区"。有一些是只有自己选了，别人都没有选择的，是"隐藏区"。最有趣，也最重要的则是其他人选择了，但你自己没有选的，这正是别人观察到了，但你自己还没有自我觉察到的"盲区"。

很多人通过测试惊讶地发现，自己在他人眼中是"聪明的"，而自己从来不觉得自己聪明；在他人眼中是"乐于助人的"，而自己常常觉得自己不会帮助人；在他人眼中是"善良的"，但自己之前从来没有认真想过这也是自己的性格特点。

可以说，在盲区中蕴藏着一个人值得开发的潜能，这些能力是一个人已经具备了的，但因为种种原因，自己没有觉察到，但他身边的朋友已经通过接触、观察认识到了。

一个人是不断成长的，朋友随着时间的积累对自己的了解更深入。结识越久的朋友，他们指出的"盲区"可能越发准确。同时，一个人也会在不同的情景、不同的人际圈子中有不同的表现，所以这个乔韩窗口测试，可以请上大学之前的朋友做，请亲戚家人做，请大学的同学做，也许会有不一样的惊喜和收获。

二、平衡积极与消极

在探索自我时，人们往往忽略的是自己当时的心境状态。一个人是带着放松、愉快的感情思考自我、探究心灵，还是在一种紧张、焦虑感的驱使下审视自己的内心世界？在积极情绪的烘托下，一个人探索自己心灵得出的结论往往也是令人愉快的。而当一个人处在消极情绪的笼罩下，常常会对自己得出悲观、负面的结论，甚至陷入深深的自我批判当中。

因此，如果感到自己的思考常常陷入悲观，只看到自己的不足，产生厌恶自己并否定自己的自卑情绪时，一个重要的调节方法是让自己停下来。可以通过散步、听音乐、做活动等来转移注意力，摆脱负面情绪和认知的反刍思维困扰。当然，有时候一个人也会想"让自己不要再消极"但又做不到，于是加重了对自己消极的认知，还是无法离开循环。这个时候，可能就需要专业心理学的帮助了。

而一个人变得对自己过于乐观、积极的时候，也需要有一点自我提醒，自己是不是进入了孤芳自赏、自以为是的状态，自己是不是借着自我膨胀而回避听到中肯的批评，不想看到现实中的困难？

因此，在探索自己的心灵世界时，需要平衡积极的部分和消极的部分，才能够通过合理的自我评价促进自己有合理的定位，对生活形成恰当、显示的指导。

【推荐资料】

你比你想象得更美丽

一个人对自己的认知是消极的或是积极的，甚至都会影响到他人对这个人的印象。网上有一段视频《你比你想象得更美丽》生动地展示出这一点，欢迎同学搜索观看。

随后再看看之前写的"我是谁"句子，看看在四个不同的维度中，你对自己的描述是积极的、中性的，还是消极的？

三、平衡开放与封闭

一个人个性上的开放与封闭并没有一种绝对的、正确的配比。天赋秉性、生活环境、心理状态都会影响一个人，让这个人愿意开放得多一点，或者封闭得多一点。但是在一些糟糕的情况下，也可能会进入极端，完全进入自己的小世界，封闭自我，或是过度地将自己透明化，失去个人的隐私性。

独处能够带来沉淀和反思，"学而不思则罔，思而不学则殆"，留出时间让自己思考，对成长是很重要的。独处不同于孤独，孤独是一种人际的疏离感，使人感到脆弱和无力；独处则是自我主动给现实生活放假，促使自己进入另一个模式以汲取力量。

开放能够碰撞出新的火花，真实的人际互动、思想的交流与碰撞常常能够帮助一个人从思维的局限中解脱出来，发现看待事情、解决问题的新思路。有时候闭门造车，苦苦思索某一个作业中的难题，可能不如请同学提供一些新的思路，能够节省很多时间，还可以学习到不一样的思考方式。

【推荐资料】

内向性格的力量

苏珊·凯恩（Susan Cain）在TED上的演讲《内向性格的力量》非常精彩，这个演讲可能会更新很多人对于内向和外向、封闭和开放的固有刻板印象。一直以来，很多人都认为外向是人生道路上成功的必需品，积极参与社交活动，拓展人脉，才是正确的处事原则，而内向则是一种贬义词。看了这个视频后，你会发现，原来内向性格也能产生这么大的力量。凯恩告诉我们，内向与外向并没有优劣之分，它们是不同的性格模式，更是一个人补充心理能量的不同方向。

四、提升内在的自我

综合以上 3 条成为真实自己的建议，通过实践、想象，以及必要时接受心理咨询，一个人能够开启提升自我的旅程，实现自我的理想。

【潜能训练】

5 个感恩问题，更好地了解自己

感恩是积极心理学非常强调的一种综合、复杂情绪。经常感恩，能够培养一个人的心理力量，它始终与更高的生活满意度联系在一起。

问自己以下 5 个问题，培养感恩之情，进一步了解自己。

1. 由于童年的影响，你获得了哪些积极的价值观？

例如，你很感恩你看过的一个特定的电视剧或一本书，接触到的某一个想法，帮助你树立了自己的价值观，指引你前进的方向。

2. 你小时候觉得从谁那里得到了养育和照料？谁帮你发展出对自己的积极看法和感受？

例如，一位姑妈鼓励你坚持一个你父母不重视的兴趣爱好。

3. 当你还是个孩子的时候，哪个大人很自我接纳，成为你的榜样？

例如，妈妈对自己身体形象的态度一直都很积极正面。

4. 当你还是孩子的时候，谁让你意识到人生有着种种不同的可能性？

例如，舅舅从国外旅游回来，分享了他旅途中的见闻，让你第一次遇到一个你认识的人，做了一件令人兴奋向往的事。

5. 你小时候有过哪些困难的经历，令你成为一个更有韧性或更富同情心的人？

【本章回顾】

自我是一个人如何看待自己、他人和世界的独特方式，是每个人心理活动的核心。大学阶段最重要的课题就是开始探索自己，真正认识自己，接纳自己，然后才能不断超越自己，实现自我的发展和成长。

【话题讨论】

1. 自我认识有哪些方法？
2. 自我认同有哪 7 个维度？
3. 如何理解大学生自我认识的社会维度？
4. 乔韩窗口分成哪 4 个象限？
5. 是否需要每个人都成为外向的人？

【参考文献】

[1] 贾晓明. 大学生心理健康 [M]. 北京：北京理工大学出版社，2005.

[2] [美]拉斯廷. 婴儿研究和神经科学在心理治疗中的运用[M]. 郝伟杰,译. 北京:中国轻工业出版社,2015.

[3] [美]埃里克·埃里克森. 童年与社会[M]. 高丹妮,译. 北京:世界图书出版有限公司,2018.

[4] [美]埃里克·埃里克森. 同一性:青少年与危机[M]. 孙名之,译. 杭州:浙江教育出版社,1998.

第三章　天生我材必有用
——自我接纳和自信心的建立

【名人名言】

不以物喜，不以己悲。

——范仲淹

一个人本来是什么，就必须是什么，他必须忠实于自己的本性。

——亚伯拉罕·马斯洛

【案例引入】

　　一个人通常用来看待自己和他人的方式，人格心理学家称之为"个人建构"。心理学家布莱恩·利特尔（Brian R. Little）在《突破天性》书中举了一个例子。20世纪70年代，利特尔班上有个学生叫杰拉尔德。在当时的年代，嬉皮士文化盛行，其他同学都留长发、穿着牛仔裤和拖鞋，而杰拉尔德则穿着军校的军装，与众不同。他上课时认真听讲做笔记，不与同学们交流，走路时也如行军般出入教室。有一次，利特尔在课上讲解如何评估用来分析别人和自己的个人建构。根据多年经验，他了解到大多数学生有大约7种个人建构，这些建构之间有适度联系，改变的阻力较小。比如，"聪明/不聪明""酷/不酷""有趣/乏味"等。利特尔却发现杰拉尔德的建构本质上只有一个，都是围绕"在军队中/不在军队中"这样的表述构建出来的。从内在建构和外在行为，杰拉尔德都保持着一致，并且这是其核心内容。后来有一天，杰拉尔德开始缺课、缺席考试，之后突然辍学并住进了医院。之后得知，他是因为某些纪律原因，导致军官训练项目被开除，进而几天后因为严重的焦虑症住进了医院。

　　利特尔解释道，杰拉尔德的核心自我建构失败，导致了整个自我建构系统的崩溃。如果能引入其他的表述方式，比如"用功的学生""充满爱心的儿子"，那他就会用另一种方式来看待自己和自己在这个世界上的价值，而不至于当核心建构失效后，整个人就彻底崩溃了。

　　利特尔通过上述这个例子总结出一句话："以丰富的视角看自己，才有可能坚不可摧。"这句话正说出了本章的核心内容——自我接纳。当用更多元的视角认识自己时，会形成更立体、饱满的自我，不会因为某个方面的缺少或失去就像被针扎破的气球一样，瞬间破裂。

　　大学生正处于青少年后期和成年早期，处于人生发展的关键阶段。学习生活状态与中学时期相比有了很大的变化。中学时的学习由各科老师安排，大部分学生只需要完成好布置的作业，专注学习就可以了。但是进入到大学以后，学习方面要自己思考选什么课，如何规划自己的课表。老师上课节奏比中学阶段快，课后还需要安排充分的自习时间。大学课程考核方式也不再是单一的期中期末考试，经常会有小组作业，有时还需要完成一周甚至更长时间的大作业，动辄几千字的课程论文也是期中期末考试的常见要求。正在经历大学生活的学生应该不难发现：在中学，学业是最主要的内容，而进入大学后，学业只是大学生活的内容之一。

同伴关系和师生关系的变化也是大学与中学不同的地方。中学生源相对单一，而在大学里，同学们来自天南海北，有不同的生活习惯和爱好，既需要相互熟悉，还要在共同生活中相互磨合、体谅。上课、自习、课外活动也会打破行政班的局限，学生有机会接触到更多年级、院系的同学。师生关系不再像中学会经历每天班主任巡班、固定几位老师上课了，同学们可能会选择不同院系老师的课，而老师会教授不止一个班的学生，师生交流需要抓住课间，或者通过预约老师的开放交流时间与老师沟通。面对诸多不同于中学的学习方式和生活节奏，也许有同学会怀念中学无忧无虑的生活，也许会想念家乡的父母老师好友，也许在努力适应着新的节奏。

其实，上述这些初入大学的感受都是正常人在非常情况下的正常反应。面对新的环境，每个人都需要花时间适应，只是每个人的适应时长和程度不同，这里面包括对新环境的调适能力，也包括了对自己的认知程度。如果在新的环境中，能够保持对自己的信任，同时根据实际情况调整自己的学习生活方式，将更容易适应环境，也有助于树立自信。这一章就从如何接纳自我的角度来探讨怎样适应和过好大学生活。

第一节　自我接纳概述

在清华园，也许会遇到这样一些人：他们自称"学渣"，但平时的表现和考试都超过了我们对"学渣"的认知范围，称其为"学霸"都不为过。但为什么他们会愿意称自己为"学渣"呢？

这些在外人看来"过分谦虚"的同学内在有着他们自己也尚未察觉的心理活动。自称"学渣"的好处是可以保护自己，让自己不被他人过高期待。如果最终的成绩还不错，那便令人刮目相看；如果不理想，对外的形象也没有很大落差。试想，一个同学平时表现得学业能力很强，考试成绩却不够突出，那周围人期望落空的样子可能也会让他难以承受。

然而，我们无法永远通过隐藏真实的渴望来实现对自尊的维护，直面自己的渴望和担忧，才能在未来生活的种种挑战中坦然迎战。一个达成自我接纳的人，可以表达自己的目标和期待，同时更能欣然接受自己的优势与局限、成功与失败。通过本章的学习，我们将尝试着理解何为自我接纳，看到自我接纳对一个人生命的影响，并试着培养自我接纳的能力。

一、自我接纳的含义

自我的心理结构包括自我认识、自我体验和自我调节三个部分，三者互相联系，有机组合，完整统一，成为一个人自我的核心内容。自我认知包括自我感觉、自我观察、自我概念、自我分析和自我评价。自我体验包括自尊自信、自卑自负、内疚自责、自豪感、成就感以及自我效能等。自我调节包括自制、自主自立、自我监督、自我控制和自我教育。自我接纳是自我体验的一个主要组成部分，也是人本主义心理学、行为主义心理学和认知心理学流派强调的概念，是影响个体心理健康的重要因素。

国内外对自我接纳有很多理论和实践方面的研究探讨。美国人格心理学家奥尔波特（Gordon W. Allport）首次提出了"自我接纳"概念。自我接纳指个体接受和爱护自身及自身具有的特点，包括身体、能力、品德、名誉等各个方面，奥尔波特认为这是健康成熟人格的一个特征。高夫（Harrion G. Gough）认为，自我接纳是一个人对自己的态度，这种态度反映了个人价值感和独立思考的能力。从心理学视角看，自我接纳属于个体对自我所持态度的一种，包含了认知、情感和行为意向等复杂成分。在认知层面，个体对自身及其正面、负面特征的了解，并认可其正面价值是其接纳自我的前提；在情感层面，个体对自我抱有积极情感，乐意接受现实自我；在行为层面，表现为珍爱自己和包容自己。综上，自我接纳通常是指个体对自我及其相关特征的接受。

人本主义心理学家马斯洛在对情绪健康个体的研究中提到，自我实现者的特征包括接纳自我、接纳他人以及接纳自然。这里提到的接纳是指接纳自己的优点和不足，不会扭曲或伪造自我形象，不会因为失败而感觉内疚，同样也会接受他人的缺点和社会缺陷。

国内外许多以青少年和大学生为测试对象的实证研究发现，自我接纳水平对个体的主观幸福感、完美主义、抑郁焦虑情绪等都有重要的影响。此外，还与人际关系满意度、人际信任感有相关关系。

二、自我接纳的基本特征

自我接纳是个体在自我认识与了解基础上的表现，是一种包含多种复杂特性的心理现象。孟凡斐等学者总结了自我接纳的4个基本特征，分别是非依附性、非回避性、非评判性和自愿。

1. 非依附性

非依附性是指个体对某种刺激客体不作过度依赖、关注或寻求的认知—行为模式，是个体"心理灵活性"的体现。依附是指个体无法根据实际情况的变化来调整自己的认知和行为，从而可能导致行为失败或出现内心困扰或痛苦的感受。

《吕氏春秋·察今》讲述了这样一个故事，楚人有涉江者，其剑自舟中坠于水，遽契其舟曰："是吾剑之所从坠。"舟止，从其所契者入水求之。舟已行矣，而剑不行，求剑若此，不亦惑乎？没错，这个就是著名的"刻舟求剑"。在这个故事里，我们可以看到，这位楚人就是由于没有根据实际情况变化调整策略，所以最终导致未能如愿找回丢失的宝剑。有一些成语或是俗语也反映了这种状态，如"不撞南墙不回头""执迷不悟""固执成见"等。理性情绪行为疗法中，有一类非理性信念被称为绝对化信念，这类信念里面往往会带有"必须""应该""一定"等词语，即便现实发生了变化，也依然固着在绝对化的信念中。

2. 非回避性

非回避性是指个体直接面对客观真实自我及其现实特点，而不是对其进行回避或否认的心理及行为倾向。史记中的故事《扁鹊见蔡桓公》正是体现了蔡桓公对病情的回避，生病后讳疾忌医，拒绝面对客观事实，最后病入骨髓，无法救治。回避的初衷也许就是为了排除或缓解内心的厌恶、恐惧或焦虑等负性体验。在心理防御模式中，回避性即是通过否认或是压抑的方式避免不满意的负面特征或事件对自我产生威胁。

有同学说，进入清华后发现大家都太厉害了，自己跟那些优秀的同学无法相比，感觉自信碎了一地。能够将"不自信"的感受表达出来的同学，在自我认同的"非回避性"上更加成熟——因为面对自己的不完美本身也是一件很困难的事。来到清华，人外有人，天外有天，因此很多同学都会经历一个拾起自信、重塑自信的阶段。这个阶段就需要直面自己的局限，加深对自我的理解。

3. 非评判性

非评判性是指个体不以单一标准对自己或者自己的某些具体特征作出批判性的评价，其本质是个体保持无条件的积极自我关注并有着稳固的自我价值信念系统。如根据部分特征或单一因素来衡量自我价值，比如外貌美与丑、学习成绩高与低、家庭条件好与差等。而个体的自我认知往往是局限的，会因为某件事情、某个情境的成功失败或是好与坏而导致不良情绪反应，产生过高或过低的自我评价。

高中时期大部分学生都认同以成绩作为重要的标准来评判自己，然而，这只是成长中一个阶段的特点。大学生需要完成从单一维度的评价到多维度不再刻意进行自我评价的蜕变，这也是自我接纳的重要一环。

4. 自愿

自愿是自我接纳最为关键的一个特性。它是指个体根据自己的内心意愿而非外部压力进行活动的心理状态，并常伴随积极的情绪体验。有些学生用整个大学来抗争家长为自己选择的专业，也许这些专业很好，但学生本人不认同，即使学习能力强也有可能用挂科、不完成作业等方式来反抗，最终留下许多遗憾。这就是非自愿的行为所带来的负面影响。自我接纳的过程并非无奈与不情愿的，自愿是积极心理属性，当个体自愿接受选择、行动时，会激发自我产生更多的积极行为；而被动接受是面对内外在压力、负性事件无能为力的忍受，常伴随压抑、沮丧的消极体验。

三、自我接纳的意义

培养正确的自我接纳观念，有助于个体建立健康的自我认知、良好的情绪适应能力和社会适应行为。

首先，自我接纳程度会影响自我认知的程度。自我接纳意识的增强，其实也是自我和谐的健康状态的反映，而如果自我接纳意识缺失，则会产生自我同一性的混乱。比如，大学生性少数群体对于自身的困惑。同样是对事情的反思，但是出发点不同，最后产生的效果也会不同。如果自我接纳程度较高，那么更容易通过反省的方式激励自己更加努力、更加优秀，所谓"吾日三省吾身"。但如果自我接纳程度较低，那么更容易通过反刍的方式埋怨自己哪里做错了、做得不好，过度陷入自我责备、内疚中，而面向未来、向前展望和行动的意愿相对较弱。

其次，自我接纳程度会影响情绪适应情况。前面提到了自我接纳的几个特点，其中非评判性是很重要的一个特征。个体减少过度自我评判，将有效地减少自我认知评价偏差，避免在认知偏差所导致的负性思维中纠缠，情绪层面的困扰也会缓解。较高的自我接纳也是有效的情绪调节策略，能够减少内心冲突，还是幸福感的主要来源。

最后，自我接纳程度会影响社会适应行为。缺乏自信、感到自卑的低自我接纳程度会产生退缩、回避等行为，而这些行为直接会影响学生在工作、学业中的发展，产生自我妨碍。而高自我接纳则更能够主动开放，获得更多的社会支持。

第二节 大学生的自我认同感

【案例引入】

埃里克森非常关注青春期的发展，认为青春期是形成自我认同的重要阶段，实际也是源于他个人的成长经历。埃里克森一生经历了两次同一性危机，都是关于自己的出身。

埃里克森的母亲是丹麦人，埃里克森在德国出生，出生后由生母和继父抚养长大，但他并不知道亲生父亲是谁。在德国上学期间，埃里克森认为自己是德国人，但因为身高与长相充满北欧人的特点，被同学排斥。埃里克森的一个女儿回忆起父亲的情况，这样写道："他一生都在抑郁中挣扎。被抛弃和被排斥的童年经历使他陷入自我怀疑的困扰之中。他有强烈的不安全感以及对自己的不确定感。他渴望从别人那里不断地获得支持、指导和安慰。"埃里克森曾写道："毫无疑问，我最好的朋友会坚持认为，我需要命名这种危机，并看到它在其他人身上是什么样子的，以使我自己真正地接受它。"如他女儿所说，哪怕是在取得了一生的成就、荣誉和赞誉后，埃里克森仍然对自己所获得的感到失望，因为他认为"私生子对于名人来说，仍然是一个耻辱的来源"。由此可知，如果个体未能很好地整合对自己以及他人如何看待自己的部分，哪怕是功成名就，也仍有可能在内心无法真正认可自己。

一、自我认同：大学生阶段的重要任务

本书前面的章节曾经引述过心理学家埃里克森提出的心理社会发展八阶段理论。该理论描述了个体在不同年龄阶段的心理发展变化，认为个体在每一阶段都有特殊的社会心理任务，每一阶段都有一个特殊矛盾，矛盾的顺利解决是人格健康发展的前提。其中，与大学生有关的是青年期、成年早期两个阶段。

第一个是青年期，该阶段从13岁到20岁左右。这是个体形成自我认同的关键时期，核心问题是自我认同与角色混乱之间的冲突，即自我同一性（Ego Identity）的问题。个体需要澄清自我认同感，形成自我意象，整合对自己以及对他人如何看待自己，并且找寻生活的目标与意义。这个时期主要压力来自学业、未来职业选择和亲密关系的构建。

青少年时期的过程发展顺利，个体就会形成稳定的自我同一性。当然，在形成稳定自我同一性过程中，肯定会经历一些曲折，也会充满焦虑感。但是可以发展出高自我同一性的个体，将能够确定而自信地面对成年期。而没有实现同一性或是在经历同一性危机的个体将出现角色混乱，不清楚自己究竟是谁、需要什么、想成为怎样的人。因此可能会通过一些非建设性的行为寻求消极的同一性，或是始终没有找到自我。

第二个是成年期，从21岁到34岁左右。这一阶段的特点是进入了亲密关系期，在达到亲密关系的过程中，个体会再次经历自我同一性的挑战。形成亲密关系主要依赖于个体能否形成清晰的自我认识。

大学生面临的一个重要问题就是"我是谁"。进入新环境，接触新的课程与活动，许多体验都是突然到来，却又无比强烈的，这会造成自我认知的混乱和不稳定。自我认同是指对自己是谁、要去向何方，在社会中处于何处等问题的稳固和连贯知觉。按照埃里克森的人生阶段划分，在进入大学之前个体应该已经完成了自我认同的过程，确立了稳定的自我认同。但从我国大学生的实际情况来看，在初中、高中阶段，学习和考大学是最主要的生活方式和生活目标，是早已由社会、学校、家长为学生确定的，不容置疑的道路。处于青春期的个体选择权十分有限，生活中其他重要的维度，如爱情、人际、兴趣爱好等有助于塑造自我认同的活动也往往很有限，这实际上就推迟了个体实现自我认同的年龄阶段。因此，很多同学是在进入大学之后才真正发展出自我认同的。

二、自我认同的四种发展状态

大学生正处于自我概念形成的关键时期，这个时期大学生心理发展的重要内容就是自我整合。青少年面临的主要发展障碍是获得自我认同感，也是上文提到的自我同一性。青少年个体在12～18岁青春期阶段，是形成自我意象并整合对自己以及对他人如何看待自己的观点的时期。在这个阶段，个体的自我会经历一系列矛盾和冲突。如果这个过程发展顺利，就会形成稳定的自我同一性。否则，可能会出现自我同一性危机，迷失个人前进方向、与自己的角色不相适应，最后出现退缩、自卑等不良人格特征。

形成良好的自我认同感需要一些时间。戴维·谢弗（David Shaffer）提出了四类自我认同感水平，包括认同感混乱、提前结束、延缓偿付，以及认同感获得，详见表3-1所示。请同学们结合自己的情况，看看自己当前处在哪类水平。

表3-1　大学生身份认同（同一性）的4种水平

水　平	描　述
认同感获得	个体通过做出同一性承诺，而解决了同一性危机
认同感延缓偿付	个体正面临同一性危机，并正积极解决这一问题
认同感混乱	个体陷入同一性危机
认同感早闭	个体在没有同一性危机的情况下过早地做出身份认同的"承诺"

1. 认同感混乱

对认同问题不做思考、无法解决，对将来的生活方向未能澄清。不少同学在入校后会遇见很多新鲜的事情。"这么多有趣的课程，先都选上！""多加入社工组织提高自己的沟通能力，结交朋友！""社团组织活动很丰富，我要都安排满！"……面对眼花缭乱的选项，如果不能清晰地知道自己适合什么、喜欢什么的话，就会陷入什么都想要什么都想做，并且什么都要做好的状态中，反而会让自己精疲力竭，信心消耗殆尽。

2. 提前结束

获得了自我认同感，但并未经历在寻求什么是最适合自己时所体验到的危机。"父母说这个专业好。""老师觉得我适合做这个工作。""这个课题是导师定的，我就做了。"……"听话的孩子"或是"懂事的孩子"会很快认同家长、老师提供的方案。在短期内，父母、老师帮忙确定方向很快解决了问题，减少了纠结和犹豫，但在实际开始学习工作的时候，有同学会发现之前的抉择并没能真正加快步伐，因为选专业、找工作、确定研究方向都是需要个体花时间去深入了解、思考和认可的。

3. 延缓偿付

经历了认同危机，正在主动提出生活价值的问题并寻求答案。不少同学可能会集中在这一阶段，开始思考自己是怎样的人？是学习更重要，还是找到自己的兴趣更重要？我可以找到真爱吗？我的定位在哪里，适合做什么？可能还在迷茫中，还在寻找答案中。

4. 认同感获得

通过为特定的目标、信念、价值确立个人的承诺来解决认同问题。经过了多年学习与探索，也许大部分同学会找到属于自己的位置，获得稳定的自我认同感。学习更重要，还是找到自己的兴趣更重要？我应该修双学位/加入社团/学生组织吗？我是一个值得被爱的人吗？我可以找到真爱吗？为什么有的事情不是我以前认为的那样？我到底应该做个怎样的人：做一个让每个人都喜欢的人？做一个能够坚持自己原则的人？做一个爱憎分明的人？做一个八面玲珑的人？

清华园培养了许多又红又专且全面发展的人才。认同既包括对自己是谁的理解与认可，也包括自己适合做什么，成为什么样的人的期许和同意。清华有许多经典且打动人心的话语，倡导同学们树立"立大志、入主流、上大舞台、干大事业"的价值观与择业观，鼓励同学们"让青春之花绽放在祖国和人民最需要的地方"。当个体对自我的认同与国家和人民的需要相结合时，会创造出更加壮丽和丰富的人生！

【案例引入】

擦亮中国探索和追问宇宙的"天眼"

南仁东，男，满族，1945年2月生，2017年9月去世，中国科学院国家天文台原首席科学家兼总工程师。1963年，南仁东以吉林省理科高考第一的成绩，考入清华大学无线电系，与射电天文技术结下了不解之缘。他潜心天文研究，坚持自主创新，1994年提出500米口径球面射电望远镜（FAST）工程概念，主导利用贵州省喀斯特洼地作为望远镜台址，从论证立项到选址建设历时22年，主持攻克了一系列技术难题，为FAST重大科学工程的顺利落成发挥关键作用。被授予"人民科学家"国家荣誉称号，追授"时代楷模"荣誉称号。2016年9月25日，FAST项目完工，南仁东终于拿下了"中国天眼"。习近平总书记在贺信上写道："它的落成启用，对我国在科学前沿实现重大原创突破、加快创新驱动发展具有重要意义。"

无数个决定，无数个难题，南仁东带领老中青三代科技工作者，克服了不可想象的困难，实现了由跟踪模仿到集成创新的跨越。南仁东离开了，但其敢为人先、坚毅执着的科学精神，在每一个清华人身上一直传承着。"感官安宁，万籁无声，美丽的宇宙太空，正以它的神秘和绚丽，召唤我们踏过平庸，进入无垠的广袤。"在离开这个世界之前，南仁东一字一顿地向他一生所爱的星空告白。

（来源："清华大学"公众号 2019-5-17）

第三节　从认同到接纳

经历过心理咨询的同学可能会遇到心理咨询师提出类似这样的问题：你喜欢自己吗？你爱自己吗？你相信自己吗？你觉得自己是好的吗？有些同学会坦诚谈到自己很自卑，但也有同学无法接纳"不好"的那部分自我，会向外界尽量展现自己很好、很强的一面。这种外在表现与内心感受隔离的状态，会随着时间和事件的变化，让个体越来越无法接受真实的自己。如果个体对自我有更清晰的认知，那么这种认同感会让个体更加容易敞开内心，对自己的接纳程度有所增加，敢于直面自己"好的"部分，以及"不好"的部分。

一、大学生阶段的自我认同

（一）自我认同的7个方面

埃里克森认为，自我认同的主要内容包括以下7个方面。

1. 对时间概念的客观、准确认识

时间具有单向性、不可逆性的属性，就像一支箭，射向未知的前方，把过去永远留在后面。从认知的角度，上述事实再明显不过了，但是在情感、潜意识的幻想层面，人们接受时间的单向性、不可逆性的过程则复杂得多。有的大学生没有认识到时间的重要性，心中仍存有时间可以停止、时间可以倒流的幻想，他们可能会沉浸在"假如过去如何，现在就能如何"的幻想中，有人甚至在心中演绎出一整段穿越回过去重新来过的故事；或是忽视时间的必然性，幻想自己可以跳过中间努力的过程直接取得成功；也有人希望时间停滞不前，认为目前的状况会永远持续下去；还有的放弃对时间的把握，不去主动面对自己的问题，不愿作出决定和付出努力，希望随着时间的流逝，面临的问题也随之而去。

2. 自我肯定 VS 冷淡

自我包含很多方面，但在进入大学之前，学习成绩是最主要的评价指标。一个人其实需要在学业及工作、爱情与亲密、人际关系、个人兴趣爱好这4个不同的领域都有较好的发展，合理的自我评价，才能形成更加统合的自我认识。有的大学生过分看重自己的某一方面，而对其他方面漠不关心，这也无法实现良好的自我认同。

3. 角色实验 VS 消极认同

自我认同（Self Identity）中的"identity"，在英文中除了"身份"的意思，也有"特点""特性"的意思。而特点、特性则隐含着"与他人不同"的意味，比如"identity"的形近词"identify"，就是鉴别、区分的意思。形成对身份的自我认同，不仅意味着认识到自己是谁，也许更意味着认识到自己"不是谁"。而这个过程需要尝试，青年人针对"自己是谁不是谁"的尝试，既包括外表上模仿明星的发型、妆容和衣着，行为上模仿朋友的谈吐等，也包括内在性格上，试着变得温柔或假装自己很粗鲁，还包括活动和兴趣爱好上，一个人可能会尝试很多不同的可能性，去校报实习做个记者、参加街舞社团、报名做志愿活动、试着竞选班干部、学习如何摄影、选修古典文学等。这些尝试可以帮助一个人真正体验到自己可以成为谁，以及无法成为谁。有的大学生没有进行这样的探索，或是在探索中受了挫折而退缩，消极地按照最容易、最简单的方式接受了自己的角色，这也影响了健康积极的自我认同之旅。

4. 期待职业成就 VS 无所事事

大学生的职业生涯规划和职业预期是学业的重要归宿，也是非常现实的问题。大学生通过坚持学习，充分发挥自己的潜能，并且通过职业生涯规划，将自己作为学生所学到的知识技能，以及作为人的潜能，与作为工作人士的未来发展统一到一起，为自己描绘出一条合理、可预期的发展路径。有的大学生无法看到自己所学专业、所具备的潜能和自己未来职业前景的关系，可能会感到无所事事，找不到学习的动力和前进的方向。

5. 性别认同 VS 性别混乱

在实际生活中，个体与个体之间在性别形象上会有一定程度的差异，性别的表达、性取向、性偏好上也有各自的特点。社会对多元化的态度日渐开放、接纳，只要不违反法律与道德伦理，都能够被更加包容的社会所接受。在这样的大环境之下，更为重要的是个体对自己生理、心理性别的自我认同。大学生应当了解社会、文化对于性别角色及其责任的规范，并且能够对自己的男性或女性身份有适当的内在认同与外在表现，形成一个在不同的时间、不同的情境下都相对稳定的性别形象。

6. 对领导和服从的接纳

大学生随着个性和思想的发展，会有更加明确的个人见解和要求，往往会与他人有所不同。在团体中如果作为领导，可以认清自己的责任与定位及被赋予的权利与义务，善于整合团体的意见，代表团体的利益，做好协调和领导的工作。作为团体的成员，能够具备团队精神和合作精神，能够形成对团体的归属感，能够不盲从权威，迷失自我。有的大学生在处理与权威有关的议题上有困难，不认可团队的归属感，过度强调自主感，变成大学班级、宿舍中的"独行侠"，或是在自己拥有权力时过度滥用，将集体搞成自己的"一言堂"，又或是太过顺从，随波逐流，失去自己的想法。

7. 价值观的形成 VS 观念的混乱

价值观的形成是在生活中通过不断思考、辨别、选择，通过实践不断调整、检验逐渐确立的。大学生的世界观、价值观、人生观、道德观的确立，是自我认同的最高境界，也是自我认同过程中的重要任务。学生之间的很多矛盾，相互之间的看不上眼，根本的原因就在于价值观上的冲突，相互不理解、不接受对方的价值观。

正是因为自我认同涉及诸多方面的统整，对于青年人而言是个艰巨的任务，必然充满了挑战与波折。埃里克森提出了延缓期的概念，他认为这时的青年承续儿童之后，自觉没有能力持久地承担义务，感到要做出的决断太多太快，因此在做出最后决断以前要进入一种"暂缓"的时期，延缓承担的义务，给自己留出更多的时间与空间来试探种种"我是谁"的可能性。也就是说，青年人也有一种避免自我认同过早、提前完成的内在需要。大学如同一个小型的社会，学生可以加入各种社团、参与各项社交生活，与各种人打交道；现在的大学也支持学生申请转专业、选择第二专业，在修学年限允许的情况下可以休学一段时间，这些都为学生创造出更加宽松的环境，可以更加自如地探索自我认同。

【知识链接】

VITALS 练习

VITALS 代表：价值观、兴趣、气质、全天安排、人生使命和有意义的目标、优势。

V = 价值观

"价值观"，如"要帮助别人""有创造力""健康最重要""经济安稳"等，是决策指南和目标激励因素。研究表明，仅仅思考或写下你的价值观，就更有可能让你采取健康的行动。有建设性的价值观提供的动力可以让你克服疲惫与挫折，继续前进。

I = 兴趣

"兴趣"指的是你的激情、爱好，或是任何在一段时间内吸引你注意力的事情。可以问问自己这些问题：你关注什么？你好奇什么？你关心什么？兴趣爱好所带来的专注的精神状态使生活有生机，并且能够很好地调节生活、工作带来的压力。许多人也从自己的兴趣爱好出发，建立起有成效的职业生涯。

T = 气质

"气质"指的是一个人的天生秉性。你是内向的人，或是一个外向的人？独处让你感到恢复能量，还是和人社交让你感到恢复了能量？你是提前做计划的类型还是随机应变的类型？你做决定时更多地是基于情感因素，还是基于思想和事实因素？你喜欢细节还是相反？了解这些气质类型问题的答案可以帮助你选择那些你可以更好地成长的情况，避免那些不适合你，会过度消耗你精神的情况。

A = 全天安排

"全天安排"指的是你的生物节律——最让你舒适的做事、生活的周期。例如，你是早起的人还是夜猫子？你的能量与精力在一天的什么时候达到顶峰？虽然重视生物钟的建议听起来可能微不足道，但当你能够与你的生物节律同步，你的日常生活会更加愉快。

L = 人生使命和有意义的目标

问自己："我一生中最有意义的事件是什么？"你可能会发现你隐藏的身份认同，内心的激情，渴望的事业，令自己达到精神满足的线索。

S = 优势

"优势"不仅包括能力、技巧和天赋，还包括性格上的优势，如忠诚、尊重他人、热爱学习、高情商、公平等。知道自己的长处是自信的基础之一，不能承认自己原本具备的能力会让一个人走上自卑的道路。倾听他人的赞美，注意那些可能是你长处的线索。比如说，一个朋友告诉你，她觉得你的声音很好听。面对这个评论，你会怎么做？你会怎么利用这个知识？同样，知道你的弱点、自己不擅长什么，可以帮助你对自己和他人更加真诚。你可以决定要么解决这些弱点,要么尝试让它们成为你个人或职业生活中一个较小、较次要的部分。

(二)大学生自我认同的特点与局限

大学生由于刚步入成年却尚未进入社会,自我认同上仍然存在着由于教育、家庭、成长经验等带来的特点。学者樊富珉总结出了大学生自我认同在该时期的特点,概括为5个方面。

(1)**全面性**:个体能够对各类自我进行分析,能够深入揭示自己的内心世界,表现出自我认识的深刻性,并开始体验各种角色,学习各种本领,尝试做出自己的选择。

(2)**客观性**:自我评价较为客观,并对此有深入思考。

(3)**矛盾性**:现实自我中有许多不符合理想自我所要求的地方,偶尔会产生自我迷失。而这种矛盾性,也会造成对自我认识的不清晰与迷茫。

(4)**自主性**:个体对自我的态度中独立意识加强。

(5)**虚幻性**:理想自我与现实自我统合的能力较低,容易产生不切实际的幻想。

以上5个方面,既有能够促进个体发展的特点,也有在成长过程中产生阻碍作用的特点。

贾晓明等人从以下6个方面更具体谈到了大学生会遇到的自我认同方面的情况。

(1)**对时间的认同**。进入大学后,时间自由度增强,可能没有认识到时间的重要性,有些人希望随着时间的流逝,面临的问题也随之去;有些人寄希望于时间停滞不前,认为目前的状况可以一直维持下去。

(2)**自我肯定与自我怀疑**。进入大学前,学习成绩是最主要的评价指标;而进入大学后,对自我的评价和认识开始多元化,不管是对自己还是对他人,都需要去理解和尊重不同个体的独特性和自我认同方式。

(3)**预期职业成就与无所事事**。职业生涯规划和职业预期是很重要的问题。许多有潜能的大学生由于缺乏意志力和坚定的目标而陷入迷茫,或者面临多种选择却不知该如何抉择。

(4)**性别角色认同与两性混淆**。对社会规范的性别角色、性别意识有了更多的思考、探索以及最终对于自我性别认同的整合。

(5)**服从与领导的认同**。正如上文提到的自主性,有独立个体意识,但同时也需要在团队合作中培养团队精神与合作精神,在集体中抱有独立的个体属性。

(6)**价值观的形成**。价值观的形成需要通过不断思考、辨别、选择等方式逐渐确立。正如两位学者所言,大学生价值观的确立是自我同一性的最高境界,也是自我同一性最重要的任务。

大学生对自我的认识和接纳应该是建立在对生理自我、心理自我、社会自我的正确认识基础上。由于处在自我同一性成长的关键阶段,社会化过程才真正开始,缺少做人做事的经验,因此在整个自我认同的过程中,对于自己的评价会表现出两个或好或坏的极端趋势,譬如会呈现在以下5个方面。

(1)**过分的自我接纳与自我拒绝**。两个极端的状态,要么是过高估计自己的能力和长处,难以看到自己的缺点和不足,抱着盲目乐观的心态,听不进他人的意见与批评;要么是对自我有过度的贬低、否定，对自己充满抱怨、指责，从而自暴自弃，丧失生活兴趣和信心。

（2）**自尊与自卑**。自尊是指个体尊重自己，对自己持肯定态度的情绪体验。对自己的了解与认识，极大影响着自尊水平，包括认为自己是否是"好"的、是否认可自己、接纳自己。适度的自尊是健康自我的反应，而过高的自尊会让个体对他人的批评和意见过于敏感，产生较强的攻击行为或者回避行为。

（3）**过分的独立意向和自我中心**。独立意向是大学生自我意识发展的重要标志之一。独立是个体成长过程中的必经驿站，但如果是为了"独立"而独立的态度与行为，则更倾向于是自我中心，缺乏对他人的理解、共情，难以让他人建立起好感与信任，可能会带来同伴关系紧张或是疏远。

（4）**缺少个人主见和从众**。这一点与上面恰恰相反，即放弃坚持自己的行为或想法，跟随大多数人的做法或是选择。适度使用会让我们减少独立承担责任或未知风险的压力，但如果过度使用，则会压抑或消磨掉内心的想法和声音，对于促进自我个性化的发展有阻碍作用。

（5）**对行为与结果的关系缺乏正确认识**。比如有同学面对一些重要的考试、实习材料、社会事件等，会抱着无所谓的态度，或是尝试新鲜的态度，却没有意识到可能因为错过了考试时间而无法进入考场；或是交错了材料，会影响之后的面试机会；再或者因为不当行为或言论可能会受到相应处罚。

（三）引发自我认同局限的思维

1. 无法自拔的比较

2020年的清华园中，盛行着"内卷""卷王"的讨论。何为"卷"？同学们到底在"卷"什么？实际上，"卷"就是"比"，内卷就是在不断地试图比别人做得更好一点。其实在"卷"这个词广泛使用之前，也有类似的表达，比如小时候父母口中的"别人家的孩子"。作为一个学生，在成长过程中不断地被人用成绩比较，但是慢慢地，比较的方面越来越多，从学习到爱好，从长相到社交圈，比较的行为蔓延到了生活各处，也被内化为我们习惯的行为模式。

小A有次身体不适去校医院，医生检查了情况后开了三味药回来。第二天，小A的室友也感冒了，也去了校医院，医生给这个室友开了五味药。小A跟室友聊天时发现自己只有三味药，室友却有五味药时，感到很不开心，反复思量为什么医生对室友比对自己更好。也许乍一听你会很吃惊，生病吃药还要比谁吃的药多吗？但仔细想想，为什么小A会关注这个？在某种程度上其实是投射了我们内心"比"的思维。哪怕是生病，也要"比一比"是不是我更严重，或是医生更关心我。

除了上述类型的比较之外，还有另一种与社会期待有关的比较。有些同学在选课时，关注的不是自己是否对这门课感兴趣，而是关注这门课给分高不高，"性价比"如何。最后，可能为了获得更高的 GPA（Grade Point Average，平均学分绩点），没有去选择那些真正想学的课程，而是选择了可能给分高的课程。这样的比较也许会让人错失了大学校园里一些真正让自己享受其中的体验，而走入了由 GPA 筑起的围墙。

比较并不是人们与生俱来的能力，那为什么我们会反复陷入比较中呢？因为我们曾经从比较中收获了自信感或是满足感，也因此得到了周围人的正向激励。但事实上我们不可能永远都比得赢，你是否准备好迎接比较的失败呢？有一天你是否会因为比输了，而产生自卑感、破灭感？这时，"比"不再是证明自己的方式，而是限制个体成长的瓶颈。许多同学入校后会发现，在人才济济的大学校园中拼成绩已经很难取胜。有些同学在比较后接受了自己无法再永远取胜的事实，并且想办法调节自己，这就是境遇带来的成长。也许有些同学在大学就遇到了这种瓶颈，也有一些非常优秀的同学是到了研究生阶段开始遇到这样的困难。还有的是一路高歌，等到、步入社会工作后发现遇到了问题。

笔者无意让同学们就此放弃比较，而是希望你可以选择什么时候、什么事情需要比，又可以接受比较的各种可能性。"比较"到底能够为我们的生命带来什么？这是每一个阶段、每一个人都值得思考的问题。

2. 瞻前顾后的预设

年轻人还不太容易理解这一点，但是当跨越岁月的历程再回看人生的时候，可能会更加深刻地理解——今天你的失败都会成为将来无比宝贵的、丰富的人生经验。正因为许多人无法承受失败或未来的不确定性，使得他们在开始某项任务之前就预设了极高的困难程度，并且认为自己可能因为这些困难而无法达成自己的期待。最后的结果，有时候是拖延做决定的时刻，在行动上表现为犹豫摇摆、难以决策，有时候也会造成面对挑战的退缩。

有这样一个故事。有位同学本科毕业后出国读研究生，学习心理学专业。某次他要给一个球队去做心理教练。这位同学当时很焦虑，因为对于英语非母语的人来说，做心理工作是非常困难的。他担心因为英语表达的问题，阻碍与球队队友们之间的交流。他的导师知道这个消息后，很开心地对他说："母语不占优势才是你的优势！因为你的语言不好，才需不断与他们交流，向他们请教、一起讨论，反而可以和他们建立起更深的友谊，从而成为这个团队不可缺少的一部分！英语不够好是你的优势啊！"

在这个例子里，年轻的心理系学生预设了语言会是他工作中的困难，却被导师的一番话彻底反转——当用新的视角看待困难时，会发现困难也是可以"利用"的。我们不需要预设困难，让这些所谓的"困难"束缚住原本自由的头脑与手脚。相反，当我们可以从资源的角度去看自己所面临的情境时，那些困难会获得新的理解，也会让我们成为解决困难的专家。

【心理测试】

自尊是什么？

自尊是我们对自己全面评价的体现，每个人对自尊的定义不同。学业、体育锻炼、社交技能、外貌、家境……都可能成为影响自己自尊的因素。一个人的自尊可能取决于学校中的良好表现和外表魅力，而另一个人的自尊可能取决于受人欢迎和遵守道德标准。表 3-2 是罗森博格于 1978 年设计的自尊量表。请同学们仔细阅读下面 10 道题目，并判断所描述的内容符合自身实际情况的程度，答案没有对错之分。

表 3-2　罗森博格自尊量表

编号	题　　目	非常符合	符合	不符合	非常不符合
1	我感到我是一个有价值的人，至少和其他人在同一水平上	1	2	3	4
2	我感到我有许多好的品质	1	2	3	4
3	归根结底，我倾向于觉得自己是一个失败者	1	2	3	4
4	我能像大多数人一样把事情做好	1	2	3	4
5	我感到自己值得骄傲的地方不多	1	2	3	4
6	我对自己持肯定态度	1	2	3	4
7	总的来说，我对自己是满意的	1	2	3	4
8	我希望我能为自己赢得更多尊重	1	2	3	4
9	我确实时常感到自己毫无用处	1	2	3	4
10	我时常认为自己一无是处	1	2	3	4

　　答完之后可以计算总分，其中第 3 题、第 5 题、第 9 题、第 10 题为反向计分题目。总分越高表明个体自尊水平越高。

　　自尊水平并非越高就越好。自尊包括高自尊、低自尊和安全自尊。在自尊受威胁时，高自尊的人会有补偿反应（责怪他人或下次更加努力），低自尊的人更容易自责、放弃，进而被击垮。所以自尊水平不一定越高越好。过高自尊的人如果遭到社会排斥而感到威胁或沮丧时，他反而具有潜在的攻击性。与自尊建立在内部因素上的人相比，自尊主要依赖于外部因素的人的自我价值感更弱，会有更多压力、愤怒、人际关系等问题。

　　因此，建立安全自尊有助于形成良好的自我接纳观念。这里的安全自尊是指个体不是因为外在（外貌、金钱、成绩、事业等），而是因为自己的内在特质而感觉良好的行为。

二、自我接纳路途中的迷惑与困境

　　许多学生在本科之后都会选择继续攻读硕士或博士，大学校园中度过的时光少则 4 年，多则 10 年。通过前面章节对埃里克森发展阶段理论的解释，我们知道在 18 岁入学到 20 多岁毕业的几年中，正是个体经历独立蜕变的阶段。在大学阶段建立正确的自我认识和价值观体系，有助于形成健康的自我接纳观念，为应对将来发展中的各类压力做好准备。

　　作为生活在社会上的人，我们很难做到令他人无条件、全方位地接纳自己，但是通过心理训练，我们可以尝试着在理性情绪中接纳自己。这一观点来自理性情绪行为疗法中，艾利斯提出的"无条件自我接纳"概念，是指"个体完全地、无条件地接受自己，无论自己是否聪明、正确或是有能力，也不论自己是否被他人赞赏、尊敬和喜爱"。

　　研究者认为，一个人的自我接纳也许来自对母婴关系的内化。早期研究发现，自我接纳的母亲和无法自我接纳的母亲之间具有显著差异，自我接纳的母亲更能接受孩子的天性，而且孩子的自我接纳程度在一定程度上取决于母亲的自我接纳程度。随着人的成长，自我接纳的程度也会受到自身经验的塑造。比如，很多人会觉得自己在中学时期的自我接纳就很好，但是到了大学之后好像一切都变了，怎么看自己都充满了问题，也有人的体验是完全相反的。是什么影响了我们对于自我接纳的感受？也许，要解决以上疑问需要从一个人对自我的认知和环境的因素展开讨论。

请你想一想，进入大学后，哪些事情或者哪些变化让你对自己产生了怀疑？

在本部分中，我们将列举三类经典的大学生自我接纳障碍例子，浅析其背后的心理动机。

（一）身体自我接纳

心理学相关研究认为自我是人格的核心，身体自我概念是自我概念最早发展的部分，拥有积极的身体自我概念有助于促进个体身体和心理的健康成长。个体对身体的主观感受比客观身体形象更容易影响人们的生活满意度。拥有积极身体自我概念、对身体自我评价态度积极的青少年，在面对有关负面身体意象的事件时积极身体自我概念会产生保护作用；反之，则会影响个体的主观幸福感、生活满意度，甚至是人际关系的发展。总而言之，身体自我概念不仅能够对负面身体意象事件起到保护作用，还能够正向预测个体的积极身体意象，并且对个体心理健康以及人际关系的发展有着重要影响。

以身材为例，在追求女性以瘦为美、男性以强壮为美的社会环境影响下，大学生对身材尤其是体重的关注现象并不少见。其中的认知、情感、行为包括因体重问题引发的对身体的消极认知（认为太胖或太瘦）、负面情感（对体重不满意）以及相应的行为（节食、药物减肥）。小美就是这样一个例子。在高中时，小美一心扑在学习上，遵守学校的要求头发剪得短短的，穿最宽松好打理的衣服。但是当她进入大学校园时突然发现，新同学们都穿着修身时尚的衣服，大家的头发也都精心打理过。小美觉得自己有点胖，打扮也不太入时，于是暗下决心开始了减肥计划，结果第一周周末就因为实在太饿放弃了。

大部分人进入青春期是初中阶段，由于初高中繁重的学业，注意力主要局限在学习任务中，对于身体的骤变觉察不够及时和敏锐。在中学，同学们的身体包裹在款式一致、造型宽松的校服下，身体的存在往往就被忽略了。甚至很多同学在中学阶段所有的服装，小到内衣裤，大到运动衣、羽绒服都由父母包办，一切来自外界的信号都在屏蔽着身体对学业的影响。在这样的背景下，当离开高中，进入大学的时候，一些同学会突然意识到，原来对自己的身体如此陌生，而重新与身体相识带来的不仅是成长的欣喜，还有对自我认知的重要重建。

社会文化对身体的评价全方位地通过网络、伙伴、亲人的评论席卷而来，让一些同学对自己的身体产生了极大的不接纳。有的人整个大学阶段都在减肥–放弃之间徘徊，也有人因为对面容的不满意使用医美做微调修整，但是当体重或容貌真的发生了期待中的变化时，又觉得仍达不到自己的要求。对美的追求本身并无问题，每个人都会在意自己的外貌，适当打理有助于自信建立。但是外貌也只是人的自我概念的一部分，如果对外貌或容貌过度焦虑，甚至使用伤害身体的方式达到目的，则需要关注是否存在如焦虑、体象障碍的问题。

人们对于身体的关注不仅限于容貌和体重。研究者对于身体自我概念包含的内容有不同的看法，从身体素质、健康、外表到运动能力、性欲以及身体活动等方面不一而足。身体自我概念是一个多维度多层次的内容，甚至比学业自我概念的构成更加复杂和分化。如果将身体自我概念成分进行大致分类，那么一类内容是与身体本身的特征、能力或者素质有关的评估，另一类则与个体对身体能力的认识有关，实际上这两部分内容是相互影响、密不可分的。

（二）学业自我接纳

曾经有人说，如果学习好的人是"牛人"，那么清华就是一座"牛棚"，这里是一群在高中学业获得了一定成就的学生重新起跑的地方。曾经学业上的成功能够让一个学生获得许多的满足感，强大一个人的自我认同。而面对大学的新环境，同时要接受自己从佼佼者变为与他人并无差异，是一项在心理上的巨大挑战。许多同学即使有重新洗牌的心理准备，仍然无法快速适应。

在一堂校内的心理健康课程上，老师问同学："在你的班级里，你要排第几才认为自己是一个优秀的人？"这个问题当然也适用于目前正在阅读本书的你。老师接着问："如果排第一你觉得自己优秀吗？"班级里举手的一大片。"如果排第二呢？"又举手了一大片。老师再问："如果排第十呢？"这时，举手的同学从全部变为了大多数，并且有位同学反对了，他说："老师，要是排第十的话我就会觉得我是个失败的人。"老师问道："为什么？"男生说："因为我们班总共就 10 个人。"老师回答道："你们班好，永远都掉不下 10 名以外。"

当然，我们都知道其实在 10 个人的班级里名次也掉不下去了，但是这个提出质疑的男生从来没有从这个角度思考过。看排名其实也是人们从小接受训练的结果。从比自己弱的人身上获得力量是天赋本能，在考试中一路前进的每位同学也都是这样长大的。如果没有在曾经的时光里努力在排名表里向前冲，也不会有坐在大学教室里学习的现在这个自己。但是，你会发现有些同学的大学卡在了学业的自我接纳上。他们无法接受自己掉出某个名次，甚至整个大学生涯，都没有享受过学习的过程，而是永远像荒野求生一样紧盯着 GPA 的浮动。在过度关注学业成就的时光里，周围丰富的校园生活、个人的业余爱好都变得不再重要，可能因为过度紧张而错失了更全面的成长机会。

回到课堂上老师与学生互动的例子里，从另一个角度看，如果真的在一个只有 10 个人的班级里排名第十，我们就不应该或不能够接纳自己吗？如果经历了努力却仍然无法达到期望，是否只能放弃自己？有些同学的答案一定是"其实也知道要接纳自己，但是做不到"。

无法接纳学业失利的自己的一个原因，是只能看到这次失败对此时、此地的影响，比如，排名不好会影响到保研、出国。仅关注着当下的困境，人便失去了从过往的经历、将来的资源中汲取能量的能力，也失去了从困境中看到积极一面的能力。现在请你思考，在成绩不够优秀的状态中，我们还有哪些资源？

这也许是一个有点难以回答的问题。但我们需要认识到人生没有绝对的失败，凡事都可以进行正面思考，这是一个关于面对自己内心世界的新思维。当成绩不够优秀时，我们可以获得更进一步的机会，重新评估自己的契机，还有排在前面的那些成绩更好的同学其实也是生活中的资源。无法继续做领先者，也可以让你不再永远将目光锁定在名次上——毕竟它已经无法为当下的生活带来更多的成就感，那么就有了看一看成绩以外世界的机会，也许因此发现了一条新的发展路径。其实，进入研究生和之后的工作中，仅仅用成绩和排名定义一个人的机会少之又少，不再固着排名的你也在提前适应未来的生活。之前的你也许从未这样思考过，它颠覆了以往人们对成功和失败的评价标准，也就是任何一件事情，我们都可以在失败中寻找成功的视角来理解、诠释、改变。

（三）人际自我接纳

自我接纳不仅影响一个人的内在体验，还影响着人们在关系中的表现。对自我的不接纳可能让一个人在关系中充满攻击，也可能会让人成为"好好先生""好好小姐"。

郝同学就是这样一个好好先生，他虽然是宿舍里年纪最小的，却成为照顾全宿舍的那个人，班级里他也极其热情，同学提出的帮助请求都尽力满足。但是有一天，郝同学谈恋爱了，他发现如果帮同学取快递、替班长出席例会的话，自己和女朋友相处的时间就会不够用。但是从小到大他都没有拒绝过别人的要求，他非常担心一旦拒绝了别人会不会失去这群好不容易交到的朋友，这让他陷入了两难的境地。

看到这个故事一定会有同学疑惑，为什么他不能直接拒绝呢？这背后也是自我接纳的议题。一些同学的自我接纳不以学习成绩、身体为重要参考，而是建立在与人的关系上。郝同学这样的案例，在生活中也许会被归类为"讨好型人格"。可是我们理解一个人的自我接纳更重要的问题是：什么让他需要讨好别人？每个人都有一些核心的信念，而本能地满足他人需求的人，核心信念可能是"不满足他人会让关系破裂"，他们害怕不满足他人需求时会让他人感觉被冒犯，而关系破裂之后的结果是不可承受的。更深层的原因是人们将对自我的评价依附于他人的评价之上，如果不能得到他人的赞许，自身价值就得不到肯定，自信也得不到建立。

许多人的自信都建立在外界的评价之上。于大部分人而言，当自身拥有的能力被他人肯定时，才可以转化成自信；反之，当能力得不到肯定时，他们的价值感、自信都无法自然而然地发展。有一些人选择不断通过学业、外貌、社会地位的提升来获得被认可的感觉，而有些人则将关注投注到了人际领域。人际领域是一个更加容易受到他人影响的环境，因此需要付出比其他人更多的努力，才能相对稳定地收获他人的肯定。当一个人认可自己、相信自己的时候，才接纳了自己。一个人最先拥有的是自信，然后才有自我接纳，进而可以自然地接纳他人的肯定，相信自身的价值。

在18岁以前，这份重要的肯定来自父母、老师、同学，而不自信也许就来自屡屡受挫，屡屡努力却得不到成功；那些更加关注人际接纳的人，则可能因为过去的自信都来自他人的赞赏。但是进入大学、进入工作，会发现来自他人的肯定不再那么容易获得，而这时更重要的是练习肯定自己。当外界的光环褪去，该是和自己内心对话的时候了。我们终于有机会反观真实的想法，理解是什么让自己真正觉得有成就感，什么对自己真正重要。

三、无意识的自我保护方式

美国人本主义心理学家、个体心理学创始人阿尔弗雷德·阿德勒（Alfred Adele）用自卑情结和超越自卑作为理解个体个性形成的过程。他曾说过，个人行为的内部动力主要来自"追求卓越"的动机。自卑感能够激发人的积极性，使人努力取得成功。但过度的自卑感可能会导致一个人对社会和他人的敌对态度。

自我接纳就是要直视自己，而实际上有时人们会为了避免体验失败或是挫败的感受，会使用一些无意识的自我保护方式。这些方式在某些情境和条件下能起到一定的保护作用，但使用过度则会成为个人成长道路上的阻碍。

（一）自我设限

自我设限是指通过一些信念、行为限制住自己成功的高度。譬如在进行考试、比赛或是挑战性的事情前暗示自己"我不行""我做不到"；在向有好感的男生或女生表白时觉得"我怕失败"；再或者是面对赞扬和肯定，内心会产生"我不配"的想法。

也许这个问题之前从未遇到过，进行辩证思考后也会发现，事实也不是想象中那样糟糕。但是内心就像给充满气的气球戳了一针，使得这些负面的想法影响了做事情的勇气和决断力。因此，在没有获得结果前，不妨给自己更多的积极自我暗示，以告诉自己"我可以""我能做好""即使失败也没关系"以及"我值得拥有这些"。

有时，自我设限的另一种形式——自我设障也会影响我们的行动。顾名思义，自我设障是指通过一些可见或不可见的方式来绊住自己走向成功的脚步。在什么情况下，人们最容易使用自我设障的心理机制呢？如果一个任务轻松到不需要花费力气，比如让大学生帮助高中的学弟学妹完成作业，我们自然不必为了它而设计"内心戏"导致任务无法完成。更常见的情况是，一个有一点挑战度，需要花费一些时间和力气，但是又很有价值的事情更容易启动自我设障的心理机制。例如，已经心理咨询了一段时间的小冯同学这一天突然迟到了，她说自己今天完全是挤时间来咨询的，有一个非常重要的大作业DDL就在当天中午，还差一些没完成，她出门前犹豫了很久还是来赴约。整个咨询的过程，小冯同学都没有再提起这个大作业，但是有点心不在焉的样子。下一次咨询，小冯进门时表情就很不好，她说上次就是因为来咨询没有及时提交大作业，自己今天都不想来了。咨询师询问小冯，是什么让她没有取消上一次的咨询，小冯思考了一会儿，有点不好意思地说，其实自己觉得那天即使不来咨询，大作业可能也无法提交，因为自己太想做好那个作业了，导致进度远远慢于计划；将交不上作业的郁闷怪到咨询上，会让自己觉得不是能力不行，而是因为这个预约才导致没有完成。

其实上面这个例子在许多同学身上都出现过，比如没写完作业却还是忍不住刷视频、打游戏，因为身体不适而导致无法参加考试、面试或是比赛；或是花了时间投入社工或兴趣活动，导致组会或是课堂展示效果不佳……实际上，也许那些绊住前进和成功脚步的是我们内心深处的这样一种信念——"全力争取却失败了"要比"因耽搁/阻碍/意外而失败"更让人泄气、羞愧。

当我们看到这样一种心理机制时，也可以反思：到底是认可那个努力的自己更重要，还是认可成功的结果更重要？也许每个人的答案是不一样的。

（二）自我实现预言

自我实现预言既可能是正向的自我实现，也可能是负面的自我实现。1948年，罗伯特·默顿（Robert K. Merton）提出了自我实现预言理论。该理论指出，我们关于自己的信念会改变我们对他人的行为方式，这些行为方式会使他人对我们的信念产生影响，进而引发他人对我们的相应行为，并进一步增强我们对于自己的信念。

大家都知道，竞技体育是一个不断突破人类极限的运动，那么不设限是如何改变了体育比赛的？20世纪，人们认为4分钟内要跑完1英里是难以实现的事情，因为超过了人类能力极限。但是1954年，英国运动员罗杰·班尼斯特（Roger Bannister）打破了这一认知，成为第一个在4分钟内完成1英里的人。从那时开始，跑入4分钟内的运动员开始出现。2017年，

16岁的挪威人雅各布·英格布里森（Jakob Ingebrigtsen）跑出 3:58.07，由此成为史上最年轻的 1 英里破 4 跑者。他的两个哥哥也参加了这场比赛，都跑进了 4 分钟。在个体的体能与技能、先进的装备之外，个体信念也许是产生所谓奇迹的核心内容。不给自己设限、不给自己设障，相信自己，自己更有可能达成目标。

在个人成长的过程中，人们经常会设定目标，以帮助自己努力更有方向性。但是自我实现预言与设定目标的区别就在于，自我实现预言设定的是上限，并且认为自己无法达成比之更好的成绩。作为学生，一个典型的场景就是在报名重要的选拔项目或申请时，有的人会表现得积极乐观，无所谓是否能申请上都愿意试一试；有的人会显得更加保守，认为这个机会自己应该无法获得（负面的自我实现预言），导致还没有尝试就直接放弃了竞争。

第四节　塑造健康的自我接纳观念和自信

时常有人说："不能轻言放弃，不能接受失败，要永远都保持奋斗的精神。"因而有人认为自我接纳就是破罐破摔、自暴自弃。事实上，自我接纳和主动放弃或降低标准是完全不同的。自我接纳并非不改变或是一味地容忍和被迫接受，而是主动地承认现状。它是一种积极心理特征。实际上，只有当一个人对自己有客观、稳定的认知后，才能够接受作为现实自我的一部分，才有助于维护个体自我的完整与和谐。积极心理学创始人马丁·塞利格曼（Martin Seligman）在《认识自己，接纳自己》一书谈道："分清了什么是可以改变的和什么是必须接受的，就是真正改变的开始。利用宝贵的时间去改变那些可以改变的、值得去改变的东西，我们的生活就会少一些自责，多一些自信。这样，我们对'我是谁和我在做什么'就会有一个全新的认识。"正如这本书的名字，人们需要先用一个较客观的视角认识自己，然后才能走向接纳。

在本节开始前，请你思考：目前你对自己的认可度如何？会有对自己不认可的时候吗？你是怎么面对或应对不认可的情况？

一、自我接纳的技巧

一个人的自我接纳程度，与其成长经历有关。婴儿从一出生就处在与周围重要他人的交互作用中，并从成人的眼中解释世界，获得熟悉的应对自己和世界的方式。如果父母（或其他重要他人）对孩子给予更多的是赏识、信任和尊重，孩子从父母的眼中就会感受到自己是完全被接纳的、被爱的、安全的，这样的孩子行为通常表现为勇于尝试、喜欢挑战、精神独立、对人对事主动宽容、个性自由开放，个人潜能通常能得到较好的发挥。如果父母对孩子更多的批评、怀疑、限制，孩子从父母的眼中感受到自己是不被接纳的、不被爱的、被排斥的，就容易形成自卑、多疑的心理，因为缺少安全感，在行为上表现为偏好确定性、害怕失败、容易依赖他人、喜欢抱怨和敏感等，个性也更加保守限制，万事求安全，不敢挑战，个人潜能很难有机会得到开发。

从以上分析可以看出，幼年时父母与我们的关系，是成人与自己关系的雏形。但是，当一个人足够成熟，发展出属于自己的思考后，即使过往得到的认可和允许不够充分，也仍然可以做出改变。幼年时，我们弱小、认知能力有限，也没有力量；但如今，我们已长大成人，要接纳自我，关键是重建与自己的关系，而且，当下的我们也已经拥有了这样的能力。

有些人在自我否认许多年后发现，原来否定的声音、不自信的信号都并非外界加之，而是来自心底的想法。这种感受与在校园里或者任何一个优秀者云集的群体里感受十分相似。某位同学一回到校园总是无法克制焦虑情绪，导致做什么都无法安心。但是寻找焦虑的源头时，会发现原来这位同学是一进入校园，就觉得周围走着的同学一定比自己厉害，食堂在隔壁桌用餐的同学也一定比自己厉害，每遇见一个人就否定自己一次。事实真的如此吗？我们无法一一证实，但用理性思考就能够确认，这位同学的焦虑、自我否定是来自想象层面的，在路上走的其他人完全对于这场内心的较量毫不知情。也许进入大学后的生活对一些人而言，是击碎自信的体验，但我们亦可以通过这个历程重建自己的自信。

建立自我接纳的第一个方法，就是发起自己的内心对话，觉察对自己的态度。你可以问问自己以下问题：

我更经常肯定自己还是否定自己？

在挫败情境下，我会对自己说什么？（写出5句）

刚刚的这5句对话是积极的还是消极的？

它们对我的行为带来了怎样的影响？

我是否喜欢刚刚的对话？

如果有一个对我而言重要的人在身边，我更希望Ta对我说什么？（写出5句）

新的5句话会对我的行为带来什么影响？

刚才这个练习的目标是重构内心对话。对于每个人而言，经常在困境中想到的话可能有正面也有负面，如果在你的列表中消极对话居多，那么意味着你更习惯否定、不接纳自己的状态，这个练习的意义更加重大。你可以通过重新写出的5句话看到自己渴望的支持是什么，并且通过反复练习，将它们内化为自己的声音。

【潜能训练】

天 生 我 才

你是一个怎样的人？有哪些特点？请你仔细思考，回答以下内容。

①我最欣赏自己的外表是：

②我最欣赏自己的性格是：

③我最欣赏自己对家人的态度是：

④我最欣赏自己对朋友的态度是：

⑤我最欣赏自己对学习的态度是：

⑥我最欣赏自己做事的态度是：

⑦我最欣赏自己的一次成功是：

全部写完之后，请你再思考以下两个问题：

①做完练习后有什么发现或者感受？

②完成练习的过程是否顺利？哪些内容比较容易写出来，哪些内容有些困难，为什么？

二、培养成长型思维

（一）脑神经可塑性——终身学习的基础

神经可塑性指的是神经连接生成和修改的能力。

人们曾经认为大脑的发育到青春期后期和成年早期就结束了，大脑在成年之后就基本定型，然后就开始走下坡路。现代科学家发现，大脑在成年之后依旧保留着巨大变化的潜力。也就是说，大脑终身都保有神经可塑性。

神经可塑性体现在大脑被外界刺激影响而随时修改，当你长期练习某一种大脑功能，就可以让负责这个功能的脑区的神经连接生成和巩固，但是只要你偶尔偷懒，不持续练习，大脑中刚刚建立起来的神经网络的巩固过程就会停止，变得日渐虚弱，一些微弱的神经连接甚至会被修剪掉。这个神经连接生成、巩固和修剪的过程就是我们学习的过程，而大脑神经可塑性决定了我们的学习能力。

两位研究视觉神经机制的北美科学家休伯尔（D. H. Hube）和威泽尔（T. N. Wiesel）做了一个实验：他们把猫的一只眼睛从出生起就缝合起来，使它只能使用一只眼睛观察周围世界。等这只猫长大以后，他们检查了其大脑的视觉处理区域，查看与普通的猫有什么不同。结果非常惊人，大脑中原本平均分配给两只眼睛的神经网路，现在百分百地分配给了当初没有缝合的那只眼睛，而被缝合的眼睛与大脑的连接则几乎消失了。这项研究证明了神经系统确实是可以发生变化的。

上面的实验显示了神经连接如果不被使用就会丧失，而针对大脑功能的康复训练则显示了神经连接可以通过训练被增强。例如：中风的患者由于大脑中控制一侧身体的神经元损伤，导致身体一侧的功能被削弱。为了恢复这一侧的身体功能，治疗师常常使用一种称为约束诱导运动疗法的方法，通过限制健康侧的身体，迫使患者尽可能地使用瘫痪侧的身体。这种训练可以帮助恢复因为中风受伤的大脑功能。这样的康复训练显示：通过训练达到神经网络的重塑需要足够多的重复还需要足够的强度。有时候，强度和重复是同一个概念。有研究还表明，治疗计划越密集，一个人越有可能取得成果，而且随着时间的推移，这些改善效果越有可能延续下去。同时，虽然说训练在一般情况下是有针对性的，但是针对一种任务的训练产生的神经网络的可塑性，可以提高完成类似任务的能力。例如，短期记忆和导航寻路处于同一个脑区，因此对短期记忆的训练也可能会影响到导航找路线的能力。

这样的规律同样可以用于建立或强化与学习新知识相关的神经连接。对年轻人而言，更好的消息是：年轻的大脑比已经衰老的大脑更具可塑性和适应性。所以，年轻的朋友可以充分发挥你们的优势，切莫"黑发不知勤学早，白首方悔读书迟"。

（二）成长型思维 VS 固定型思维

卡罗尔·德韦克博士是人格心理学、社会心理学和发展心理学领域公认的杰出学者之一，是美国艺术与科学院院士。她提出："人的基本能力可以通过努力培养，即使在先天的才能和资质、兴趣、性情方面有着不同，但每个人都可以通过努力和个人经历来改变和成长。"这就是"成长型思维"，而与之相对的是"固定型思维"，来看看它们有什么不同。

拥有成长型思维的人认为：

① 人们的能力是可以发展的，这是成长型思维的核心。

② 是自己的态度和汗水决定了一切，通过努力，人可以不断成长。

③ 自己可以学会任何想学的东西，对于现在暂时不会的事，不妨尝试，相信可以通过努力学会它。

④ 希望别人赞扬自己的努力，包括努力付出、尝试新策略、在需要时寻求帮助以及听取他人的意见。

⑤ 如果别人成功了，自己会从他的成功经验中得到启发。

⑥ 我能够从批评中看到可改进的地方。

拥有固定型思维的人认为：

① 人的能力是天生的，是固定不变的。

② 是因为自己的聪明才智才取得了现在的成功，而聪明是天生的。

③ 自己擅长某些事，不擅长某些事，擅长不擅长都已经固定了，因此不愿尝试那些自己不擅长的事，以免暴露自己的不足。

④ 希望别人夸奖自己很聪明。

⑤ 如果别人成功了，他会超过我，会威胁到我的地位。

⑥ 批评是对我的评判，要不就是批评我的人不了解我或者自以为是，要不就是我不够聪明、能力不行。

如果深入观察各领域的杰出人物，我们会发现很多展示成长型思维的故事。

著名篮球运动员迈克尔·乔丹在率领公牛队获得两次三连冠后，毅然决定退出篮坛。在退役后，他说："我成功了！因为我比任何人都努力。"乔丹说："我可以接受失败，但绝对不能接受自己未曾奋斗过。"乔丹的努力举世皆知，在他已经到达顶峰的时候，他仍不断努力突破自己的极限。当公牛队赢得比赛之后，他还是会去练习投篮，只因为他觉得自己在比赛中的状态不好。

乔丹也会经历挫折。1994年，他退出NBA，选择成为职业棒球选手。他在棒球场上表现平平，但这段经历同样带给他收获。他说："许多棒球手都希望和我打篮球玩儿，我发现，他们爱篮球就像我爱棒球那样，只是他们没有我这样的天分或命数，没法去打NBA……那时我才知道，能够有机会在篮球创出辉煌，是件多么幸运、多么被人羡慕的事。" 1995年他重返NBA，他的队友说，从棒球场回归的迈克尔"更加能理解我们这些普通人了"，他的团队协作能力大幅提升，他体会到"天才可以赢得一些比赛，团队合作才能赢得冠军"，终于带领公牛队再次取得三连冠的辉煌。

在一则耐克广告中，乔丹说："在我的职业生涯中，我投失了超过9 000个球，输了近300场比赛。因为队友的信任，我有26次去投致胜一球，但都失败了。在我的一生中，失败总是一个接一个……我接受失败，但拒绝放弃，这就是我为什么会取得成功的原因。"

上面的故事体现了乔丹的成长型思维。如果深入观察各领域的杰出人物，我们会发现很多杰出人物都有很强的成长型思维，当然人无完人，并非所有的名人都有成长型思维。在我们身边也会发现很多有着成长型思维或者固定型思维的人的例子。

人们不断的成功就会变得自信，也就对自己更加肯定、认可；而一个人总是失败，也就逐渐变得否定、自卑。这是心理学研究发现的，大部分人都会用这样的方式来构建自己的内心世界。但研究还发现有一些人，他们有别于上述的构建方式：一方面会因成功变得自信，而同时也会对失败有更加客观的体会与理解。

（三）培养成长型思维

1. 成长型思维与学习

前面提到了成长型思维与固定型思维的话题。实际上，即便是同一个人，在不同领域、不同情境下，可能也会呈现出不同的思维模式。譬如，一个人可能认为自己在艺术方面的才能是缺乏的，但是在智力方面是可以发展的，或者认为自己是无可救药的社恐，但是学习能力还不错并且可以继续增强。心理学研究提到，如果一个人认为自己在某一领域里是无法成长进步的，那么这种思维模式就会影响他/她在这个领域内的表现。

在学习中，我们发现拥有成长型思维模式的学生，更愿意主动掌控自己的学习过程，也包括更愿意综合运用多种学习方法，并且不断学习和尝试。当遇到问题或出现错误的时候，他们会将这一次失误视为学习成长的机会，认真审视错误，深入思考错在哪里以及如何改进，而不是过分关注被扣了多少分或者沉浸在后悔自己有多笨的状态里。他们能够有效地自我激励，将学习目标设定为获得知识，而不是仅仅为了通过这次考试。正因为他们的目标是获取知识，所以当课程变得困难或者课程内容缺乏趣味的时候，他们仍能保持积极的心态，努力激发自己、探索更适合自己的方式去学习。

反观，当学习目标设定在"取得好成绩"时，虽然也在非常努力学习，但由于目标设定在当下结果的得失成败，因此无法用更长远的目光去看学习的意义，对于尝试可能带来"失败"的事情或方法会更加谨慎，而实际也就限制了个人成长的可能性。

2. 成长型思维与人际关系

上面的案例展示的都是如何用成长型思维看待自己，促进个人的成长。在看待人际关系时，同样有成长型思维和固定型思维两种方式。这里所谈到的关系不仅限于恋人、家人、朋友，也包括在校园里常见的同学、舍友等关系。

人际关系包括3个要素，第一个要素当然是你"自己"，同时还需要有与你发生联接的"他人"，而你与他人之间发生了联系，这就是"关系"。因此，当我们用成长型思维看待人际关系，其中便包含三层含义：一方面要用成长型思维看待关系中的自己，为一段关系的建立和发展做出自己的努力，并努力促使自身在这段关系中得到成长；另一方面要以成长型思维看待关系中的"他人"，保持开放、打破成见，看到他人在这段关系中做出的努力、对这段关系的价值，也看到并期待他人在这段关系中的成长；在这两方面基础上，促成彼此间的"关系"不断发展变化，即使当下的关系不一定完美，也可以努力促成关系朝着双赢的方向不断成长。中国古代有"士别三日，当刮目相看"的故事，展示的就是一个在看待他人时，由固定型思维转入成长型思维的例子。

具体到身边的例子，在学校生活中，有些同学可能会在处理与舍友的关系方面遇到挑战。具备成长型思维的同学，在遇到宿舍矛盾的时候，更倾向于把它看作一个信号，看作一个增进彼此了解的契机,更能客观认识自己和舍友,发现舍友的长处、看到并尊重舍友的努力和成长;从维护宿舍共同利益角度寻求长远的解决方案,努力营造共同成长的宿舍关系。即使现在宿舍关系并不是那么好,也相信经过努力,总是可以找到解决方案的。因此,他们更愿意与舍友沟通,一起讨论基于共同营造良好的宿舍氛围的目标,彼此可以做哪些努力。下面就是一位同学和室友的故事。

> 事实上,大家做事是会先考虑自己的,这就导致生活中难免有些小摩擦。记得刚来学校的时候,有时忙到很晚,躺床上的我想睡觉,但是室友还在打游戏,一开始的我选择忍耐,但是发现睡眠质量不好而且自己憋着生闷气很不开心,后来我决定主动跟他沟通。谁知道他听了之后立马表示歉意,说没注意到会影响我,并说以后白天打游戏,晚上写作业,这样就不会打扰我了。于是晚上他安静地写作业我开心地睡觉。后来,跟他进一步交流后,我发现他的需求是打游戏放松一下,以缓解作业卡住的压力,我就建议可以和他一起讨论作业中的难点,而他也不必通过打游戏来缓解压力,第二天作业交上去了,还能一起愉快地打一把游戏。我们的关系更好了。

当然,我们也需要认识到,成长型思维并不意味着每一件可以被改变的事都应该被改变,人的精力是有限的,需要判断对什么样的事情付出努力并带来改变才是最有价值的。同时需要接受自己的一些不完美之处,特别是那些并不会给自己或别人的生活带来危害的固定型思维。

成长型思维如此重要,那么如果我发现自己经常陷入固定型思维,该怎么办呢?好消息是,成长型思维也是可以培养的,每个人都可以通过努力改变自己的思维模式,这完全符合成长型思维的基本逻辑。

改变思维模式的第一步是觉察,你可以总结自己常用的"固定型思维对话"。比如,"这事我可不擅长,万一做不好就太丢脸了,我还是算了吧。""这太难了,我可不想浪费时间(事实上是害怕失败)。""我这次没考好只是因为我没有全力准备(事实上下一次仍不会认真准备,以便继续使用上述借口)。"……拜托你的朋友,下次当你说这些话的时候,请他们提醒你,反复训练;当你熟练以后,即使这些话语只是出现在你脑海里,你也能及时发现。接下来,你就可以想方设法地把这些"固定型思维对话"转换成"成长型思维对话",并驱动你的行动。随着练习的累积,你会越来越习惯用成长型思维看待和应对你面临的挑战。

3. 设定潜能提升目标

亨利·福特说过:"无论你认为自己可以或不可以,你都是对的。"所以保持成长型思维,为自己不断设定潜能提升的目标,能够促进我们不断学习成长。

别人看到的也许只有冰山上的成功,但是你知道成功源于冰山下的积淀。海面之上还是海面之下都是你,不可分离。所以在肯定自己优势的同时,也接纳自己的限制,不畏惧现实,不盲目期待,自我接纳,你将成为更好的自己!

【本章回顾】

本章介绍了大学生自我认同的特点,比较的文化带给人的压力和影响,引发人们自我认同的困境及走向自我接纳的途径。本章也列出了常见的导致无法自我接纳的问题和心理机制。

最后，提出了训练自我接纳思维的练习，讲解成长型思维如何运用。

【话题讨论】

1. 你在自我接纳中最困难的是哪一个维度？
2. 成长过程中，什么人、哪些观点、哪些经历对你的自我接纳影响深刻？
3. 现在的你处于自我认同的何种水平？
4. 回忆3个使用了无意识自我保护的场景，说一说当时是什么让你觉得困难？
5. 学习本章后，你准备如何将成长型思维运用到生活中？

【参考文献】

[1] [美] 马丁·塞利格曼. 认识自己，接纳自己 [M]. 任俊，译. 杭州：浙江教育出版社，2020.

[2] [美] 杜安·舒尔茨，西德尼·艾伦·舒尔茨. 人格心理学：全面、科学的人性思考 [M]. 张登浩，等译. 北京：机械工业出版社，2020.

[3] [美] 杰拉尔德·柯里，玛丽安娜·柯里. 心理学与个人成长 [M]. 王晓波，译. 北京：中国轻工业出版社，2007.

[4] 樊富珉，费俊峰. 大学生心理健康十六讲 [M]. 北京：高等教育出版社，2013.

[5] 孟凡斐，程翠萍，黄希庭. 自我接纳：心理健康的应有之义 [J]. 心理学进展，2017，7（9）：1161-1171.

[6] 贾晓明，陶勒恒. 大学生心理健康：走向和谐与适应 [M]. 北京：北京理工大学出版社，2005.

[7] 曾祥龙，刘翔平，于是. 接纳与承诺疗法的理论背景、实证研究与未来发展 [J]. 心理科学进展，2011.

[8] 黄希庭，曾向. 青少年身体自我研究述评 [J]. 西北师大学报（社会科学版），2000（6）：44-48.

[9] 陈红，冯文峰，黄希庭. 大学生负面身体自我认知加工偏好 [J]. 心理学报，2008，40（7）：809-818.

[10] 张力为. 身体自我与主观幸福 [J]. 北京体育大学学报，2007，30（8），1011-1015，1021.

[11] Chamberlain, J. M, Haaga, A. F. Unconditional Self-Acceptance and Psychological Health[J]. Journal of Rational-Emotive and Cognitive-Behavior Therapy, 2001, 19（3）：163-176.

[12] Cash, T. F., Fleming, E. C. Body image and social relations. In T. F. Cash & T.Pruzinsky（Eds.），Body image: A handbook of theory, research, and clinical practice [M]. New York: Guilford Press, 2002: 277-286.

[13] Mitchell, S. H., Petrie, T. A., Greenleaf, C.A., et al. Moderators of the internalization-body dissatisfaction relationship in middle school girls[J]. Body Image, 2012, 9 (4): 431-440.

第四章 学海无涯乐作舟
——认识大学学习

【名人名言】

学而时习之，不亦说乎？

——孔子

吾生也有涯，而知也无涯。

——庄子

人的知识愈广，人的本身也愈臻完善。

——高尔基

任何倏忽的灵感事实上不能代替长期的工夫。

——罗丹

【案例引入】

在我们的咨询室里，经常会有同学来诉说自己学习发展方面的苦恼。

小兴因为高考"失利"被调剂到现在的专业，觉得特别不甘心，感觉自己未来没有了前途，看着自己培养计划上的每门课程都没兴趣，情绪低落，无心学习。

小华从高考填志愿的时候就打定主意先进大学再设法换专业，所以大一他很努力地学习，终于在大二换到了"热门"的专业。但最初的兴奋感过去之后，他发现这个专业并不像他想象得那么完美，课程也不是那么有趣，颇感失望。

小娟一直以来就以刻苦著称，学习非常认真，她认为每个知识点都必须通过自己的独立思考弄清楚才算真正学到手。但进入大学还没几周，她就发现课上讲的知识点太多，作业中经常遇到不会的题，每道题花一两个小时死磕也不一定能做出来，课余时间连完成作业都有困难。看到别人似乎都学有余力，她很沮丧。

每年，我国都有几百万新生带着欣喜与期望踏入大学的校门。然而，大学与高中在学习内容和学习环境等方面都大不相同。如何应对学业挑战、适应大学学习，利用大学的宝贵时光充分发展自己，是每一位大学生必须面对的问题。

人类学习是一个持续的过程，非一朝一夕可得。教育学和心理学专家的研究指出，对学习是否足够投入，是否拥有能发挥激励作用的学习目标，是否掌握高效的学习方法，能否针对自己的特点选择适合的学习策略，在学习中不断取得成功经验进而增强对自己的信心等诸多因素，都会对学习效果产生影响。

本章主要从学习动机和学习方法入手，选取心理学、教育学等领域专家的一些研究成果，帮助同学们理解学习的过程，更好地认识自己和他人的异同，找到适合自己的学习方法，发挥自己的特长，提升自主学习能力，实现高效学习、终身成长的目标。

第一节 学习背后的心理学秘密

一、怎样启动和保持学习——学习动机

进入大学后,同学们在学习方面拥有了更多自主权,对于学什么、什么时候学、如何学都可以做出自己的选择。在这样的环境中,学习动机对学习目标的实现和学习成果的达成就显得更为重要。

(一)学习动机的含义

动机是指个体为了达到某种目标或结果引起并维持个体活动的内在心理过程。人类的各种活动都是在动机的作用下,朝向某一目标进行的。学习动机是激发个人开展学习活动,维持已经开启的学习活动并使其朝向一定学习目标的内在心理过程。在学习过程中,学习动机影响着学习活动的方向、强度、持续性和质量。

学习动机主要从三方面对学习活动产生影响。

一是激活功能,即学习动机会促使人产生学习活动。比如,如果早上没有课,同学可能睡到八九点钟才起床,但是如果早上第一节有课,即使喜欢睡懒觉的同学也能克服困难,及时从床上爬起来赶去上课。

二是指向功能,即在学习动机的作用下,人的行为将指向某一学习目标。比如,如果最近有一个大的设计作业要交,同学可能会为了更好地完成这个作业,调整学习时间安排、减少休闲娱乐活动,将更多的时间投入做作业。

三是强化功能,即当活动产生后,学习动机可以维持和调整活动。当活动指向个体所确定的目标时,活动就会在相应动机的激励下保持下去;而当活动背离了个体所追求的目标时,活动的积极性就会降低,甚至中止。还是以刚才那位要交大作业的同学为例:当天晚上有一个他很感兴趣的讲座,如果是平时,他肯定会去听。但是,当下他的目标是高质量完成设计作业,听讲座会占用一定时间,与这个目标背离,因此讲座在当下对他的吸引力降低,使得他能忍痛放弃,留下来专心做设计作业。当然,如果这位同学有一个更长远的综合发展的目标,他认为听这场讲座更有助于长远目标的实现,他也会选择调整做设计作业的进度安排,留出时间去听讲座。

有很多因素会影响动机,但多数研究者认为以下两个因素的影响比较显著,一是目标的主观价值,二是对达成目标的预期。如果一个目标对某人没有价值,或者经过判断完全没有实现的希望,那这个目标对这个人就很难形成有效的激励,也就不能成为动机,进而无法驱动行动。

(二)学习目标的价值

每个人会有不同的学习目标,有些同学可能是为了通过考试、取得好成绩、获得奖学金、展示自己的实力、得到大家的赞扬等,这类目标被称为表现型目标(Performance Goals)。而另一些同学更看重获得新的知识、掌握新的技能、提升综合能力等,这类目标被称为学习型目标(Learning Goals)。研究显示,学习型目标与努力和兴趣归因相关联,而表现型目标则与能力归因之间存在正相关。另一些研究也发现,学习型目标与深层学习策略之间有显著正相关。

除了上面说两种目标，情感型目标（Affective Goals）和社会型目标（Social Goals）也会影响学习。比如，经常会听到同学们评价一门课程非常有趣，教师非常有魅力、特别关爱学生，或者有的同学表示在课堂上结识了朋友，这些课程满足了同学的情感型目标和社会型目标。

对于不同的人，同样目标的重要性不同，或者说对个人的主观价值不同。韦费尔德和埃克尔斯（Wigfield & Eccles）认为，对于与成就相关的目标，有三种主要的因素会影响主观价值：一是成就感（Attainment Value），指的是从达成目标中获得的满足感，比如终于解开了一道数学难题，游戏打了通关等；二是内在价值（Intrinsic Value），指的是从朝向目标努力的过程中获得的满足感，尽管这样的过程对其他人可能非常辛苦，但你乐在其中，这就是在实现内在价值，它是内在动机（Intrinsic Motivation）的来源；三是工具价值（Instrumental Value），指的是一个目标能在多大程度上帮助个体实现其他重要目标，比如：有的同学担心学文科不好找工作，所以选择学工科，这里学好工科对于这些同学就具有工具价值。当然，在很多情况下，各种价值会综合起作用，进而对动机形成影响。

面向清华本科生开展的学情调研显示，清华大学本科生的学习目标中居于前三位的是对知识的兴趣、对国家和社会的责任感，以及挑战自我。此外，也有同学选择升学或就业的需要、达成父母的期待等目标。

（三）自我效能感

除了看到目标的价值，人们还需要相信自己的行为能够带来期望的结果，并相信自己有能力采取那些能够达成预期的行动，才能够真正产生动力。这里包括以下两层含义。

第一层被称为结果期望，指的是人对自己某种行动会导致某一结果的推测。如果人预测到某一特定行动将会导致特定的结果，那么就比较有可能选择采取这一行动。简单来说，就是相信努力了就会有成果。比如，相信按老师的要求完成所有学习环节，按时完成作业、课堂积极参与讨论、认真复习，就能顺利通过考试。

第二层被称为效能期望，指的是个体对自己是否有能力采取那些能够达成目标的行动的判断。比如，有能力按时完成作业，有足够的表达能力在课堂上积极参与互动，掌握适合大学学习的方法，等等。在班杜拉（Bandura）的社会学习理论中，这种"对自己能否运用自身所掌握的技能完成某项行动的自信程度"被称为"自我效能感"。当个体确信自己有能力完成某项行动时，就能够增强自我效能感，并能促进行动的发生。

也就是说，同学不仅需要认识到认真听课、完成作业能提高学习成绩，还需要相信自己有能力听懂老师讲授的课程，有能力完成作业，才会促使认真听讲、完成作业的行为发生。有的课程对某些同学太过挑战，他们一直无法获得成功体验，对学习的这门课程自我效能感降低，那么结果很可能是他们并没有按老师期望的"被激发出斗志、付出更多努力、得到更多收获"，反倒失去了信心，丧失了动力，采取了放弃的行为。班杜拉认为自我效能感有四种来源。

1. 掌握经验

成功地完成一项任务，并将这样的成功归因为自己的努力和能力，会增强自己下次完成类似任务的信心，从而增强个体的自我效能感。反之，未能完成的挑战，特别是当个体把失败归因为自己能力不足，会减弱自我效能感。

2. 观察学习

看到他人成功完成任务是增强自我效能感的另一个重要途径。班杜拉指出："看到和自己相似的人通过持续的努力获得成功，会让观察者产生这样一种信念，即他们也有能力掌握类似的活动，从而获得成功。"如果个体觉得自己跟这个取得成功的人很类似，就更能引起"既然他能做到，我也可以"的想法，起到鼓舞和激励的作用。

3. 社会性劝说

来自他人的具有正反馈意义的劝说，包括鼓励、建议、劝告、指导、解释等都有助于帮助人们克服自我怀疑，增加相信自己有能力取得成功的信心。

4. 心理反应

心境、情绪状态、生理反应和压力水平都会影响一个人在特定情况下对自己能力的看法。所以，面对同样挑战度的任务，当你刚经过一个假期的修整，身心愉悦、精力充沛，可能会更有信心迎接挑战；但如果你本身已经非常疲累，处于高压力状态下，则更有可能觉得自己不能胜任这项工作。有的同学在学期初信心满满地给自己设定了目标，等到真正忙起来、压力大起来的时候才觉得自己把目标定高了，这样的状况跟同学是否具有合理设定目标的能力有关，也可能跟压力状态下自我效能感的降低有关。

二、怎么能学有所得——记忆的规律

人们关于记忆和遗忘的认识是不断深化的。从前，人们觉得遗忘是不利于学习的，希望学会的东西能一直保存在大脑中，常常遗憾随着时间的流逝，会忘记那些曾经知道、曾经拥有的东西。可是随着研究的深入，科学家发现遗忘对于学习同样具有非常重要的意义。

（一）艾宾浩斯遗忘曲线

1885年，德国心理学家赫尔曼·艾宾浩斯（Hermann Ebbinghaus）通过实验揭示了人类大脑的遗忘规律。他在《记忆》一书中公布了计算遗忘速率的公式，后来有人按照此公式绘制出了"艾宾浩斯遗忘曲线"，如图4-1所示。根据艾宾浩斯测得的公式，在刚刚背诵完毕的一段时间里，人们保有的记忆量会迅速下降，在随后的一天里会忘掉超过60%。然后记忆量的

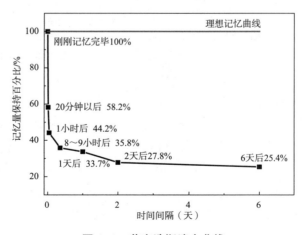

图4-1 艾宾浩斯遗忘曲线

下降速度逐渐变慢，6 天后大约忘掉 75%，也就是还能记得大约四分之一。之后，人们保有的记忆量会随着时间的流逝而缓慢减少。

艾宾浩斯遗忘曲线揭示了记忆的规律，也给人们提供了一种更有效的记忆方法，那就是在学习过程完成后，在后续的时间里合理安排复习。之后，很多研究者从遗忘规律出发寻找增强记忆的方法，设计了基于艾宾浩斯遗忘曲线的复习计划表等实用的工具，帮助人们合理安排学习和复习的时间，以便记得更多、记得更牢。

这些研究成果得到广泛应用，比如有些背单词软件就是利用上述原理安排学习计划，帮助人们提高学习效率的。我们在备考的时候，也可以利用这个方法，根据考试时间安排自己的复习计划。当然，更建议大家把工夫用在平时，而不是考试前突击。

美国教育心理学家爱德华·桑代克（Edward Thorndike）的观点与艾宾浩斯一脉相承。他认为，如果已经学到的东西没有机会得到运用，就会从记忆中逐渐消退乃至彻底消失，也就是记忆也会"用进废退"。这种解释很符合人们的直观感受，所以颇令人信服。

（二）记忆的回想

20 世纪初期，菲利普·巴拉德（Philip Boswood Ballard）做了一个实验，他让一些孩子用 5 分钟时间努力记住一首诗，休息 5 分钟后，让他们默写刚学的那首诗，两天之后让孩子们再默写一次。这些孩子没想到还有一次考试，所以毫无准备，但他们的成绩反而较第一次默写时有所提高。几天之后，巴拉德再次突然袭击，如此重复几次。实验显示，在开始的几天里，孩子们能想起来的内容会有所增加，然后才开始我们通常认为的遗忘过程。在之后的数年里巴拉德组织了大量考试，参与的孩子多达上万人，这些实验显示了同样的结果：即使没有经过特意复习，记忆在最初的几天里会增加，而记忆的逐渐消失，平均从第 4 天之后才开始。当然，当你看完本章，你会发现，这些孩子只是表面看起来"没有做过任何复习"，那些反复出现的突击默写测试其实可能是更有效的复习。

1913 年，巴拉德公布了他的研究成果，他表示：我们不仅会忘记曾经记得的东西，同样也会记起一度被忘记的东西。巴拉德称这种现象为"回想"。也就是说，在我们努力记住一些内容之后，记忆的消退和回想会同时出现。

巴拉德发现的记忆的"回想"现象与桑代克提出的记忆"用进废退"的理论存在矛盾，但在很长时间里，研究者并没有足够关注这一现象。直到 20 世纪六七十年代，随着研究的积累，人们发现：如果学习材料是没有意义的音节，比如艾宾浩斯实验中所用的材料，或者没什么关联的单词短句，那么很少会出现记忆增长的情况，记忆的消退规律更符合艾宾浩斯曲线的描述。但是，如果学习材料是图片、绘画甚至诗歌，人们回想的能力就会强很多。

（三）记忆的存储与提取

罗伯特·比约克（Robert Bjork）和他的妻子伊丽莎白·比约克（Elizabeth Bjork）提出了"记忆失用理论"，总结了关于记忆的基本法则，将艾宾浩斯和巴拉德的观点都包含在其中。

比约克指出，人脑有两种关于记忆的能力：存储能力和提取能力。记忆的存储能力只会越变越强，永远不会减弱。大脑会永久保存那些有价值的东西，其中很多信息可能我们并没有意识到自己记住了。记忆的提取能力用来衡量某项信息被提取到意识中的难易程度。提取能力会因为反复使用而增强，不用则会减弱。根据比约克的理论，记忆本身并不会消失，失去的是提取这些记忆的能力。我们感觉"记得牢",其实是良好的存储能力和提取能力的共同作用。

随着对大脑了解的不断深入,人们认识到大脑的容量非常大,甚至达到万亿 TB,这为长久存储记忆提供了物质基础。但人脑的处理能力毕竟有限,如此多的信息,如果都能随时进入意识,则会影响人们的正常生活。比如说当人进入新的环境,可能就需要改变一些以前的习惯,养成一些新的习惯。在这种情况下,大脑对旧习惯的提取能力就会减弱,但这些习惯其实并没有被彻底忘记,还是存储在大脑中。一位同学去英国交换学习,他在国内已经学会了开车,但到了英国需要尽快适应开右舵车,这时候大脑需要屏蔽旧的驾驶习惯,转而培养开右舵车的能力。当他再次回到中国时,就需要把驾驶习惯再换回适应左舵车,但是这一次的转换会比上一次容易很多,因为旧的驾驶习惯并没有被完全遗忘,只需要重新把它调出来就可以使用了。这种长久有效的存储能力和"用进废退"的提取能力,能够帮助人类更好地适应环境,从这种意义上说,遗忘对于学习同样非常重要。

比约克夫妇还提出了"必要难度原则"(Desirable Difficulty)。他们发现,大脑提取某项记忆的过程越是费力,对它的记忆就会越深。根据这条原则,当我们立刻复习刚刚学习过的内容,特别是简单重复阅读时,可能只是感觉自己更熟练了而已。而努力回想起那些似乎被忘记的记忆的过程,既强化了存储能力,也强化了提取能力,因而强化了记忆。

第二节 适应大学的学习特点

一、理解大学学习与高中学习的不同

想要更好地适应大学的学习,利用大学的宝贵时光,取得更丰富的学习成果,首先需要对大学学习的整体状况有一个客观的了解。从高中到大学,个人成长进入了崭新的阶段,在学习方面也迎来新的挑战。与高中相比,大学的学习在学习目标、学习方法、学习环境等方面都发生了显著的变化。

(一)学习目标更多元

很多大学生在高中时的学习目标相对比较单一,就是考上一所尽量好的大学。因此,在高中阶段甚至更长的时间里,都是朝向这一目标努力,以此为动力激励自己的学习行为。进入大学后,"考上好大学"的目标已经达成,失去了激励的作用,有些同学一时找不到自己的学习目标,不知道该为什么而学,甚至丧失了学习动力。与之相反的是,也有一些同学面临目标太多、不知如何取舍的困惑。

(二)学习内容更丰富

相对而言,高中学习的内容是比较少和浅的,甚至在高二的时候就已经把所有高中需要掌握的知识都学完了,然后用高三整整一年的时间对之前学过的知识进行系统复习。有些高中的老师会把所有需要掌握的知识点都进行详细的梳理,形成完善的知识框架图,还针对每个知识点设计丰富的习题,通过逐层递进的反复练习,帮助同学熟练掌握并学会运用。

而大学学习的广度和深度都显著增加，专业性也更为突出。由于需要学习的内容非常多，老师在课堂上并不能对每个知识点进行讲解，也很难像中学老师一样做非常深入细致的指导，这就要求同学提高自主学习能力，善用各类学习资源，掌握适应大学学习的方法。

（三）学习方法更多样

虽然现在越来越多的高中将小组讨论、实验或实践用于教学，但是很多中学还是以老师讲授为主，学生参与讨论和通过实践学习相对较少。而到了大学，随着"以学为中心"的理念越来越广泛地应用于教学，在大学的课堂上，团队合作学习、基于问题的学习、案例教学、个案研究、专题研讨等能促使学生主动学习的教学方法越来越多地被使用。通过这样的学习过程，学生不仅能记住知识，还能提升理解、应用、分析、综合和评价等高阶认知能力。但这样的学习方式也对学生的学习意识和能力提出了更高的要求。

（四）学习自主性更强

在大学之前，很多学生的学习是被安排的，一般会有固定的日程表，每天上哪些课、做哪些作业都由老师确定，不需要学生费心做计划，只要遵照执行、专心学习就可以。在学习的过程中，经常会有老师和家长提供监督和指导，如果发现学习状态的变化，比如成绩明显下滑，一般会有人出面干预。在具体的学习中，老师会给予详细的指导和监督。

而到了大学，学哪些、用什么节奏学、用什么方法学，都需要学生自己决定。拥有更多选择权的同时也意味着需要承担更大的责任，需要学会为自己负责。学生需要在了解自己的特点和需求的基础上，为自己设定大学学习目标或者更长远的职业发展目标，需要根据目标规划自己大学四年的学习，需要为自己选择适合的课程和课外活动，需要激励自己持续投入、保持良好的状态，需要监控自己的学习过程，发现问题及时调整。所有这些都需要具备很强的自主学习能力。

二、提高适应大学学习的意识与能力

美国教育心理学家巴斯（Barth）在20世纪90年代曾经说过：半个世纪之前，人们从大学毕业后大约有70%的所学知识可以一直用到退休。而在当今时代，这个数字缩减为2%。这意味着人们在职业生涯中所需的绝大多数知识都需要通过不断学习获得，终身学习成为时代发展的要求，因此培养和提升自主学习能力也成为大学生非常重要的发展任务。大学生需要为自己设定合理的学习目标，掌握适合自己的学习方法，提升自主学习的能力。

（一）为自己设定合适的目标

专家关于动机的研究带给我们很多启发。为了激发和维持个人的学习活动，人们需要为自己设定合适的目标，激发学习动机，促使朝向目标的学习行动的发生。

1. 从少到多，增强学习动机

研究显示，一项活动能满足的目标越多，动机就越强。所以，如果想增强学习动机，不妨努力建立更多元的学习目标。

（1）**近景目标和远景目标**。近景目标与学习活动直接关联，来源于对学习内容或学习结果的兴趣，产生的效果比较直接而明显，但是稳定性较差，不易持久。远景目标与学习的社会意义和个人前途相联系，对激发当下学习行为的效果可能不那么明显，但比较稳定持久。

因此，我们既需要有近景目标，激励当下的行动，更需要找到远景目标，把握长远发展的方向。在日常学习中，我们应"以终为始"，将远景目标分解成一系列近景目标，把未来与现在、长远与当下有机结合起来，形成既长期稳定又切实可行的动机。小源同学将来想从事科研工作，他是这样规划自己的大学学习的：除了完成好课程学习，他把重点放在提升自己的科研能力上，大二开始跟着老师做学生研究训练项目，大三加入自己感兴趣的课题组以更深入地参与研究，大三暑假申请了海外高校相关专业的暑期研修项目，大四在前期研究积累的基础上完成毕业设计并完成海外高校的申请。小敏同学希望将来到公共部门服务，她在努力学习专业知识的同时，积极参加多种活动，提升组织协调、沟通表达等能力，利用寒暑假时间开展实习实践，拓展自己对公共部门的了解。这两位同学都有效地将远景目标和近景目标结合，为自己的大学学习发展找到了方向，形成了有效激励。

（2）**学习型目标与表现型目标**。多数研究都显示，拥有学习型目标的学生更可能使用引发深层思考、促进知识整合的学习策略，在有需要的时候更能及时寻求帮助，遇到困难时更能坚持不懈、积极面对挑战，在课程考试中的成绩也较好。而拥有表现型目标的同学为了取得好成绩，可能会采取死记硬背等浅层加工策略，这些方法不利于对知识的深入理解和学习能力的提升，也许能够在某些考试中取得高分，但随着学习难度的增加，这种方法的局限性逐渐显现，甚至会导致学习困难。因此，我们除了设定类似"这门课程要争取达到多少分"的表现型目标，更重要的是保持成长型思维，为自己设定学习型目标，尝试探索所学知识与其他知识之间的联系，发现当下的学习行为对自己长远发展的意义。

此外，我们还可以关注学习行为在满足情感型需求、社会型需求等更多维度上能够发挥的作用，为学习行为赋予更多意义，从而更有效地激发行动。

2. 从多到少，聚焦核心任务

上面讨论的都是如何找到更多目标，但如果在同一时间段想要达成的目标太多，也可能造成精力分散，甚至引发焦虑，阻碍行动的发生。在这种情况下，就需要抓住重点、有所取舍。

一位大三同学来学生学习与发展指导中心咨询时间管理的问题。由于他计划在研究生阶段出国读书，在接下来的一个学期中，他除了要上好专业课，还想加入两位老师的科研项目、准备 GRE 考试、申请暑期海外研修项目。除了学习科研，他也很注重自己各方面综合发展，所以想要参加系羽毛球队的训练、在院系学生节上表演节目等。因为想做的事情太多，才第二周时间就明显不够用了，他很焦虑，无法静心学习，科研也没什么进展，已经拖了两周不敢去见课题组的老师了。在咨询师的指导下，他分析了自己的学期目标和长远目标的关系，将各项目标按主观价值进行了排序，评估了自己的能力和资源，最终决定将相对不太重要和紧急的目标放弃或延后。按照调整后的学期目标，他重新安排了学习计划。面对依然非常充实的日程表，他表示：我已经清楚地知道这学期会非常忙碌，但看起来这些任务都是通过努力能够完成的，而且相信自己会很有收获，这种确定让我不那么焦虑了。

（二）**增强对自身能力的信心**

正如班杜拉和其他研究人员所证明的，我们在一件事情上投入多大精力、付出多少努力以及在遇到困难时会坚持多久，很大程度上并不取决于实际能力，而取决于自我效能感，也可以说是取决于我们相信自己有什么样的能力。自我效能感会影响我们的思维方式和行动方式，影响我们选择追求什么目标、以何种方式实现目标、如何评价自己的表现。当面对困难时，高自我效能感的人依然能对自己的能力保持乐观和自信，视困难为挑战而非威胁，进而更加努力地寻求解决方案。与之相反，低自我效能感的人往往把困难视为威胁，希望努力避免，因此他们会倾向于给自己设定比较容易实现的目标。那么，我们如何提升自我效能感呢？

1. 积累成功经历

研究显示，过往的成功经历如果能被正确归因，就能增加在相似的任务中再次获得成功的预期，增强自我效能感。当人们取得成功，并将其归因为内部因素或可控因素，如自己的能力或努力，就更有可能相信自己下一次还能成功。而如果将成功归因为外部因素或者不可控因素，比如，这次全凭自己运气好，"考的全会，蒙的全对"，则对下次成功的预期不会提升。反之，当人们遭遇失败，如果将失败归因为能力不足，特别是如果不具备成长型思维，认为自己的能力不能提升，那么这样的失败会影响其自我效能感。

为了增强自己对某类任务或某项行为的自我效能感，可以给自己设定"跳一跳能够到"的目标。这些目标需要付出努力和坚持，然而一旦实现，我们便会对自己胜任类似任务的能力更有信心。这里目标的设定一定要适当，如果一个目标怎么努力都无法实现，这种失败的经历会降低自我效能感。因此，当我们面临一个大的、困难的任务时，可以将其拆分为一系列小的任务和目标，定期取得的阶段性成果能不断增强自信，激励我们继续努力。

2. 转化他人经验

看到别人成功完成了某项任务，能增强我们通过努力也可以完成该任务的信心。观察并学习他人的成功经验是建立和增强自我效能感的另一个重要手段。当然，这里同样需要对他人的成功正确归因。通过坚持和努力获得的成功，更容易被我们接受和复制。研究显示，我们感觉自己与所观察的对象越相似，就越有可能增强自我效能感。现在常用的朋辈教育让具有相似的价值观、能力素养、生活方式等特征的同龄人共同参与教育活动，相较于传统的以教师为主导的模式，更有助于帮助学生增强自我效能感。

3. 丰富支持系统

他人提供的正向反馈，包括建设性的指导、建议、解释和鼓励等，同样能增强个体对自己完成某项任务的信心，提升自我效能感。研究显示：积极的社会反馈有助于增强已经建立的自我效能感，而负面评论往往会有明显的破坏作用。当然，单靠积极的社会反馈不足以帮助个体建立自我效能感，但别人的赞美和支持对于增强自信还是很有帮助的。因此，我们可以不断丰富自己的支持系统，从家人、朋友、任课教师、班主任、辅导员等多种渠道获取多种方式的支持和正向的反馈。

4. 营造良好心态

焦虑、紧张、情绪低落等不良情绪会影响个体对自己能力的判断，使自我效能感降低。因此，当面对困难或具有挑战性的任务时，我们可以采取各种措施调整情绪，这样也能增强自我效能感。比如，我们可以通过冥想、锻炼、欣赏音乐、享受美食、与好友聊天等多种方式减压放松，也可以调整对任务的看法，用成长型思维看待挑战，将其视为成长的机会，用积极对话代替消极对话，通过改变认知调整情绪等。

（三）更主动地参与学习

美国著名学习专家爱德加·戴尔（Edgar Dale）让学习者采用不同方法进行学习，两周后测量他们的平均学习保持率（即还能记住多少），在此基础上提出了学习金字塔模型。在这个实验中，平均学习保持率在30%以下的方法都属于个人学习或被动学习，包括听讲、阅读、听音频或看图片、看演示等，而平均学习保持率在50%以上的方法都属于团队学习和主动学习，包括参与讨论、亲自动手实践、在"做中学"等。其中，"把知识讲授给别人"是最有效的学习方式，能记住超过90%的内容，这也是著名的"费曼学习法"背后的原理。

这里所说的被动学习是同学听教师单方面讲授知识，主动学习则要求同学参与观察、思考、讨论、总结，进而产生分析、综合、评价等更深层次的认知活动。主动学习不是教师到同学的单向信息传递，而是师生之间、学生之间的深层互动，不仅能实现知识传授的目标，更能在价值塑造和能力提升方面发挥作用。

通常我们在讨论主动学习的时候，多是站在教师教学的视角，强调要通过教学环节的设计促使学生主动学习。而作为学生，一方面可以更积极地参与课堂教学环节，另一方面，在课后的学习中也可以更充分地运用小组讨论、合作学习、参观学习、生产实践等主动学习的方法。

除了运用主动学习的方法，在大学中更需要有主动学习的态度，需要具备主动拓展资源支持自己学习的能力。有些同学可能上课没太听懂，但他会主动寻找网上的视频资源补充学习；有些同学遇到一些作业题不会做，但他会主动请教老师或者同学，及时弄懂，按时完成作业。这种主动迎接挑战，积极寻求资源解决问题的态度和能力，其实是大学期间更应该掌握的，也是能够支持个体终身学习的重要因素。

（四）增强自主学习能力

著名数学家华罗庚曾经说过："任何一个人，都必须养成自学的习惯，即使是今天在学校的学生，也要养成自学的习惯，因为迟早总要离开学校的！自学，就是一种独立学习、独立思考的能力。行路，还是要靠行路人自己。"

自主学习（Self-Regulated Learning）能力简单地说就是对自己的学习负责的能力。具有自主学习能力的人能对整个学习过程进行管理，可以为自己设定学习目标、制订学习计划、监控学习过程，及时发现异常情况并进行调整，在学习结束后进行总结、评估并加以改进。

【知识链接】

为考试做准备

每当期末临近，总会有同学到学生学习与发展指导中心咨询如何备考，咨询师通常会建议大家采取以下步骤。

首先，尽量客观地评估自己的学习情况，合理设定各门课程期末考试希望达成的目标；正确评估为了达成上述目标，复习每门课程所需的时间；据此排定复习计划。在这一过程中，如果发现复习时间有限，不能完成所有的复习任务，就需要调整对目标的预期。

其次，根据复习计划为自己设定一系列可检验的阶段性目标，比如每天复习完一章并把课后习题都做熟练，如果完成目标可以给自己一些奖励，这样能增强自我效能感，激励自己保持良好的学习状态。

在复习过程中,如果遇到困难,需要调动各种资源及时解决,比如向老师和同学求助等。同时,需要定期对复习进程进行反思,判断是否能够完成复习计划,是否能够达成当初设定的目标。如果不能,就需要及时调整复习进度,或者回到第一步调整对目标的预期,对复习内容进行取舍,从整体上保证复习任务按时完成。

在考试后,对整个复习过程进行反思,总结适合自己的备考经验,为下一次考试做好准备。

在这一过程中,咨询师实际上就是在帮助同学习得自主学习能力。一位自主学习者需要具备自我认知、目标设定、分析决策、时间管理、人际沟通、自我激励等很多能力,这些能力同样是需要学习而且可以通过学习和练习得到提升的。大学阶段学到的知识也许很快就会过时,而自主学习能力会陪伴你终身。

在本节,我们讨论了如何强化学习动机、增强自我效能感、提升自主学习能力,这些为大学学习打下了良好的基础。但只有这些还不够,还需要掌握高效的学习方法,才能更好地应对大学学习。

第三节　掌握高效的学习方法

在本章第一节,我们一起了解了一些与记忆和遗忘相关的心理学知识,现在就运用这些知识来看看大家常用的几种学习方法,判断一下它们是否高效。

①考试前突击复习。
②边看书边用荧光笔在书上画重点。
③下课后马上把老师刚讲的内容重新看一遍。

这些方法你是不是很熟悉?你或者你的同学是不是经常使用?不过,根据"必要难度原则",用这些方法获取知识太过容易,很难在大脑中留下深刻的印记,也就容易遗忘。那么哪些学习方法会更高效呢?下面介绍几种,分别是:整体性学习、检索学习、间隔学习和交叉学习。

【案例引入】

老师上课的时候出了一道题:"怎样用一个气压计测量一栋楼的高度。"本来老师想考的是利用关于气压的知识来计算建筑物的高度。但小明沉思了一会,给出了很多奇特的答案,比如:

站在楼顶,用一根长线绑着气压计自然垂到地面,量出线的长度,就知道楼高了;

还是让这个绑着长线的气压计做钟摆运动,利用摆动时间计算楼高;

站在楼顶,将气压计扔下来并开始计时,听到砰的一声结束计时,根据自由落体的掉落时间算出楼高;

如果是晴天,测出气压计的长度,然后把气压计立在地上,测量它的阴影长度,再测出大楼阴影的长度,然后利用比例就可算出楼高;

一、建立整体性学习的思想

据说故事中的这个学生就是大名鼎鼎的物理学家玻尔。玻尔的回答生动展示了什么叫整体性学习。整体性学习方法认为：我们所学习的知识并不是孤立的，而是不断与其他知识发生关联的。

在学习中，每个人都要面对的问题是如何更有效地记忆。我们都希望自己能够拥有过目不忘的本领。研究显示：大脑是通过神经元连接来存储信息的，连接越丰富，记得越牢，调用起来也更方便。整体性学习为我们的学习提供了一种思维框架，在学习中通过多种途径建立知识之间的联系，把新知识编织到已有的知识网络中，通过增强对知识的理解而加深。

（一）为所学知识赋予更多含义

艾宾浩斯为了探索遗忘的规律创造出了几千个无意义音节作为背诵用的实验材料，这是一项相当费时费力的工作，他之所以这么做，就是为了避免单词具有的语义对记忆的影响。我们都能感受到有意义的内容比无序的字符串要容易记忆，如果是同样的字母数量，当然是背单词比背无意义的音节容易，背诗歌比背词汇表容易。研究者的实验也证实了这样的结论。基于这样的原理，当我们需要增强记忆时就可以通过把看似抽象无序的内容变得形象有序，使看似没有关联的内容变得有关联来实现。我们常用的联想记忆就运用了这一原理。

比如，要记住自己的身份证号，如果把它作为18个孤立的数字来记就会比较困难，但如果把它拆分成：省市区编码＋生日＋顺序码＋校验码，再配上自己习惯的分节方式，用富有节奏的方式背诵，就容易记住了。

有的人会把需要记忆的内容编成故事或者歌谣，比如大家小时候可能都背过历史朝代歌等。这样的方法看似增加了很多无用信息，需要记住的内容（歌词）比原本需要记住的内容（朝代名）要多，但是却更容易记住。额外引入的内容使得本来没有联系的内容发生了关联，降低了记忆的难度。

研究者发现，不同的人有不同的记忆妙招。比如，喜爱音乐的人在需要记住一串数字的时候可能会把它当作一段曲谱，也有人会把一串数字拆分成一些重要时间的组合等。但这样的方法经常具有很强的个性，并不一定适用于所有人。这样的独特性展示了人们已经掌握的知识和技能对学习新知识的影响。我们可以充分利用已有的知识促进对新知识的理解和记忆。然而，有的时候，已有知识也可能阻碍对新知识的学习，就像人们常说的"成见"或者"思维定式"，这也是在学习中需要注意的。

（二）建立知识之间的连接

根据大脑记忆的原理，在学习过程中，建立新学习的知识与已有知识的联系对于增强记忆十分重要。我们可以通过几种方式来促进这一过程，简单说，就是"多提问"。比如可以从以下几个方面来提问。

来源背景：一个数学公式是如何推导出来的；一个结论是如何得出的；一个历史事件为什么会在那时发生等。

相互联系：类似的数学公式、定理或者现象还有哪些，它们之间有什么关系；类似的结论还有哪些，这些结论在哪些地方相似，哪些地方不同等。

拓展应用：这个公式可以用在哪里；这个方法可以用于解决哪类问题等。

这些提问帮助我们把新学的知识同已有的知识建立联系，一方面增强了对新知识的理解，另一方面也通过建立更多的神经连接而加深了记忆。

人们常用的 SQ3R 阅读法就是一种遵从记忆规律，强调通过提问建立知识间联系，从而强化理解和记忆的高效学习方法。

【知识链接】

SQ3R 阅读法

SQ3R 是英语 Survey、Question、Read、Recite、Review 五个词的第一个字母，分别代表"浏览、发问、阅读、复述、复习"五个学习阶段。这种读书方法是由美国艾奥瓦大学的罗宾森（Francis P. Robinson）提出的。

SQ3R 的各阶段有一些需要特别注意的点。"浏览"阶段重点关注书的序（或前言）、内容提要、目录、章节标题，如果阅读文章，还可以关注图、表、段落的中心句等内容，以便对全书或全文形成总的直观印象，建立对整体框架的了解。"发问"阶段强调结合浏览的内容提出问题，并将提出的问题随时记录下来，提问的环节促使阅读者把自己已有的知识与经验调动起来，与当前的学习内容建立联系，这为进一步阅读提供了基础，也有助于提高学习与记忆的效率。在"阅读"环节同样强调边读边思考边提问，尽量将新知识与已有知识结合起来。"复述"环节是脱离书本对所读内容进行回忆，这种方式符合"必要难度原则"，是巩固记忆的有效方式。"复习"通常在学习后一两天内进行，隔一段时间再重复一次，阅读者可以按照记忆规律安排复习，加深记忆并发挥温故知新的作用。

二、定期检测自己的学习成效

这里所说的"检测"可不是指拿出笔记本翻翻前一段都学过什么，而是建议你就像真的考试那样，出几道题考考自己，这是一种有效的学习方法。研究表明：通过回忆来检索记忆，可以将知识学得更扎实，效果远好于简单重复阅读学习资料，这种现象被称为"测验效应"。按照前文所介绍的必要难度原则，当大脑提取某项记忆的过程越费力，对它的记忆程度就会越深。测验促使人们检索自己的记忆，在这一过程中，相关的神经元连接得到了强化，大脑存储和提取信息的能力得到了增强。

小测验的作用得到了实验的验证。研究人员设计过这样一个实验，让参加实验的学生参加一个小测验，其中考到了课上学过的一部分知识点，另一部分知识点没有出现在小测验中，但安排学生复习了 3 遍。在一个月后的大考中，那些在小测验中考过的知识点，学生们的平均成绩是"A−"，而那些复习了 3 遍但没在小测验中考过的知识点，学生们的平均分仅有"C+"，可见小测验是提高学习效果的有效方法。

当然，多数人并不喜欢考试，尤其是把时间用于考试而不是复习，与我们一般的认知并不一致。这样的测试经常让我们感觉沮丧，有很多内容想不起来、很多题目不会做、自信心备受打击，觉得自己学得很差。而重复阅读让我们觉得自己很努力、知识掌握得很熟练、很有成就感，但其实很可能只是增加了"熟练度错觉"，这样形成的记忆并不深刻，很快会被遗忘。与之相对，小测验能帮助我们发现记忆薄弱的环节，每一次努力的回想都有助于加深理解，也帮助我们增强把新知识和已有知识联系起来的能力。

在平常的学习中，可以怎样运用小测验帮助强化理解和记忆呢？这里提供一个按照测验效应设计的学习工具。

【知识链接】

测验式学习法

1.在阅读过程中不时停下来，合上书本考考自己。

2.做作业前不要着急看书，先根据笔记大纲对重要的知识点进行自测，完成这一步之后，再对照书本，确认正确答案、分析错误原因。

3.隔一段时间，对最近学的新概念、新公式、新原理进行梳理，先尝试不看书复述概念、画出思维导图、厘清楚知识点之间的联系，然后对照书本验证并修正错误。或者干脆找一张单元测试卷考考自己。

在这里还要特别推荐康奈尔笔记法，又称 5R 笔记法。康奈尔笔记法最直观的特点是它特殊的页面布局方式，每页笔记都被分为记录区、提示栏和总结栏。这种分区方式是为了支持它的 5R 步骤，即：Record（记录）、Reduce（简化）、Recite（背诵）、Reflect（思考）、Review（复习）。在其中的复习环节，人们需要根据提示栏和总结栏的信息测试自己能否回忆起相应内容，同样是运用测验效应以达到强化记忆的作用。

三、在学习之间留白

间隔学习也叫分散式学习，就是把一次学习分散成数次，并拉开每次学习之间的时间间隔。间隔学习与"集中学习"相对，实验证明，在一定时间内集中学习，取得的成效仅仅作用在短期记忆上，会很快减弱，而间隔学习有助于形成长期记忆。

艾宾浩斯等许多心理学家都验证了间隔学习法能增强对所背诵内容的记忆。在探索遗忘公式的过程中，艾宾浩斯就发现：对一组材料背诵同样的次数，如果把背诵恰当地分成几次，中间间隔一定时间，效果远比集中起来一次完成所有的背诵要好。

因此，对于需要背诵的知识，与其一天突击背完，还不如今天背一点、明天背一点。临时抱佛脚式的集中学习对于应付考试可能是管用的，但过了不多久，突击背下来的那些知识就都还给老师和书本了。如果你想获得长期记忆，还是按照遗忘规律合理拉开背诵的间隔，会更有效。

间隔学习法被证实对于一些技能训练同样有效。在一项实验中，研究人员挑选了一批实习医生进行同样时长的缝合血管培训。其中半数医生在一天内学完全部课程，而另一半医生每周上一节课，分 4 次完成培训。实验结果显示这两组医生在考核中的表现差异非常明显：在一天内集中完成培训的医生在所有评估环节上的得分都比另一组低，而且其中还有一部分医生未能完成手术。而分 4 次完成培训的那组则全部顺利完成了手术，整体表现更好。

这些实验都表明集中学习的效果并不好。但有人可能会问：为什么在日常学习中人们还是感觉集中学习效率更高呢？这是因为采用集中学习方式，人们感觉节省了每项学习任务前的准备时间和在不同任务之间切换的时间，能较长时间专注在一项任务上，感觉更能进入状态，记住更多内容。但事实上这种方式通常只能产生短期记忆，不能持久。想要建立持久记忆则需要花时间完成巩固的过程。

在学习过程中，我们需要把简单的心理表征强化为长期记忆，这一过程被称为"巩固"。在巩固过程中，大脑会识别并深化记忆，把新知识和过去的经验联系起来，和已经存储在长期记忆中的其他知识关联起来。这可能需要数小时或更长的时间。间隔学习能够给大脑留出巩固的时间。在间隔学习过程中，大脑会把学过的知识从长期记忆中调出来，自然而然地加深了对已有知识的记忆。同时，当我们把新知识与长期记忆里的知识联系起来、重建知识体系后，记忆也将更加深刻。

了解了间隔学习的原理，应该如何应用呢？我们可以为自己建立一份自测计划，根据遗忘曲线确定测试间隔，有意识地让记忆出现一些遗忘后再测试。这样，在测试时，我们就不得不更加努力地把学过的知识从长期记忆中"重新调取"出来。当然，你需要根据自己的情况，灵活运用间隔学习法，制定自己的间隔学习策略。

【潜能训练】

自 测 计 划

1. 在第一次学习后测试一遍，对课程进行简单的回顾。
2. 一两天后温习一遍知识点，同时自测并完成作业。
3. 一周后再自测一遍，进行知识回顾。
4. 当你确信已完全掌握后，隔月自测。

四、交替练习增强处理复杂情况的能力

交替练习是指在学习和练习中插入两个以上的主题，这种方法能促使学习者提升在复杂环境中运用知识和技巧的能力，提高灵活性和适应性，从而取得更好的学习效果。

研究人员做过这样一个实验，他们招募了一群孩子，让他们练习把沙包扔进画在地上的靶子里，在投掷时他们被遮住眼睛，扔之后可以看自己扔到哪里了，然后遮住眼睛扔下一次。孩子们被分成两组，一组在3英尺外练习投掷，另一组则轮流在2英尺和4英尺外练习，两组都是每周练一次，采用同样的训练量。12周后，对两组进行了测试，测试的距离是3英尺。测试结果显示，轮流在2英尺和4英尺外练习的一组投得更准，尽管他们从来没练过在3英尺处投掷。这一实验结果让人惊讶，也引起了研究人员的关注。后来的研究还显示，在网球等其他体育项目中，这样的"交替练习法"也会带来更好的训练效果。人们都知道，适应力是一种很重要的能力。专家认为，交替练习有助于运动模式的形成，强化机体对动作的意识，提高练习者的适应力，使得他们能够更灵活地应对不同的环境和情境的变化。因此，不同动作的交替练习比单一动作的固定练习更有效。

交替练习法不仅适用于体育项目，同样适用于数学等科目的学习。在一个实验中，研究

人员教两组大学生如何计算4种比较特殊的几何体的体积,然后让学生们解题。第一组学生拿到的题目按照问题类型进行分类,而第二组学生的题目则将4类问题进行混合。在练习过程中,第一组学生的平均正确率明显高于第二组学生。但是在一周后的测验中,第二组学生的平均正确率远远高于第一组学生。

上述研究表明,在学习过程中将不同类型的问题混合在一起,虽然在学习阶段会学得更困难,当时的测试结果通常并不好,但正是由于付出了额外的努力,才加深了对知识的理解和记忆,增强了灵活运用知识解决问题的能力,从整体看起来会显著提升长期的学习效果。

但是,在现实生活中很多人还是更习惯于采取"分段练习"的方式。当面对一堆需要学习的内容,人们更喜欢先熟练掌握一个概念或方法,再学习和练习下一个,这种"各个击破"的学习方式让我们觉得效率更高。而交替练习需要不时打断针对一种类型问题的练习,切换至另一种类型的练习,这让我们感觉学习过程被打断了,不够流畅,而且浪费了很多时间在不同任务间切换,影响了效率。有研究人员做过这样的研究,他们在交替练习和分段练习对比实验结束后,问实验参与者觉得哪种学习方法更有效?尽管这些人刚刚参加的测试证明了交替练习更高效,但大多数人仍然坚持认为分段练习和交替练习同样有效,甚至分段练习更有效,可见这一观念是如何根深蒂固。但正因为此,我们才更应该有意识地克服思维的惯性,认识到交替练习的作用。交替练习一方面增加了提取记忆的难度,增强了记忆,同时还增强了灵活运用所学知识和技能解决实际问题的能力,这显然更适应现实世界的要求。

现在我们知道交替练习更有效了,那么该如何应用呢?

比如,你可以在学习微积分、线性代数的过程中,特别是在复习的时候,运用交替练习模式,不要每次只练习一类题目,可以将不同单元的练习题混合在一起进行练习。在做题的过程中,也可以有意识地拓宽解题思路,尝试运用不同的解法。此外,一旦遇到一种新的问题或解法,就要有意识地把这类问题分散安排到学习计划中,这样才能用不同类型的问题轮流考查自己,提升学习效果。

第四节 理解学习方式的差异

【故事引入】

两位大一同学正在宿舍聊天。

小A说:前几天,我参加了系里组织的新老生交流会。去年拿到国家奖学金的大神学姐和大神学长向我们分享了他们的学习经验。但是,听完他们的分享之后,我反而更加不知道该怎么学习了。学姐喜欢去图书馆自习,因为那里有比较好的学习氛围,她还常常独自深入思考,消化理解知识。但是,学长的经验又完全不同,他大部分时间都在寝室里学习,即便舍友在打游戏也不会分心。另外,他经常和同学讨论问题,喜欢找老师答疑。学姐和学长都是大神,可他们的学习经验完全不同啊,我该听谁的呢?

小B说:开学的时候我参加了一个学习方法介绍会,我感觉微积分比较难,就特意问了一些这方面的问题。很多学长都谈到了《吉米诺维奇习题集》,我就买了一本做做看，我耐着性子做了不少题，可期中考试也不理想，真是头疼啊，我到底该怎么办？

两位同学讲述了自己在学习中的困惑，为什么不同的人学习方法会不同呢？

一、为什么我们的学习行为如此不同

（一）学习风格

正如世界上没有两片完全相同的树叶一样，每个人也都是独一无二的，学习风格也不尽相同。

学习风格指的是由学习者特有的认知、情感和生理行为构成，反映学习者如何感知信息、如何与学习环境相互作用并对之做出反应的相对稳定的学习方式。也有学者将学习风格定义为学习者持续一贯的带有个性特征的学习方式，认为它是学习策略和学习倾向的综合。

在谈到学习风格时，人们经常提到的是 VAK 模型。VAK 模型根据人们处理信息所用的感觉系统，将人分成视觉型学习者（Visual Learners）、听觉型学习者（Auditory Learners）和动觉型学习者（Kinaesthetic Learners）。在过去 50 年，VAK 等学习风格模型被用于指导教学，人们认为如果教学能够匹配学生的学习风格，就能提高学习成效。

但也有很多专家对学习风格存在质疑。质疑主要有两方面：一方面，一些专家认为，人是非常独特的个体，不应也很难对任何个体进行主观的分类；另一方面，不少研究者表示，他们找不到证据能证明评估学生的学习风格并使其与教学方法匹配能对学生的学习产生影响，或者说没有确凿的证据表明了解和判断学习风格能帮助教师更好地教授学生。

在现实生活中，不同的人在学习模式、学习特点方面确实存在不同。在这里，我们用"学习风格"这个词来表示不同人在学习上呈现出的相对固定的特点和方式。这并不是用来给人分类，更不是为了给自己或别人贴上标签。

学习风格并无高下之分，当我们借鉴其他人的学习方法却不能取得同样的效果时，先不用着急给自己贴上"笨"的标签，而是保持成长型思维，理解并接纳每个人都是独立的个体，发现自己的优势和不足，看到自己发展的可能，找到适合自己的学习方法，形成自己独特的学习风格，这些是我们可以努力的方向。本节我们就从性格类型的角度切入，看看不同的人在学习行为上的不同，以及在学习中可以重点关注并着力提升自己哪些方面的能力。

（二）性格类型

所谓性格类型，是心理学家按照一定的原则对性格所做的分类。性格是人格的重要组成部分。个体在一定社会条件下表现出来的习惯化了的行为反应与情感形成相对稳定的人格心理特征。性格类型理论很多，在这里介绍其中的一种：MBTI 性格类型理论，帮助我们从性格类型的角度理解人们不同的学习行为背后可能存在的一类影响因素，并给出一些关于学习的实用建议。需要说明的是，在这里讨论性格类型，同样不是为了给人贴标签，并不是使用某种学习方法的人就一定是某种性格类型，或者某种性格类型的人只适合使用某类学习方法。我们的关注点是将 MBTI 作为工具，帮助大家从新的视角增进对自己和他人的理解，进而悦纳自己、欣赏他人，保持终身成长。

(三) MBTI 性格类型理论

MBTI 的全称是 Myers-Briggs Type Indicator，它源于著名心理学家卡尔·荣格（Carl Gustav Jung）的人格类型理论，后经美国研究者凯瑟琳·库克·布里格斯（Katharine Cook Briggs）和她的女儿伊莎贝尔·布里格斯·迈尔斯（Isabel Briggs Myers）深入研究而发展成型。60 余年以来，MBIT 广泛应用于团队建议、职业发展、婚姻教育、职业咨询等领域，被译为 30 多种语言，在 70 多个国家中得到应用。世界 500 强企业很多高层管理者使用过这个理论工具，它也是世界各大高校学习指导中心常用的学习风格理论。

MBTI 将性格类型分为 4 个独立的维度。

1. 外向（Extraversion）——内向（Introversion）

这个维度显示了大脑偏好的心理环境，即：你的心理能量来源是什么？你的注意力或能量方向朝向是外向（E）还是内向（I）。偏好外向（E）的人往往把注意力集中在外部世界的人和事上，从人际交往和行动中获得能量。偏好内向（I）的人往往把注意力集中在自己内心想法和体验上，更多从自己内在的思考、回忆、情感体验和反思中获得能量。我们都会使用这两种获取能量的方式，只是使用的偏好不同。

2. 实感（Sensing）——直觉（Intuition）

这个维度显示了大脑偏好的信息收集方式，即：在需要获取信息、了解事物时会自然留意哪类信息？按照大脑收集信息方式的不同，可以划分出实感型（S）与直觉型（I）。偏好实感（S）的人倾向于使用直接的感官来搜集信息，如：视觉、听觉、触觉、嗅觉和味觉等"五感"，喜欢处理具体、明确、可量化的事务，喜欢运用已有的经验。而偏好直觉（N）的人则习惯于超越现实中或具体的对象，更加关注意义、联结和关系，或者说根据"第六感"收集信息，更喜欢能发挥想象力、创新的机会，喜欢尝试新经历、学习新知识、探索新领域。我们都会使用这两种认知方式，但总是偏好也更信赖其中的一种。

3. 理性（Thinking）——感性（Feeling）

这个维度是大脑偏好的决策方式，即：我依据什么做决定。按照大脑偏好的决策方式，可以划分出理性型（T）和感性型（F）。偏好理性（T）的人做决定时以客观的逻辑为基础，讲求公平正义，较少考虑对人的影响；偏好感性（F）的人做决定时更关注价值，以人为本。这两种方式我们都会采用，但同样更偏好其中的一种。

4. 趋定（Judging）——顺变（Perceiving）

这个维度是大脑偏好的物理环境，分为趋定型（J）和顺变型（P）两种。偏好趋定（J）的人喜欢按部就班、有条不紊，希望按照计划把事情做完。而偏好顺变（P）的人更喜欢灵活、顺其自然的生活方式，喜欢保留一些余地，倾向于一直保持接收信息并做出应变，不到最后一刻不愿做出决定。

不同的性格类型有不同的外在表现，也可能呈现出不同的学习行为。

二、MBTI 与学习风格

在一次针对学习的班会上，老师和同学们运用刚刚学到的关于性格类型的知识，分析大家在学习生活中观察到的一些现象，拓展对自己和他人的理解，探索适合自己的学习方法。

（一）更喜欢表达还是更注重内省——外向与内向

小鹏说：在参与小组讨论或者课堂问答时，会发现有些同学的表达能力很强，老师提问的时候他们能在第一时间给予回应，似乎随时都能站起来侃侃而谈，真的好厉害，挺让人羡慕的。按外向—内向维度来分的话，偏好外向（E）的同学是不是更倾向于有这样的表现。而我是偏好内向（I）的，我更喜欢听其他同学说，能不发言的时候尽量不发言，在需要表达自己的观点之前要组织半天语言，还得做做心理建设才敢站起来。

小瑜说：说到课堂发言，有的同学逢问必答，但有时候根本没说到点上，或者把一个观点翻来覆去地说，有点浪费大家时间，还是希望他们能想好了再说，说的时候更简练一点。

正如前面的介绍，偏好外向（E）的人更喜欢表达和交流，他们会急于把自己的想法展现出来，而且在说的过程中经常还能活跃思维、促进思考，边说边丰富观点。而这样经常性的表达也进一步锻炼了他们的表达能力，使他们变得越来越能说。而偏好内向（I）的人更擅长向内思考，他们喜欢想好了再说，虽然没有在第一时间把观点表达出来，但可能会有更深入独特的见解。两类人各有所长，我们应该意识到差异的存在，既悦纳自己也尊重他人。

偏好内向（I）的同学可以既发挥自己善于内省的特点，又有意识地增强表达能力。在偏好外向（E）的同学侃侃而谈时尊重他们的表达，从中汲取有益的观点，同时要有意识地多参与互动式学习，主动与老师和同学进行交流。尽管在众人面前发言确实有些挑战，但不要就此给自己打上"我很内向，天生就不善表达"的标签，而是以成长型思维看待自身，相信自己的能力是可以提升的。应该充分认识到，在大学学习中，交流变得更为重要，学习中遇到的难题可能在跟老师或同学的讨论中能很快解决，很多创新的想法也是在讨论中被激发出来的。所以，偏好内向（I）的同学更应有意而为，遇到问题主动向老师和同学请教，课堂上主动参与讨论，更积极地参与各类团队活动，努力延展自己属于外向（E）方面的能力。

偏好外向（E）的同学既要发挥自己的长处，在交流讨论中高效地学习，也要注意锻炼自己独立思考、深入分析的能力，在交流中注意倾听其他人的发言。在讨论中，也给那些不常发言的同学一些表达机会，听听他们的想法。

在课内外各种活动中，老师或者活动的主持人也可以加强对讨论和分享环节的把握，适当控制偏好外向（E）的同学的分享时间，引导他们进一步凝练发言；同时也可以有意识地邀请偏好内向（I）的同学分享自己的观点，这既能为发言的同学提供锻炼成长的机会，也能丰富团队的学习成果，帮助大家扩展思维。

（二）更看重细节还是更关注整体——实感与直觉

老师：不知道大家有没有注意到，有时在一节课后同学们对课堂效果的评价会出现明显的分化。比如讲课偏好实感（S）的老师会列出详细的步骤，举很多例子，一些同学听得比较舒服，觉得讲解得很细致、很透彻。但偏好直觉（N）的同学会觉得框架不够清晰，步骤和例证太多太琐碎，甚至有时候觉得有点跟不上，迷失在茫茫的例子中。

小瑜：是的，有些老师一上来就讲很多例子，我很想知道它们之间有什么关系，是想说明什么问题，但是老师偏偏不说，我就会觉得很难受。

老师：反之偏好直觉（N）的老师讲课常常会联系、对照很多其他的概念或者知识，思维比较跳跃，偏好直觉（N）的同学往往喜欢这种讲法，而偏好实感（S）的同学可能会听不懂，感觉跳过了很多重要的步骤。

小鹏：是的，我有时就觉得老师讲课太跳跃了，不知怎的就从这个知识点跳到了那个知识点。

老师：首先应该意识到这不单是能力的问题，更多的是因为老师的讲授方式跟你更适应的认知方式不太匹配。对于偏好直觉（N）的同学来说，联系其他知识进行对比分析更容易激活思维，从而加深对每个知识点的理解，而偏好实感（S）的同学更喜欢逐个知识点顺次学习，相对比较难跟上老师讲课中的跳跃。

老师：在做习题方面，偏好实感（S）的同学喜欢从头开始、按部就班地学习，不介意做重复的练习，偏好直觉（N）的同学更喜欢尝试新知识新题目，不太愿意做那些重复性的工作。

小瑜：是这样的，同一类的题目我一般只会做两三道，弄明白了就去学其他部分。

小鹏：我就经常会刷题练习，一个知识点我要做好几道练习题才会放心，觉得自己确实掌握了。

老师：有一点是值得注意的，对于哪些算一个知识点，不同同学的看法也不完全一样。偏好直觉（N）的同学认为是同一类的题目，可能偏好实感（S）的同学觉得还是有区别的，还需要再做做练习。

小鹏：我喜欢那种有标准答案的作业，做完了对一下答案，就知道自己是不是做对了，如果做对了就能比较安心，觉得自己已经掌握了。小论文之类的，对我来说就比较挑战，不知道写得是不是符合老师要求，能得多少分。

小瑜：我喜欢老师布置比较有想象空间的任务，没有唯一标准的答案，可以自己发挥，比如：写一篇作文，应用所学的知识解决一个问题，提出新方案等。做练习，我比较喜欢做新题，对重复性的题目或者作业会感到无聊。

看了上面的例子，下次如果你上课的时候不太跟得上老师的思路，先不要怀疑自己的能力；如果觉得老师讲得太琐碎，框架不清晰，也别着急否定老师，也许只是你不适应这位老师的讲课风格。

偏好实感（S）的学习者更喜欢具体直观的例子，如果能提高总结归纳能力，构建知识框架，就能更牢固地掌握知识间的联系，增强理解和记忆，在解决具体问题时也更容易找到适合的方法和思路。偏好直觉（N）的同学应该充分发挥自己的概括能力，保证自己的知识框架是正确、完整的。同时，在学习中也得培养耐心，在关键的知识点上保证练习量，提高把握细节的能力，保证所学扎实、牢靠。

对于作业而言，学习知识需要一个接受和巩固的过程，需要"刻意练习"，但练习的量因人而异。对于偏好实感（S）的同学来说，通过练习巩固知识是他们喜爱的学习方式，不过也要找准重点、难点和薄弱点有针对性地重点练习。一方面可以在跟任课教师、学长、同学讨论的过程中增进对知识的认识和理解，自己也要多思考总结，锻炼抓重点、找联系、构建知识网络的能力。偏好直觉（N）的同学则要注意对细节的把握，有时在做少量的练习后就认为自己已经熟练掌握了，此时不妨做做测试，检查一下在细节上是否还有疏漏。在考试中，偏好实感（S）的同学读题会更认真一些，较少发生看错题、看漏题的情况。偏好直觉（N）的同学需要学习和训练这种细致，防止在关键的考试中被"似曾相识"迷惑，看错题目。

上面主要讨论的是如何理解并尊重个体的差异并促进个人的发展。在团队中，丰富成员的多样性有助于形成优势互补，提升整个团队的领导力。在共同完成一项活动策划的过程中，团队中偏好直觉（N）的同学提出总体构想、拓展思路，发现更多可能性、整合更多资源，而偏好实感（S）的同学寻求具体的解决方案，论证其可行性，大家取长补短、密切配合，保证任务高质量完成。

（三）更以人为本还是更讲求逻辑——感性与理性

老师：请设想这样一个场景，一年一度的院系学生节即将到来，你们班精心排练了一个很多同学共同参与的舞台剧准备在学生节上演出，但是演出前几天，你忽然被告知必须压缩一半的时间，作为节目的负责人，你会怎么决定？

小林：首先要保证大家尽量都能上台演出，毕竟大家一起演出是为了体现出班级的凝聚力。如果最终还是超出了时间，那就只好委屈一些同学了。

小瑜：同学们排练了很长时间，如果最后没能演出的话，一定会很伤心、很遗憾的，我肯定会让大家都能够上场。

小鹏：我觉得还是要保证班剧的效果，留下相对完整、最精彩的部分。

老师：偏好感性（F）的同学做决策时特别重视"以人为本"，比如小瑜会特别关注大家的情感体验，并将其作为重要的决策理由，而小鹏则更多地考虑实际效果，小林也提到让大家都上台演出，不过他主要是以维护班级凝聚力为目标来进行决策，在理性思考的基础上也整合进了对情感的考量。通过这个例子，我们就能够大致地理解两类性格的区别了。

人们在决策的时候都会同时用到感性（F）和理性（T）两种决策模式，只是每个人倾向的侧重点有所不同，因而呈现出不同的行为特点。比如：偏好理性（T）的人可能会直接表达不同的意见、指出别人的不足，有时候让对方，特别是偏好感性（F）的人觉得难以接受。偏好感性（F）的人有时候会觉得很难拒绝别人的请求，接了很多锅，最后无法完成，不仅自己非常辛苦，把事情也耽误了。

在这个维度上，我们在日常学习生活中最常遇到的问题是如何表达不同意见和如何看待他人表达的不同意见。如果能从说话人和听话人两个视角出发，相互理解、换位思考，就能减少因为思维方式差异产生的矛盾，实现更有效的沟通。

有的人似乎总是在指出别人问题，很少表扬别人。比如他们常说："好的部分我就不说了，现在说说哪些地方还需要改进。"说话的人需要注意的是：正如马斯洛的需求层次理论所描述的，被尊重、被认可、被欣赏是每个人都有的需求，如果能够带着同理心站在对方立场上考虑，可能能体会到他们因为自己付出的努力没有得到认可而感到的失望。即使出于良好的动机，想要帮助别人发现问题、改进提高，也可以多考虑对方的感受，采用更有效的沟通方式，从感激欣赏他人的努力和成果开始，开启对话。而被批评的人，特别是偏好感性（F）的人，尽管在情感上可能会觉得不开心，但首先要理解对方不是故意针对你或者否定你，只是"就事论事"，如此直接地指出问题是因为他们觉得这样能提高效率，有助于事情向好的方向发展。我们可以做的依旧是保持成长型思维，抱着"有则改之无则加勉"的态度听取意见，同时关注和调整好自己的情绪。本书关于沟通和情绪管理的章节还会做更深入的讨论。

（四）更计划周密还是更随机应变——趋定与顺变

老师请设想这样的场景：假设大家有充足的时间来进行一次旅行，在完全轻松的状态下，不需要考虑别人，大家会提前做出详细的计划吗？如果计划被打乱，比如航班延误了，你们是什么心情？

小鹏：我旅行之前是必然会好好规划一下的，不然到外面会感觉心里没谱。如果计划被打乱，会比较难受，会赶紧重新规划行程。

小瑜：我觉得无所谓了，出去玩就别弄得太死板了。遇到意外也没关系呀，就是玩么，也许会遇到意外的惊喜呢。

小林：我感觉自己如果是自己出去玩，可以接受灵活机动，但是在学习上还是要锻炼自己制定计划、执行计划的能力。因为我之前做一项任务时就没有好好安排，到最后通宵了两天完成，当时真的是快要撑不住了，感觉人生很绝望。

小鹏：就是，学习上我也喜欢严格按照计划来，但是有时候生病或者班级活动会打乱我的计划，我就会非常焦虑，其他的事情也做不好了。看到有些同学即便还有很多事情压着，他们也不会紧张害怕，我其实还有点羡慕他们呢。

到了大学，我们在安排自己的学习生活上有着更大的自由，因此，提高时间管理的能力、合理制定计划、有效管理时间就显得更为重要。

偏好趋定（J）的同学非常重视制定和执行计划，当这个过程被打断时可能会产生焦虑情绪，尤其是看到那些偏好顺变（P）的同学面对同样情况却镇定自若、一副胸有成竹的样子，可能会更加焦虑。实际上，不同人对计划变动的适应性本就不同，没必要互相比较。偏好趋定（J）的同学需要锻炼自己的应变能力，在制定计划时可以适当留白以应对突发状况，在计划被破坏时及时调整心态，减少负面情绪的影响。

偏好顺变（P）的人往往在非常必要的情况下才会严格执行计划。为了更有效地推进工作，防止临近期限才开始赶工，可以尝试把任务分解，给自己定下阶段性的目标，还可以请求偏好趋定（J）的人帮忙督促执行。不过偏好顺变（P）的人也不用完全照搬别人的时间表。过于精细严格、没有灵活调整空间的时间表不一定适合你，还是应该实事求是，根据个人特点选择有助于达成目标的时间管理方式。当然，偏好顺变（P）的同学在学习和工作中也要学着管理好自己的时间，尤其是在团队合作中，更需要注意自己所承担任务的完成时间合理安排时间，及时报告进展情况，防止拖慢团队的整体进度，也让队友安心。

【潜能训练】

1. 请同学根据上文介绍的内容，尝试判断自己的 MBTI 性格类型。
2. 分析自己日常的学习行为，哪些受到了你性格类型的影响？
3. 哪些学习行为与你的性格类型不相符，它们体现了你哪方面的能力？你是怎样获得这些能力的？
4. 展望未来，希望培养哪些学习能力？愿意尝试哪些学习方法？
5. 具体准备怎样做？

本节主要介绍了关于性格类型和学习风格的知识，通过大学生日常学习生活中常见的案例，希望达成几个目标：首先是理解差异，认识到每个人都是独一无二的个体，有自己独特的学习风格，不必因为自己和别人不一样而苦恼。其次是了解自己，找到自己的学习风格，明白自己的长处和短处。在此基础上，希望每个人都能扬长补短，一方面发挥自身优势，选择更适合自己的学习方法，同时正视自己的不足，抱着成长型思维，努力提升学习能力。

【本章回顾】

本章介绍了一些学习背后的心理机制，帮助读者了解大学学习的特点，探索适合自己的学习方法。学习是长期的过程，人们常说："书山有路勤为径，学海无涯苦作舟"，长期的坚持、辛苦的付出都是必要的，但我们更希望同学能发现自己真正感兴趣的领域，掌握适合自己的方法，在一天天的积累中看到自己的收获和成长，将所有的辛苦酿成甘甜，学海无涯乐作舟！

【话题讨论】

1. 请分析你的学习方法，哪些比较适合大学的学习，哪些不适合大学的学习？

2. 本章介绍的高效学习方法有哪些可以运用在你自己的学习生活里？体会一下运用后给你的学习带来的改变。

3. 运用 MBTI 理论理解自己的学习风格，给你带来怎样的启发？

【参考文献】

[1] [美] 理查德·格里格, 菲利普·津巴多. 心理学与生活 [M]. 王垒, 译. 北京：人民邮电出版社, 2016.

[2] [美] 约翰·哈蒂, 格雷戈里·C.R. 耶茨. 可见的学习与学习科学 [M]. 彭正梅, 邓莉, 伍绍杨, 译. 北京：教育科学出版社, 2018.

[3] [美] 苏珊·A. 安布罗斯. 聪明教学 7 原理——基于学习科学的教学策略 [M]. 庞维国, 译. 上海：华东师范大学出版社, 2012.

[4] [美] 本尼迪克特·凯里. 如何学习 [M]. 王冰, 译. 杭州：浙江人民出版社, 2017.

[5] [美] 彼得·布朗. 认知天性：让学习轻而易举的心理学规律 [M]. 邓峰, 译. 北京：中信出版社, 2018.

[6] [美] 克里斯托福·R. 加赖斯, 莱斯利·W. 格兰特. 学习评估教师手册：课程、教学、学习整合策略研究 [M]. 荣榕, 译. 南京：凤凰教育出版社, 2017.

[7] [美] 安德斯·艾利克森, 罗伯特·普尔. 刻意练习：如何从新手到大师 [M]. 王正林, 译. 北京：机械工业出版社, 2016.

[8] [美] 伊莎贝尔·布里格斯·迈尔斯, 彼得·迈尔斯. 天资差异 [M]. 张荣建, 译. 重庆：重庆出版社, 2008.

第五章 此情有计可消除
——情绪的识别与管理

【名人名言】

能控制好自己情绪的人,比能拿下一座城池的将军更伟大。

——拿破仑

成功的秘诀就在于懂得怎样控制痛苦与快乐这股力量,而不为这股力量所反制。如果你能做到这点,就能掌握住自己的人生,反之,你的人生就无法掌握。

——安东尼·罗宾斯

【案例引入】

小李是大一新生,上大学之前,他成绩优异,兴趣广泛,活泼开朗。但是上了大学以后,他发现周围一切都很陌生,觉得自己并不快乐。他会因为即将到来的期中考试而焦虑,担心自己考得不好,成绩排名靠后。他也因为自己在新环境里没有朋友而觉得非常孤独,一个人走在校园里时常觉得自己渺小而无助。他偶尔会有开心的时候,比如自己钻研清楚一个学习上的难题,但是他又不敢过多表达,害怕周围同学觉得自己过分张扬。有一次,室友半夜打游戏影响了自己的休息,他觉得非常气愤,话到嘴边又压抑下去了怒火,他担心与室友的正面冲突影响同学感情,未来四年该怎么相处……小李时常会感觉到自己被情绪淹没,他不知道如何去管理这些情绪,更不确定自己是不是有问题。

小李所经历的事情是很多大学生都会经历的,这些情绪也都是非常正常的情绪,我们都可能遇到。本章将通过情绪的基本概述、情绪管理、大学生常见情绪困扰及处理三方面,学习如何去识别与管理这些情绪,避免形成严重的心理困扰,进而成功驾驭自己的情绪。

第一节 情绪的基本概述

开心、快乐、悲伤、难过、生气、兴奋……这些都是我们非常熟悉的情绪,那么情绪的具体定义到底是什么?情绪的分类、作用、影响因素有哪些?对这些问题的探讨有助于我们充分了解情绪。

一、情绪的定义与分类

情绪是指因客观事物是否满足人们的需要而所产生的内心体验,或者说是人们在心理活动中对客观事物的态度体验。

我们的需要得到满足时,会产生积极正面的情绪;需要得不到满足时,会产生消极负面的情绪。每个人的需要、处理信息能力不同，因而相同的事件会引发人们不同的情绪反应。

其中，日常生活中常见的积极情绪主要包括：快乐、爱、轻松、喜悦、高兴等，常见的消极情绪主要包括：愤怒、痛苦、忧虑、悲伤、挫折、害怕、厌恶、恐惧等。

需要引起特别注意的是，消极情绪并不意味着不正常。正如苏轼在《水调歌头·明月几时有》中所描写的："人有悲欢离合，月有阴晴圆缺，此事古难全"，负面情绪其实是非常正常的情绪体验。某种程度上来说，没有痛苦，那么喜悦也就没有了价值。试想如果一个人只有开心，从来没有体会过难过，那就无所谓开心了，是不开心的经历让开心的时刻显得那么可贵。更进一步，消极情绪是人生中必不可少的经验和财富，正因为有了这些负面情绪体验，每个人才越发坚强与勇敢，从而在人生之路上不断前行。

二、情绪的作用

情绪在人的生活中扮演着重要的角色，日常生活的行为表现、心情起伏、身心健康、人际关系与工作表现等都跟情绪有关。如果能觉察与管理好，情绪就能发挥像水一般滋养的效能；否则，个体就如身处暗潮汹涌的水流中，随时会有翻覆的可能。

（一）情绪与身心健康

人是身心统一体，人的情绪与健康息息相关。在不同的情绪状态下，大脑的下丘脑、脑下垂体、自主神经系统都会有一定程度的生化改变，并由此引起身体各器官功能的变化，这就是情绪可以致病的生理学基础。人在不同的情绪状态下，心律、血压、呼吸以及内分泌、消化系统等都会发生相应的变化。具体而言，悲伤时，人会出现食欲减退、消化不良等症状；激动时，人会出现血压升高、心跳加快等现象。如果一个人长期处在负面情绪的状态下，还会影响皮肤健康，痤疮、白癜风、牛皮癣、黄褐斑等都与情绪有关。联合国卫生组织的调查指出，当今人类的疾病中有 70% 以上是由于不良情绪造成的。此外，长期的负面情绪还会对心理健康带来负面影响，比如表现为孤僻、冷漠、暴躁、敏感、多疑、社交回避、自我成就感低、社会适应力减弱、思维敏捷性下降、注意力难以集中、记忆力下降等。因此，保持良好的情绪状态，对每个人都至关重要。

（二）情绪与人际关系

情绪具有信息传递的功能，可以促进个体间的交流。在人际交往中，轻松愉快的情绪可以传递"我很愿意和你在一起""和你在一起我很开心"等信息，从而促进双方人际关系的进一步发展。

情绪交流可以引起对方的情感共鸣，产生感同身受的感觉。乐观、自信的人总是受人欢迎，容易获得别人的认同，从而更容易建立良好的人际关系；而自卑、易怒、抑郁的人，往往不能与他人正常交往，导致人际关系疏远。

情绪的恰当表达决定了人际状况。倘若一个人经常在他人面前有负面情绪决堤，丝毫不加以控制，久而久之，别人就会觉得这个人难以相处，甚至回避与之交往。反之，如果一个人常常面带微笑、多赞美他人，以亲切的态度与他人和谐相处，自然就会受到大家的喜爱。

（三）情绪与学习效率

情绪心理学的研究发现，情绪对认知加工活动具有重要影响。例如，情绪可以影响对于信息的选择性注意和对于信息的准确理解与记忆等。因此，情绪可以通过影响人的认知加工活动进而影响学习效率。积极情绪对人的心理活动起到协调和组织的作用，能够增强和提升认知功能；消极情绪起到破坏和瓦解的作用，会干扰或抑制认知功能。当一个人处在轻松愉快的情绪状态下，大脑会呈现出接受的态势，表现为感知迅速、耳聪目明、思维敏捷、记忆准确，单位时间之内对于信息的接受量大大增加，使得学习效率迅速提高。反之，当一个人处在紧张、焦虑、抑郁、愤怒等消极情绪状态下，则会分散和阻断注意过程，干扰原有知识的回忆过程，瓦解整个思维过程。学生经常出现的因为过分紧张而导致考试失常正是由于这个原因。

（四）情绪与潜能发挥

积极的情绪和心态能够激发潜能，消极的情绪和心态则会抑制潜能。美国密歇根大学弗雷德里克森（Frederickson）教授提出的积极情绪的扩展和建构理论指出：消极情绪，如焦虑、愤怒等，使得个人的即时思维—行动范围变窄，于是人们倾向于选择一种特定的自我防御式行为方式；而积极情绪能扩建个人的即时思维—行动范围，使个体充分发挥主观能动性，产生创造性的思想和行为，从而带来成功与财富。

【知识链接】

倒 U 形假说

心理学家耶克斯（Yerkes R. M.）与多德森（Dodson J. D.）的研究表明，压力与学习效率之间的关系不是线性关系，而是倒 U 形曲线关系（如图5-1所示）。当压力过小时，学习动力不足，学习效率较低；当压力强度处于中等适度水平时，学习效率最高，最有利于任务的完成；一旦压力强度超过了这个水平，学习的动机太强、急于求成，会产生焦虑和紧张，干扰了记忆和思维活动的顺利进行，使学习效率降低，对行为反而会产生一定的阻碍作用。如这就是著名的"倒 U 形假说"，也称"耶克斯和多德森法则"。

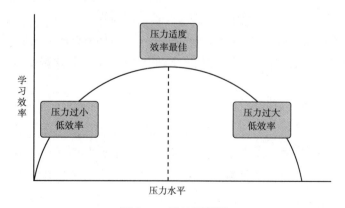

图 5-1　倒 U 形假说

三、情绪的影响因素

（一）环境因素

环境是影响情绪的直接因素。当环境能够满足我们的需要时，几乎所有人都会产生积极正面的情绪；而当环境无法满足需要时，人们就自然会产生消极负面的情绪。人通过情绪对环境刺激做出反应。喜事会让我们觉得开心、快乐，难事会让我们觉得悲伤、焦虑。与此同时，我们从环境中评估自己是否安全，也受环境的影响放大或压抑情绪。轻松、包容的环境会让我们愿意表达无论是积极还是消极的情绪，反之则会让我们选择掩盖与压抑情绪。

（二）生理因素

美国心理学家詹姆斯（Willian James）和丹麦生理学家朗格（Carl Lange）分别于1884年和1885年提出了内容相同的一种情绪理论，他们强调生理变化先于情绪体验，生理变化所引起的内导冲动传到大脑皮层时所引起的感觉就是情绪，也就是说情绪的产生是植物性神经系统活动的产物。这使得情绪的一般成因被假定为内在生理性的神经过程，而不是精神性或心理性的过程。后人把这一理论称为情绪的外周理论，也被称作詹姆斯—朗格情绪学说。多巴胺会让人们觉得快乐，肾上腺素会让人们觉得恐惧或紧张，5-羟色胺可能会影响人的抑郁情绪。

事实上，后人研究发现，情绪与生理因素常常是互为因果、循环影响。例如，小明同学经常在考试之前觉得很有压力，进而会感到紧张，同时伴随心跳加速、手心冒汗等生理反应，而心跳越严重，他就会感到越紧张。

（三）认知因素

情绪认知理论（Cognitive Theory of Emotion）是心理学中主张情绪产生于对刺激情境或对事物的评价的理论。认为情绪的产生受到环境事件、生理状况和认知过程三种因素的影响，其中认知过程是决定情绪性质的关键因素。沙赫特（S. Schachter）和辛格（J. E. Singer）强调影响情绪产生的因素主要是：生理唤醒，对生理唤醒的归因及对环境刺激的认识。例如，小明要参加3 000米测试，他感到心跳很快，担心自己考不好，他觉得这是不好的，说明自己不够强大，他看到周围同学都很淡定，老师又很严肃，这些综合起来促使他越发紧张。同在一旁的小红也因为第一次测试长跑而感到心跳加快，但是她觉得这是正常的。小红认为如此具有挑战性的考试会引起生理唤醒是人的本能反应，她看到周围同学都淡定，也学着深呼吸，给自己加油鼓劲儿，逐渐变得不再紧张，恢复了平静。所面临的环境一样，所感受到的心跳加速也一样，只是因为小明和小红对于生理唤醒的归因和对环境刺激的认识不同，他们两个体会到了不同的情绪状态。如下练习可以帮助大家理解认知因素对情绪影响的重要作用。

【潜能训练】

认知与情绪

情境一：你参加学生节抽奖，满怀期待，但是没有中奖。

情境二：你参加学生节抽奖，抽到了一等奖，一台最新的智能手机，领奖时太开心一不小心摔坏了。

两个情境的情绪会是怎样变化？情绪是一样的吗？

你将怎样解释这样的现象呢？

第二节　情绪管理

　　心理学家曾做过一个有趣的实验：让被测试者看一类很悲伤的电影和很开心快乐的电影。允许一组被测试者在看悲伤电影的时候想哭就哭；与此同时，要求另外一组被测试者在看悲伤的电影的时候保持积极性，不能流泪，也不能随之发生任何情绪的变化，要装成木头人。同样，允许一组看快乐影片的测试者想笑就笑；而另外一组要装成木头人，不许笑。实验结束后对他们进行行为测试，结果发现，他们的心理资源消耗状况完全不一样。

　　那些能够根据电影情节该哭就哭，该笑就笑的，他们的心理资源状况更好，而那些控制自己情绪来装木头人保持情绪平静的人大量的心理资源被消耗了。

　　无论是否承认，我们每天都在变化的情绪中生活，一定要做与当下情绪相冲突的事情会耗费更多的心理能量。适度地表达情绪，能够帮助人们节约心理"资源"去做更有价值的事情。当情绪超出了可控范围，则应该及时采取干预措施。

　　我们可以从接纳情绪、识别情绪、调节情绪、表达情绪四个方面管理自己的情绪。

一、接纳情绪：情绪是人性之本

　　情绪是人经历客观环境刺激后的自然反应。有情绪是正常的，也正是因为情绪的存在让人真实与鲜活起来，让人生充满情趣。情绪如潮水般有来有往，有起有落。人们常期盼风平浪静多一点，波涛汹涌少一些，因此要么追逐，要么挽留。到头来却时常发现情绪的潮水就是自然地来来往往、起起落落，从来都不因我们的喜好或厌弃而改变。

　　许多舆论会宣扬情绪稳定的重要性，这让很多人误以为自己不应该有情绪，有情绪是幼稚、懦弱、无能的表现。事实上，情绪的产生基本不受个体控制，它更像是一种生理自然反应，是在先天性格、后天经历、当下刺激塑造下，个人认知、行为和生理的共同作用结果。更为重要的是，情绪还有一个隐而不宣的特点：一个人越是不能接纳自己的某种情绪，越是想方设法控制、压抑、摆脱自己的情绪，情绪就越是会不断发酵。一个常见的例子就是：当一个人在考试前感到焦虑时，他觉得焦虑是有问题的，非常希望自己可以不焦虑。但是无论他怎么要求自己不要想了，不要焦虑了，要去全心复习，他的脑子都无法停止担忧，这样很容易让他感受到对自己无法停止担忧的愤怒。他开始为怎么才能不焦虑而焦虑，然后慢慢地焦虑影响了他的注意力、记忆力，甚至是开始吃不下、睡不着。

　　事实上，无论你愿意还是不愿意，紧张和焦虑就在那里。从心理学角度讲，当焦虑时，你的身体就进入了应激状态：各种自动的机体反应接踵而来，呼吸加快、血流量增加、肌肉收缩、反应更加灵敏。这些反应可能让你感到很不舒适，甚至想要当场逃离，或是暗下决心以后再不要做出类似的尝试。而这也是心理学中著名的"战或逃"反应，即在面临某些令人有压力的事件时，经由激素作用自动激发的一系列生理反应，从而帮助你留下来应对挑战，或是逃离到更安全的别处。根据进化心理学的解释,"战或逃"反应上可追溯到遥远的荒蛮社会。当我们的祖先遇到危险时,他们可以选择留下来战斗,或是逃得越远越好。而在两种情景下,身体自发产生的生理和心理反应其实都能帮助他们迅速调动自身的身体资源,从而更好地应对威胁。不只是焦虑,其他情绪也是如此,都有其存在的适应意义,是人们面对生活的正常反应,是人性之本。

二、识别情绪:知己知彼

首先问自己一个问题:"当下我高兴吗?"也许有的人说"我高兴",也许有的人说"我不高兴",当你这样说的时候,就表明你处在一种情绪状态之中;也许有的人说"我不知道自己高不高兴",那是因为他隔离了他的情绪;也许有的人直接会忽略这个问题,那可能是他在逃避自己的情绪。但是无论如何,情绪每一个时刻都与我们紧密相连。人的情绪就像万花筒一样,色彩斑斓,千变万化。人们都希望自己有正性情绪,排斥、不接纳自己的负性情绪。然而事实上,人的各种情绪状态如同月亮的阴晴圆缺一样,都是情绪的一部分,是心理正常的表现。我们不可能永远都是正性情绪,悲伤、失望、愤怒等情绪同样是生活中不可缺少的部分,因此要学会接纳自己的负性情绪,走出情绪认识的误区。

情绪是内在自我的表达。情绪是个体对外界刺激的主观的、有意识的体验和感受,是对客观事物和主体需求之间的反应。情绪能够给心理活动提供能量,也能够影响行为。我们要对自己的情绪有所了解和觉察,也就是了解自己的情绪状态。及时觉察自己的负性情绪,是情绪智力的核心能力。我们虽然无法阻挡情绪的产生,但是可以通过不断觉察情绪什么时候发生、为什么发生、发生时的表现是什么,识别情绪的类型与表现,总结情绪的成因及影响,了解情绪发生的规律。只有这样,才能对自己有更多的了解,也更能朝着自己希望的方向不断努力前进。

情绪是一种能量释放的过程,它有发生、发展、高涨、下降和结束几个阶段,同时伴随着能量的积蓄和发泄。因此,任何情绪都不可能永远持续下去。认识到情绪的过程性,可以帮助我们科学地对待各种情绪状态,尤其当处于某种负性情绪又为之深感痛苦时,更应看到情绪必然出现的强度以及自然下降和结束的趋势。同时,与情绪相关的生理症状也具有过程性,可随着情绪过程的结束而得到缓解。如伴随焦虑出现的失眠、腹泻等不适,可随焦虑的缓解而自行改善;再如分手后会在一段时间内体验到难过、低落、自我怀疑与自我否定,但随着时间的流逝,这种情绪会逐渐消散。

比如一个学生在一些情况下会觉得不舒服不自在,大到重要考试、面试,小到课堂发言、与陌生人交谈。那就需要觉察一下这种感觉是什么,是紧张、是焦虑、还是恐惧?为什么会有这种情绪?是因为过分在意别人的评价,是因为对自己不够自信,是没有相似的经验可以借鉴,还是其他?不同情境下这种不舒服的程度是否存在差别,原因是什么?在这种情绪下会有哪些表现?这些表现又会有哪些影响……通过这些对情绪的识别和分析,一个人就可以看到自己的特点和模式,发现原来问题不是灾难性的,也不是非黑即白、非此即彼,情绪是有程度、看情境、会变化的。这将极大增加我们的灵活性。

【潜能训练】

情绪的识别与表达

不断练习对于不同情绪的觉察，有助于增加我们对情绪敏感性的了解，从而利于我们的情绪表达。表 5-1 是情绪自我觉察小练习，请选出生活中 10 种重要的情绪，并画 √。在 10 种情绪中，有较多表达的以 ↑ 表示，较少表达的以 ↓ 表示，没有表达的以 × 表示。

表 5-1　情绪自我觉察

序号	情绪	√	↑	↓	×
1	愤怒				
2	愉快				
3	冷漠				
4	兴奋				
5	烦恼				
6	满足				
7	内疚				
8	自信				
9	害怕				
10	安全				
11	悲伤				
12	失望				
13	尴尬				
14	轻松				
15	紧张				
16	放松				
17	羞怯				
18	热情				
19	急躁				
20	镇定				

1.你愿意更多表达正面还是负面的？什么原因使你难以去表达某些情绪？

2.在沟通过程中，什么样的倾听和方式是自己不喜欢的？如语言内容和方式、语气语调、身体姿态等。

3.在沟通过程中，什么样的倾听和回应方式是自己喜欢的，让自己更愿意跟对方倾诉？

三、调节情绪：与情绪相伴成长

虽然情绪是自然反应，但是不意味着我们只能任由情绪摆布而无所适从。我们无法成为情绪的主人，但可以通过不断学习、练习、体验，提升自己调节情绪的能力，与情绪相伴成长，甚至可以做到善用情绪的功能实现自己的目的。前文已经提到，情绪的影响因素包括环境因素、生理因素、认知因素三个方面，我们可以从这三个方面入手调节自己的情绪。

（一）情境转移法

情境转移法是利用环境因素调节情绪的重要方式，通过回忆、想象或真实地去到另一个能让自己情绪改善的环境中来实现情绪调节的目的。例如，失恋的人或许都有类似的经历，你会感到非常悲伤与难过，反复地回想与前任有关的事情，或看着前任留下的东西，或去到与前任拥有共同回忆的地方。不可避免地，这样的情境下人会越发地觉得悲伤与难过，这些环境刺激会反复地激发消极情绪，甚至愈演愈烈难以自拔。在这个时候，就可以采用情境转移法来帮助自己走出失恋情绪。比如，去一个新的地方，做一件能让自己开心的事，寻求朋友的支持等。

（二）宣泄法、运动法和音乐法

宣泄法、运动法和音乐法是利用生理因素调节情绪的重要方式。其中，宣泄法是指可以通过表达或者哭泣来使情绪得以宣泄，加速情绪自然消落的过程。一些人会觉得宣泄情绪是极其不理智的做法，所以经常选择隐忍和压抑自己的情绪。殊不知，这样反倒让情绪发酵，甚至造成爆发后的严重后果。如果能及时地、适当地宣泄，给情绪一个出口，那么情绪就自然流露了。这就好像堤坝需要适时开闸放水，否则就会出现决堤的恶果。运动可以促进人体分泌多巴胺、肾上腺素等能够让人感到愉悦、兴奋的激素，从而起到调节情绪的作用。当一个人感到紧张、焦虑时，听一曲轻松的音乐常常能帮助有效地舒缓情绪。

（三）ABC 情绪调节法

利用认知因素调节情绪的方法中，ABC 理论最为经典，也是深受人们喜欢的便捷、有效的情绪调节理论。阿尔伯特·艾利斯（Albert Ellis）是情绪研究领域中享有盛名的心理学家，他于 1955 年所提出的理性情绪疗法（Rational-Emotive Therapy，RET），是第一个认知疗法，1993 年修正为理性情绪行为疗法（Rational Emotive Behavior Therapy，REBT）。合理情绪疗法把对情绪理解的部分称为 ABC 理论。在生活中，我们常常以为一个诱发事件（Activating events）的出现导致了我们的情绪或者行为的结果（Consequence），我们把诱发事件用 A 来代表，行为或情绪的结果用 C 来代表。然而事实上，是我们内心的信念、想法、渴望、期待、价值观和规则 B（Belief）对情绪起了关键作用，如图 5-2 所示。

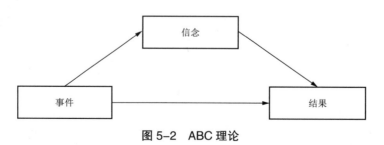

图 5-2　ABC 理论

通过一个例子来说明这个理论：小明高考分数距离一本线差一分，他很郁闷，诱发事件是分数与一本线差一分，情绪的结果是他很郁闷。我们一般会觉得是因为他一本线差一分，所以他不高兴了，也就是 A 导致了 C。但故事的后半部分又带给我们不一样的理解。一次小明爸爸的一个朋友打电话来问："咱们侄子考了多少分？"。因为之前小明成绩不错，全家人对他的预估是一本线上 40 分，所以他爸爸说："孩子考得不太好，一本线差一分，全家人都很郁闷。"孩子的妈妈说："只差一分就变成一个好孩子，要是自己饭做得再好吃一点，那么孩子是不是就得到了这一分呢？"小明也很自责："如果我每天早上早起 15 分钟，是不是也得多了一分呢？"这一分为什么重要？因为这一分就证明自己是个好学生。然而这位朋友听了之后突然说："那咱们侄子这是二本状元啊！"当他这样讲的时候，全家人的情绪都不一样了。

如果小明上了一本线，他就跃入了一本线的汪洋大海，只是最普通的一员，可是他现在是二本的状元，全家的情绪都发生了变化。正是因为对事件的理解发生了变化，全家人才产生了不一样的情绪。发现认知中的想法、观点，也就是 B，对情绪的影响是 ABC 理论对我们理解情绪的重大贡献。

大学生中比较常见的情况是因为考试成绩不理想造成不好的心情，这些是事情 A 和伴随的情绪 C。现在请你思考一下，假如你是这个问题的主人的话，你为什么不高兴呢？不高兴一定是有原因的，一定是有某些想法在支撑的。

考试成绩不好或者不理想，你可能的想法是：

"别人会说我不行。"

"没法向家长交代。"

"从此评奖学金就受到影响了。"

"我还得参加补考。"

"老师不喜欢我了，还有可能给我带来不好的影响。"

"我会觉得我好笨，对接下来的学习都没有信心了。"

根据 ABC 理论，怎么想可以让自己的情绪变得好一些呢？比如：

"尽管情绪不好，可又不是世界末日。"

"这说明我学习方法有问题，我应该在学习方法上进一步改进。"

"成绩不好其实给我一个提醒，复习很重要，以后我一定要提前复习。"

"我掌握的知识还不扎实，如果我平时就能学扎实，考试就会很轻松了。"

更积极的想法可能是："我每次考不好之后都能考好，因为我能更加重视学习了。"当这些新想法出现的时候，情绪就会有所变化。因为我们由否定自己变成了肯定自己，由认为自己无能变为认可自己是有资源的，这种看到自己积极力量的信念成为缓解情绪的有效方式。

【潜能训练】

认知五栏技术

认知五栏表（见表 5-2）可以帮助我们通过调整认知，实现情绪调节。第一个栏是让你原本不开心的那些诱发事件 A，第二栏是这个事件给你带来的情绪 C，第三栏是这个情绪背后的想法 B，即原来的认知、想法、信念等，第四栏是新的想法 B2，最后一栏是伴随的新情绪C2。请你根据自己的想法完成这个表格。

表5-2 认知五栏表

事件（A）	伴随的情绪（C）	想法（B）	新想法（B2）	伴随的新情绪（C2）
考试成绩不理想	心情不好，压力很大			

除了学习成绩之外，人际关系、家庭关系、亲密关系等也是大学生常见困扰的来源，也都可以通过上述认知五栏技术进行情绪调节。例如，跟室友吵架了，你很生气，前者是A，后者是C，C一定是有想法支撑的，也就是B。让你不开心的想法可能是：

"他不理解我。"

"他总在寝室里跟恋人打电话，根本不介意是否影响到我休息。"

"他突破了我的边界，所以我很不高兴。"

"他总是炫耀他和恋人的感情，我就是很不舒服。"

或者你心里想"我没有被尊重。"

当我们心里这样想的时候，就会很生气。那怎么样能让情绪好一些呢？那就是调整B，比如：

"是，其实在我们冲突中，我不应该先张口骂人。"

"我们应该提前制定寝室公共规则。"

"其实这也不是个坏事，从此我就得学着怎么通过沟通来解决问题，我既表达了我的诉求，又让我的同学觉得舒服，这样以后再遇到类似的问题就好办了。"

当这样去思考的时候，是不是我们的情绪就变得不太一样了呢？

总而言之，个人情绪状态的重要影响因素是信念或认知，当出现不合理认知时，及时调整自己的想法是调节情绪的重要而有效的方法。具体来看，调整认知的方向可以参考美国著名心理学家、积极心理学之父马丁·塞利格曼所提出的乐观者认知特点，即：

（1）暂时性的，事情的成因是可变或短暂的。

（2）个别的，事情的成因只会影响个别的情况，而不会在其他时候发生。

（3）非个人的，事情的成因是由于外在环境及他人的情况，而非个人的问题。

四、表达情绪：纾解情绪

管理情绪的另一个重要方面是要学会合理表达情绪，而不是压抑情绪或者让情绪失控。因为情绪的产生往往伴随着能量的积蓄，情绪的表达也是能量宣泄的过程。压抑和隐藏情绪的后果是造成对自己身心的伤害，而不合理的发泄情绪同样会造成对自身乃至他人的伤害。因此，我们要学会正确的情绪表达，正如亚里士多德所言："任何人都会生气，这没什么难的。但要能适时适所，以适当方式对适当的对象恰如其分地生气，可就难上加难。"

（一）适时表达情绪

适时表达情绪是指表达情绪的时机要恰当。一般来说，当有了某种强烈的情绪后，都有及时表达的欲望，但是此时你正处在某种特定的情绪状态下，如不加控制地表达情绪，容易出现言行过激乃至失控的现象。因此，可以通过延迟满足情绪表达的方法，不在情绪最高点上表达，而等到情绪比较平稳、理性成为主宰时再去表达。

（二）适度表达情绪

适度表达情绪是指情绪表达的程度要恰当，掌握好火候和分寸。在表达情绪时，除了考虑自己的需要和感受外，还要考虑到情绪表达对象的体验和感受。在进行了换位思考之后，再做情绪表达就会更容易让对方接受，也更能使自己释然。

（三）恰当表达情绪

恰当表达情绪是指选择恰当的方法进行情绪表达，主要包括如下。

1. 向自我表达

向自我表达是指情绪提高到意识层面，使自己觉察到情绪的变化及原因，通过自我心理调整，如改变认知、自我安慰、书写日记、自我暗示等方法，疏解调整情绪。情绪的自我表达是情绪表达的关键，只有对自己的情绪有清晰的认识，才能正确调控情绪。

2. 向他人表达

即将自己的情绪向周围人表达出来，让他人认识到自己的情绪，是情绪表达最常见的方式。我们常说的"快乐通过分享便加倍，悲伤经过分担则减半"，便是向他人表达情绪的经典理念。通过向周围人表达自己的情绪，既能增加相互的理解，也可以增加情绪的自我认识。表达方式可以是语言表达，也可以是非语言表达。

3. 向客观环境表达

可以选择在客观环境中表达情绪，如击沙袋、撕纸、在无人处高喊、哭泣或者在操场上跑步等方法。运用这种表达方法，不必担心他人的接纳和看法，不必担心内心世界的暴露，对于那些不善于与人交往的同学尤其重要。

4. 升华表达

即超越所有表达对象，将情绪的能量指向其他的更高层次的需要，从而为那些高层次需要的满足提供能量。这是情绪表达的最佳方式，即把受挫而产生的不良情绪引向崇高的境界，将其强大的心理能量加以疏导，凝聚到学习、工作和生活中。例如，著名的大文豪歌德在失恋后把失恋的情绪升华到文学写作中，写出了著名的《少年维特之烦恼》。

第三节　大学生常见情绪困扰及处理

本节将介绍大学生常见的具体情绪困扰，帮助大家学习处理方法与应对技巧。情绪困扰也称为情绪适应不良，既包括不愉快甚至痛苦的情绪体验，也包括对行动起到抑制或者阻碍作用的情绪。大学生常见的情绪困扰主要表现为情绪不稳定、情绪反应与刺激事件的性质不相称、对情绪的自我控制力不足等。大学生想要拥有较好的情绪水平，需要对不良情绪具有正确的认识和了解。在遇到不良情绪困扰时，才能对负性情绪有所觉察，并进行相应调适，让生命能量流动起来。下面，我们就来看看具体的情绪困扰有哪些及如何处理吧！

一、焦虑应对与压力处理

在大学生常见的情绪困扰中最为普遍的是焦虑。每位大学生都或多或少面临来自方方面面的压力，因此焦虑应对与压力处理可谓是每位大学生都面临的重要课题。深入了解焦虑的特点以及可能的产生原因，尤其是维持因素，对于控制焦虑的蔓延、持续与缓解具有重要作用。那么，焦虑到底具有怎样的特点呢？是什么原因引发、维持着焦虑呢？大学生应该如何处理压力与应对焦虑呢？

（一）什么是焦虑

焦虑是一种缺乏明显客观原因的内心不安或无根据的恐惧，预期即将面临不良处境的一种紧张情绪，表现为持续性精神紧张，具体表现为怀疑、担忧、不安、恐慌，或发作性惊恐状态，如运动型不安、小动作增多、坐卧不安或激动、哭泣，并常伴有自主神经功能失调表现，常见症状包括：口干、胸闷、心悸、出冷汗、双手震颤、厌食、便秘等。

焦虑的出现往往伴随着一些不合理的思维存在，正是这些不合理的思维维持着精神的紧张和身体的不正常反应。焦虑是一种复杂的心理，它始于对某种事物的热烈期盼，形成于担心失去这些期待、希望。

1. 焦虑的分类

根据斯皮尔伯格（Spielberger）的状态—特质焦虑理论，焦虑可分为状态焦虑（State Anxiety）和特质焦虑（Trait Anxiety）。状态焦虑指个体在特定情景下的特定反应状态，如恐惧、紧张、忧虑等，是一种较为短暂的、相对个别的情绪状态，可随着情境的转移和时间的推移而逐步减缓直至消失，常常涉及有机体内植物神经系统功能的改变，如心跳加快、血压升高、呼吸急促等。比如考试前的不安、发言前的紧张等，都属于状态焦虑。特质焦虑指一种稳定的焦虑倾向，倾向于把刺激环境知觉为有威胁的，并持续表现出状态焦虑的特征。比如，一名同学无论做什么都比较紧张，经常处于比较高的激活状态，我们就称其特质焦虑水平比较高。

焦虑还可以分为适应性焦虑与非适应性焦虑两种。适应性焦虑可以帮助个体提高效率、增强解决问题的能力，帮助个体得到想要的东西，以一种有效的方式来应对危险或困难的情况。比如要考试了，同学都处于比较焦虑的状态，这是适应性焦虑，可以提高同学期末复习的积极性。非适应性焦虑往往不能带来建设性的结果，或指向不存在的威胁，经常会导致个体回避、过分担忧，进而丧失应对问题的灵活性。比如当考试过于焦虑时，同学的专注点就不在考试本身，而在于万一考砸了自己怎么办的思考上面了。

2. 焦虑的作用

大学生经常体验到的是上述的状态焦虑和适应性焦虑。需要强调的是，焦虑情绪本身并非是一种情绪困扰，更不是医学疾病，而是一种自然反应，是人在遇到压力时产生的应激反应。适度焦虑有益于个体潜能的开发，如果一个人没有焦虑或是焦虑不足，就会导致注意力涣散、工作学习效率下降。所以，无论是听课还是上自习，都需要保持一定的焦虑。适应性焦虑可以调动人的认知资源,让我们更有动力去努力与实践,让我们更加专注,还可以提高学习效率。

然而,如果自身的焦虑程度已经构成了对学习和生活的不良影响或干扰,那么便是出现了过度焦虑,即非适应性焦虑,表现为过度紧张而产生注意力分散、工作学习效率的降低。大学生的焦虑多表现为考试焦虑、社交焦虑、身体过分关注焦虑、选择焦虑等。大学生如果长期陷入非适应性焦虑情绪不能自拔,内心便常常被不安、恐惧、烦恼等负面体验所累积,行为上会出现退缩、冷漠等情况。

【潜能训练】

画出你的压力圈图

请你在大小圈图内写下最近生活中的各种压力(大圈代表大压力;小圈代表小压力)。

图 5-3　压力圈图

分享与交流:

你的压力来源有哪些?

每个圈图给你的感觉是什么?

压力很大时你身体的感觉如何?哪一部分不舒服?

你如何处理这些压力?

(二)怎么才能不那么焦虑

1. 正视焦虑,调整信念,停止为焦虑而焦虑

焦虑情绪本身并不是医学疾病,而是一种自然反应,是在遇到压力时产生的应激反应,是个体在特定阶段对特定事件的适应。请记住,焦虑是无法消除的,我们要学习的是如何与焦虑共处。

因此,对于具有焦虑体验的大学生而言,首先要做到的是正视焦虑,接受焦虑是正常情绪的事实,不要为焦虑而焦虑,可以试着接纳焦虑,与焦虑进行如下对话。

(1)焦虑是怎么来的?从什么时候开始?持续多长时间了?

(2)你怎么知道自己焦虑?焦虑有怎样的表现?

（3）什么时候焦虑会强烈一点？什么时候焦虑会弱化一点？

（4）焦虑对你有什么影响？程度有多深？焦虑对你有帮助吗？

（5）你是怎么面对焦虑的？在跟焦虑斗争的过程中，你有什么经验、有什么方法？哪些方法比较有效，哪些方法收效甚微？

（6）焦虑背后的目的是什么？它又是如何通过你达成这个目的的？

2. 采用放松练习，创造"安全地带"

如前文所述，人在焦虑情绪状态下会表现出一系列的生理反应，那么从身体出发也是调节和缓解焦虑的好办法。大学生可以进行放松练习或创造属于自己的"安全地带"，来帮助自己放松和平静。

（1）放松练习。

身体平躺，左手放在胸口上面，右手放在腹部上面，感觉身体各个部位的紧张感。如果有很紧张的部位，把意识集中在那个部位，进行主动放松。随后进行深呼吸。

第一步，慢慢吸气，注意到右手感觉到腹部的隆起，从开始吸气到腹部隆起到最高，持续3~4秒的时间。

第二步，在腹部隆起到最高，也就是吸气到最多的时候，停留2~3秒，感觉吸入的氧气能够到达全身各个部位，为身体提供足够的氧气。

第三步，慢慢吐气，右手感觉到腹部的下降，这个过程维持3秒。

如此重复。

（2）创造安全地带。

找一个安全的、不被打扰的空间，让自己舒服地待着。

轻轻地闭上眼睛。感受气息从鼻腔进入，从头到躯干到四肢，感受所经之处的紧张感随着气体的呼出被带走（如此重复3~4个回合）。

想象一个地方，在那里，你感到平静、融洽、安全。

这可能是个你曾经到过的地方，或者你做梦都想去的地方，又或者你只是在哪里见过它。这个地方是什么颜色的？或者说，都有哪些颜色？

现在，仔细听这个地方有哪些声音？也许，这里安静得很。

你有没有闻到什么味道？

你皮肤上有什么感觉？温度怎么样？周围有风吗？你有碰触到什么东西吗？

现在，你正处在这个令你感到平静、融洽、安全的地方，请你用一个词或者一句短语给它取个名字。你可以在任何时候回到这里，这个令你感到平静、融洽、安全的地方，只要你想起这个词和短语。

你可以在这里待上一阵子，享受它带给你的平静、融洽、安全。

你可以在任何时候离开这里。当你想要离开的时候，睁开眼睛环视四周，觉察你所在的环境。

3. 增加掌控感，接纳不确定

世界是充满变化和不确定的。心理学研究表明，当一个人越是无法忍受不确定性，越容易觉得自己对生活缺乏掌控感，就越容易体验到焦虑情绪。因此增加掌控感，接纳不确定可以帮助我们缓解焦虑情绪。事实上，必须承认，这个时代就是一个多元多变的时代，只要涉及其他人就不可能完全控制，我们只能控制能够控制的部分，接纳不能控制的部分。

有一个关于增加掌控感接纳不确定的小窍门，那便是当你感到焦虑的时候，可以经常问问自己："这是我能控制的吗？如果不能，我能控制的是什么？"通过不断细化自己能做到的事情并真的付出具体行动，聚焦在每一个当下，先完成再完善，不仅可以逐渐缓解焦虑，还能做出不错的成绩。

【心理测试】

焦虑自评量表

下面有20条文字，请仔细阅读每一条，把意思弄明白，每一条文字后有四级评分，表示：没有或偶尔（1分）；有时（2分）；经常（3分）；总是如此（4分）。请根据你最近一星期的实际情况计分。

1. 我觉得比平时容易紧张和着急。
2. 我无缘无故地感到害怕。
3. 我容易心里烦乱或觉得惊恐。
4. 我觉得我可能将要发疯。
5. 我觉得一切都很好，也不会发生什么不幸。
6. 我手脚发抖打颤。
7. 我因为头痛、颈痛和背痛而苦恼。
8. 我感觉容易衰弱和疲乏。
9. 我觉得心平气和，并且容易安静坐着。
10. 我觉得心跳得快。
11. 我因为一阵阵头晕而苦恼。
12. 我有晕倒发作，或觉得要晕倒似的。
13. 我呼气吸气都感到很容易。
14. 我手脚麻木和刺痛。
15. 我因胃痛和消化不良而苦恼。
16. 我常常要小便。
17. 我的手常常是干燥温暖的。
18. 我脸红发热。
19. 我容易入睡并且一夜睡得很好。
20. 我做噩梦。

计分方法：反向计分题按4、3、2、1计分，题号：5、9、13、17、19。将20个项目的各个得分相加，即得粗分；用粗分乘以1.25以后取整数部分，就得到标准分。

结果解释：50以下为无焦虑；50~59为轻度焦虑；60~69为中度焦虑；70以上为严重焦虑。

有轻度以上焦虑时最好就近找专业人士进行心理咨询或辅导。

二、自卑的克服与超越

（一）什么是自卑

自卑是自我情绪体验的一种形式，是个体由于某种生理或心理上的缺陷或其他原因所产生的对自我认识的态度体验。表现为对自己的能力或品质评价过低、轻视自己或看不起自己、担心失去他人尊重的心理状态。大学生的自卑主要表现在：敏感和掩饰、自暴自弃、逃避现实、自傲、封闭，以及逆反心理。

自卑的时候，人们往往夸大负面的影响和潜在后果，从而遇到更多的困难和失败，结果使自我评价更低，进一步损害了自信心。自卑还会导致经常责怪自己，将问题归责个人化，常会畏缩不前，少言寡语，结果导致与他人的距离越来越远，使自己在社交和情感方面处于隔离状态，更容易受到歧视。总而言之，自卑让人们感到不安全、不自信，以及在社交中不受欢迎，这种无助、无奈的心态，会让人感到权利遭到极大的剥夺，变得优柔寡断等。

（二）自卑的产生

产生自卑的原因是多方面的，既有主观因素，也有客观因素。主观因素主要包括：不能正确面对现实，缺乏某些个人专长，失恋或单相思，性格、智力等方面存在缺陷，不恰当的自我评价，等等。客观因素主要有：学校、专业不如意，个人先天条件不足，对新的学习生活环境不适应，家庭困难，等等。要克服自卑感，首先要建立起正确地对待自卑的态度，分析产生自卑的原因和内在的心理过程，从而能够对这些原因有正确的认识，继而通过建立合理、积极的自我评价来消除或克服自卑。

【案例引入】

自卑与超越

阿尔弗雷德·阿德勒（Alfred Adler）是奥地利精神病学家。阿德勒从小罹患佝偻病，直到4岁才学会走路。在5岁那年，他又得了一场十分严重的肺炎，在鬼门关走了一遭。阿德勒身材矮小，自觉长相丑陋，在高大健康帅气的哥哥面前十分自卑。但是，阿德勒却通过不懈努力，成为人本主义心理学先驱和个体心理学的创始人。

阿德勒坚持自卑感是人行为的原始决定力量或向上意志的基本动力。在他看来，人生本来并不是完整无缺的，有缺陷（包括身体缺陷）就会产生自卑。自卑一方面能摧毁一个人，使人自暴自弃或发生精神疾病；另一方面，它也能够使人发愤图强，振作精神迎头赶上，解决原始缺陷和追求优越之间的矛盾。阿德勒的《自卑与超越》为不计其数的人提供了战胜自卑实现超越的重要指导，更是成为西方心理学理论的基石之一。

（三）如何克服自卑

1. 经常自我肯定，写出自己的10条优点

准备2张白纸，在第一张纸写出自己10条优点，包括重要的特质、才能或成就，并针对每一个项目写一篇短文，阐明对你的意义。在这个过程中，如果出现消极、自我批判的想法，写在第二张纸上，然后回到第一张纸继续。写完之后，将第二张纸揉成一个团，扔进垃圾桶。

每日认真看一看第一张里阐述的积极信息。不断进行练习，会帮助我们提高对积极信息的认可，逐渐克服自卑、恢复自信心。

2. 增加对赞扬的容忍，减少对积极反馈的抗拒

记录下家人、朋友、老师、同学对你赞扬的情景，他们具体说了什么，解释他们为什么会做出这样积极的评价。思考这些品质和行为带给你的意义，对人际关系和友谊的提升有哪些好处？再想一想这些品质和行为对生活其他方面的助益。通过定期的练习，逐渐变得更加愿意接受赞扬，减少对积极反馈的抗拒。

3. 提高客观的个人能力，增强自我力量感

从学习与生活的各个方面寻找出 3 个让自己感到沮丧自卑的例子并记录下来。然后根据成功的可能性和对失败的管理程度，对列出的项目进行打分，评判出优先目标。接下来，根据能力提升目标，收集必要信息，制订行动计划，并预测计划的实施效果。一旦成功解决了清单上的第一个项目，并取得成功，就可以做一个明显的标记，切实地肯定自己一下，然后转到下一个目标。把在生活中某个领域表现出的自信迁移到别的领域，从而获得更多自信的力量，在这个过程中客观能力也得到了稳步提升。

三、告别孤独

（一）何为孤独

孤独是一种封闭心理的反应，是感到自身和外界隔绝或受外界排斥所产生出来的孤伶苦闷的情绪体验。孤独是大学生中普遍的一种情绪体验，它常与寂寞相伴而生。在网络上有这样的流行语："哥吃的不是面，是寂寞""姐睡的不是觉，是寂寞"，这反映了大学生孤独寂寞的心理体验。美国心理学家威尔士（Andorra Wales）曾经指出："死亡疾病困难或贫穷都压不垮人的精神，而人却承受不了茫茫人海中的孤独寂寞和无人关爱。"可见，孤独对人的杀伤力极大。

（二）孤独的产生和影响

对大学生来说，很多都是第一次背井离乡，第一次长期与父母分离，面临真正意义上的自我独立。陌生的环境、孤单的生活、不被团体接纳或缺乏亲密关系都可以产生孤独。一般而言，短暂的或偶然的孤独不会造成心理和行为的紊乱，但长期或严重的孤独感可引发某些情绪障碍，降低人的心理健康水平。大学生可以通过参加集体活动、与人交往、回归大自然等方法摆脱孤独。

（三）如何走出孤独

1. 接纳孤独，消除消极的有色眼镜

如果你感到孤独，请不要消极悲观，这并不说明你有问题。你可能只是暂时没有适应周围环境或找到契合的朋友。请给自己一些时间，允许自己慢慢调整适应。同时，独处也是一种重要的能力呀！

2. 行动起来，创造社交机会

如果你准备好走出孤独了，请积极行动起来。制约人们的往往不是社交能力，而是憋在自己的世界里不给社交机会。你需要做的是：

（1）列出好朋友或印象好的熟人名单；
（2）标注上次联系的时间、细节；
（3）根据每个人过去给你的感觉良好程度主动联系，每周至少1~2人；
（4）到网站上去查找适合自己兴趣的活动；
（5）至少参加3个你所在区域的相关活动。

3. 用心经营，深化情感联系

事实上，我们并不需要跟所有人保持深度联结，这也无法做到。随着你走向周围人，你也会在他们之中慢慢发掘与自己意气相投的知心朋友，那么接下来就请与Ta好好相处。所有的关系都是需要不断经营，你们可以共同创造属于你们的增进感情的好方法！

四、抑郁情绪的识别与应对

（一）什么是抑郁

抑郁是一种愁闷的心境，表现为情绪反应强度的不足，压抑、失望、悲伤、活动能力减退、话语减少、食欲缺乏，以及思维、认知功能迟缓，等等。大学生的抑郁症状多与个人学习、交往、生活中的困扰和挫折有关。自卑、孤独、悲观、易激动、情感脆弱等性格缺陷是抑郁产生的内在基础。抑郁情绪是大学生群体中一种比较普遍的不良情绪表现。在大多数情况下，大学生的抑郁情绪都可以找到较为明显的精神因素的影响，主要表现为因学习成绩落后、失恋、人际关系不和谐，以及其他有关的负面生活事件的影响。

一些大学生产生抑郁情绪是由于对一些负面事件的不正确认识，以及因此而对自我价值的不合理评价。他们过分概括化的评价、追求完美、希望自己在大学期间能在各方面都十分出色，这是很难做到的。因此，改变不合理信念，对出现的负面事件和自我价值建立正确认识、评价和态度，是克服抑郁情绪的关键。

需要注意的是，短暂的抑郁情绪与抑郁症并不相同，偶尔体验到抑郁情绪是正常的，随着问题的解决与阶段的度过以及通过恰当的方法，是可以有效调节抑郁情绪的；而抑郁症则需要到精神科进行专业的诊断与治疗。

（二）抑郁了该怎么办

1. 类比感冒，了解抑郁的程度对症下药

抑郁情绪几乎所有人都经历过，当碰到一些很不爽或者很挫败的事情，我们都可能会掉进抑郁情绪里。根据轻重不同，我们把抑郁分为：轻度抑郁、中度抑郁和重度抑郁。你需要知道的是：

（1）抑郁症可以预防；
（2）抑郁症可被治愈，当然也可能复发；
（3）不要把小病拖成大病；
（4）部分轻度抑郁者可以自愈，但最好进行心理咨询与服药等治疗；
（5）中重度抑郁者极少能自愈，必须接受专业治疗。

2. 与自我批判争辩，恢复自我价值

准备两张纸，一张纸上列出你时常产生的各种消极或自我批判的想法。针对不同的情境，使用反驳的办法，驳倒你列出的想法。产生自我批判想法时，立即全面和清楚地在心中阐明你的反驳。另一张纸上列出一个清单，写出你自己或者别人认为你最有价值的5条品质、特点或能力，然后针对每一个特质写一篇短文。

3. 实现愿望清单

如果你因为抑郁情绪而感到无助、无望、无意义的时候，请准备一张纸，让自己处在放松的情景下，闭上眼睛，清空大脑，回想具有抑郁情绪之前，你曾经的愿望或梦想，把它们一一写在纸上。告诉自己，抑郁情绪只是暂时的，这些曾经的愿望是你心之所向，请努力去一一去完成它们。如果你实在没有行动力，不妨找一个信任的人陪伴你去完成。

每个人在面对自己学习与生活中的情绪困扰时，都可以采取适合自己的方式方法来调节与处理。没有哪一个固定的方法一定是适用于每一个人的，找到适合自己的多元方法，增加自己问题解决的弹性。比如，你可以吃饭、唱歌、购物、找朋友聊天、写日记、打游戏、看书、哭泣、运动……这些方法都是可以的，关键是自己觉得有用。同时需要注意的是，请灵活运用多种方法，而不是执着于某一个策略。不要忘了，我们才是自己生活的专家和主人。鼓励大家积极探索、积累属于自己的有效方法。

【本章回顾】

1. 了解情绪的概念、分类、作用及影响因素。
2. 了解大学生常见的情绪困扰及情绪健康的标准。
3. 情绪管理包括：接纳情绪、识别情绪、调节情绪、表达情绪四个方面。
4. 接纳情绪是人性之本，无须厌恶、排斥、妖魔化情绪。
5. 识别情绪，熟悉情绪产生的原因及规律，进而适当地处理各种正面及负面的情绪。
6. 从环境、生理、认知三个方面出发调节情绪。尤其要掌握ABC理论及认知五栏技术。
7. 适时、适度、适当表达情绪。
8. 提升情商，除了管理自己的情绪之外，还要了解别人的情绪状态，即培养察言观色的能力。将情绪管理运用到人际关系上去，以提升社交经营的能力。

【推荐资料】

1. 书籍《让你快乐起来的心理自助法》，阿尔伯特·艾利斯著，李迎潮，李孟潮，译。

作者在书中列举了10种可参照运用的解决方法，包括：（1）使用强烈的自我应对陈述，也就是强调自己应该怎么想、怎么做。（2）使用理性情绪想象技术，即努力想象令自己感到烦恼的画面，令自己记住相应的非理性想法，然后努力尝试将其转化为消极情绪，比如说难过和失望，而不是压抑和自我否定。（3）蒙羞练习。（4）角色扮演。（5）互换扮演角色。（6）幽默。（7）重新构建应对烦恼的ABC。（8）坚决反驳非理性想法。（9）悖论干预。（10）互助小组、自助小组、工作坊和强化治疗。

2. 电影《头脑特工队》（2015），彼特·道格特导演。

《头脑特工队》是由华特·迪士尼电影工作室、皮克斯动画工作室联合出品的3D动画电影。该片尽展脑内情绪的缤纷世界，讲述了小女孩莱莉因为爸爸的工作变动而搬到旧金山，要准备适应新环境,她的生活被这五种情绪所掌控。莱莉脑中控制欢乐与忧伤的乐乐与忧忧迷失在茫茫脑海中,大脑总部只剩下掌管愤怒、害怕与厌恶的怒怒、怕怕和厌厌负责,导致本来乐观的莱莉变成愤世嫉俗少女。乐乐与忧忧必须尽快在复杂的脑中世界回到大脑总部,让莱莉重拾正常的情绪。

【话题讨论】

1. 情绪的定义是什么?
2. 情绪的影响因素有哪些?
3. 管理情绪的四个方面是什么?
4. ABC 理论是什么?请举例说明如何利用 ABC 理论调节情绪?
5. 高情商的表现是什么?
6. 大学生常见的情绪困扰有哪些?

【参考文献】

[1] [美] 阿尔伯特·艾利斯. 让你快乐起来的心理自助法 [M]. 李迎潮, 等译. 北京: 中国人民大学出版社, 2010.

[2] [美] 盖伊·温奇. 情绪急救 [M]. 孙璐, 译. 上海: 上海社会科学院出版社, 2015.

[3] [美] 马丁·塞利格曼. 持续的幸福 [M]. 赵昱鲲, 译. 杭州: 浙江人民出版社, 2012.

[4] 樊富珉, 费俊峰. 大学生心理健康十六讲(第 2 版)[M]. 北京: 高等教育出版社, 2020.

[5] 李焰, 黄芩. 大学生心理健康教育 [M]. 哈尔滨: 黑龙江人民出版社, 2002.

[6] 马建青. 大学生心理健康 [M]. 北京: 人民出版社, 2011.

[7] 孟昭兰. 情绪心理学 [M]. 北京: 北京大学出版社, 2005.

[8] 中共北京市委教育工作委员会. 大学生心理健康与自我成长 [M]. 北京: 北京出版社, 2011.

第六章　欲作家书意万重
——大学生家庭关系处理

【名人名言】

家庭和睦是人生最快乐的事。

——歌德

家和万事兴。

——吴趼人

【案例引入】

小婧来自一个县城，从小就品学兼优。高中阶段，所有老师都将她当作冲击清华北大的重点学生来培养。小婧的父母都是企业的普通员工，一家人的经济条件在县城说不上富裕但足够保证良好的生活。一直到小婧初中毕业，她的父母都想要再生一个孩子，然而努力多年没有结果，又看着小婧越来越优秀，便渐渐将生活的重心放在了这唯一的女儿身上，格外悉心地照顾其饮食起居。邻里之间唠家常时，女儿学习刻苦、孝敬爸妈的故事常常被他们挂在嘴边。

18岁的小婧不负众望，成为这个小县城里时隔多年第二个考上清华的学生。拿到通知书那一天，学校举办了一场盛大的仪式，她的父母也被邀请上台分享培养一名高考状元的教育经验。

大一报到，小婧就积极地向辅导员介绍了自己过往的履历，并且暗自下决心要成为在成绩、社工、人际关系全面发展的优秀学生。然而，大一的课程不仅多，而且计算机基础课、化学实验这些以前不曾深入了解的科目让她一下子蒙了。大一第一学期的期中考试，小婧自己拿"溃败"这个词来形容。期中考试之后，学习任务都忙不过来的她放弃了所有课业之外的活动。几乎每天晚上，她都在焦虑和眼泪中艰难入睡。但是家中的父母并不知道她在大学的情况，只是觉得女儿大概特别忙碌，和家里联系的频率从刚开学的每天一个视频，变成了一周三次电话，然后又变成了一周一次电话。小婧每次打电话前会努力调整好自己的情绪，找一个周围热闹的地方，给爸妈拨过去，回应着"吃得好、睡得好、穿得好"的话，然后在自己马上要对电话那头的爸妈说出"想家了"之前赶紧找个借口挂断。大一第一学期就在这样的压抑中过去了。

大一寒假回家，妈妈看到瘦了一圈的女儿突然意识到孩子好像受了很多苦，但她在电话里一点儿都没有说。妈妈想立刻问女儿到底发生了什么，但强忍着没有问。她只是每天做好饭，陪着安静的女儿在家看电视，晚饭后出去走走路。这样陪伴了三天后，妈妈在散步时对小婧说她看起来有点疲惫，妈妈不懂大学学习，但只要她健康快乐，其实学业怎么样不太重要。小婧惊讶地看着妈妈，开始掉眼泪，哭着说一直以为父母希望自己出人头地,所以从不敢说自己有多困难。那一晚,她们聊了很多。再回到学校时,小婧不再执着于成绩,选了一些自己喜欢的课程,人也放松了许多,还加入了一直想参加的话剧社。

当一年后的小婧与朋友聊天时,她说,那一次与妈妈的谈话让她终于可以不再背负着全家人的期望读大学,这让她觉得学业没有那么难了。

这个例子里的小婧也许代表了一部分清华同学的成长轨迹。大学之前的优秀让他们成为家庭的骄傲,甚至因为成绩优异修复了许多父母生命中的遗憾。但是,进入大学后的生活却极具挑战,保持绝对优秀也成为奢望。这个时候,许多人最大的压力并非来自自身,而是来自背后父母的殷切期盼。

在孩子离家的日子里,父母需要学习和适应新的生活,他们也在经历人生新阶段带来的蜕变。离开家的孩子第一次独立面对生活和学业上的坎坷,很多同学如同故事开始的小婧一样,不敢向父母诉说自己的苦,选择在成长的道路上报喜不报忧。然而,我们在小婧的故事里看到了家庭支持的力量。母亲的陪伴与接纳给了小婧诉说内心挣扎的勇气,并且她的坦诚也得到了回应,打开了另一道与母亲相互理解的大门。她发现原来家长的眼中其实不止有成绩,母亲更希望自己过出快乐、自由的生活。

第一节 家庭关系基本概述

一、家庭

我们都来自家庭。人在家庭中出生、长大,然后离开家庭独立生活。然后再成立家庭,养育子女。子女出生、长大,然后离开家庭独立生活……

没有家庭,就没有个人。家庭是人成长的主要和重要环境。人的生活习惯、交往模式、理想信念都形成于早期的家庭。家庭对每个人的重要性,是不言而喻的。

(一)家庭的含义

从社会学上来说,家庭是指以婚姻和血缘为纽带的基本社会单位,包括父母、子女及生活在一起的其他亲属。从关系上来说,家庭是由具有婚姻、血缘和收养关系的人们长期居住的共同群体,这个共同居住在一起的群体,具有一系列的重要功能。

(二)家庭的基本功能

关于家庭的功能,有很多学者提出了不同的分类方法。

美国学者奥尔森(Olson)认为,家庭功能是家庭系统中家庭成员的情感联系、家庭规则、家庭沟通以及应对外部事件的有效性。

家庭亲密度指家庭成员之间的情感关系;家庭适应性指家庭系统为了应付外在环境压力或婚姻、家庭的发展需要而改变其权力结构、角色分配或家庭规则的能力;家庭沟通指家庭成员之间的信息交流,它对家庭亲密度和适应性的发展具有重要的促进作用。

斯金纳(Skinner)从家庭任务完成的角度来定义家庭功能。他认为家庭的基本功能是为家庭成员生理、心理、社会性等方面的健康发展提供一定的环境条件。为实现这一基本功能，家庭系统必须完成一系列的任务，如满足个体在衣、食、住、行等方面的物质需要，适应并促进家庭及其成员的发展，应付和处理各种家庭突发事件等。

斯金纳的家庭过程模式理论提出了评价家庭功能的 7 个维度：任务完成、角色作用、沟通、情感表达、卷入、控制和价值观。其中，任务完成是核心维度。任务完成的过程包括以下四个部分：确定问题、思考各种解决问题的办法、选择合适的解决方法并实施、评估解决的效果。其他 6 个维度围绕在任务完成的周围，7 个维度有机地联系在一起，共同构成家庭功能的评价体系。

对家庭功能的研究发现：家庭功能的每个方面均与青少年问题行为呈显著相关。即家庭功能发挥越好，青少年的问题行为也相应越少。比如，父母能和孩子在一起完成学习任务的家庭，孩子出现学习问题、人际关系问题的可能性就小，更能适应学校生活，发展学习能力。回归分析的结果表明，家庭功能在更大程度上影响着少年的问题行为。进一步回归分析表明，家庭功能中的卷入维度对青少年问题行为具有显著的预测作用。父母过度卷入青少年的生活，孩子更容易出现对抗、撒谎、学业水平下降等问题。

【知识链接】

环状模式理论

美国学者奥尔森（Olson）于 1978 年提出环状模式理论。他的研究通过对 50 多个有关概念进行聚类，得到描绘家庭功能的 3 个维度：(1) 家庭亲密度，(2) 家庭适应性，(3) 家庭沟通。

该理论的基本假设是：家庭实现其基本功能的结果与其亲密度和适应性之间是一种曲线关系，亲密度和适应性过高或过低均不利于家庭功能的发挥，平衡型家庭比不平衡型家庭的功能发挥要好；家庭沟通是一个促进性因素，平衡型家庭比不平衡型家庭有更好的沟通。该理论把家庭亲密度从低到高划分为四个水平：毫无联系（Disengaged）、彼此分离（Separated）、彼此联系（Connected）和相互纠缠（Enmeshed）；家庭适应性从低到高也分为四个水平：刻板（Rigid）、有组织（Structured）、灵活（Flexible）和混乱（Chaotic）。两个维度四个水平两两组合形成 16 种家庭模式，而 16 种家庭又被划分为三大类型：平衡型、中间型和极端型。

两个维度上都表现为中等程度的 4 种家庭属于平衡型家庭，即适应良好的健康家庭；在一个维度上表现为中等程度，而在另一个维度上表现为极端程度的 8 种家庭称为中间型家庭；在两个维度上均表现为极端程度的 4 种家庭称为极端型家庭，这类家庭及其成员常常出现适应不良等问题。

二、家庭关系

家庭关系主要是指家庭成员之间的情感联结，如亲子关系、夫妻关系等，也包括一些家庭成员之间的互动，如父母抚养方式、亲子冲突、亲子沟通、夫妻冲突及夫妻沟通等。

学者孙瑞雪认为，家庭中夫妻关系是第一位的，其次才是孩子和妈妈、孩子和爸爸的关系。在一个家庭中保持这样的序位，孩子才能感受到安全感，感受到被重视。

正常的家庭关系应该是这样的：夫妻俩手拉手，孩子站在父母的前面中间位置。因为小朋友要受到爸爸妈妈的呵护才有安全感。通常，妈妈是情感的代表，爸爸是理性的代表，孩子靠情感来滋养他内在生命，靠理性来发展他外在世界，两者必须是同步的。

有些家庭中，夫妻关系和家庭关系是有问题的，这类问题是家庭关系的无序问题，主要有两种情况。一种情况是：如果爸爸很喜欢女儿的话，家庭关系就变成爸爸拉着女儿的手，妈妈站在父女的后面。在这种关系中，女儿就代替妈妈成了爸爸的心灵伴侣。无形之中，漫长的生活岁月，这样的关系对孩子会是一个沉重的压力。因为这个女儿从小就会觉得，我必须代替妈妈承受爸爸生命中的一部分。长大以后，她也永远没有办法来正常面对她的爸爸。因为她觉得她有责任使爸爸幸福，她代替了妈妈的位置。由于她代替了妈妈的位置，她就把妈妈的责任背在了自己的肩上。另一种情况是：妈妈跟儿子手拉手，爸爸站在后面。这种情况下，儿子就代替爸爸成了妈妈的心灵伴侣。这个孩子就在家庭中承担过度的压力。同时，也会造成孩子未来婚姻中的问题。

塞克（Shek）考察了父母和儿童报告的亲子关系、婚姻质量与家庭功能的关系，结果发现，积极的亲子关系和良好的家庭功能相关，父母和孩子对家庭功能的感知和家庭中的双向关系相关。还有研究发现亲子冲突和整体的家庭功能相关，亲子沟通能预测父母和青少年感知到的整体的家庭功能。

法伯（Fauber）的家庭治疗临床实践表明，家庭功能不良会导致子女出现更多的外显和内隐问题。大部分实证研究也得到了与此一致的结论：家庭功能和青少年的问题行为存在负相关。有关临床研究证明，在亲密度和适应性方面表现极端的家庭，尤其是亲密度极度匮乏、家庭角色混乱、无稳定规则的家庭，特别容易出现家庭成员离家出走或患心身疾病、子女行为不轨等适应不良现象。

三、大学生的家庭关系

大学生在不同类型的家庭关系中成长，发展出不同的个性特点，也会发展出差异显著的处理事情的风格。

（一）强制型

父母对子女教育非常严格，做事情标准非常高，达不到标准，父母就会批评责备。在沟通时，主要用命令、强迫、指责等方式和孩子交流。父母会忽视孩子个人的兴趣、爱好，把自己的想法强加在孩子身上。通常会使得孩子爱面子，做事情追求完美，一旦遇到挫折，就会极度害怕失败，失败的时候容易推脱责任。

（二）溺爱型

小时候，父母过分满足孩子的需求，无原则地顺从孩子的要求，避免让孩子遇到挫折，缺少对孩子在原则问题上的约束。孩子在成长期没有遇到大的挫折，遇到事情容易依赖家长，自信心较低，应对问题能力差，遇到事情难以独立做决定，容易受到同学和周围人的影响。

（三）放任型

父母忙于工作，对孩子的事情关注较少。孩子主要交给祖父母养育，父母只提供经济支持。通常祖父母作为隔代人，在情感上舍不得严格控制管理，身体和精力也不足以随时应对孩子成长中的各种问题。孩子被过度宠爱，有较高的自信，但在交往中容易忽略对方的感受，不懂得理解、照顾他人，容易产生人际冲突和矛盾。

（四）民主型

父母比较关注孩子的身心发展，会花时间与孩子交流，既有严格约束和管理的部分，也有轻松分享个人感受和看法的时刻。孩子长大后更具有平等意识，善于理解他人，愿意帮助他人，也拥有独立的见解和自信，能够更快适应大学生活。遇到问题，既可以依靠自己的力量，从容面对；也可以求助他人，一起协商，共同面对。

【潜能训练】

家庭功能测量及沟通

活动分组：2人一组

活动目的：通过自我测评更多了解"家庭功能"，提升与同伴交流的能力。

活动实施：

（1）每人在一张A4纸上，给自己的家庭功能的四个维度上打分。

（2）给每个维度的分数，想出一个小事作为例子。

（3）与同伴分享自己不同维度的分数及例子。

（4）请同伴给予反馈。

（5）二人互换角色

（6）每人分享一句沟通的收获。

附：

请根据你自己的家庭情况，给以下家庭功能的四个维度打分。

1.情感表达（   ）

表达不畅（-10）————————0————————（10）表达过度

2.父母控制（   ）

过度控制（-10）————————0————————（10）失控

3.家庭规则（   ）

规则不清（-10）————————0————————（10）规则过多

4.家庭沟通（   ）

沟通太少（-10）————————0————————（10）沟通过多

第二节　理解家庭系统关系：家谱图

现今大学生多数只和父母居住。在当代中国，多代人居住在一起的情况急剧减少。这种情况让很多年轻人在平时的生活中很难看到复杂的家庭关系。因此，大学生在理解自己的时候，比较容易只在自己和父母的角度和关系中寻找原因,而缺少更广阔的视角来理解自己和家人。

【案例引入】

父子冲突的背后

大二学生 S 和爸爸关系非常紧张,回家后根本不说话、不交流。

起因之一是寒假期间,爸爸希望 S 给堂弟和堂妹辅导高中数学,而 S 因为学业压力特别大,两门数学课不及格,也没敢告诉家人。本来计划把寒假时间全部用来强化微积分课的学习,既没有时间,也没有心情去乡下叔叔家里帮忙。

可是爸爸非常生气,不相信他没有时间,不相信他上大学有压力。反复批评 S,说他没有责任心,自私自利,给家人丢脸,让自己将来没有办法回农村见人。两个人说不通,大吵一架,爸爸脾气上来了,甚至撕碎了 S 的数学书,扔到了垃圾桶里。

S 一气之下,收拾了书包和行李,当天赶到火车站买火车票,提前回到了学校,家里电话不接,微信也不回。

开学后,S 做心理咨询时,说自己永远都无法原谅父亲的行为。他完全不明白,怎么爸爸把叔叔家的孩子看得比自己重要好多倍。

咨询师与 S 咨询了几次后,和 S 一起在一个白板上画出来他的家谱图,尤其是爸爸家族的情况,问得非常详细,画得非常具体。作为家中的长子,S 的爸爸从小学习很好。但是家里孩子多,一直不富裕,为了保障家里有人能上得起大学,爷爷奶奶商量,让学得最好的长子继续读高中考大学,而让学习一般的老二、老三,中学毕业早早地跟村里人一起去广东打工赚钱,补贴家用。

S 爸爸大学毕业前,虽然可以考研究生,但是他选择工作,早点赚钱。他在家乡附近的城市就业,进了国企。每个月的工资,都要寄回家一部分,帮家里还债。结婚后,他还继续寄钱给家人,为了这件事,S 的妈妈和爸爸吵过很多次架。

看到家谱图中,爸爸是家族中第一个大学生,也是村子里第一个考进"985"大学的人,看到整个家族里,只有爸爸因为读大学改变了命运,离开了农村,生活在城市里,S 受到了很大触动,也对爸爸要自己去给堂弟、堂妹补课,有了更多的理解。

暑假回家,S 主动安排了时间去叔叔家,还给堂弟和堂妹带去了很多从同学家里搜罗来的参考书。虽然爸爸还是总批评自己,但是,S 却不再觉得不能原谅他了。

其实,人类的家庭关系非常复杂。中国传统的大家庭,要想搞清楚人际间的真实关系,是非常困难的。大家看古典名著《红楼梦》可能有类似的体会。光是把其中的人物记清楚,就已经很费力了。何况,人和人之间错综复杂、盘根错节、或明或暗的关系,更是容易让人眼花缭乱,雾里看花般深陷其中。

大学生处在人生发展的重要阶段,对自己、对他人、对家庭、对社会都有着强烈的渴望去了解、去认识、去探索。而每个家庭的家庭关系,通常错综复杂,普遍难以言说。透过家谱图的制作和分析过程,可以帮助大学生更加清晰地认识家庭对人的影响,看见亲人之间的远近亲疏,体会不同代际之间人的传承和改变。

一、家谱图的来历

中国传统家庭,一般都有家谱。家谱又称族谱、宗谱等。家谱是以记载父系家族世系、人物为中心的历史图籍,是一种以表谱形式,记载家族世系的繁衍及重要人物事迹的书。家谱是一种特殊的文献,记载同宗共祖血缘集团世系人物和事迹等方面情况的历史图籍。家谱属珍贵的人文资料,对于历史学、民俗学、人口学、社会学和经济学等方面的深入研究,均有其不可替代的独特功能。经历了历朝历代的连年战乱和社会动荡,历史上传世的家谱几乎丧失殆尽,许多家族的世系也因此断了线、失了传。流传至今的古代家谱,大多是明清两代纂修。近代也有很多家庭的后人,做了大量工作,补写和续写家谱。

家谱图是理解家庭关系模式的一种非常好用的工具。《红楼梦》中贾府的主要人物及他们之间的复杂关系,通过一张图就看得比较清楚了(如图6-1所示)。这就是一张简化的家谱图。

近些年来,标准化的家谱图成为了解家庭历史、家庭人际关系的通用手段。在1985年《家谱图:评估与干预》一书(第一版)问世之前,并没有公认的家谱图画法。这本书所使用的标准化家谱图形式,是20世纪80年代初,家庭治疗和家庭医学的核心人物莫瑞·鲍文(Murray Bowen)、杰克·弗鲁姆(Jack Froom)等共同发展出来的。他们确定了基本的家谱图符号,并就家谱图的标准化形式达成一致。这样,使用者可以非常方便、准确地理解不同人的家谱图所呈现的意义。

二、家谱图的内容

(一)主要内容

家谱反映的是整个家族的基本情况,而家谱图主要记录两系三代的家庭情况。其主要不同的地方是,家谱图体现了"男女平等":家庭中所有成员都会在家谱图中体现出来,就连早夭的孩子、流产的孩子、尚未出生的孩子都会被标记出来。而传统家谱,一般以男性为主体,

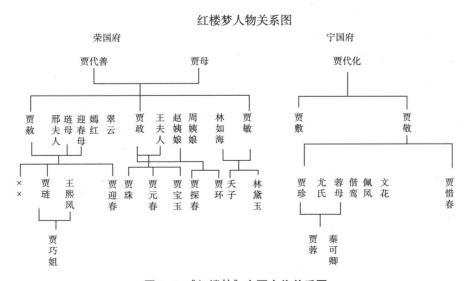

图6-1 《红楼梦》主要人物关系图

是不会收入女性后代的具体情况的。

家谱图记录至少三代家庭成员及他们之间关系的信息,可以将家庭多方面信息直观清晰地表达出来,简明呈现复杂家庭关系模式的完整样貌。

家谱图信息包括:

家庭成员基本人口信息,包括性别、年龄、职业、受教育程度、重大疾病等。

家庭结构,包括婚姻状况(结婚离婚时间)、子女情况等。

家庭关系模式,包括关系远近、家庭权力模式、三角关系等。

(二)家谱图的画法

(1)家谱图中,每个家庭成员用一个代表男性的正方形或代表女性的圆形表示。通常婚姻中把男性放在左侧,把女性放在右侧。结婚用水平直线,把两人连接起来,连接线上写出结婚的年份。离婚是在连接线中间画双斜杠,分居用一个斜杠表示。

(2)孩子在父母连接线的下方。最年长的孩子在最左侧,按顺序依次向右,年龄越来越小。怀孕的孩子,用三角形表示。

(3)年龄通常写在正方形或圆形的中间,出生年月、教育程度、工作、严重疾病等信息写在右边。可以写名字,不用写称呼。

(4)丈夫和妻子标识各自向上画出各自的原生家庭,夫妻连接线向下画出下一代。对于过世的人,在正方形或者圆形中间画出 ×。

(5)家谱图的基本家庭结构完成后,添加家庭关系信息。用直线联结两个家庭成员代表正向的关系,一条线表示关系一般,两条线代表关系较好,三条线代表关系特别亲密。用折线代表负面的关系。一条折线表示关系不好,两条折线代表关系很不好,三条线代表关系特别冲突。

(6)家庭中决定性事件。在家谱图边上,记录家庭中发生的重大事情和发生时间。

见图 6-2、图 6-3 所示。

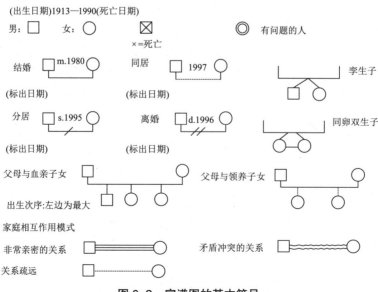

图 6-2 家谱图的基本符号

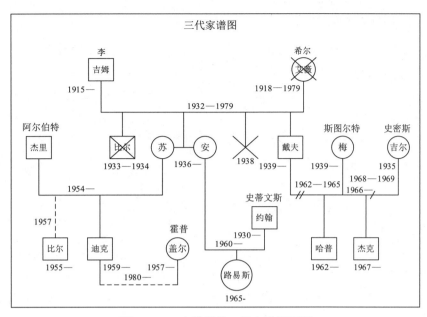

图6-3 一个简单的三代家谱图示例

三、家谱图的功能

家庭是人类一直以来所从属的最基本，也是最具影响力的系统。家谱图可以提升人们对家庭系统的认知和理解。比如，个人在家庭中所处的位置，以及在更大环境背景中的位置，会对个人的功能、人际关系模式和未来组成的下一代家庭类型等方面产生影响。研究也表明，性别和出生排行是个人和性格的关键因素。具体地，家谱图具有以下作用。

（1）家谱图帮助人更多关注到家庭背景的复杂性，包括家族历史中的重要事件、人际关系模式，以及对个人有重大意义的事件。家谱图可以帮助人们从两方面获得"更广阔的视野"——从当下和历史两个角度看待问题。在家谱图上，横向的家庭关系和纵向的代际关系两个方面都展示了结构化、关系化和功能化的家庭信息。

（2）家谱图帮助多角度理解个人当下的行为和问题，包括个人行为受家庭文化、家族期待、同胞排行等因素的影响。或放入更大的系统中去理解，如社会变迁以及社会文化背景等。

（3）家谱图帮助人理解丧失或其他重大变化带来的家庭关系改变，是如何改变了家庭结构和其家庭模式的。

（4）家谱图帮助人们预测自己的未来。家庭成员在生物、社会和情感功能上都非常紧密地相互依赖着，系统的一部分发生变化，其他部分则会回应。进而，家庭成员之间的关系和相互影响具有高度的互动性、模式性和重复性。正是这些模式可使人们从家谱图上对自己的未来做出预测。

（5）家谱图帮助专业工作者，拓展对家庭的研究和应用范围。因为家谱图常涉及更大范围上的社会结构——文化、政治、宗教、精神、社会经济、性别、种族和民族——正是这些元素为社会的每个成员赋予了独特的社会地位。

四、家谱图反映的关系模式

家庭模式可能会重复自身。这意味着，在一代人身上发生的故事通常也会在下一代人身上重复上演——尽管实际行为可能多种多样，但是相同的问题总是一代又一代地重现。莫瑞·鲍文将这种现象称为家庭模式的"代际传承"（Multigenerational Transmission）。这种假说认为，前一代人的关系模式会为下一代家庭模式提供潜在样板。在家谱图上，我们可以探讨从一代人到下一代人之间，被传承或改变的家庭功能、关系和结构。

历史事件的巧合或不同家庭成员当前生活事件的巧合都不是随机事件，而是系统地相互关联着，尽管其联系可能隐而不见。家谱图反映出的家庭历史和关系模式，为当前困境的实质提供了重要线索——问题或者症状的出现是如何维持或避免了某些关系模式，或者如何沿袭了前几代人的传统。

家庭中有为数众多的关系模式。关系的距离模式（Patterns of Relational Distance）特别有趣。人们可能很亲近、很疏远，或介于两者之间。一个极端是家人间的疏远、争执或断绝关系；另一个极端是家人间的抱团儿，"情感融合"（Emotional Fusion）。家庭成员的关系过于亲密或分化水平较差，则易于出现功能紊乱，尤其在压力或焦虑水平超过系统承受力时。系统边界越封闭，越不易被外界环境所影响，家庭模式就越僵化。换言之，在封闭、融合的系统中，家庭成员会自动地相互反应，而对系统外的环境变化及适应无动于衷。融合可能是好的关系，也可能是坏的关系；换言之，家庭成员可能相互感觉甚好，抑或相互充满敌意和冲突，而两者都把家庭成员紧紧地捆在一起。家谱图让临床工作者描绘出家庭的边界，指出哪个子系统发生了融合，从而无法对环境变化做出改变。

莫瑞·鲍文等人指出，两人关系常常是不稳定的。在压力之下，他们通常会引入第三个人。他们通过针对第三人的两人结盟使系统变得稳定。因此，一个情感系统的基本单元往往是三角关系。家庭成员常常相互配合，成为一个功能性的整体。也就是说，不同家庭成员的行为往往是互补的或互惠的。这并不意味着家庭成员具有相同的影响力；男性与女性、父母与孩子、长辈与晚辈以及不同文化、阶级或种族的家庭成员之间，在权力上的差异是显而易见的。这其实意味着同属一个系统的事实使人们相互影响，不可避免地参与到彼此的行为中去。这使我们预期家庭中存在着某种相互依赖的适应或平衡——包括获得与付出、行为与反应。因此，家庭某一部分的匮乏（如不负责任）会由另一部分的过度（责任感超强）来补偿。

特别提醒：根据家谱图对家庭关系做出的推测，是为进一步的探索而做出的假设。一个家庭中的不同成员，可以发展出不同的假设。基于家谱图的预测并不是事实，而是帮助人了解自我、提升认识的一个工具。如果一个假设不能帮助你，或者令你不愉快，你可以放弃它，再从不同角度去思考，最后找到对自己有帮助的假设。

【潜能训练】

家谱图绘制与分享

活动分组：两人一组

活动目的：通过绘制家谱图更多了解"家庭关系"，提升对自己和家庭关系的理解。

活动实施：

（1）在一张A4纸上，按照家谱图绘制方法，画出自己家庭"两系三代"图。包括：父母和自己及兄弟姐妹的家庭，爸爸及其兄弟姐妹与其父母的家庭，妈妈及其兄弟姐妹与其父母的家庭。

（2）仔细看绘制好的家谱图，写出3点对自己最重要的内容。

（3）仔细看绘制好的家谱图，写出3点自己之前没有注意到的内容。

（4）请跟同伴交流（2）和（3）写出的内容。

（5）每人给对方反馈一句听到分享后的感受和想法。

第三节　理解家庭发展规律：家庭生命周期

大学生遇到家庭关系问题时，通常习惯从个人角度去找原因。比如，与爸妈吵架后，有的人会后悔，认为自己太冲动；有的人会生气，觉得爸妈不理解自己。这都是从个人角度看待问题。家庭中人际关系出了问题，一定有个人的因素在其中起作用。但是，如果只从个人角度找原因，在解决问题时，也常常会遇到阻碍。

【案例引入】

厌学的孩子，失控的家长

大三学生T不想学习，没有动力，已经有三门专业课不及格，再挂三门就要被退学了。爸爸来学校，苦口婆心，试图说服T重新提起精神，重视学习，把落下的课程补回来，将来毕业后在北京或者上海找个好工作。

父子见面没到一个小时，就开始冲突起来。儿子对学习厌倦的样子，让父亲非常愤怒。他说，家里给你创造了这么好的条件，你居然不好好学习。我和你妈当年要是有你一半的条件，一定能读到博士毕业。你就是太懒了！

T忍了半小时，终于爆发了。对爸爸大喊：你有本事，你自己来上啊。现在很多人，40岁还读博士呢。你也读啊！没人拦着你！你自己不争气，不要把期望寄托在我身上！T的几句话怼得爸爸脸色极其难看，要不是有人在旁边，父子二人可能真的会动起手来。

在心理咨询的时候，儿子愤愤不平地说，凭什么总是说我啊。我的痛苦有人懂吗！爸爸也很沮丧地说，我也想好好说话，可是我控制不了自己的情绪。孩子一说想退学，我就会情绪失控，完全搂不住火。

咨询过程中，了解到爸爸面临退休的压力，儿子好像开始对爸爸有了新的理解。了解到儿子面对未来的压力，爸爸也好像对儿子有了新的理解。快结束的时候，爸爸有些懊悔地说，没想到，儿子对将来要赡养父母有这么多的压力。其实我们不想依靠他，我们讨论过好几次了，将来我们会去养老院度过晚年的。然后转过身去，对儿子诚恳地说，你不要管我们。你照顾好自己就行。

从个人角度去解决人际冲突，做出常规的处理方式，比如促进孩子改善表达方式，或促进父母提升沟通水平等，这样的处理方式也许有效，但存在着风险。这个风险就是，大家都认为个人能够决定一切，个人对事情要负全责。如果问题没有好转的话，那么个人需要反思，个人需要做出调整来承担责任。无意识中的这种个人角度的归因，似乎让人对事情更有掌控感，同时，也易让人陷入压力过大甚至过度自责、彼此抱怨、要不断为自己辩护的状态中，这样可能于事无补，甚至适得其反。

在影响事情发生、发展的所有因素中，有一些是我们不容易想到、不容易看到、影响力却更大的。比如：每天浇水这种个人努力，并不能让桃花在冬天开放。而大自然却有力量做到"忽如一夜春风来，千树万树梨花开"。自然节奏的更迭，一定是更大的推动力量。在家庭中，也有这种更大的力量，需要我们去认识。

一、家庭生命周期的概念

人的生命周期，是指它的出生、成长、衰老、生病和死亡的过程。心理学家埃里克森把人生发展划分为八个阶段。每个阶段有不同的任务和主题。发展心理学认为，家庭生命周期如同一个人的生命周期，家庭的诞生、发展到消亡，是一种变化的过程：家庭从形成到解体，有各种各样的变化规律；家庭会随着家庭组织者年龄的增长而表现出明显的阶段性，最后随着家庭组织者寿命的终止而消亡。这是一个家庭从生到死的过程。每个家庭与人一样，在每个阶段都有一些问题有待解决，有一些重要的工作需要完成。如果家庭想要顺利通过家庭生命周期的各个阶段，家庭成员就需要尽力负担起各自在各个阶段中的责任。

家庭如人一样有生命周期，最初提出这个概念的是美国人类学学者格里克（P. C. Glick）。1947年，格里克率先提出家庭周期（Family Life Cycle）的理念，把看似复杂无序的家庭转化成有周期性的阶段。每个阶段有独特的特点，这个理论帮助人们更清晰地认识生活，也帮助人从阶段性的角度看待家庭所面临的关系问题。

家庭由婚姻和血缘关系（包括收养关系）组成，具有非常重要的功能，比如经济功能，即帮助家庭成员在共同生活中抵御经济风险、减少经济支出。家庭还有生育功能、性的功能、教育功能、抚养与赡养功能等。家庭的功能从家庭形成到消解呈现出很多变化。

二、家庭生命周期的六个阶段

在完整的家庭生命周期中，有七个重要事件：

第一个重要事件是结婚，标志着一个家庭的形成；

第二个重要事件是第一个子女的出生；

第三个重要事件是最后一个子女的出生；

第四个重要事件是第一个子女离开家庭；

第五个重要事件是最后一个子女离开家庭；

第六个重要事件是配偶一方的死亡；

第七个重要事件是配偶另一方死亡，这象征着家庭的解体。

说明：以上关于家庭生命周期重要事件的划分，是以假设一个家庭有两个及以上孩子为前提。如果家庭中只有一个孩子,则第二和第三个重要事件合并为一个重要事件,第四和第五个重要事件合并为一个重要事件。

根据这七个重要事件,家庭生命周期可以划分为六个阶段,表6-1所示。

表6-1 家庭生命周期阶段划分表

阶 段	名 称	主 要 特 征	内 容
第一个	形成阶段	成人及恋爱阶段	家庭的形成期,结婚就代表了一个家庭的形成
第二个	扩展阶段	新婚家庭阶段	第一个子女的出生,这代表了家庭从二人世界扩展为三人世界
第三个	扩展完成阶段	有儿童的阶段	最后一个子女的出生,意味着家庭扩展的完成与结束
第四个	收缩阶段	有青少年的阶段	第一个子女离开家庭,这代表家庭进入收缩阶段
第五个	收缩完成阶段	孩子离家及成家阶段	最后一个子女离开家庭,这代表了家庭收缩的完成,家庭重新回到二人世界
第六个	解体阶段	生命晚期的家庭阶段	配偶的死亡,这代表家庭的解体

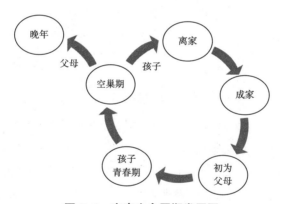

图6-4 家庭生命周期发展图

三、家庭生命周期转折的挑战

如同树有年轮、竹有竹节,家庭也有不同的阶段。家庭在每一阶段的充分发展之后,都会面临着转折。

从个体生命周期发展来看,出生是人的一个重要转变,意味着人的生命周期第一阶段的开始。开始上幼儿园后,我们就迈入了小社会,很多人上幼儿园会不适应,去过一两周后,就想放弃,这是在生命周期第一阶段里难以应对挑战的表现。刚刚毕业分配工作的年轻人,面临着人生的又一个重大转折,可能完全不适应公司的人际氛围、领导的管理风格和同事的八卦是非,需要半年、一年的时间去学习职场生存法则。

家庭生命周期的不同阶段,也跟个体的各个发展阶段一样,需要发展不同的方式来应对各种各样的挑战,比如,应对孩子出生带来的压力,或者孩子离开家所带来的挑战。

每次家庭面临转折，比如孩子诞生、孩子上学，是让人喜悦的"成长"时刻，同时也是脆弱的时刻——新出生的孩子，总是让家庭面临家务重担难以分配平衡的问题；学龄期的孩子，常常最考验父母如何应对不同教育理念带来的矛盾。在这些时刻，很多夫妻常会责怪对方不能理解自己、配合自己、支持自己，却不知家庭中很多严重的冲突、矛盾和伤痛，主要是家庭生命周期本身带来的，而不是某一方不去努力、做得不好。这就好比节肢动物蜕壳的时刻，脆弱与伤痛是成长必然的代价，也可能随着生命周期的发展减弱甚至消失。而随之而来的，将是生命一段崭新的历程。

【案例引入】

螃蟹的生命周期

通常在菜市场看到的螃蟹，样子非常凶猛，战斗力也是非常强的。如果不用细绳好好捆绑起来，它们可能会彼此争夺，失去一只蟹脚或者两只蟹脚，是经常发生的事情。但螃蟹的一生，也会有非常不同的样貌。

一个开养殖场的朋友告诉我，螃蟹一生要换多次外壳。每换壳一次，身体才能长大一次。但是，在蜕掉旧壳、新壳尚未长好的时候，螃蟹是非常柔软而脆弱的。如果在换壳阶段遇到了敌人，那将是非常危险的。一般人看不到软壳蟹，是因为刚刚脱壳的螃蟹，总是藏在安全隐秘的地方，等待外壳变硬了才会再出来。

软壳蟹不是螃蟹自己不小心造成的脆弱状态，而是生命转折时期，成长所付出的代价。小心度过这个脆弱的阶段，生命将变得更加强大。

四、家庭生命周期转折的多种影响因素

大学生只经历了 20 年左右的人生，只看到了父母作为中年人养育孩子成长的阶段。而父母及祖父母辈，其人格特点、处事风格、人生信念等重要的特征，都因其所处不同的家庭生命周期而呈现出不同的样貌。了解父母及家人在家庭发展中不同阶段的处境、状态、努力等，可以帮助大学生更好地与家庭连接，更易理解彼此、互相支持、顺利发展。

（一）成人及恋爱阶段

成人及恋爱阶段是婚姻的准备时期。从心理发展角度来讲，这是个体从依赖转向独立的过渡阶段；从社会角度来讲，这是个体从心态单纯、思想稚嫩、缺少社会经验、精力旺盛的状态转向要承担家庭和社会责任的阶段；从心理动力学角度来讲，这是个体从原生家庭分离，去适应新世界、应对新挑战并准备和伴侣走入婚姻关系的阶段。这个过程充满着焦虑和不确定性，甚至面临着一些风险。因此，这个阶段的一个重要问题是如何处理分离焦虑。

从这个角度看，恋爱中的男女，不仅仅要面对缺乏经验的彼此，还要面对自己在整个人生中与原生家庭分离、迈入社会和职场的巨大焦虑中。无论个人多么努力，这种焦虑，也会在相当一段时间里伴随着他们，进入婚姻状态。

（二）新婚家庭阶段

新婚家庭面临着很复杂的局面，主要分为三个方面，第一个是新婚夫妻双方的角色，第二个是新婚夫妻双方的责任，第三个是新婚夫妻面临的挑战。

1. 新婚夫妻双方的角色

人们在新婚家庭里的角色跟以往不一样，最初在原生家庭中是孩子的角色；走向社会是独立的成人角色，回到家里又转变为孩子的角色；结婚后又从儿子或女儿的角色转变为丈夫或妻子、女婿或儿媳妇的新角色；当他们各自回到自己的原生家庭时，又从婚姻中的夫妻角色转变为原生家庭中孩子的角色。也就是说，和原来孩子的角色相比，每个人都多了两个非常重要的角色。

2. 新婚夫妻双方的责任

在新婚家庭当中，不同的角色会带来很多变数，两个人各自会承担起不同的责任。责任包括：

（1）**承担日常生活的责任**。两个人建立新的家庭之后，要承担起日常生活的责任，比如居家打扫、做饭、购物等，这样的日常生活，是两个人的责任。

（2）**承担处理关系的责任**。在新婚家庭中，夫妻不可避免地要处理各种各样的关系。首先要和对方的原生家庭打交道，其次要和对方的亲属朋友打交道，再次要和街坊邻里打交道，最后要和各自的单位或者工作环境打交道。处理关系是家庭中两个人的责任。

（3）**承担经济方面的责任**。多数新婚家庭中的两个人都需要有经济来源，少数家庭会在结婚前商量好一方不工作。据统计，现代中国双职工的家庭居多，也就是说大部分家庭都需要双方承担经济压力，为更好的生活负担起责任。

（4）**承担性方面的责任**。婚姻是合法提供性满足的一种关系，夫妻双方为对方提供性满足是婚姻家庭里很重要的责任。性方面的责任，是新婚家庭中一个很重要的内容。

（5）**承担娱乐的责任**。两个人结婚之后，除了赚钱养家、做家务等，还有一个娱乐的内容。双方都有义务为整个家庭营造轻松、愉快的氛围。也许双方并没有明确地指出这个责任，但没有完成这部分责任的人会带给对方非常多的挫败感。

3. 新婚夫妻面临的挑战

新婚家庭作为只有两个人的核心家庭，除了角色和责任之外，还有挑战。

（1）**在处理关系上缺少经验**。新婚夫妻对如何成立一个家庭，怎样应对社会和生活，都是没有经验的。现在的年轻人在结婚方面比以前拥有更多的自由，很多人会选择婚前同居，这是一个解决办法。在同居阶段，双方会了解彼此的习惯，开始培养自己的一些新能力，比如合作能力等。总体来讲，新婚阶段的夫妻缺少各方面的经验，会面临非常大的挑战。

（2）**体力与精力的旺盛加剧冲突**。新婚夫妻常处于20～30岁的年纪，所以新婚阶段实际上是双方一生当中体力最好、精力最旺盛的阶段，这对生命个体的成长发展是有好处的。但是，对于一对没有经验的夫妻来说，两个体力好、精力旺盛的人也很容易发生冲突，且冲突会很快升级，甚至变得持久。

（3）**对婚姻的全能想象**。年轻的时候，人们对婚姻可能会有全能的想象，除此之外，对自己、对社会也都存在着这种想象。在25～35岁的生命阶段里，度过青春期的个体开始走向社会，尝试着建立自己的关系圈，发展自己的能力，获得一些工作上的成就，所有这些都可能使得他们在这个阶段里对自己、对关系有非常美好的期待，他们也常常把这种美好的期待当成真实的生活。

在婚姻当中，这种全能想象会演变成对对方的全能想象。"我爱的人是有能力的。""他应该可以满足我的期待。""他能够了解我没有表达出来的期待。""他爱我，所以他应该知道我的想法。"……这些都属于全能想象。

在两个人的关系中，双方对对方、对生活都可能有很多的想象，同时对如何处理这些关系缺少经验。当两个人观念不同、出现矛盾时，个体会期待对方能够更快调整自己、理解自己，认为对方爱自己就要想出更好的解决办法，这些都可能成为新婚夫妻的重大挑战。

（4）**新的支持体系还没有建立起来**。在新婚阶段，个体要面对各种各样的问题，如买房子、买车、新家离单位的距离变化、新的邻居等，还要跟配偶的原生家庭产生更多的交集。所以这个阶段的应激是非常多的，而新的支持体系还没有建立或成熟。比如，搬了新家，与周围的邻居可能不熟；新家离单位更远，在单位获得支持的可能性会降低。而对于这些问题，他们本来是可以在原生家庭里获得很多支持的。

在新婚阶段，夫妻双方的原生家庭实际上也面临着新的应激：孩子的离开使父母面临着新的生活、父母要适应空巢带来的心理焦虑，以及因担忧孩子能否适应新生活而产生的焦虑等。另外，父母作为原生家庭的代表，对于孩子的婚姻也有很多期待，如育儿的期待，这都会加剧两代人的冲突。原有的支持体系可能在新婚阶段没有办法很快到位，而新的支持体系也许还没有建立起来。

（5）**对多元文化的适应**。在同一个家庭里，我们常常觉得因为有爱情、亲情，彼此就会接纳对方，很多事情就容易被解决。但实际上，我们低估了不同文化带来的挑战。为什么在一个家庭里还需要适应多元文化？

在中国传统的农耕社会中，人们以土地为家，常年生活在同一个地方，街坊邻居和自己的亲人之间非常熟悉。在这个文化里，大家相通性更多，要认同更多文化的挑战是比较少见的。而当今，整个中国都处在流动的状态，外出旅行成为人们日常生活的一部分。人们在不同的城市间流动已是很普遍的事。流动的中国带来的一个现象是，不同文化的人有机会聚集在同一个地方。婚姻也一样，双方面对的是来自不同文化的人，这给相处带来了很多挑战和困难，给婚姻带来了很大的冲突。

这种多元文化首先体现在教育文化的差异。在多元文化视野中，教育程度和教育内容的不同也会给新婚夫妻带来非常多的冲击。受高等教育的人抽象逻辑思维能力更强，而受中等或较少教育的人也许具象思维能力更强，这使得不同教育背景的人在沟通方面会出现很多问题。

此外，生活文化的差异也会影响夫妻生活。在现代中国，人们既受传统生活方式的影响，也受西方生活方式的影响。比如，在装修新房时，就有很多夫妻因为装修风格的不同理念而争吵。

（三）有孩子阶段

有孩子的阶段，也就是家庭的扩展阶段。从整个家庭的生命周期过程看，成立家庭最主要的一个目的是共同生活，在更好的生活基础上养儿育女、传宗接代，让家庭通过孩子继续传承自己的基因、文化、姓氏。育儿使家庭得以扩展，是家庭的一个重要任务和责任。

这个阶段的家庭所面临的困扰比新婚阶段、孩子离家之后的阶段要复杂得多。家庭扩展对夫妻双方都是极大的挑战，应对起来需要极大的心理能量和技巧。从形成新婚家庭的阶段到有孩子的阶段，夫妻对婚姻的满意度会很快降低，女性的自我价值感也会发生巨大的变化。有些女性生了孩子之后身材变形，婆媳之间出现争执，职场上也会面临很多挑战，因此对于女性来讲，此阶段比新婚阶段面临着更多的难题。

（四）有青少年阶段

有青少年的家庭，指的是孩子已经从婴幼儿阶段成长到了青少年阶段。从年龄上说，6岁以前的孩子处在婴幼儿阶段，6～18岁的个体处在青少年阶段。

有青少年的家庭的基本特点包括如下。

1. 家庭关系模式逐渐稳定

刚开始形成家庭的时候，夫妻双方并不是太了解彼此。当他们彼此了解之后，就进入有儿童的家庭阶段，这时家庭出现人员数量的变化、关系结构的变化、家庭事务的剧增，处于非常应激的状态，面临着很大的挑战，夫妻双方及双方的家庭成员都处在互相支持同时又有着冲突的阶段。

这个阶段的稳定性带来的好处是家庭成员的焦虑感降低，孩子刚刚上学，离考大学还有一段距离，也脱离了频繁生病的状态，家庭成员的神经不再那么紧张和焦虑。这个阶段不好的地方是夫妻一方或双方可能会进入相对的懈怠期。

2. 父母面临中年危机

孩子10岁左右时，有些父母已经三四十岁了，进入不敢懈怠的年龄。在这个阶段，父母上有老下有小，工作上虽然有一定的竞争力，但是年轻人上升得很快，同时社会经济技术各方面发展迅速，中年人的事业处在爬坡的阶段，身体也面临着危机。有的人在三四十岁时就因过度疲劳而英年早逝，不少人在这个阶段会处于抑郁状态，甚至有些人压力太大，最终选择自杀，所以青少年家庭的一个重要特点是父母面临着中年危机。

3. 孩子成为焦点

有些青少年的家庭关系模式里，不仅有丧偶式育儿，还有同屋里的陌生人。同屋里的陌生人指的是两个人即使生活在同一个屋檐下，除了孩子已没有别的关系了，他们只是作为孩子的父母存在，而不是作为一对夫妻存在。有些调查发现，在这个阶段里，夫妻的亲密关系逐渐变淡，甚至有些夫妻的性生活频率非常低。

4. 焦虑于孩子的学习问题

孩子的哪个方面会是家庭焦点中的焦点呢？通过调查发现，中年夫妻最关心孩子的学习：孩子要上哪些补习班；孩子未来要上什么样的大学……这些事情成为家庭的焦点。而对于孩子的业余爱好、生活琐事或旅行兴趣等，夫妻谈论的概率比较低。

（五）孩子离家成家阶段

在孩子离家与成家阶段，家庭从规模到内容都有非常大的变化，几个主要变化如下。

1. 家庭人口变少、家庭规模变小

当独生子女长大离家去其他的城市或国家上大学（有的孩子上大学期间会经常回来，有的孩子会在大学毕业后搬离原生家庭）后，原生家庭就只剩下夫妻两个家庭成员了。有多个孩子的家庭也面临着孩子陆续离家的问题，有些家庭有老人帮忙照看孩子，等到孩子长大后，老人会回到自己的家乡。因此，这个阶段比较常见的家庭状况就是孩子离家后，家里只剩下

夫妻两人。

2. 家庭事务的减少

孩子的事情是家庭非常重要的一部分，很多家庭在有孩子阶段时会认真做一日三餐，认真出游，认真做其他事情。但孩子离家后连做饭都很随意了，有的甚至连早饭都不吃或各自到单位吃，家庭内部的事务数量逐渐减少。

3. 家庭空间的增多

空间主要是指物理空间和精神空间。在物理空间上，孩子上大学以后，很多家庭会把家里的旧物品清理掉；在精神空间上，大多数夫妻原来每天谈话的主要内容是孩子，孩子离家后，大部分家庭的谈话内容会减少80%~90%，夫妻之间变得无话可说，各自的精神世界出现更多的空间和空虚感。我们常说的空巢期主要指个体精神上的空白。

4. 焦虑增加

孩子离家后，夫妻各自的精神世界出现了更多的空间，如何应对这种强烈的变化成了很多夫妻的焦虑来源。焦虑的主要原因是他们有时间去焦虑。原来孩子在家的时候，很多事务占据了夫妻的心理空间；孩子离家后，他们需要一些东西来填补空间，于是焦虑就很容易滋生出来。

（六）家庭解体阶段

家庭解体阶段，充满了生命晚期带给人的困难与挑战。

1. 身体健康水平下降

进入生命晚期的人最直观的特点就是身体会越来越差，健康状态会逐渐下降，比如视力下降、听力下降、运动能力下降等，这些都是生命晚期的人们要面对的挑战。

2. 孤独和自卑感增加

除了身体的变化，老年人的心理上也会发生变化。由于处在生命晚期阶段，子女离家，家庭中两个老人或一个老人独自生活，孤独感会比以前增加很多。而且，由于社会功能的降低，很多老人会感觉到自卑，认为自己没有用。

3. 人际交往减少

老人进入生命晚期的时候，大多数都已从工作岗位上退了下来，人际交往的机会大幅度减少，因此会产生退休综合征。人们聚集在城市生活，彼此交往很少，尤其是住在楼房里的人们交流的机会就更少了。老年人减少了社会交往，精神空虚，更容易听信骗子的话。

4. 与子孙的关系变化

老人与子女的代沟非常明显，老年人进入生命晚期（大概60~80岁）时，自己的子女大概三四十岁，或者四五十岁。改革开放40多年来，他们接受的教育和经历不同，导致两代人在很多方面的意见不一致，所以在生命晚期的时候，老人与子女的代沟是非常明显的。

近年来，中国社会经济与精神文化飞速发展，老人跟晚辈之间在生活上存在着非常大的差距，因此老人在处理与子孙的关系上就会面临非常多的挑战。主要表现为：老人想去照顾子孙，而子孙会有很多的不适应；反过来也是一样。

5. 死亡焦虑

对于大多数人来讲，谈死亡是很困难的话题，我们的文化也把死亡当成一个禁忌。实际上，人到了生命的晚期，离死亡的距离是非常近的，面临的压力也非常大。即便是不谈论，人们也每时每刻都面临着生命即将离去的事实。尤其是年纪大一点的人，他们经常会听到同龄人逝世的消息，这些消息会给老人的生命带来冲击，有的老人就会细数自己熟悉的朋友或亲人还剩下多少人，今年又去世了多少人。所以死亡焦虑是一个重要的、无法回避的话题。

【潜能训练】

我家的家庭生命周期和转折

活动目的：通过采访父母，增加对自己家庭生命周期的深入认识，更多了解多种因素对家庭的影响，提升对自己和家庭关系的理解。

活动实施：

（1）采访自己的父母，对照家庭生命周期六阶段，请写出自己家庭的不同阶段的大概时间、主要压力、影响因素、应对方法等。

（2）采访过后，请根据采访得到的资料，写出至少三种对影响家庭关系的客观因素的假设。

（3）把自己的计划跟父母分享。

（4）请父母给予反馈并记录。

第四节 家庭关系中的常见问题及应对方法

人们总是努力营建好的家庭氛围，努力为家人带来温暖、关爱和支持。但是，在现实中，家人之间的冲突和矛盾难以避免，也有些问题难以消除，给人带来烦恼、痛苦、甚至创伤。以下是一些家庭中常见的问题。

一、情感表达

家庭是情感表达的主要场所，人们在公共场合和社交场合，会比较多地管理自己的情感表达内容和方式，有很多情感是不会对外人表达的。而在家中，人们通常会比较放松，情感表达也更随意。因此，有些人在家里缺少情感表达的管理，可能为对方带来了困扰甚至伤害，自己却不知道。

（一）情感表达不畅

Z同学说："我今年21岁，大学三年级，在外地上学。周末爸妈给我打电话，我很少接，最近一个多月，周末或下班时他们打电话，我都不接。我跟他们只是用短信交流！假期回家，大部分时间是约同学外出旅行。

"我很希望和爸爸妈妈正常亲密地沟通。但是他们根本就不理解我。我说自己心情不好，他们都说你不要想太多了，然后就给我讲大道理。我遇到困难时，希望他们能肯定我、支持我、鼓励我。但是，他们总是让我失望。我就不再告诉他们我的真实感受了。"

像Z同学这样，有一些大学生跟家人的情感交流极为有限。

由于生活环境不同，教育背景差异等原因，有的父母基本不能理解孩子在外面上学可能面临的各种压力、困难。考上大学，在许多父母家人的眼中，就是已经度过了人生最大的困难时期。之后的大学生活，应该是一帆风顺、轻而易举就可以完成。当孩子表达为学业压力而感到焦虑、悲伤、烦闷等情感时，家长容易责怪孩子不努力、不成熟、不上进等。时间久了，孩子虽然希望能从父母这里得到理解和支持，但是也会放弃情感表达了。

（二）情感表达过度

T同学："我每天都跟父母通电话，有时候会每天打好几个电话，有时候一个电话会打两个小时。我觉得别人都不值得信任，不会真心对待我。只有我爸妈会对我好。

"我的同学也说我太恋家了。我是有些恋家。不过，爸妈可以给我很多指导，这样我可以少走弯路，比如每次考试前我非常焦虑，我妈妈就可以在电话那边一直陪着我，直到我情绪好转，她才会挂断电话。"

18岁上大学，每个人都面临着跟家庭的分离，要独立面对生活和学习中的各种挑战。能获得家人的支持和理解，非常重要。不过，到了18岁，已经长大成人了。这个阶段的任务，主要是向外发展，开始和同龄人更多交往，学习社会规则，增加社会适应能力，学会应用社会资源。

大学生要集体住宿。很多人上大学之前，没有在外住宿的经验。同学们的生活习惯差异很大，处理事情的方式方法也有很大的不同，想跟同学发展好关系，是有很大挑战的。

但是，年轻人如果在家庭中过度情感表达，就有可能导致在外沟通与表达的训练不足，在需要社会交往的时候，缺少必备的社交技能，从而造成社会适应不良。

二、家长控制

孩子成长过程中要面对很多发展中的困难情景。家长需要时时刻刻承担起保障孩子安全、促进孩子发展的责任。比如，提醒孩子按时睡觉、好好刷牙、远离水火、对人礼貌等。随着年龄的增长，提醒的内容会发生改变，比如，对年龄大的孩子，父母会限制出去玩的时间长短、交往朋友的特点、使用零花钱的方式等。

适当的控制，能帮助孩子发展出良好的习惯和品行；而控制不当，会对孩子的心理发展产生不良影响。

（一）父母控制过度

A同学："我都19岁了，但是我的爸爸妈妈还要我每天报告我的行踪。不允许我晚上在同学家里留宿，好朋友的家里也不行。我假期回家，我妈妈还会检查我的手机通讯录，问我都是谁，学习好不好。她不让我跟学习不好的同学交朋友。别人家的孩子，高中起家里就不管那么多了。我特别讨厌他们这么控制，可是又不敢说。只能经常不回复他们的电话和微信。每次我提出抗议，爸爸妈妈就一起批评我不懂事，会遇到危险，会毁了自己。"

A同学的父母对他生活的管控方式还停留在中小学阶段。A同学对父母的回应方式，也不是很成熟。不回复父母电话和微信，会让父母更加焦虑和担忧。对于孩子的这种反应，父母会倾向于认为孩子就是不成熟，就是需要严格管教才可以保障安全。

这种交往的模式，会加强彼此对对方的刻板看法：父母认为孩子需要被管控，孩子认父母管得太多。

（二）父母失去撑控

Q 同学在大学第二个学期开始成绩下滑，两门课不及格，心情非常糟糕，逐渐开始逃课，大二又有两门课挂掉了。当父母问他成绩怎么样的时候，他说都很好，让父母放心。

直到大三，面临要被退学的时候，家长才从老师那里得知孩子真实的学习状态。

家长对老师说："我们一点都不知道孩子的真实状况。他总是说一切都很好。我们又忙于家族企业。最近经济不景气，企业压力大，我们忽视了对孩子真实情况的了解。"

虽然大学生年龄已经超过了 18 岁，但是仍然是没有独立生活经验、缺乏社会经验、经济要依赖家庭的人。在学习和生活的重要方面，家长仍要担负责任，掌控大局。

大学生的学习是非常重要的。学习成绩是个人隐私，但是学习状态的好坏，却直接影响到大学生能否继续留在学校完成学业。对此，家长需要知情。

学生也应让父母全面了解自己的成绩和困难。在遇到挑战的时候，在情感脆弱的时候，家长都是孩子重要的心理支持。不跟家长充分沟通，就会失去家长的宝贵资源，无助于自身的身心发展和社会适应。

三、家庭规则

家庭规则是指家庭成员共同遵守的家庭中做事、为人的准则和要求，是如何与人打交道、如何处理问题的基本要求。家庭规则通常在表达中有"必须""总是""绝不"等类似词汇，良好的家庭规则会促进家庭成员，尤其是青少年的健康成长。家庭规则影响个人如何看待自己，如何看待自己与他人的关系，以及如何看待自己与外在情绪的关系。

也有一些家庭规则，是没有被说出来的、家庭成员可以感受到的。如有的家庭从来不明确要求家人要严肃，但是一旦有人开玩笑，就会被冷落、无人回应，久而久之，家里就没有人再开玩笑了。有的家庭规则太隐讳含糊，尽管大家都知道它的存在，但从来没有很清楚的界定，以至于个人理解和期待不一，使得一家人无所适从，造成矛盾和冲突。

适当的家庭规则对家庭成员健康成长，培养良好的家庭关系是有益的。但如果家庭规则过于绝对和僵化，或者非人性化，甚至规则之间有矛盾，就会影响家庭成员个性的发展，妨碍家庭关系。因此，家庭规则要是富于人性化、富有弹性、可以适当公开的。

（一）家庭规则不清

S 同学上大学了，家长说："你长大了，应该学会独立生活了，每个月生活费自己好好安排。"大一寒假回家过年，爸爸要 S 把花费清单打出来，逐一询问每一笔费用的内容，并批评孩子不该跟朋友经常一起吃饭、买生日礼物等。父子二人因此大吵一架，爸爸决定之后要 S 每次花费都提前申请，批准了才可以。S 非常生气，回校后，不再接爸爸电话。

之后，S 参加一次很重要的专业设计大赛，要买装备，他不想跟家里要钱，就找了某平台"校园贷"。结果，三个月后因为没有及时还上钱，遭到对方逼债。

S 同学爸爸的想法是好的，希望孩子独立安排生活，但是，到底怎么样是好好安排，他并没有说清楚。事情发生后，又改变规则，让孩子回到初中、高中时候的行为方式。这种改变让孩子非常不适应，让孩子产生了对抗的心理。这就是家庭规则不清的典型。

家长如果要管理好大学生的经济，可以在跟孩子充分沟通后，更具体地提出要求，比如，每次花费超过300元的，要跟家长一起商量。特殊事情，可以进行特殊申请。每月花费总量为2 000元等。

（二）家庭规则过硬

D同学大四了。谈了两年的恋爱，一直不敢让父母知道。因为家里明确说了，不能找来自农村家庭的人。之前D同学谈过两次，对方条件虽然都很好，可是相处一段时间后，总觉得彼此不够默契，时间不长，都分手了。

这次恋爱对象，是好朋友的校友。同学聚会时候认识的，非常谈得来。兴趣爱好也非常接近。虽然知道家里的规矩，可是，两人的感情非常稳定，就想探探父母的口风。没想到，一听事情不对头，D同学的父母立刻坐飞机来学校，兵分两路，分别跟二人很严肃地强调，这个恋爱必须结束。

事情的结果是，不仅恋爱被搅黄了，D同学在同学中，也成为大家偷偷议论的对象。

父母给出了谈恋爱的明确要求，D同学自己也知道这一要求。但是，在实际恋爱过程中，人们通常会根据实际情况，调整自己的标准和要求。因为真挚的感情可以给双方信心，战胜彼此的差异和距离，建立起亲密关系。D同学自己就是有明确规则的人，对规则的遵从，也是有弹性的。而D同学的父母，则过于坚持自己的家庭规则，不了解孩子恋爱的具体情况，只要是违反了规则，就坚决反对，并立刻动手解决，完全不留余地。

四、家庭沟通

家庭中每天都有各种各样的事情要处理和面对。如何做日常决策呢？小的事情，个人自己决定，面对大的事情，就需要家庭成员之间的沟通。特别重要的事情，就需要格外充分的沟通。

沟通不充分，会造成家庭的很多矛盾，甚至冲突。而沟通过度，也会给家庭成员带来烦恼，甚至痛苦。

（一）家庭沟通太少

C同学从小在爷爷奶奶家长大，跟奶奶的感情特别深厚。大四寒假回家的时候，他想去看望奶奶，妈妈很为难地告诉他10月份奶奶已经去世了。C同学当即愤怒地跟妈妈大吵了起来，之后自己崩溃地大哭了好久，完全不想跟家人说话，马上收拾东西，想立刻离家回学校。

妈妈解释说："你当时在复习考研，我们怕影响你心情，复习不好，考不出好成绩，就没有告诉你。"C同学无法接受这个理由。他不能原谅父母不跟自己商量，擅自做这个决定。

虽然C同学的父母不告诉孩子奶奶去世的消息，是怕影响孩子的情绪，耽误考试，这样做的初衷是好的。但是在重要亲人去世这么重大的事情上，家庭之间的沟通，是非常有必要的。每个人都有知情权，何况C同学与奶奶情感深厚，联结紧密。

家庭沟通太少，常常是因为家庭中的主要成员，认为自己有能力替别人考虑周全，不用商量，也可以做出对对方有利的决定。这样做的动机不一定是错的，但是这个想法和做法是错误的，会造成亲人之间的矛盾、不信任，甚至造成严重冲突。有的家庭成员，甚至去法院起诉亲人，只因为对方擅自做了违背自己意愿的事情，还声称是为了自己好。

（二）家庭沟通太多

S 同学经常跟妈妈通电话。因为妈妈始终跟爸爸家族的人关系不好，尤其是跟奶奶不和。妈妈既不想让自己娘家人知道，也不想让朋友知道。所以就经常跟 S 同学说家长里短的事情，诉说自己的委屈。S 同学从小听惯了这些，也知道说些什么可以安慰到妈妈。

S 同学已经 21 岁了。学业压力，对未来就业前景的担忧，让她自己也很烦闷。对家里的事情有些厌倦，不想再听了。但是，又担心妈妈没有倾诉的对象，情绪过于压抑，就勉强自己继续承担妈妈的义务"心理咨询师"。

S 同学的妈妈是个成年人，她却经常跟孩子讲自己与丈夫家族之间的矛盾。这些生活内容，是应该由成年人自己面对和解决的。现在，S 同学已经成为妈妈主要的情绪宣泄对象。她过度为妈妈担忧，无法集中精力在自己的学习和生活中。

婚姻关系中的问题和烦恼，是成年人自己要应对的。孩子可以了解大概的情况，却不应该成为其中的主要承担者。有个大学生说，自己最痛恨的就是小时候，爸妈吵架后，妈妈回娘家，爸爸自己不去解决，而是让自己带着妹妹步行 5 里路，求妈妈回家。

还有的家庭，父母会过度和孩子交流学习的事情，每天反反复复提醒孩子写作业、姿势要端正、不要玩手机等。这个沟通过度的问题，与前面讲过的家长控制过度问题有相似之处。

五、家庭关系常见问题的应对方式

作为家庭关系中的年轻人，大学生一方面处于弱势，年龄小、经验少；另一方面，大学生聪明，知识范围广，学习能力强，掌握新技能更快。在家庭中，大学生作为调整关系的主动方，可以带领家庭认识自我，调整关系，推动改变。

以下是应对家庭常见问题的一些基本方法。

（一）明确成人身份，减少幼稚行为

1. 明确成人身份

在跟家长交流的时候，大学生要明确自己的成人身份。在父母眼里，孩子永远是孩子，哪怕已经是四五十岁，儿孙绕膝了，也还是自己的孩子。要想让家长主动把孩子看成是大人，这个可能性非常小。所以，大学生要自己反复强调自己的年龄，平静而坚定地告诉父母：

"我已经 18 岁了。"

"我已经 22 岁了。"

"我是成年人了。"

很多时候，父母控制孩子，是因为 18 年来形成的习惯，总觉得孩子还小，缺少经验，必须自己更多管理孩子的生活，孩子才能保障安全，健康成长。当家长反复听到孩子强调自己的年龄，就会开始对孩子有新的定位。

2. 避免幼稚行为

大学生要避免做出幼稚行为。当跟家长沟通不畅的时候，用以下这些行为来反抗，在父母眼里是幼稚的：

拒绝吃饭；

摔东西；

赌气离开家；

大喊大叫；

躲进厕所不出来；

……

这些不理性的行为都会让父母瞬间"重启程序"，再次把大学生当成小孩子来对待，从而使亲子关系再次回到过去。

（二）明确表达需求，避免表述含糊

作为在大学校园里生活的人，大学生跟父母的生活环境、心理需求、发展目标都不相同。而家长通常跟孩子生活在不同的地方，受教育程度也可能不同，生命阶段也不同，所以，生活需求，尤其是心理需求会有很大差别。父母即便非常努力，也很难了解清楚孩子的真实需求。

1. 明确表达需求

大学生尤其要训练自己清晰表达心理需求的能力，比如平静而清晰地告诉父母：

"我需要一个小时，自己考虑一些事情。"

"我知道你们关心我。但是这件事，我要自己独自处理。"

"不要打扰我。"

"今天我安排了自己的事情，不跟你出去吃饭。"

"我计划参加暑期的全国3D建模大赛，要购买设备和材料。我自己做家教已经攒了3 000块钱，还需要你们支持我2 000块钱。"

2. 避免含糊的表述

含糊的表述，很容易让父母误解自己，以为孩子需要自己的帮忙才行。父母就会开始非常努力地帮助孩子做事情，那么，结果常常适得其反。

含糊的表达举例：

"我没有什么想法。"

"随便你做什么，我都可以。"

"我没有想过毕业后的事情。"

"读研究生的事情，我也不知道怎么准备啊。"

（三）明确沟通方法，杜绝抱怨指责

当家庭关系不尽如人意的时候，大学生可以训练自己用明晰的语言，告诉家长自己希望用什么方式沟通，而不是抱怨父母做得不好，或者指责他们难以改变、固守传统。

比如A同学抱怨自己都19岁了，但爸爸妈妈还要她每天报告行踪，不允许晚上在同学家里留宿。虽然她讨厌父母这样控制自己，但是她没有清楚地表达过。

1. 明确清晰地告诉父母，自己需要的是什么样的方式

比如：

"我早上不能接电话。晚饭后6点到7点，你们联系我。每周一次。"

"告诉我你们的具体想法是什么，不要跟我讲大道理！你们讲过很多次，我都记得。"

"你们可以提出建议，但是不要给我买衣服。我要自己买。你们可以告诉我预算最多是多少。"

2. 停止指责和抱怨

一旦孩子开始指责和抱怨，父母就会为自己辩护和解释，并强化自己的看法——"我是对的，是为孩子好才这样尽力的。"

要停止类似的抱怨和指责：

"你们总是跟我讲大道理，我不想听。"

"你们能不能学习新东西啊。你们太 out 了。要被时代淘汰了。"

"你们要像别人家的父母就好了，别人家的父母总是善解人意。"

"你们烦死了，为什么总要我学习学习学习！"

"为什么你们就不能更有追求呢？"

（四）明确沟通结果，学会及时强化

新的家庭沟通模式从来不可能一蹴而就。尤其是作为父母，年龄大，生活压力也大，生活经验丰富，做事情和沟通时候的惯性也大，一般会按照惯有模式直接反应，接受新的沟通方法需要时间。所以，年轻人需要反复尝试练习，并对结果做出强化反馈，这样才有可能实现与家人沟通的突破。

无论沟通结果是令自己满意还是不满意，都要及时向对方给出反馈。这里要注意：是"反馈"不是"评价"。

反馈是指事情发生后，从主观出发，告知对方事情在"我"这里造成的影响，包括感受、想法等，如"我满意""我不喜欢""我想要更多一些""我不需要"等。句子是以"我"字开头的。

评价是客观角度出发，对事情或者人做出价值判断。例如，"这个事情做得不好。""你说的话有问题。""Ta 很有分寸。""你值得我学习。"等。

1. 明确沟通结果

是指与父母家人沟通后给出反馈，让对方了解交流的效果，这会帮助对方明确之前的努力方向是不是对的，是否需要坚持、调整或者停止。比如：

"我同意你们给我的换宿舍的建议。"

"我不要你们谈话时总是给我太多的期待。"

"你们告诉我清楚的要求，这样我就很容易理解了。"

"你们每天给我打电话，我很烦。"

"你们催我考研，不但没有帮助，还有反作用，让我越来越不想考了。"

2. 学会及时强化

为了能尽快改善沟通模式和效果，强化是重要的方法。父母是成年人，交往和沟通模式比较固化，更需要及时强化和反复强化。在父母做了自己喜欢和认可的行为后，要及时给予明确的强化。比如：

"谢谢你们给我买了新的笔记本电脑，你们对我太好了！"

"我特别喜欢你们给我的这个礼物。谢谢爸妈！"

"你们支持我寒假不回家,出钱支持我参加 3D 建模大赛,同学都很羡慕我。"

"上次我说了每天打电话很烦,希望每周通一次电话。现在我觉得很好,谢谢你们体谅我。"

"你们支持我参加社会实践。今年我获得了校级'优秀社会实践奖'。我用奖金给你们买了定制旅行券,希望你们旅行愉快!"

【潜能训练】

家庭关系提升训练

活动目的:沟通训练,提升处理家庭关系问题的能力。

活动实施:

(1)每人在一张 A4 纸上,给自己的家庭功能的四个维度打分。

(2)选择本节"家庭关系常见问题"中的两种应对方式,在一个月内,跟父母用新的方式交流,至少使用 6 种新的沟通语言。

(3)观察并记录父母的回应和状态。

(4)一个月后,在同一张 A4 纸上,再次给家庭功能的四个维度打分。

(5)反思家庭有哪些变化,哪些新的沟通方式对你有帮助。

(6)跟父母分享你的训练和反思。

附:

请根据你自己的家庭情况,给以下家庭功能的四个维度打分。

1. 情感表达 (　　) ——(　　)

表达不畅(-10)————0————(10)表达过度

2. 父母控制 (　　) ——(　　)

过度控制(-10)————0————(10)失控

3. 家庭规则 (　　) ——(　　)

规则不清(-10)————0————(10)规则过多

4. 家庭沟通 (　　) ——(　　)

沟通太少(-10)————0————(10)沟通过多

【本章回顾】

本章包括家庭关系基本概述、理解家庭系统关系、理解家庭发展规律、家庭关系中的常见问题及应对方式四节内容。

第一节介绍了家庭关系的概念、家庭功能的基本理论、家庭关系的研究结论。重点帮助大学生理解家庭功能的不同维度。通过"家庭功能测量及沟通"的训练,让大学生有机会对家庭氛围、家庭沟通等特点有更清晰的认识。

第二节介绍了认识家庭系统的重要工具——家谱图的来历和具体画法,重点介绍了家谱图这个工具所能反映的家庭关系模式。潜能训练题目是让大学生绘制自己的家谱图,提升对自己和家庭主要关系的深入理解。

第三节结合具体实例详细说明了家庭生命周期的理论，介绍了每个阶段家庭的具体特点，帮助大学生拓展对自己原生家庭发展轨迹和特征的宏观理解。通过潜能训练题目，让大学生采访父母，从崭新的角度，创造性地理解家庭的发展和面临的挑战，推动亲子关系的和谐发展。

第四节以丰富的示例，逐一说明情感表达、家长控制、家庭规则、家庭沟通四个家庭功能维度的级性问题表现和原因。并给出了非常具体的问题应对方式，包括：明确成人身份，减少幼稚行为；明确表达需求，避免表述含糊；明确沟通方法，杜绝抱怨指责；明确沟通结果，学会及时强化。

【推荐资料】

1. 书籍《家庭的伤痛与疗愈》，刘丹著，东方出版社。

在《家庭的伤痛与疗愈》这本书中，作者诚挚地邀请大家一起，以系统论的眼光，从家庭生命周期的角度，学会运用广阔的视角来系统性地理解问题、应对困境。作者带领大家一起探索，在人生旅程的漂流线路上，可能有哪些激流险滩，可以做一些什么样的准备工作，又可以怎样去和家人、同行者通力合作，解决困难。

人都有两只眼睛。作者希望，不论是带着伤痛的个人，还是协助处理伤痛的咨询师，都可以用一只眼睛，看见人生旅途中的危机、困难、挑战和伤痛；也可以用另一只眼睛，看见家庭应对伤痛的资源和能力，看见生命奔涌向前、个人虽无法改变却可以利用的宏大力量。

2. 电影《小偷家族》，（日）枝裕和导演。

《小偷家族》讲述柴田家靠偷窃来维持家计，在一家之主柴田治捡回一个遍体鳞伤的小女孩后，这个家庭的秘密渐渐曝光的故事。

做短工的治与妻子信代、"儿子"祥太、信代的"妹妹"亚纪，以及"老母亲"初枝，依靠初枝的养老保险，在破烂的平房中艰难度日。

治与儿子祥太做扒手，亚纪打工补贴家用。某一天，治带回在住宅区被冻僵的少女百合，加入了他们原本就贫困潦倒的家庭中。一件事打破了原本的平衡，每个人心中隐藏的秘密和愿望也逐渐明朗。

【话题讨论】

1. 在完成你的家谱图过程中，你有哪些新的情绪感受？产生了什么新的想法？
2. 在绘制家庭生命周期的时候，你对你自己的家庭有哪三点新的理解？
3. 你想改进与家人沟通的方式有哪三种？

【参考文献】

[1] [美] 马歇尔·卢森堡. 非暴力沟通 [M]. 阮胤华，等译. 北京：华夏出版社，2016.
[2] [美] 戴维·迈尔斯. 社会心理学（第11版）[M]. 张乐侯，等译. 北京：人民邮电出版社，2014.
[3] 张翼. 大学生人际交往心理素质训练手册 [M]. 北京：科学出版社，2019.

[4] 陈悦. 人际交往心理学 [M]. 北京：经济科学出版社，2013.

[5] 西英俊，徐丽丽. 你好，压力 [M]. 北京：中国工人出版社，2019.

[6] 李楠. 人际交往心理学 [M]. 北京：新华出版社，2017.

[7] 赵丽琴. 大学生心理健康指南 [M]. 北京：高等教育出版社，2010.

[8] 杨丹. 人际关系学 [M]. 武汉：武汉大学出版社，2019.

[9] 李文. 人际沟通与交往 [M]. 北京：科学出版社，2016.

[10] ［美］艾恩·斯图尔特，［美］范恩·琼斯. 今日 TA：人际沟通分析新论 [M]. 田宝，等译. 北京：世界图书出版社，2017.

[11] ［瑞典］欧瑞嘉. 人际沟通分析学（第 2 版）[M]. 杨眉，译. 北京：中国人民大学出版社，2018.

[12] 汪玉峰. 大学生人际交往问题研究 [M]. 北京：中国社会科学出版社，2019.

[13] 陈美荣. 心理学 [M]. 广州：中山大学出版社，2008.

[14] 侯玉波. 社会心理学（第四版）[M]. 北京：北京大学出版社，2018.

[15] 曹加平，大学生宿舍人际冲突原因与对策探析 [J]. 江苏大学学报（高教研究版），2006(2)：27-30.

[16] 樊富珉，张翔. 人际冲突与冲突管理研究综述 [J]，中国矿业大学学报（社会科学版），2003(3)：82-91.

[17] 邵诗云. 微时代大学生人际交往的合理引导探究 [J]. 法制与社会，2017(22)：160-162.

[18] 宋井林. 论当代大学生人际交往能力的培养 [D]. 济南：山东师范大学，2011.

第七章　君子之交淡如水
——人际关系的艺术

【名人名言】

友情在过去的生活里，就像一盏明灯，照彻了我的灵魂，使我的生存有了一点点光彩。

——巴金

钟子期死，伯牙终身不复鼓琴。

——《汉书》

【案例引入】

小A是大一新生，开学以来，小A一直被一个问题所困扰。小A是通过数学奥林匹克竞赛一等奖保送到大学的，他很小就严格自我管理，是个作息时间比较规律，并且习惯早睡早起的人。但是同宿舍的其他几个同学却并不如此，他们平时除了上课很少学习，晚上回到宿舍后喜欢聊天、追剧、打游戏，有时候甚至到凌晨2、3点钟才睡觉。小A是一个目标感非常强的人，平时没课的大多数时间都泡在自习室或者图书馆，一天的学习后往往很累，因此晚上回到宿舍后就想早点上床休息。但其他同学要么很晚才回来，要么在宿舍聊天玩闹，完全没有考虑小A是否已经睡觉休息，这让小A很烦恼。小A也曾经尝试过和宿舍同学沟通，但是每次都会产生意见分歧甚至发生争吵。久而久之，同学之间有了偏见和隔阂。小A感到自己受到了排挤，觉得别人不待见自己，每次上课、吃饭都是一个人，没有亲近的朋友，因此想要调换寝室。但同时，他也感到很迷茫，想想如果大学四年真心朋友都交不到，也是一种遗憾。他不知道自己的坚持是否正确，感觉很矛盾。

上述案例讲述的是大学生人际关系的问题。处于青年期的大学生，思想活跃、情感丰富、自我意识强、人际交往需求强烈，渴望获得真诚的友谊。拥有良好的人际关系对大学生的一生非常重要，它有利于大学生形成健全的人格和积极乐观的人生态度，有利于更好地适应大学生活，使他们在面对各种困境时更加积极、建设性地解决问题。

然而，如何与他人进行交往、如何与他人进行沟通、如何建立良好的人际关系成为许多大学生在校园生活中面临的第一大难题。一些大学生在人际交往中对自己和他人缺乏正确的认知，造成交往需求和结果的不匹配，从而产生了心理落差；还有一些大学生认为自己有"社恐症"，在交往中总是处于被动角色，缺乏交往的主动性，社交能力普遍较差；另外，也有一些大学生在人际交往中过于计较个人利益得失，不善于处理和解决人际交往过程中的矛盾与冲突，最终导致人际关系破裂。以上诸多问题不仅使大学生产生人际交往上的困惑，而且会给他们带来较大的心理压力，严重时甚至会影响正常的大学生活。

人是一种社会性的动物，我们每天都需要和他人打交道。那么通过交往我们可以获得什么？为什么有些人在交往时会相互吸引，有些人则会相互排斥？是什么影响着我们与他人的交往与互动？什么样的交往与沟通方式更有助于我们与他人建立良好的人际关系？有哪些人际交往的黄金法则与钥匙，让我们可以更好地适应大学生活呢？

第一节　大学生人际关系概述

一、人际关系概述

（一）人际关系含义

社会学将人际关系定义为人们在生产或生活活动过程中所建立的一种社会关系。心理学将人际关系定义为人与人在交往中建立的直接的心理上的联系。在中文语境中，人际关系常指人与人交往关系的总称，也被称为"人际交往"，包括亲属关系、朋友关系、学友（同学）关系、师生关系、雇佣关系、战友关系、同事及领导与被领导关系等。人是社会动物，每个个体均有其独特的思想、背景、态度、个性、行为模式及价值观，然而人际关系对每个人的情绪、生活、工作有很大的影响，甚至对组织气氛、组织沟通、组织运作、组织效率及个人与组织之间的关系均有极大的影响。

综上所述，人际关系是指人与人之间经由相互交流而形成的心理关系（心理距离），它表现了个体间根据相互满足需要的程度而产生的心理上的亲疏远近。如果需要得到一定的满足，人与人之间就喜欢和亲近；如果没有得到满足，就厌恶和疏远。人际交往是在社会生活中，人与人之间通过一定的方式进行接触，交流思想、沟通感情、传递信息，并在心理上和行为上相互产生影响的互动过程。简单来说，它是指人与人之间相互作用的动态过程。

（二）人际关系的特征

1. 社会性

社会性是人际关系的本质属性。人的社会性首先体现在人在生存劳动中所结成的相互依存的关系，人际关系在现代社会体现得更加明显。

2. 历史性

人际关系经历了原始社会的平等关系、封建社会的等级关系、现代社会的平等关系。不同的历史阶段，人际关系的表现形式、内涵要求和原则性质都不尽相同。

3. 情感性

情感是人际交往的动力因素，人际关系具有明显的倾向性，而这种关系倾向性往往受到交往者情感的影响和支配。

4. 复杂性

人际关系是复杂的，人际交往的层次错综复杂，交往的内容丰富多彩，交往形式多种多样，每个社会个体根据交往的对象不同扮演不同的角色。

5. 网际性

随着网络的飞速发展，全新模式的人际关系逐渐形成，网络使人际交往在心理和动机上发生改变，并且使人类的交往方式、交往结构和形式发生了巨大的变化。网络使人际交往的范围扩大，赋予人际交往更广的意义和内涵，同时也使各种关系变得越来越复杂，人与人之间的情感距离越来越远。

（三）人际关系的基本过程

1. 信息交流

目光接触是人际间最能传神的非言语交往。"眉目传情""暗送秋波"等成语形象地说明了目光在人们情感交流中的重要作用。

2. 动作交互

如果你喜欢一个人，你往往会朝他倾斜过去，这是你对 Ta 的话感兴趣的迹象。当你非常感兴趣的时候，你往往会身体前倾、双腿后缩。如果某人坐着的时候朝你这边倾斜，那意味着 Ta 正对你表示友好。而当你不喜欢某人，感到和 Ta 在一起很乏味或者很不舒服的时候，往往会向后倾斜。

3. 相互理解

人际关系的基础是人与人之间的相互重视、相互支持。人际交往中的喜欢与厌恶、接近与疏远是相互的。在一般情况下，喜欢我们的人，我们才去喜欢他们；愿意接近我们的人，我们才愿意接近他们。而对于疏远、厌恶我们的人，我们的反应也是相应的，会疏远或厌恶他们。

（四）人际关系的心理发展阶段

人际关系的建立和发展一般遵循一定的规律，通常人际关系的建立会经历五个阶段：选择定向阶段、探索阶段、巩固加强阶段、融合阶段和契约阶段。

第一阶段是定向阶段，包含着对交往对象的注意、抉择和初步沟通等多方面的心理活动。在芸芸众生之中，我们不会选择和每一个人进行人际交往，只与那些能够引起我们情感共鸣的接触者进行进一步的交往，所以对交往对象的选择往往能反映出交往者自身的需求、情绪、个性特质和兴趣特征。定向阶段仅仅是一个初步的印象，最终决定选择谁作为交往对象，并与之保持良好的人际关系，往往要经过自觉的选择过程。只有在我们的价值观念上具有重要意义的人，我们才会选作交往和建立人际关系的对象。

第二阶段是探索阶段。人们在这一阶段在有意识地寻找共同的兴趣和经历，表达自己的态度、价值和观点，并且随时观察对方的回应，并将其作为是否进行下一阶段深度交往的依据。人们在这一阶段一般不会表达太多自己的批判性观点，谈论的内容也比较浅显，谈论的范围可以涉猎很广，一般情况都是表达自己积极、乐观、正向的态度。此阶段的交往往往使人感到较轻松、愉快、自在，往往不触及私密性的领域，因此很多人际关系都喜欢停留在这一阶段。

第三阶段是加强阶段。人们开始展开情感的交流与探索，交往的领域会进一步扩大，会涉及双方的私密领域，谈话内容也会涉及许多自我方面的内容。人们愿意在交往中投入更多的时间和精力，喜欢相互陪伴，逐渐相互信任，并且会相互坦白，人们会为彼此提供真实的评价和反馈，进行真诚的赞美和批评，也开始有共同的愿景和期待。在这一阶段，双方的自我袒露较多，所以一旦关系在此阶段瓦解，将会对彼此产生较大的心理压力。

第四阶段是融合阶段。在这一阶段，人们的情感联系不断加强，心理卷入程度不断加深，进入稳定交往阶段。人们在心理上的相容性会进一步增加，自我暴露也更广泛深刻。人们允许对方进入更加私密性的个人领域，分享自己的生活空间和财产。人们心理上有了依恋和融合，情感上有高度的共鸣，一旦分离或产生冲突，会出现某种牵挂、焦虑和烦躁的情绪，仿佛"一日不见，如隔三秋"。一般人际交往的友谊不会达到此阶段，许多人际关系都在第三阶段维持并重复。恋人关系属于该阶段，双方心心相印、唇齿相依；亲子关系也属于该阶段。

第五阶段是盟约阶段。双方做出某种正式的承诺，比如宣告婚约或结婚。这一阶段属于人际交往的最深层次，不仅相互卷入程度最高，还通过外在法律层面的约束来建立长期的关系和承诺。这一阶段的人们如果想要脱离该段关系，会比较困难，不仅会造成物质上的损失，也会对身心产生极大的伤害。

二、大学生的人际吸引

当代大学生独特的生活环境和思想氛围，决定了其人际交往较之中学时代具有更强的广泛性、互动性和多样性。大学生人际交往的愿望比中小学生更为迫切，他们力图通过交往去开阔视野、丰富知识、学会处世以表现自己各方面的才能，获得情绪的稳定，保持足够的自尊心和自信心。大学生思想活跃、精力充沛、兴趣广泛，有充裕的时间去思考交往，富于理想情感，讲究情投意合、融洽相处。然而，大学生人际交往的愿望会随着年龄的增加而减少，这与高年级学习负担加重、交往与工作联系更加紧密有关；另外，大学生兴趣、人格逐步走向固定，从多元化向一元化发展。对于大学生来说，人际吸引又称人际魅力，是指人与人之间在情感方面相互喜欢和亲和的现象，即一个人对他人所持的积极态度。这种情感占优势的特殊人际关系形式就是人际吸引。

（一）人际距离

1. 公众距离（360厘米以上）

人们在较大的公共场合所保持的距离，一般来说演说者与听众之间的标准距离就是公众距离。明星与粉丝之间的距离也是公众距离，这种距离能够让仰慕者喜欢偶像，既不会遥不可及，又能保持神秘感。

2. 社交距离（120～360厘米）

这是社交性或礼节上的人际距离，这种距离给人一种安全感。处在社交距离的两个人，既不会怕受到伤害，也不会觉得太生疏，可以进行友好交谈。与不太熟悉的人进行沟通的时候，我们通常会保持这种距离。

3. 个人距离（45～120厘米）

一般是指个人间的距离，适合于亲朋好友之间的交谈，友好而有分寸，较少直接的身体接触，但能够友好交谈，让彼此感到亲密的气息。

4. 亲密距离（0～45厘米）

在这个空间中，彼此可以感受到对方的体温、气味、呼吸，伸手能够触及对方。这一距离属于私下情境，人们对这个距离有着防护心理，就像对待自己的私有财产一样，只有在感情上与我们特别亲近的人或动物才会被允许进入这个空间，如恋人、父母、配偶、孩子、亲戚和宠物等。在这个空间里，还有一个更为私密的区域，就是与身体距离小于15厘米的区域。一般来说，只有在进行私密的身体接触时，我们才会允许他人进入这个区域。

一般情况下，初次见面彼此不了解时，人际距离要大一些；随着关系的发展，空间距离会缩小；在与人初次交往或来到一个新的地方工作，与他人交往应该保持一个恰当适度的距离，过小会让人不舒服，过大则会产生距离感。在大学生人际交往过程中，宿舍矛盾经常频发往往和人们之间的安全距离有关。大家来自全国各地，没有遵循人际距离的远近规律，直接把宿舍成员之间的社交距离拉近到个人距离，甚至亲密距离，跨越了个人心理交往的安全距离，矛盾便因此产生。

（二）人际吸引的规律

"桃花潭水深千尺，不及汪伦送我情。""醉眠秋共被，携手日同行。""浮云终日行，游子久不至，三夜频梦君，情亲见君意。"……这是古代文人表达相互吸引的诗句。

心理学家阿伦森（Aronson）通过调查发现，人际吸引有如下一些原因：其一是信仰和利益与自己相同；其二是有技术、有能力、有成就；其三是具有令人愉快或憧憬的品质；其四是自我悦纳。正如欧阳修的诗句"酒逢知己千杯少，话不投机半句多"，人际吸引是人们建立良好社会关系的前提和基础。那么人们为什么会相互吸引的呢？心理学家通过广泛调查发现有如下规律。

1. 外貌吸引

《诗经·周南·关雎》有"关关雎鸠，在河之洲。窈窕淑女，君子好逑"之语，这是古人描述外貌吸引的诗句。在社交活动中，我们经常对人说"不可以貌取人"，但大多数人在行为上都会以貌取人，因为美丽的容颜和端庄的仪表可以让我们产生愉悦的情绪，并且会做出以下判断：这个人的身材好，表明他有很好的自制力和自我管理能力；这个人的行为举止和气质好，表明他的个人修养高，受过良好的家庭教育。

心理学家西格尔（H. Sigall）做了一个有趣的实验，他先让一个天生丽质的女实验助手以临床心理研究生的身份去和几个男大学生面谈，并且在谈话结束前把她对男大学生所做的个性评价发给谈话对象；然后再让女助手穿上不整洁的衣服，头戴颜色跳跃的假头套，与男大学生见面，结果发现女助手在外貌整洁漂亮时，被喜爱的程度更高。

良好的外貌确实能让我们在人际交往中使人产生愉悦的情绪，但是随着交往时间的增长，相貌的吸引力会慢慢减弱，人际吸引将从外在转入内在品质。

2. 熟悉吸引

心理研究表明，熟悉引起喜欢，熟悉本身可以增加一个人对某种对象的喜欢，熟悉不是引起喜欢的唯一变量，但是却可以增加人们对积极或中性对象的喜欢程度。晋代名士陶渊明有诗曰："昔欲居南村，非为卜其宅。闻多素心人，乐与数晨夕。"清代当朝宰相张英与一位姓叶的侍郎都是安徽桐城人。两家毗邻而居，都要起房造屋，为争地皮，发生了争执。张老夫人便修书北京，要张英出面干预。这位宰相到底见识不凡，看罢来信，立即作诗劝导老夫人："千里家书只为墙，让他三尺又何妨？万里长城今犹在，不见当年秦始皇。"张母见书明理，立即把墙主动退后三尺；叶家见此情景，深感惭愧，也马上把墙让后三尺。这样，张叶两家的院墙之间，就形成了六尺宽的巷道，成了有名的"六尺巷"。

"六尺巷"的故事寓意很深，堪称处理人际关系的典范。这个故事似乎更体现了同乡之人又为邻里，彼此熟悉让双方变得谦让和宽容，而这又是做人的准则，无论是身居高位，还是一介布衣，都应该如此。

3. 相似或互补吸引

相似性是指双方在交往过程中存在的诸多相似特征，这些相似特征可以使人们产生熟悉感和安全感，缩小交往双方的心理和空间距离。相似的价值观、兴趣、文化、出生地和家庭背景等，都能让人们产生相互吸引和相互认同。

人际交往是一个十分复杂的心理过程，当双方多个方面的需求正好互补时，人们之间也会产生强烈的吸引。心理学家伯克霍夫（Brockhoff）通过对大学生从朋友到夫妻的研究发现：在认识之初，距离、价值观、外貌都是构成人际吸引的重要因素；在恋爱开始后，双方的态度、价值观、世界观等方面变得尤为重要；在夫妻阶段，双方人格特质方面的互补是发展牢固关系的重要因素。

4. 品质或能力吸引

美国学者安德森（Anderson）研究了影响人际关系的人格品质，排在序列最前面的，受喜爱程度最高的六个人格品质是：真诚、诚实、理解、忠诚、真实、可信。它们或多或少、直接或间接同真诚有关；而排在系列最后，受喜爱水平最低的几个品质，如说谎、假装、不老实等也都与不真诚有关。安德森认为，真诚受人欢迎，不真诚则令人厌恶。人格品质是影响人际关系的主要因素。一个有才能的人本身也具有较大的吸引力，才能越大，吸引力越高。

（三）人际吸引的心理效应

1. 首因效应

首因效应是社会心理学家洛钦斯（Lochins）在1946年通过实验研究提出的，指个体在社会认知过程中，通过第一印象最先输入的信息对客体以后的认知产生的影响作用。首因效应，也称为第一印象效应，或先入为主效应。第一印象作用最强，持续的时间也长，比以后得到的信息对于事物整个印象产生的作用更强。它们反映了人际交往中主体信息出现的次序对印象构成所产生的影响。首因效应是指人际交往中给人留下的第一印象至关重要，对印象的构成影响很大。

良好的第一印象即是成功的一半，所以每个人都力图给别人留下良好的第一印象。心理学家认为第一印象主要是性别、年龄、衣着、姿势、面部表情等外部视觉感官印象，所以生活中的以貌取人便是首因效应最直观的反映。但"路遥知马力，日久见人心"，仅凭第一印象就轻率做决定，以貌取人，往往会产生以偏概全的错误。《三国演义》中凤雏庞统准备效力东吴，于是去面见孙权。孙权见到庞统相貌丑陋，心中先有几分不喜，又见他傲慢不羁，更觉不快。最后，这位广招人才的孙仲谋竟把与诸葛亮比肩齐名的奇才庞统拒于门外，尽管鲁肃苦言相劝，也无济于事。众所周知，礼节、相貌与才华绝无必然联系，但是礼贤下士的孙权尚不能避免这种偏见，可见第一印象的影响之大。

2. 近因效应

近因效应是洛钦斯通过连续实验得出的结论。他的实验发现，如果在两部分活动之间插入一些其他活动，比如做数学题和听故事等，那么大部分被试者会根据活动中得到的信息对对象进行判断，也就是说最近获得的信息对他的认知起到更大的影响作用，心理学把这种现象叫作"近因效应"。

首因效应和近因效应不是对立的,而是一个问题的两个方面。首因效应和近因效应看似矛盾,实际上则告诉我们一个很简单又有价值的道理:在一般情况下,第一印象和最近印象对人际认知的影响比较大,所以人际交往中既要重视好的开始,又要重视好的结尾。近因效应和人们的记忆规律相关,时间越久越模糊,越接近现在就越深刻。在对可能性进行估量时,人类有依赖近期结果而不是长期经历的倾向。这个理论还可以扩展到很多地方,比如刚看完食品卫生的报道,下一顿晚餐时会特别在意餐厅的食品是否安全健康;获知认识的人因某病去世,近期会特别关注自己的身体状况;突然发现近期某只股票大涨,看好它的倾向性越强,认为可能会继续涨,这也造就了股票市场中最常出现的"追涨杀跌"现象。那么如何避免因为近因效应的影响而产生的不当决策?"三思而后行"是良策,我们在面对一些重要决策时,可以多花点时间、慢一点来思考,从不同角度和层次思考更多的可能性,特别是面对重大决策的事情时,一定要避免情绪化决策。

在人际交往中,我们要客观理性地看待近因效应,用动态的、发展的眼光看待他人和人际交往,积极利用近因效应改变自己在与他人交往中的印象,弥补交往中的不足,从而赢得他人的良好印象。

3. 晕轮效应

晕轮效应最早是由美国著名心理学家爱德华·桑戴克(Edward Lee Thorndike)于20世纪20年代提出的,被认为是评价中的一种偏见形式,其认为人们在对事物进行认知和判断时,常常从局部特征出发,进而扩散到总体印象,而这些认知和判断往往并不是客观理性的。一个人如果被标明是好的,他就会被一种积极肯定的光环笼罩,并被赋予一切好的品质;如果一个人被标明是坏的,他就被一种消极否定的阴影所笼罩,并被认为具有各种坏品质。所以,晕轮效应也可以被称作"以点概面效应",是由于主观推断而形成的一种夸大的社会印象。

晕轮效应是普遍存在的,人们往往会放大一个闪光点或者瑕疵点。从心理学的角度来看,晕轮效应的形成和知觉的整体性特征有关。我们在知觉客观事物时,并不是对知觉对象的个别属性进行孤立的感知,而是倾向于把具有不同属性的不同部分的特征作为一个整体进行知觉。对人知觉时的晕轮效应,还和内隐人格理论的作用有关。人的有些品质之间是有其内在联系的。比如,热情的人往往对人比较亲切友好,富于幽默感,肯帮助别人,容易相处;而冷漠的人较为孤独、古板,不愿求人,比较难相处。这样,对某人只要有了热情或冷漠的一个核心特征印象,我们就会自然而然地去补足其他有关联的特征。另外,就人的性格结构而言,各种性格特征在每个具体的人身上总是相互联系、相互制约的。于是,人们既可从外表知觉内心,又可从内在性格特征泛化到对外表的评价上,这样就产生了晕轮效应。晕轮效应是一种"以偏概全、以点带面"的评价倾向,不利于对他人作出客观、全面的评价。我们在人际交往中,应该时常提醒自己合理、客观地评价他人,避免晕轮效应的负面影响。

4. 刻板效应

刻板效应是指人们对某个群体中的人形成一种概括而固定的看法,在人际交往中刻板印象是人们对人的认知固定化。生活在同一地域或文化背景中的人们常常表现出许多相似性,人们在社会知觉中将这种相似的特点加以归纳,概括到认识中并固定下来,便形成了刻板印象。例如,科学工作者严谨但缺乏情调,体育运动者"头脑简单、四肢发达",商人都比较精明，知识分子文质彬彬等等。

俄罗斯社会心理学家包达列夫（Bodalev）做过这样的实验，将一个人的简历分别给两组被试者观看，照片上的人特点是眼睛深凹，下巴外翘。实验人员对两组被试分别介绍情况，给甲组介绍情况说此人是个罪犯；给乙组介绍情况说此人是位著名学者，然后请两组被试分别对此人的照片特征进行评价。甲组被试者认为此人眼睛深凹，表明他很凶狠、狡猾，下巴外翘反映其顽固不化的性格。乙组被试者认为此人眼睛深凹，表示他具有深邃的思想，下巴外翘反映他具有探索真理的顽强精神。由此可见刻板效应是一种心理定"势"。

5. 投射效应

心理学家发现，人们在日常生活中常常将自己的心理特征归属到别人身上，并且认为别人也具有同样的特征。"以小人之心度君子之腹"就是投射效应的一种体现，一个自己善良的人会以为别人也很善良，一个喜欢算计他人的人就会觉得别人也在算计他。在人际交往中，一些性格相对内向、缺乏与人沟通能力或习惯的人，在遇到问题时，往往喜欢将自己的想法和对问题的评判强加给对方，造成不必要的误解。有些家长也喜欢为子女设计前途，替他们选择学校和职业，丝毫不顾忌孩子的兴趣爱好与特长，把自己的喜好强加到子女身上。这种行为往往会造成子女的逆反和亲子关系的紧张，严重的甚至会影响子女的人生幸福。

心理学家罗斯（Ross）做过这样的实验来研究自我投射的作用：他在80名参加实验的大学生中征求意见，问他们是否愿意背着一块大牌子在校园里走动。结果，48名大学生同意背牌子在校园内走动，并且认为大部分学生都会乐意背，而拒绝背牌的学生则普遍认为，只有少数学生愿意背。可见，这些学生将自己的态度投射到了其他学生身上。"横看成岭侧成峰，远近高低各不同。"因为性别、年龄、性格、经历等因素的差异，人们观看的视角往往不尽相同，各自产生的认知也各有千秋。世界上从来找不到两片完全相同的叶子。

（四）人际吸引的困境

认知偏差是指人们在认知自身、他人或外部环境时，常因自身或情境的原因使得认知结果出现失真的现象。

首因效应会引起认知偏差，因为这个认知是由不充分的信息而对他人做出判断得出的，具有先入性、不稳定性和误导性。首先被反应的信息，对于形成人的印象起着强烈的作用。简单地说，首因效应即是人对他人的第一印象。首因效应之所以会引起认知偏差，就在于认知是根据不完全信息而对交往对象作出判断的。首因效应留下的印象是深刻的，但往往是不准确或者与现实不相符合的。如果一个人在人际交往初次留下了不良的印象，今后要想改变这个首因效应造成的认知偏差，需要花费巨大的努力，也不一定有成效，这就是首因效应造成的困境。

晕轮效应也是人际交往中的认识偏见。在认知时，人们常常对所具有的某个特征而泛化到其他一系列有关特征，也就是从所感知到的特征泛化推及其他未知觉的特征，从局部信息而形成一个完整的印象。这好像晕轮一样，是从一个中心点逐渐向外扩散成越来越大的圆圈，所以称之为晕轮效应。晕轮效应往往是在悄悄地却又强有力地影响着交往双方的相互知觉的评价。认知晕轮效应引起的偏差，可能产生一种自我应验的预言。投射效应也是存在认知偏差的，在人际交往中，我们总是用自己所思、所想的方式去看交往对象，往往会造成对对方的认知偏差。俄国的大文豪普希金曾因晕轮效应的作用吃了大苦头。他狂热地爱上了被称为"莫斯科第一美人"的娜坦丽,并且她结了婚。娜坦丽容貌美丽惊人,但与普希金志不同道不合。当普希金每次把写好的诗读给她听时,她总是捂着耳朵说:"不要听!不要听!"相反,她总是要普希金陪她游乐、出席豪华的晚会、舞会,普希金为此丢下创作,债台高筑,最后还为她决斗而死,一颗文学巨星过早地陨落。在普希金看来,一个漂亮的女人必然有非凡的智慧和高贵的品格,然而事实并非如此,这就是晕轮效应带来的认知偏见。

第二节　大学生的主要人际冲突

人际交往中,人们的认知、情感、行为和目标等存在着诸多差异,所以人际冲突也是人际交往中不可避免的现象。人际冲突是一种对立状态,表现为两个或两个以上相互关联的主体之间的紧张、不和谐、敌视,甚至争斗的状态。多伊奇(Deutsch)将其分为五种类型的冲突:①平行冲突;②错位冲突;③错误归因冲突;④潜在冲突;⑤虚假冲突。

在平行冲突中,双方存在客观分歧,并且都明确知觉到了分歧的存在,但彼此都不愿意让步和妥协。错位冲突包括一方有一个客观的理由而知觉冲突的存在,但是却不直接针对真正的问题本身。错误归因冲突中,分歧是客观存在的,但是双方对这种分歧并没有形成准确的知觉。潜在冲突建议增加解释。虚假冲突是指双方有分歧,但是分歧却没有客观存在的基础。

【潜能训练】

"Yes or No"的猜词游戏

活动分组:需要10人分别站成两列,每一列相同序号位置的人面对面站立。

活动目的:理解人际沟通的意义和沟通中存在的障碍。

活动实施:

1.组织者将每个人的背后都贴上一个2~4字词语的标签;

2.两两一组开始猜词游戏,提问一方可以提出任何问题,但是回答一方只能用Yes或No回应,限时3分钟,率先猜出词语的一组获胜;

3.之后交换角色进行,直到所有人背后的词都被猜出;

4.请每一位同学来分享猜词游戏中的感受,并讨论沟通中发生的障碍有哪些。

一、大学生常见的人际冲突

(一)宿舍冲突

某男生宿舍住着4个同学分别来自4个省份,他们分别是小A、小B、小C和小D。小A和小B成绩比较优异,其中小A同学性格开朗,和大家关系比较好;而小B同学比较自我,做事情不太考虑其他人的感受和想法,总喜欢自己说了算。小C同学比较贪玩,不爱学习,自理能力较差,卫生习惯糟糕,经常将自己的内衣、袜子、鞋子到处乱扔乱放,导致宿舍里的空气很差。小D同学性格比较内向,学习成绩平平,喜欢打游戏,通过上网打游戏找存在感，经常深夜熬到很晚。

在这个宿舍中，小B说话比较刻薄，对小C的不良卫生习惯经常直接"口诛笔伐"，对小D的家庭经济状况也经常贬低指责，对小A的优秀又心怀妒忌，所以宿舍关系一直不太融洽，经常会吵吵闹闹。有一天期中考试成绩出来，小B成绩不够理想，心情比较沮丧，回到宿舍看到小C的鞋子放到了他的床边，于是指着小C开骂，恰巧赶上小C刚刚跟女朋友分手，心情比较低落，面对小B的指责，小C开始回骂。小A看着双方的争吵越来越激烈，连忙上去劝架，结果被小B破口大骂说他想拉偏架，侮辱他的父母。最终，小A和小B互相撕扯起来，小A用椅子砸伤了小B的小腿。这场争执经过宿舍长和辅导员的大力劝解才得以停止，但当晚小B不愿意留在本宿舍居住，欲长期借住他人宿舍，双方对立情绪公开化。

上述案例展示了大学生人际交往存在的常见问题和冲突。首先，大学生宿舍常见的矛盾形式之一便是责任与义务不匹配——享受他人的劳动成果，但是不会主动承担义务，或者拒绝承担义务。宿舍是一个集体场所，其中涉及很多集体行为，比如宿舍的卫生，平摊一些费用等问题，如果宿舍成员没有集体意识，往往会引起争执。上述案例中，小C是一个卫生习惯较差的学生，经常将自己的内衣、袜子、鞋子到处乱扔乱放。在宿舍这个公共环境集体场所之中，这样的行为非常不恰当，影响到他人的生活空间。同时，这种不良的卫生习惯也非常容易引发疾病。小C的情形并不少见，作为独生子女的一代，很多孩子在家中享尽父母长辈的宠爱甚至溺爱，生活独立和自理能力较差。

生活习惯的不一致是大学生宿舍常见人际冲突之一。大学生的饮食习惯、作息习惯、说话方式和说话态度等都容易引发宿舍矛盾，进而对大学生的心情、心态和精神状态产生很大的影响。大学生的作息习惯也会有较大差异，一般时间管理能力强、自律的学生都有着比较正常的作息时间，而一些自控能力差的学生往往不能够很好地管理自己的时间。上述案例中，小D经常熬夜打游戏，这样的作息不仅影响自己的身心状态，也会对他人的身心健康产生不良的影响。

个性差异也是大学生宿舍常见人际冲突之一。与高中相比，大学宿舍里的同学来自不同的地域、不同的民族，有着不同的生活经历，不同的家庭经济背景，不同的兴趣爱好和价值观。大家对同一件事情的看法和态度不尽相同，又正处于血气方刚的年纪，都愿意坚持自己的主张，久而久之就会产生矛盾。上述案例中，小B个性比较张扬，不考虑他人感受，所以容易在宿舍引起大家对他的反感，难以建立良好的人际关系。还有一些大学生受到家庭和社会因素的影响，往往存在以自我为中心、自私自利、集体意识差、奉献精神不足、自傲自负等不良的个性品质，从而引发人际冲突。

大学生身体和心理还没有完全发育成熟、健全，做事情考虑不周全，不计后果，容易造成人际冲突；另外受到诸如首因效应、刻板效应、投射效应等因素的影响，大学生对自己与他人存在一定的认知偏差，这也容易引发人际冲突。在情绪情感方面，大学生容易受到周围环境的影响，容易冲动和不理性，自我调控情绪能力较差。人际交往是一门需要不断学习和实践的技能，很多大学生缺乏学习的意识，在人际交往中往往凭感觉经验和直觉、情绪来处理各种人际关系，尤其是面对人际矛盾和人际冲突时，不恰当的应对方式造成了很多不必要的冲突发生。

另外，随着经济社会的飞速发展，经济结构的不断调整，大学生就业形势也面临着非常严峻的挑战。结构性失业问题导致就业资源的极度不平衡，学生之间，为了能够为自己未来赢得更好的发展机会，在校期间奖学金、入团入党、社会实践活动等竞争异常激烈。学生明争暗斗，个别人甚至为了达到目的采取不正当的竞争手段，使表面上祥和的大学生活充满了火药味，人际冲突无形地潜伏其中，一触即发。

对于不同年级的学生，人际关系的走向不太相同。大一的学生刚入学，面对新的学习和生活环境，室友间可以彼此照顾，往往能发展成比较好的宿舍关系。但是伴随着彼此了解的深入、年级的递升、对学校环境的适应，各种有形无形竞争的加剧，宿舍人际关系摩擦和矛盾增加。大学生要避免宿舍冲突，需要理性定位舍友的角色，建立合理的心理预期，遇到问题时多采用合作对话的态度，避免长期冷战或回避矛盾，避免矛盾的进一步升级。

大部分大学生都是独生子女，集体生活对每一个人都是一种磨炼和考验。这要求每一个人在保持独立的前提下充分尊重对方的生活习惯，秉承求同存异的理念，遇到问题学会有效的沟通与表达，并且抱着我好你好的心理定位和宿舍同学相处。古人云"人生得一知己足矣"，人生知己难求，在以后的人生中也不是每一个舍友都能够和自己建立深厚的友谊、成为一辈子的朋友，所以我们要对宿舍关系保持一种合理的预期，不过分苛求建立深厚的情谊，对宿舍人际关系中出现的矛盾和摩擦进行合理的分析和解决。

（二）群体间的冲突

某校篮球联赛在该地区闻名，每年该校举办的篮球争霸赛都如火如荼地进行。该比赛在学生群体中有着较高的影响力，获得冠军的球队可以获得一笔10万元赞助商奖金，并且还可以代表本市参加国家级的大学生联赛。A学院的英雄联盟队是去年的冠军，今年依然有着较高的夺冠呼声；B学院的完美世界队则是今年的黑马，一路过关斩将，已经将许多老牌劲旅斩于马下，终于和英雄联盟队在决赛中相遇。英雄联盟队并没有将完美世界队放在眼里，在前半场的表现依然非常强势和抢眼，比分一直保持13分以上的优势。但在中场休息时，完美世界的教练突然变换阵型，打起了行云流水般的配合战，该队的小前锋皮蓬蓬同学在3分位的投篮屡屡得分。比赛到第四节时，双方的差距已经缩小到4分，英雄联盟队的球员们被打得乱了阵脚，投篮命中率直线下降。在距离比赛结束不到1分钟的时候，英雄联盟队以2分优势领先，完美世界队还有最后一次进攻的机会。在对方一对一贴身防控的情况下，小前锋皮蓬蓬找到了一个绝佳位置，投出了一记3分压哨球，完美世界队戏剧性地获得比赛的胜利。面对突如其来的失败，英雄联盟队的队员无法接受，一名球员推搡对方得分手并且出言不逊，双发的情绪都很激动，互相指责谩骂，现场一度陷入混乱的状况。最终，双方教练和学院领导出面，避免了冲突的升级。赛后，双方参与冲突的队员都写了检查并进行了反省，学校也对两支球队进行了通报批评。

群体冲突是在群体之间公开表露出来的敌意和相互对对方活动的干涉。大学生的群体性冲突对于学校和学生的影响非常严重，加上青年学生的思想不成熟、遇事不冷静、容易冲动，影响后果轻则是财产损失，重则威胁校内师生的生命安全和社会的安全稳定。

大学生之中有各种各样的群体，有着正式组织形式的班集体、学生会、社团、球队等群体，也有非正式组织形式的老乡会、少数民族学生群体、经济贫困生群体等。不同群体之间价值观、行为习惯、群体需求和目标、群体组织形式和互动方式都不相同，有些群体之间存在显性和隐形的竞争，有些群体和其他群体有着较大的差异性。如果不同群体和个人在对待某些问题上由于认识、看法、观念差异过大，往往容易引起群体间的人际冲突。

对于大学生，要主动学习、深刻认识到发生群体冲突的危害和影响，提升自我认知、理性思考的能力，增强抗压力、抗挫折的能力，积极参与学校组织的专家讲坛、心理讲座和主题班会，加强自我教育和管理。高校群体性冲突的诱发原因是多样的，应该积极调动社会各方的力量，建立理性的沟通系统、快速反应预警机制和果断的控制解决机制，从根本上预防、解决群体性冲突。

【潜能训练】

收获优点（戴高帽子）

活动目的：学会用心发现别人的长处，学会做一个乐于欣赏别人的人。

活动实施：

1. 在生活中找到 5 名朋友，向他们反馈自己对他们的了解及观察，说出他们的优点及可欣赏之处（通过你的观察和成员的自我介绍）。

2. 请 5 位朋友向自己反馈他们对自己的了解和观察，说出自己的优点及可欣赏之处。

二、大学生人际冲突的危害

每个人都生活在社会中，必然与他人发生联系，进行交往，人际冲突是人际交往中普遍存在的一种社会互动行为，在人类活动中随处可见。人际间的利益不同、个性差异、目标差异、沟通方式差异都是引发人际冲突的原因，人际冲突是影响社会和谐的重要原因，小到影响家庭和睦、邻里和睦、朋友友爱，大到引发社会恶性事件，甚至酿成各种悲剧。

大学生的人际冲突对大学生的心理健康和学业也有着非常重要的影响。大学生有着较强的自我意识和认知，关注自我情感的表达和体验，但因身心发展还未完全成熟，所以在解决人际矛盾和问题时候经验和方法不多，容易冲动情绪化，不考虑后果，往往会面临比较严重的人际冲突困境。虽然人际冲突并不全都是破坏性的，但是绝大多数人际冲突都会让大学生产生不愉快的情绪体验，严重的会出现自我封闭、逃避现实、自暴自弃的倾向。还有的人际冲突直接表现为对对方的攻击和侵害行为，对大学生的健康成长和发展非常不利。

第三节 大学生人际沟通的金钥匙

一、五种沟通姿态帮你了解人际沟通——萨提亚人际沟通法

萨提亚（Satir）是著名的心理学家。在人际关系方面，她主要有以下观点。

第一，人际关系中人人平等，人人皆有价值。改善人际关系最重要的是提高一个人的尊严，改善沟通的方式。成长的最终目标，是让一个人身心整合，内外一致。

第二，提出人际沟通圆，沟通圆有三个部分：自我，他人和情境。当人们沟通时，如果既能关注到自己，还能关注到他人，同时还能跟这个情境相配，这就是一个有效的沟通。

第三，面对冲突，人们会有以下典型的四种处理方式：

（1）讨好型沟通，倾向于让步，即使吃亏也在所不辞；

（2）指责型沟通，即使关系变得紧张也一定要让对方清楚明白自己的看法，不怕和对方吵架；

（3）超理智型沟通，倾向于不动感情，认为只要摆出逻辑与合理的观点，然后要求大家不要争吵，冷静下来，冲突就会自然化解；

（4）打岔型沟通，习惯于用幽默、问题，或者打岔的方式来缓和或结束冲突。

下面为大家详细地介绍这四种沟通姿态。

（一）讨好型沟通姿态

讨好型的人在人群中大概占50%。他们在沟通的时候比较看重别人的感受和环境的要求，但常常忽略自己的感受。他们常常在内心说："这事我错了，是我不对，我愿意变成你喜欢的样子"，或者说"没事儿"。因为不太能够承受人际张力，讨好型的人希望通过这样的反应使对方不至于发怒，从而维持人际关系。但其实谈话沟通就是保持关系的方式，说得正确与否并不重要。

一个人如果在人际交往中经常选择讨好型的姿态，可以说明以下几点：第一，他比较容易忽略自己；第二，他内在的价值感比较低；第三，他常常想让别人高兴；第四，他比较和善。和善是一个很好的品质，但是当越过了自己的底线时，和善里面就有了委屈的色彩。过度的和善并不有利于人际冲突的解决。

萨提亚的冰山理论能够帮助我们更好地理解各种沟通姿态的人。她把一个人的内心世界比作一座冰山，冰山海平面上的部分代表我们和别人的相处方式，也就是别人可以观察到的行为或表达方式。海平面下冰山巨大的底部代表我们的感受、想法、期待、渴望和对自己的理解。尽管我们在行为方式上各异，但在海平面的下面，我们依然有许多共通的地方。一个讨好型的人，虽然可能喜欢抱怨别人或者压抑自己，经常表现得不是很开心，可是他仍然是希望别人喜欢自己、认同自己和尊重自己的。小A是一位大一的女生，因为不能够接受自己小心翼翼的性格，所以来到心理中心寻求帮助。通过几次咨询，咨询师了解到：从小至大，父亲都有家暴行为，有时候是因为她不听话，有时候只是因为父亲不高兴，她就可能会挨打。小A经常看到父母吵架，因为她的父亲想要一个儿子，可是母亲生了她这个女儿，所以父亲不满意。虽然父亲和小A都知道，那不是她的错误，可是当她看到父母吵架，尤其吵架的原因是出于自己的时候，她就非常害怕，变得愈发胆小。她的母亲经常对她说："你要好好地学习，你要在家好好听话，这样你的爸爸就不会离开家，我们就有饭吃了。"由于成长在这样的家庭，她变得习惯于讨好她的父母。

小A在冰山上面的外在表现是讨好父母，可是巨大的冰山底下，她是渴望父母喜欢自己、欣赏自己和爱自己的。人类的想法有许多共性，她的这种渴望也是我们很多人共有的。

（二）指责型沟通姿态

心理学的研究发现，指责型的人在人群中占30%左右。他们不太能关注到别人的想法，而是知道自己的想法，也知道环境要求他们怎么做。他们选择这样的一种沟通姿态时，希望别人认为自己是坚强的，如果是别人因此而走开，那就是别人的错。他们主要的想法也很简单，有人对，有人错，而经常自己是对的，别人是错的。虽然他们看起来比较有正义感，但他们和人保持关系的前提是别人同意他，否则关系无法继续。这里也有一个例子帮助我们理解指责型沟通的人。

小B是一名研究生，她对同学之间的一些话语非常敏感，很容易发怒。小B有一位室友，今年30岁，本科毕业之后工作了6年，才考上了研究生，这种自强不息的精神非常令人敬佩。但是这位室友来到大学之后，对自己的年龄比较自卑，不想让别人提起。可是小B一不小心就会说："你都30岁了，你长得也不好看呐，我这话你也听不明白呀。"当她的室友为此感到难过的时候，小B上来就说："你就会生闷气！"在跟同学的交流中，她听起来是在关心同学，可是每一句话都在指责她的室友，让她的室友更不开心。

小B在回忆自己的童年时，提到父亲对她有非常重大的影响。父亲常常批评她，自己很难得到父亲的肯定，父亲经常会说："嗯？你怎么这么笨？"中学时，她通过努力成绩有所提升，可是在高考时发挥失利，只考上了一个普通二本，她的父亲便说："你考的这是什么破学校？"本科毕业后她找到了工作，父亲对她所从事的工作不满意，指责道："你那也叫上班啊？"正因如此，她痛下决心要考一个名校研究生，要让父亲看得起她。在她备考的时候，她的父亲说："你癞蛤蟆还想吃天鹅肉？"后来，她经过几年的不懈努力，终于考上了理想的学校，实现了人生的大翻转。

自小，父亲的语言表达方式就深深地影响着小B，她从父亲身上学会了用批评的方式来维护自己的尊严，所以她习惯了忽略别人的感受，习惯了攻击和批判，尽管她也有孤独和失败感，还是宁愿在别人面前保持权威。

回到萨提亚所建构的冰山理论，小B的冰山在海平面上面是指责型的行为，下面则是她的渴望。她也是希望别人来接纳自己、喜欢自己和关注自己的，她只是在压力下采取了那样的一种方式。

（三）超理智型沟通姿态

超理智型的人不了解自己的感受，也不关心别人的想法和感受，这些都被他们忽略掉了，他们只在意环境对他的要求。心理学的研究发现，这种人大概占整体的15%。这种沟通方式其实是他们应对压力的一种方式，他们不需要去思考他人是否伤害了我，不需要去揣摩别人怎么想，只按照事情的要求去做，这样心里就会比较安然。

超理智型的人比较容易逃避与情绪相关的话题，他们比较推崇人一定要有理智，无论什么情况，都要冷静沉着，不能慌乱。但有时这样会阻碍别人理解他内心的情感。下面是一个超理智型当事人的故事。

小C是一个在跟父亲的互动中长大并形成了超理智性格的男生。他从小成绩卓越，用18年勤奋的努力换来了非常优秀的学习成就，在他的心里，学习就是人生的使命。在大学二年级时，他在学习方面遇到了问题，一学习就头疼，不学又觉得对不起人生。经了解，咨询师发现这与他父亲的教导有很大的关系。他的父亲经常说："男人嘛，就应该追求卓越，就应该努力进取，你喜不喜欢不重要，重要的是一定要成为一个卓越的人。""你还能考得更好，你上了重点大学，你就能实现人生梦想了。"当他考上了重点大学之后，父亲又说："重点大学是人生的第一步，人嘛，要永远学习。"在这样的教导下，小C不会考虑个人感受，他根据父亲的要求成为一个优秀的学生。但是当他实在学不进去的时候，他就跟自己失去了联接。

从冰山理论来理解，他的超理智是在蓝色的海平面之上的行为，可是巨大的冰山底下隐藏着他内心深处的渴望，他希望被喜欢、被关注、被同意、被尊重，特别是来自他父亲的一些支持。

（四）打岔型沟通姿态

最后一种是打岔型的沟通姿态。研究表明，这样的人在人群中占比较少，大约只有0.5%，1 000个人里面可能有5个这样的人。这样的人对自我的感受、他人的感受和环境的要求都不太清楚。在面对人际冲突时，他们会选择用逃避的方式来应对，这样就不用面对真实的自己。打岔型的人在谈话时一般不会直接回答问题，甚至根本文不对题，给人一种找不到重点的感觉。虽然他们在冰山上面表现出的是漫不经心、逃避敷衍，但海平面下的内心依然渴望被关注、被喜欢，想用打岔的方式维持自己在别人心里的优秀形象。

以上就是萨提亚对人们沟通的理解，虽然这四种沟通姿态可能并不能促进冲突的化解，但这四种行为方式的下面都隐藏着一颗渴望被关注、被喜欢、被认同的心。

（五）一致性沟通姿态

前文介绍的四种沟通姿态都不是有效的沟通方式，那在人际交往中怎样才能有效沟通？怎样才能身心一致地表达自己的诉求呢？下面通过心理成长目标的分析为大家提供可行的答案。

在萨提亚的理论框架下，有一种沟通姿态可以有效地帮助我们面对人际困境——一致性沟通。如果用沟通圆来表示的话，采用一致性沟通的人的三个部分都是通透的，他在跟别人交流的时候，既关注了自己，又关注了他人，还关注了情境，这是一种最健康的沟通方式。这样的人对自己非常接纳，拥有健康的自恋，同意自己的同时也不贬低他人。下面是一个关于一致性沟通的例子。

烈日炎炎的一个夏日，小D正在宿舍里学习，突然发现空调坏了。正在他苦恼该怎么办时，刚好碰到了热心的楼长，主动提出帮忙修理空调。楼长花了很长时间反复修理空调，结果没有修好。楼长从梯子上下来的时候，生气地说："什么破空调？以前为什么没坏？现在为什么坏了？你们干什么了？"小D也很生气，因为是楼长自己愿意来帮他修理空调的，用了几十分钟没有修好，却反过来骂自己。但是小D学过心理学，有了心理上的成长。当他看到这位楼长满脸的汗珠，意识到楼长是因为自己没修好空调，产生了自我挫败感，他想掩饰自己的挫败感，于是把怒火宣泄到了小D身上。小D经过这样一个思考过程之后，灵机一动地说："你看你热成这样，赶紧下来休息一下，其实你也不是专业的空调维修师傅，你修不好也很正常。来，下来喝杯茶，咱们还是让专业人士来修吧。"于是一场冲突就这样化解了。

（六）一致性沟通的实践运用

以下介绍两个人际技巧，帮助同学在生活中运用一致性沟通。

第一，学会说"不"。对于讨好型的人来说，学会说"不"是一门技术，或者说是一种重要的态度。但这里的说"不"也是有技巧的，你可以委婉地拒绝，可以有代替地拒绝，而不是一下子让对方感觉被拒绝了。在说"不"的时候，要同时关注到自己、对方和环境的要求。下面是关于说"不"的小例子，同学可以思考一下自己遇到这样的情景会怎么做，案例中主人公的做法对你有没有启发？

明明的室友非常喜欢和他一同去自习，但是明明喜欢一个人学习，因为他看到别人看书很认真的样子，自己的压力就会很大。一天室友吃完中饭，约明明一起去自习，但明明内心并不愿意，这时如果是你会怎么拒绝他？

如萨提亚提到的，我们既要表达自己的感受，也要照顾别人的感受，同时还要考虑情境要求。于是明明对他的室友说："我不喜欢跟别人上自习，因为跟别人在一起学习，我压力就很大。你想要跟我一起上自习，你是需要有一个伴？还是希望可以讨论问题？如果你是想讨论问题的话，我倒乐得在其他的时间跟你一起讨论。"同学们有没有发现明明虽然拒绝了和室友一起自习这件事，但并没有拒绝室友这个人。这其实就是委婉表达拒绝的一种方式。

第二，别把怼人当作直率。指责型沟通的人经常会只顾表达自己的感受，而忽略了他人的感受，出口伤人，时间长了就会影响人际关系。我们表达自己感受的同时，也要考虑他人听到之后是否会感觉受伤。下面案例中的小红就是一个经常直言不讳的人，我们来看看她的烦恼。

从大一开始，小红就发现自己和同学相处不好。记得第一次室友集体决定去哪里吃饭的时候，大家一致决定去吃马兰拉面，唯独小红不同意，她说："马兰拉面有什么好吃的，没吃过面条呀，要去你们自己去，反正我是不去。"其实大家在一起吃的不是面条，吃的是感情，但是小红就没理解到这一点，长此以往，大家再有什么集体活动都不敢叫小红了。室友倩倩喜欢上一位男同学，有一次室友闲聊的时候，倩倩提到自己对这位男同学有好感，小红头都没抬地跟了一句："这个男生有啥好的，个子矮，普通话还说不标准，真佩服你的眼光。"倩倩听后就无语了。因为每次说话总会被她刺回来，久而久之，室友都不喜欢与小红说话了。小红也发现了大家的变化，有时会主动跟室友讲话，可是大家都是敷衍她，或是见她进了寝室就躲开。小红很郁闷，不知道自己做错了什么？

你怎么看小红的故事呢？如果是你会怎么做呢？

用萨提亚的一首诗来比喻一致性沟通的最高境界："我想爱你而不用抓住你，欣赏你而不评断你，和你一起参与而不侵犯你，邀请你而不要求你，离开你而无歉疚，批评你而非责备你，而且在帮助你的时候也并没有看低你。如果我也能从你那边得到相同的，那么我们就会真诚地相会，而且丰润了我们彼此。"

二、四个沟通步骤帮你学习人际沟通——非暴力沟通法

很多人认为，日常交往中不会说脏字，不会责骂他人，说话的语气比较平和缓慢，就跟"暴力"沟通扯不上关系，其实不然。在生活中，暴力沟通经常发生。例如在宿舍里，有个男生踢完足球比赛，大汗淋漓地走进宿舍，宿舍里的一个同学看到就说："你怎么那么脏，每次都臭烘烘的，卫生习惯真差，赶快去洗澡。"男生回怼说："你也没好哪去，你每天都那么晚回来，还不自觉地煲电话粥，影响别人休息，真差劲。"宿舍里瞬间充满了火药味，一场暴力沟通就发生了。

那么什么是暴力沟通呢？暴力沟通是指沟通时致力于满足自己的某种愿望，却忽视他人的感受和需要，以致彼此疏远和伤害。暴力的根源在于人们忽视彼此的感受和需要，而将问题和冲突归咎于对方。交流变成暴力行为的原因有四点，分别是道德评判、进行比较、回避责任和强人所难。

非暴力沟通倡导的是积极进取，让尊重、理解、欣赏、感激、慈悲和友情来主导生活，而不是让我们变得更加温顺听话。非暴力沟通秉持的理念是尊重每个人的价值观和独立性，不用道德评价，不回避责任，有较强的边界意识，不进行比较，不强人所难。非暴力沟通包括四个步骤，第一是围绕我观察到的内容进行表达，第二是围绕我的感受进行表达，第三是找出自己产生某种感受的需求是什么，第四是找出我对他人的请求是什么或者他人做什么我的需求得以满足。

（一）观察

观察是非暴力沟通的关键环节。观察是不带评价和主观意识的客观描述，观察的语言是具体的，而不是笼统的、绝对化的。而评论则是对事物、对人进行的主观分析和价值阐述，带有较强的倾向性。例如，"她很少回答老师的问题"是评论；而"她每周上课都没回答过老师的问题"是观察。

（二）表达感受

感受往往是由外在的刺激和内在的想法引起的。首先要学会觉察自己的感受，并且是觉察真实的、不扭曲的感受。比如："我觉得我吉他弹得不好"是想法，"作为吉他手，我有些失落"是感受。

（三）找出感受背后的需求

需要、期待和对他人的看法导致了我们的感受。别人的行为可能会刺激我们，但并不是我们感受的根源。当我们感受到不良情绪时，更多是由于自己的需要期待没有得到满足，而并不是由他人的行为所导致。我们的感受属于我们自己，并且是可以控制的。我的感受和他人的行为并不相关。当我们有了这一认识，再产生不良情绪时，就不会对他人进行无端的指责和埋怨，不容易对人际关系造成致命的破坏。我们关注自身需要的同时，别人也会更加重视你的感受。

（四）提出具体的请求

许多时候，我们无法清晰具体地表达自己的请求，只能做出抽象模糊的表达，使对方难以理解我们的意图。沟通者没办法拥有一颗读心术水晶球，可以清晰地知晓对方的所思所想。所以，在进行沟通时，我们务必要具体、清晰、明确。期待对方如何回应你，你也要及时请对方进行反馈，看他是否真正了解你的意图。同时，在沟通的过程中，语气和态度非常重要，我们应该用请求的态度，而不是命令和要求。

三、六项技能帮你学会人际沟通——TA人际沟通法

TA人际沟通分析（Transactional Analysis，TA）是一种人格理论，也是一种系统的心理治疗方法，以达到使人成长和改变的目的。该理论提供了六项技能促进同学们的人际沟通过程。

（一）注重第一印象

有这样一个故事，一个新闻系毕业生正在急于找工作，一天，他到某报社对总编说："你们需要一个编辑吗？"

"不需要。"

"那么排版工人、校对呢？"

"不，我们什么空缺都没有了。"

"那么你们一定需要这个东西。"

说着，他从公文包里拿出一块精致的小牌子，上面写着"额满，暂不雇用"。总编看了看牌子，微笑地点了点头，说："如果你愿意，可以到我们广告部工作。"这个大学生通过自己制作的牌子放大了自己的机智和乐观，给总编留下了美好的第一印象，引起其极大的兴趣，从而为自己赢得了一份满意的工作。这就是第一印象的微妙作用。

（二）讲究语言艺术

语言哲学家维根特斯坦曾经说过："我的语言的界限意味着我的世界的界限"。奥地利女作家对此提出了自己的见解，作为人的思维工具的语言本身，一方面固然能够描述和塑造世界，但是也恰恰在对世界的描述中遇到了局限性。所以一个人的语言边界往往也是他的思维边界，人是用语言来思考的，人并没有办法思考出超出语言范围的事物。所谓说话时的语言艺术就是要把握说话的分寸和语言的尺度，在适当的场合用恰当的方式将合适的语言传递给对方。何谓不适时？就是指该说时不说，见面时不及时问候，分手时不及时告别，失礼时不及时道歉，对请教不及时解答，对求助不及时答复。

（三）寻找共同话题

根据人际交往的相似性规律，人们倾向于喜欢态度、价值观、兴趣、背景及人格等方面和自己相似的人。为什么相似性对人际吸引如此重要？是因为人们在情境不明确时，往往通过与他人的比较来确定自己。选择与自己某些方面相似的人交往，能使自我概念得以明确。尤其是在人际交往之初，通过主动深入谈论对方感兴趣的人和事，能够极大地增强对方继续交往的意愿，也可以通过谈论共同的话题使双方的距离快速拉近。

（四）建立健康的个人边界

拥有清晰个人边界的人最明显的标志之一，就是足够坚定。边界意识强的人知道自己有权力拒绝，他们清楚自己能够接受什么、不能接受什么，既尊重别人，也保护自己。对不习惯拒绝的讨好者们来说，可以学习一些方法来练习和学会拒绝。比如：在别人发出请求的时候，不要立刻答复，这样既能打破拒绝的恶性循环，也能为自己争取思考和作出正确选择的时间。"三明治技巧"也可以帮助人学会拒绝。如果你觉得直接说"不"很不礼貌或者担心伤害感情，你可以试着把拒绝加在两句恭维话中间。比如："我打电话是想跟你说之前你找我帮忙的事情，谢谢你能想到我。但很抱歉，这次我是去不了了。下次有机会我们再一起吧，祝你进展顺利。"这样的措辞能够为你对请求或邀约的拒绝起到缓冲的作用。

（五）建构性的倾听

古时候，有一个国王想考验一下大臣，让人打造了三个一模一样的小金人，让大臣分辨哪个最有价值。大臣用一根稻草区别了三个小金人的价值：他把稻草依次插入小金人的耳朵，第一个小金人的稻草从另一边耳朵出来,第二个小金人的稻草从嘴里出来,只有第三个小金人的稻草放进耳朵后,什么响动也没有。于是大臣认定第三个小金人最有价值,因为第三个小金人能够倾听,善于消化在心。而生活中的人们往往不善于倾听,尤其是自我意识较强的大学生,每个人能都期待表达自己的诉求,展示自己的优点和成绩,而忽略了去主动倾听他人的情绪、他人的喜悦和烦恼、真心为对方的进步和努力喝彩、为对方的痛苦和悲伤难过、给予对方极大的支撑。当然,在倾听过程中是需要方法和技术的,我们需要重点倾听哪些内容?倾听对方最看重的价值是什么?对方最期待达成的目标有哪些?对方最想要的是什么?对方最在意的人是谁?如果在倾听中可以详细充分地了解这些,一定可以建立良好的人际关系。

对话意味着达成共识,不能达成共识的对话是没有意义的。如果对方根本没有听懂你说出来的话,或者他理解的和你说的不一样,又或者不是他要听的,甚至是他不认同的,那么"说"的意义是什么呢?对话也就变成了独白。所以,对话当中真正的主动权掌握在"听"的人那里。无论对方说了什么,最终是由"听"的人从中选择"听见"什么,然后对哪一部分内容做出回应,并由他决定如何进行回应。这其实是一个对信息进行层层筛选的过程,我们可以把这个过程想象成一组漏斗,对方说出的信息被倒进第一个漏斗,"听"的人从中选择"听见"哪一部分;然后进入第二个漏斗,如果做出回应,则对话继续,如果不做回应,要么对话终止,要么一方继续说下去;第三个漏斗会从"听见"的信息中选择出要回应的部分,最后才是对这部分留存的信息进行加工和反馈。而在整个过程中,漏斗都是由"听"的人来设置的,每一个漏斗的变化都会导致不同的对话方向和结果。如果你能够在对话当中保持这样的觉察,意识到你正在和对方共同创造一段对话的进程,有意识地跟对方确认你们共同的目标,提供、选择和积极回应那些有助于实现你们共同目标的信息,那么恭喜你,你已经拥有了"建构性倾听"的耳朵。

你可以从观察每一次对话过程开始尝试,试着问问自己:你进行这段对话的目的是什么?为了达成目的,你是怎样从对方提供的信息中做出选择的?他又给了你怎样的回应?对话的结果如何?带着这样的觉察,你们也就有了共同合作的基础和前提,从而开展一场具有建设性的对话。

【潜能训练】

你 说 我 听

活动目的:理解沟通时倾听和回应的重要性。

活动实施:

(1)找到两位一起练习的伙伴,结成3人小组。

(2)一位作为倾听者,表达出不耐烦或者不情愿的倾听方式和回应方式,一位做倾诉者,向对方讲述1分钟故事,第三位为观察者。

(3)轮换一次,一位伙伴作为倾听者,表达出好奇、感兴趣、耐心和欣赏的倾听和回应方式,一位同学做倾诉者,向对方讲述1分钟故事,第三位为观察者。

(4)邀请你和两位同学分享感受:

沟通过程中,什么样的倾听和方式是自己不喜欢的?如语言内容和方式、语气语调、身体姿态等。

沟通过程中，什么样的倾听和回应方式是自己喜欢的，让自己更愿意跟对方倾诉？

（六）认可与欣赏

TA人际沟通理论的一位学者克劳德·史坦纳（Claude Steiner）在其著作中提到安抚（Stroker Hunger）的概念。人类天生就存在一种对安抚的饥渴，即被他人认可的饥渴。这是一种非常重要的需要，如果得不到满足，人甚至无法活下去。在我们周围的生活中，大部分企业都在向消费者兜售安抚。斯坦纳还提出了安抚经济学的概念。根据其观点，安抚饥渴是人为造成的。有的父母在孩子很小的时候为了达到控制孩子的目的，给本来可以无限提供的安抚附加了很多条件，使安抚变成一种稀缺资源。这样一来，安抚就变为有限的了。安抚经济学有五个禁令："即使你有安抚，也不能给别人""当你需要安抚的时候，也不可以向别人索要安抚""即使你想要安抚，你也不可以接受安抚""虽然不想要安抚，也不可以拒绝""不可以给自己安抚"。虽然存在着以上几种禁令，但是我们在人际交往中依然渴望得到别人的认可与欣赏，渴望被别人看到自身的优点和价值，渴望得到赞许。于是，史坦纳又提出了可以瓦解安抚的五个允许。

1. 允许自己去要安抚

安抚可以分为身体和精神两部分，在一个缺乏通过身体接触表达情感的家庭长大的孩子，往往对身体的安抚需要更为强烈；在一个非常注重成就的家庭中长大的孩子，往往对精神安抚的需要多一些。史坦纳的研究发现，大部分人对于自己的安抚需要怀有一种羞愧感。人们往往认为自己主动要求来的安抚不是真心的，或是没有价值的，所以即使自己非常想要也不会主动要求，等着对方猜出来。但实际上，要求来的安抚和别人给的安抚同样具有价值。你主动提出了要求，你的需求就会得到满足。同一个宿舍的同学中，每个人背景、经历和性格存在着很大的差别，如果你不主动表达自己的需要，对方可能永远也猜不出你的想法，反而容易造成误解。

2. 允许自己接受安抚

小时候，邻居出于友好，常常会给小朋友一些零食和玩具，但是父母会叮嘱我们，不要随便接受别人的东西。其实安抚也一样。在人际交往中，有些人积极、乐观、友善，常常会主动给予我们一些安抚，而一些不习惯、很少接受别人主动安抚的人就会猜疑、犹豫，甚至拒绝，因为他不知道如何去接纳别人的主动安抚，猜想着别人所给的安抚会不会是一个阴谋。其实这样的想法非常不利于良好人际关系的建立，抱着我好你好的心理并尝试接受别人给予的安抚，一定会有不一样的体验。

3. 允许自己向他人提供安抚

由于童年经历和文化的影响，很多人也不会向他人提供安抚，也不知道如何去安抚他人。当我们想要赞美他人的时候，要学会发现他人身上的闪光点和优势，不要吝啬自己的语言，要中肯并且真诚地给予对方赞美；当我们想要安慰在痛苦中的朋友时，也不要迟疑，要真正站在对方的视角去感受、去倾听、去陪伴，并且给予最温暖的安慰。

【心理测试】

倾 听 陷 阱

请认真思考每一个陷阱，并对照检查自己的表现，哪些符合你的情况，是否存在需要改进之处。

1. 戒备者：如果你的心里不停地在想"这个人的真实想法和感受是什么？"你得到的信息就会比较有限。

2. 复述者：你的心里在不停地复述"这是我接下来要说的"，这时就不会向对方发送信息。

3. 过滤者：你选择性地倾听，只听哪些你想听的东西。

4. 梦游者：面对面交谈的时候你走神了，这经常会导致你尴尬地问："你刚才说什么？"

5. 认同者：如果你将每件听到的事情都与自己的经历相联系，你就无法真正倾听对方说的内容了。

6. 比较者：当你想要评估信息发出者时，你肯定会错过一些信息。

7. 出轨者：你过快改变主题，给人的印象就是你对信息发出者说的内容不感兴趣。

8. 争论者：你听完之后马上就表现出轻视或忽视。

9. 和事佬：你同意自己听到的所有事情，为了显得和蔼而避免冲突。这样你失去真正对话的机会。

选择数目大于5，你的倾听技能需要改进。

选择题目小于2，你是一个有效的倾听者和支持者。

4. 允许拒绝不想要的安抚

安抚分为正面安抚和负面安抚，正面的、积极的安抚能够给人带来愉悦的情绪，而负向的安抚往往会引发人们不良的情绪体验。人们都渴望获得积极的正向安抚，拒绝引起不良情绪的负向安抚。但有些人在儿时接受了大量的负向安抚，所以在人际交往中有接受负面安抚的倾向。他们不想要负向安抚，但因为习惯而不懂得如何去拒绝。

5. 允许自己给自己安抚

和他人给予的各种安抚相比，自己给予自己的安抚才是最稳定、最可靠、又可以持续供给的。那么如何给自己安抚呢？怎样接受自己的安抚呢？这就要求首先要学会自我欣赏与自我认可，既能够看到自己的价值和优势，看到自己的闪光点；也能够允许自己身上的不足之处，及时给予自己安抚。

和浩瀚宇宙中的星辰一样，每座山有每座山的风景。每个人来到这个世界上，也都有他的独到之处，有他的优势和闪光点，正如诗句中所言："天生我材必有用，千金散尽还复来。"所以每个人都需要用自己的眼光去丈量，用自己的身体去行走，用自己的头脑去思维。没有任何一个人能比自己更懂得怎样活出自己独特的生命能量。所以在人际交往中，我们要始终秉承这种信念，尊重每个人都是自己生命的专家，都是自己人生的主宰，都是自己问题的专家。在遇到问题的时候，要相信自己可以通过努力、思考找到问题的解决方案。

你遇见一件让人很恼火的事，本来只是想找个人吐吐槽，可你的朋友小 T 却跟你讲了一大堆道理，还特别热心地给你出了好多主意。但你非但不领情，还忍不住冲小 T 发了脾气，最后两个人不欢而散。再留心一下，你是不是也曾经在朋友找你吐槽的时候扮演过小 T 的角色呢？你是否也对此感到困惑不解？明明一个人想要寻求帮助，另一个人也是一片好心，结果却事与愿违呢？

来看下面的算术题，或许可以从中找到答案："一个养鱼场要蓄水，水流进鱼塘的速度是每分钟 100 升，水流出鱼塘的速度是每分钟 20 升，鱼塘的容积是 1 000 升，请问需要多长时间才能把鱼塘装满水？"要想解决问题，首先要有解题思路，要明确目标是什么？"把鱼塘装满水，既不是装一半水，也不是把水全部放掉"。其次搜集信息，寻找题目中的条件都有哪些？"鱼塘的容积，进水的速度，出水的速度"。最后运用已有的"知识"给出问题的解决方案。我们可以有多重解决方法，甚至很多时候答案也并不是唯一的。

在与人交往过程中，我们首先必须清晰彼此的目标是什么，但是很多时候对方想要的结果并不像我们想象的那样，甚至连他们自己也可能不清楚自己想要的到底是什么，又或者对方的目标会随着时间发生变化；其次，每个人都有自己独特的处境，即便是一个非常简单的事件，背后都可能隐藏着无数信息，不可能在一场谈话当中得到完整的呈现；最后，每个人都有自己独特的经历和背景，都形成了自己独一无二的人生观、价值观、道德准则、思维方式、生活习惯、情绪反应模式、知识体系……这使得每个人对同一个信息的解读都会产生细微的，甚至截然相反的差异。针对同一个事件，我们也会做出不同的反应，给出不同的解决方案。人与人的相处不是解决算术题，并不存在所谓的最优解，只有最适合自己的和自己更愿意去尝试的。应该记住，每个人都是自己生命的专家，正因这份尊重，人与人的相处才会变得更加和谐；正因这份尊重，世界才会变得更加多元和精彩。当我们与别人相处时，多一些好奇，少一些预设，多一些包容，少一些苛责，就会看见更美的风景。如同世界上没有两片相同的树叶，每个人以及他的人生都具有独一无二的属性，没有人可以真正用别人的道理来过好自己的一生。在人际交往中，我们应该懂得双方有各自的道理和意见，不应该将自己的观点、想法和信念强加给对方，要尊重对方的信念和想法。

【本章回顾】

1. 人际交往：指人与人之间相互作用的动态过程。

2. 人际关系：指人与人之间经由相互交流而形成的心理关系（心理距离），它表现了个体间根据相互满足需要的程度而产生的心理上亲疏远近。人际关系是通过人际交往形成的。

3. 人际关系的特征包括社会性、历史性、情感性、复杂性、网际性。

4. 人际关系发展的心理过程：定向阶段、探索阶段、加强阶段、融合阶段、盟约阶段。人际冲突的五个特征：①平行冲突；②错位冲突；③错误归因冲突；④潜在冲突；⑤虚假冲突。

5. 萨提亚认为：人际关系中人人平等，人人皆有价值。改善人际最重要的是提高一个人的尊严，改善沟通的方式。成长的最终目标，是让一个人身心整合，内外一致。讨好型沟通姿态的人比较看重别人的感受和环境的要求，但常常忽略自己的感受；指责型沟通姿态的人不关注别人的想法，比较容易知道自己的想法，也知道环境要求他们怎么做；超理智型沟通姿态的人忽略自己和别人的感受，只知道环境的要求；打岔型沟通姿态的人对自己的感受、他人的感受和环境的要求都不太清楚，在人群中占比也小。

6. 非暴力沟通倡导积极进取，让尊重、理解、欣赏、感激、慈悲和友情来主导生活，而不是让我们变得更加温顺听话。非暴力沟通秉持的理念是尊重每个人的价值观和独立性，不用道德评价，不回避责任，有较强的边界意识，不进行比较，不强人所难。非暴力沟通包括四个步骤，第一步是围绕我观察到的内容进行表达，第二步是围绕我的感受进行表达，第三步是找出自己产生某种感受的需求是什么，第四步是找出我对他人的请求是什么或者他人做什么我的需求就得以满足。

7. 人际交往中的具体交往艺术包括：建立良好的第一印象，注意交往的语言、场合和距离，需找共同的话题，建构性地倾听，真正做到对对方的认可与欣赏，从而可以让人际交往轻松、愉悦，使人际关系稳定、持久、健康。

【推荐资料】

1. 书籍《非暴力沟通》，马歇尔·卢森堡著，阮胤华译。

非暴力沟通是 Nonviolent Communication（NVC）一词的中译，又称爱的语言、长颈鹿语言等。NVC 的目的是通过建立联系使我们能够理解并看重彼此的需要，然后一起寻求方法满足双方的需要。NVC 的技巧包括：①区分观察和评论，能够不带预设地仔细观察正在发生的事情，并具体指出正影响我们的行为和事物；②区分感受（Feeling）和想法，能够识别和表达内在的身体感觉和情感状态，而不包含评判、指责等；③体会与正发生的事情和感觉相关的需要——所有人共同的需要（如食物、信任、理解等）——是否得到满足；④提出具体、明确的请求（要什么，而不是不要什么），而且确实是请求而非要求［希望对方的行为是出于由衷的关心（Compassionate Giving），而不是出于恐惧、内疚、惭愧、责任等］。NVC 认为，当我们专注于澄清彼此的观察、感受、需要和请求，而不是分析和评判，我们将发现自己内在的慈悲；通过强调深入的倾听——倾听自己以及他人。NVC 有助于促进相互尊重、关注和理解，进而引发双方互助的愿望。

2. 电影《国王的演讲》，汤姆·霍珀执导。

约克郡公爵（科林·费斯饰）因患口吃，无法在公众面前发表演讲，这令他接连在大型仪式上丢丑。贤惠妻子伊丽莎白（海伦娜·邦汉·卡特饰）为了帮助丈夫，到处寻访名医，但是传统的方法总不奏效。一次偶然的机会，她来到了语言治疗师莱纳尔罗格（杰弗里·拉什饰）的宅邸，传说他的方式与众不同。虽然公爵对罗格稀奇古怪的招法并不感兴趣，首次诊疗也不欢而散。但是，公爵发现在聆听音乐时自己朗读莎翁竟然十分流利。这让他开始信任罗格，配合治疗，慢慢克服着心理的障碍。乔治五世驾崩，爱德华八世继承王位，却为了迎娶寡妇辛普森夫人不惜退位。艾伯特临危受命，成为乔治六世，上任后的他面临了人生的最大挑战——如何在二战前发表鼓舞人心的演讲。

【话题讨论】

1. 良好的人际沟通需要哪些技巧？

2. 如何更好地利用非言语符号进行沟通？

3. 说出自己在人际交往中经常会被哪些心理学效应所影响？

4. 今后在面对人际交往矛盾和冲突时，你会采用何种不一样的策略？

【参考文献】

[1][美]马歇尔·卢森堡. 非暴力沟通 [M]. 阮胤华，等译. 北京：华夏出版社，2016.

[2][美]戴维·迈尔斯. 社会心理学第 11 版 [M]. 张乐侯，等译. 北京：人民邮电出版社，2014.

[3] 张翼. 大学生人际交往心理素质训练手册 [M]. 北京：科学出版社，2019.

[4] 陈悦. 人际交往心理学 [M]. 北京：经济科学出版社，2013.

[5] 西英俊，徐丽丽. 你好，压力 [M]. 北京：中国工人出版社，2019.

[6] 李楠. 人际交往心理学 [M]. 北京：新华出版社，2017.

[7] 赵丽琴. 大学生心理健康指南 [M]. 北京：高等教育出版社，2010.

[8] 杨丹. 人际关系学 [M]. 武汉：武汉大学出版社，2019.

[9] 李文等. 人际沟通与交往 [M]. 北京：科学出版社，2016.

[10][美]艾恩·斯图尔特，[美]范恩·琼斯. 今日 TA：人际沟通分析新论 [M]. 田宝，等译. 北京：世界图书出版社，2017.

[11] 人际沟通分析学（第 2 版），杨眉，[瑞典]欧瑞嘉，北京：中国人民大学出版社，2018.

[12] 汪玉峰. 大学生人际交往问题研究 [M]. 北京：中国社会科学出版社，2019.

[13] 陈美荣. 心理学 [M]. 广州：中山大学出版社，2008.

[14] 侯玉波. 社会心理学（第四版）[M]. 北京：北京大学出版社，2018.

[15] 曹加平. 大学生宿舍人际冲突原因与对策探析 [J]. 江苏大学学报（高教研究版），2006（4），27-30.

[16] 樊富珉，张翔. 人际冲突与冲突管理研究综述 [J]. 中国矿业大学学报（社会科学版），2003，9：81-853.

[17] 邵诗云. 微时代大学生人际交往的合理引导探究 [J]. 法制与社会，2017（22）.

[18] 宋景林. 论当代大学生人际交往能力的培养 [D]. 济南：山东师范大学，2011.

第八章　众里寻"Ta"千百度
——大学生的亲密关系

【名人名言】

爱情使人心的憧憬升华到至善之境。

——但丁

友谊和爱情之间的区别在于：友谊意味着两个人和世界，然而爱情意味着两个人就是世界。在友谊中一加一等于二；在爱情中一加一还是一。

——泰戈尔

【案例引入】

如果爱到极致，两个人的关系会是怎样的？这是一个难以回答的问题。也许可以从这样一对曾经的情侣，也是一对艺术家搭档的故事中获得些许灵感。

玛丽亚·阿布拉莫维奇（Marina Abramovic）与乌雷（Uwe Laysiepen）相识于1976年，他们都是行为艺术家，又出生于同月同日，种种契合创造了一对恋人。在相恋的12年中，他们完成了许多双人作品，当然，其中的经典多与爱情有关。

玛丽娜和乌雷两人曾经一起蓄起长发，背对背，将发髻紧紧缠在一起，两人都尽力保持不动。发髻像人与人之间的联结，尽管维系却随着时间流逝慢慢松散。这一场表演的题目便是《时间中的关系》(Relation in Time)。作品《啊－啊》(AAA-AAA)中，两人在表演开始时对视着，以相同的频率发音，此时的场景仍旧和谐。但经历十几分钟后，共振却演变成了互相压制的大吼和尖叫。另一场表演《潜能》(Rest Energy)中，两人相对而立，共同举着一把弓箭，玛丽娜举着弓柄，乌雷拉满弦，箭头直指玛丽娜的身体。两人的身体都向后倾，所有平衡都来自手中的弓箭，稍有不慎玛丽娜就会被箭射伤。这是一次将生命交给对方的尝试，探讨的主题是爱与恐惧。1988年，两人的爱情遇到了阻碍，但他们还是选择用一次行为艺术呈现这一状态。他们来到中国，各自从长城的东西两端启程，玛丽娜从山海关出发，乌雷从嘉峪关出发，两个人向着对方行走，历时3个月之后在二郎山汇合。玛丽娜原本的计划是见面后结婚，而当两人真的见面时，她却从乌雷的拥抱中体会到了来自工作搭档的感情，而不是情爱。最终，作品《情人·长城》(The Lovers: The Great Wall Walk)成为两人在人生旅途中的告别仪式。

这样契合的两人之间是否还有爱呢？在2010年，玛丽娜在纽约现代艺术博物馆举办了一场行为艺术，她每周6天、每天10余小时地连续端坐了2个多月，与每一个在对面坐下来的人对视。有些人在她的凝视中哭泣、崩溃，她却从未表现过任何波动。直到乌雷在对面坐下，玛丽娜表情微动，接着伸出双手握住乌雷的手，双眼噙满了泪水……

"今夕何夕兮搴洲中流，今日何日兮得与王子同舟。
蒙羞被好兮不訾诟耻，心几烦而不绝兮得知王子。
山有木兮木有枝，心悦君兮君不知。"

《越人歌》是我国诗歌中的知名篇目，这首民歌用质朴、热情的语言表达了思慕之情，讲述了越人为王子撑船，对其一见倾心，却因楚越语言不通而只能以越语唱出内心情感的故事。王子通过翻译听懂了越人的心声，在故事的后续，王子给予了越人合乎礼数的回应。当下的我们距离这首民歌所属的年代已逾千年，虽然时移事异，但是歌中传递的真挚、热情、勇敢和故事内中华文化面对情感的克制，却依然可以穿越时空，击中读者内心柔软的一角。而历史有时也是矛盾的，面对爱情，人们一度将其视为祸害，却又在作品中讴歌其隽永美好。艺术作品用直观的方式演绎了人们在感情中经历的种种体验，也激发人们对许多问题的猜想。在爱情中，两个人的关系应该是怎样的？我们真的可以与某个人同频共振吗？爱情是否赋予了人伤害另一个人的权利？我们该如何面对爱情中的伤痛和分离？

爱情之所以能够成为艺术作品中永恒的话题，是因为它的动人和美感不会被作品禁锢。当欣赏作品时，每个人都可以被唤起相似的情感，与之产生共鸣。当爱情的体验是每一个人都可以感知的时候，它便在每一个人心中有了独属于自己的内涵。因此，爱情是丰富多彩的。爱情也常常带来伤痛和混乱，让许多年轻人无从应对。本章，我们将从心理学对爱情的定义出发，讨论爱情的多重内涵，浅谈爱情与性的关系，并通过经验的总结学习，在生活中培养爱的能力。

第一节 爱情内涵概述

"爱情是什么"是一个许多人都希望搞清楚，却又难以回答的问题。心理学家也试图用各种视角的研究来解释它。如果你经历过爱情，一定体会过面对心仪对象时的心跳加速，脸红到耳根，或是紧张无措，或是发自内心的喜悦……这些体验起源于生理、心理、与环境互动等诸多成分，最终形成了被命名为"爱情"的感受。如果离开了这些切实的体验，爱情会变得更加难以描述。

一、爱情的心理基础

（一）认识爱情

爱情的动力和基础首先来自人的自然需要。在进入青春期后，生理和心智的发育会带来性意识的觉醒，引领着人们走向自己倾心的对象。大部分人是在性欲望的萌发后，才清晰地意识到爱情与其他友谊的区别。产生爱情懵懂后，一段关系的发展则来源于关系双方对于彼此的依赖与互动，其背后的动力是两人间相似或互补的特质。双方通过亲密的交往得到愉悦、享受的体验，这些感受是爱情重要的心理基础。最后，爱情也具有深刻的社会性，正如人们会使用样貌、金钱、性格、学历等因素评判一段关系的"匹配"程度，人们在爱情的抉择中也要经历这一过程。当人们选择陪伴自己一生的伴侣时，一定会思考两人的事业发展、养育子女、赡养老人等问题，这些也是爱情中需要责任和决策的重要领域。

一般来说，感性的人更强调爱情本身来源于心理的动人、柔情，而理性的人更愿意讨论生理的唤起或社会地位的匹配。爱情是千人千面的，没有标准答案，爱情的"标准"总是经历层层抽象后才能一窥究竟。

（二）爱情三因素理论

目前为止，人们接受度最高的爱情定义是来自斯滕伯格（Robert J. Sternberg）的爱情三因素理论。这一理论将爱情分为了三个重要的元素（激情、亲密、承诺），并通过它们的不同组合解释了为什么同样被称为爱情的关系，却经常能看到极为不同的表现；同时，这一理论也建构了完美的爱情所应具备的条件。

斯滕伯格认为爱情包括激情、亲密、承诺三个元素，不仅对应了内心感受，同时也对应着一系列行为，由这三个元素共同组成的三角形是区分爱情类型的重要线索。对这三个因素进行更进一步的分解，会发现亲密来自对情感的需求，包括分享、支持、信任等诸多内涵；激情来自生理激发，也就是对性激情和兴奋的直接反馈；承诺是理智层面的决策，它意味着对关系专一、稳定付出的决定，也意味着放弃寻找其他关系的可能性。在恋爱关系中，生理、情感、理智的共同作用促进了关系的发展。各个元素在每个人心中的重要性不同，每个人爱情关系的风格和质量也随之不同。

1. 喜欢的爱

由单一的亲密构成。双方也许十分关心、理解、欣赏对方，但这段关系中却鲜有性的唤起，双方也不会给予对方唯一的承诺。这样的爱更像两个亲密的朋友，对同伴的依恋感超越了激情的体验。正如许多"90后"都十分喜欢的《哈利·波特》中的男女主角哈利和赫敏，他们彼此欣赏，互动频繁，许多读者在看书时都设想过将两人凑成一对，但作者最后却让赫敏和罗恩成为情侣。

喜欢的爱经常出现在青少年之间，在性萌芽的阶段，因为对性意识和自我认同的发展觉察，有时候会将朋友之间的亲密感解读为爱情。

2. 迷恋的爱

由单一的激情构成。正如前文所说，这样的爱情主要源于生理激发，也是许多人体验到"心动的感觉"的基础。遗憾的是，恋爱双方可能不够了解彼此，也无法给予承诺。经典影片《罗马假日》中，赫本饰演的出逃公主遇到了帅气的记者，两人在短暂的几日相处和记者的设计之下迅速建立了感情。但故事的最后，公主在度过假日后还是回到了原本的生活中。只有激情的亲密关系在当下的社会中往往会以"一夜情"、旅途恋爱的形式出现，如果不能补上亲密或承诺的缺失，这样的关系极少能够在现实之中长久维持。

3. 空洞的爱

由单一的承诺构成。在历史上，许多婚姻仅建立在父母之命、媒妁之言的基础之上，甚至夫妇双方在婚前从未谋面。这样的关系仅有一纸婚书维系，但是如果伴侣双方具有发展亲密和激情的意图和努力，那么关系也会逐渐发展为其他类型的爱。对于当下的年轻人来说，只有承诺构成的关系成为较少出现的类型，大部分人还是希望能够遵从自己的情感来选择恋人。

4. 浪漫的爱

由亲密和激情共同组成。相比于前三种感情,由两种要素构成的爱情往往更加稳定。浪漫的爱是许多情侣在恋爱初期的状态,在激情的促进下,双方形成了建立关系的契机,并且在相处中培养了亲密感,只是没有给予对方稳定的承诺。生活中不难见到恋爱长跑多年,却在大家都认为两人一定会走入婚姻时关系结束的情侣,他们的关系也许缺乏的就是这样的相互信任和承诺。

承诺是一段关系中理性层面的重要因素,它不仅意味着对关系的投入,也是做出舍弃其他可能性的决定,需要双方高度的付出。看到这里,也许你更能够理解一些人为何介意自己的恋人有没有"官宣"恋情——这背后是对关系更进一步的期待,也是对承诺的需要。

5. 愚昧的爱

由激情和承诺共同组成。愚昧的爱来自激情迸发后迅速地进入承诺阶段,在现实生活中常以闪恋、闪婚的方式呈现。这样的关系的不稳定性来自双方缺乏彼此了解的过程,没有建立足够的理解和生活记忆。由于激情是在一段恋爱关系中变化最快、影响最大的因素,而且性的吸引力一部分来自生理影响,当面对激情褪去时,许多人也会改变对承诺的决定。

6. 伴侣的爱

由亲密和承诺共同组成。这样的爱相较于激情主导的关系,更符合"细水长流"的意象。随着时间流逝,大部分感情中的激情因素会慢慢降低到不再占据关系主导的水平,此时,伴侣双方的亲密就变得更为重要。历史上,大部分为人传颂的恋人或夫妻都以默契和忠贞著名。例如,周恩来和邓颖超一生的革命战友之情,钱钟书和杨绛从患难与共到白头偕老,守护相同信仰、有一致奋斗目标让人更相信爱情中美好隽永的一面。当一段关系中激情不再,相互的尊重、扶持,以及对彼此的依恋将会是一段感情中最为珍贵的部分。

7. 完美的爱

经过对六种爱情类型的分析,完美的爱应具备的条件呼之欲出,即亲密、激情、承诺三者。而这个模型也一定会引发另外的疑问,如"一定要完全具备三个条件的爱情才算完美吗?""爱情一定要完美吗?"如果正在阅读的你也有这个疑惑,我们可以用以下示例来进行解释,见图 8-1 所示。

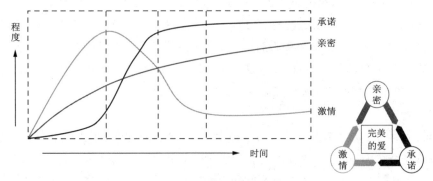

图 8-1 爱情三因素与时间的关系

实际上，并不是所有的关系必须完美才能维持下去。爱情三因素理论是心理学家为了帮助大家更加理解爱情的内涵而发展出的一种理论解释，但并非参照的标准。就爱情三因素本身而言，前文的讨论已经浅显谈及了在不同时期、不同状态的关系里，爱情三因素所占的重要性是不同的。大部分亲密关系的状态，如图8-1一样随着时间而不断变化。

在恋爱的初期，亲密关系往往由激情主导。这一阶段是热恋期，许多情侣仿佛连体动物一样，做任何事情都想一起分享，他们的关系也是极其亲密的；并且情侣对彼此的看法带有好感的滤镜，可以忽略对方身上的问题，全身心享受恋爱带来的快乐。但随着神经对刺激的适应，性冲动带来的动机会逐渐衰弱，关系进入下一个亲密逐渐上升，激情却不再维持峰值的阶段。在第二个阶段里，双方的一致性不再像之前那样，甚至一些人会希望偶尔能够回归正常的生活节奏，拉开一些双方的距离；同时，因为两个人个性差异所产生的分歧和矛盾开始显现，由于激情的褪去，好感滤镜也不那么管用了。但这个时候，由于双方在热恋阶段所积累的亲密，对彼此了解比第一阶段增加了许多，因此关系中柔情、依恋部分的贡献开始增强。

如果关系尚能在磕碰中延续，激情将继续下降，到达日常的水平，这一变化对于许多感情而言是决定性的。一些在爱情中追求激情浪漫的人，会选择在第三阶段到来时结束关系，因为直到这时，许多人依然没有将承诺纳入关系之中。这一阶段带来的重要转折是：双方要决定是否给予这段关系多一重"承诺"的保障。直到这个阶段，两个人才从炽热的状态走出来，可以比较理智地审视关系，并开始更客观地评价自己的恋人。当然，许多矛盾也因为情感浓度的降低和理性的参与变得更为突出，不少情侣会因为现实的矛盾而不得不走向关系的终结。最后一个阶段是三个因素趋于稳定的状态，激情会长期维持一个较低的水平，亲密持续缓慢地累积，承诺会维持一个稳定的高水平。此时，亲密关系的模式更类似于"伴侣的爱"，双方的感情是稳定而温和的，但同时也因为有爱情三因素的支持而不会轻易地终止。

爱情三因素与时间的关系无法用具体的时间长度来划分，它所体现的是一种关系的发展趋势。面对不同的人，在不同的时间，同样的一句"我爱你"，也许表达的内涵是完全不同的。不过期待爱情的你也不必觉得压力巨大，所有的关系都是在动态中找到平衡，完美的爱情也是在不断试探中创造的。

【知识链接】

还有许多心理学家也试图用各种理论对爱情分类。比如，鲁宾（Rubin）试图通过量表将爱情和喜欢进行分辨，其背后的依据是情感的依恋性、亲密性、关怀感和占有欲等。社会学家约翰·李（John Alan Lee）提出了恋爱风格理论，通过归类在恋爱行为中看重的价值或体验，将恋爱风格分为了情欲之爱、游戏之爱、友谊之爱、狂热之爱、利他之爱、现实之爱六类。

二、爱情是一种特别的亲密关系

元好问有词："问世间，情是何物，直教生死相许？"

在学习爱情三因素理论之后，你是否对区分友情与爱情更有把握了呢？也许有些情境下你会觉得这两种感情的差异是很难区分的，这也正常，因为从心理学的视角而言，爱情、友情、亲情都是一个人生活中重要的关系，均可以被称为"亲密关系"。当一个人从青少年走向成年后，与同伴的关系和与恋人的关系会逐渐成为生活中最重要的部分。大部分人当遇到开心的事情、不顺心的事情，或是很困难的现实问题时，会立刻想到去向亲密关系中的一些人分享或求助，这就是关系对于一个人健康、稳定地生活在世界上的十分重要的意义。

人们在亲密关系中寻求支持和保护，但不同的关系在情感的深度和强度、沟通的频率以及相处中的心理状态上存在着不一致。亲密关系在了解、关心、相互依赖性、相互一致性、信任和承诺这六个方面与泛泛之交存在很大差异。

属于伴侣的亲密关系更具有相互之间的影响力。在爱情中，两个人可能十分了解彼此的喜好，关心对方的生活状态，并且在做决策时倾向于从"我们"的角度来思考，甚至一方的选择会影响另一方的决定。更重要的是，处于爱情中的双方需要给予对方信任和承诺，这样才使关系的发展有基础并长久维持。以上六个方面的稳定能够让一段亲密关系保持生命力。

当然，非常亲密的友情有些时候也可以包含以上六个特点，但爱情还有另一个非常重要的属性，就是独占性。我们可以允许亲密的朋友与他人建立相似的情感联结，却很难接受自己的恋人在与自己建立恋爱关系的同时还和其他人享有同等程度的情感，甚至有时候会因此而产生嫉妒或愤怒。正如前文对浪漫的爱的解读，如果两个人的关系只基于激情、亲密，但是没有专一、长久、稳定的承诺，那么相处中出现误解的可能性就会很高。这是因为在爱情关系中，人们需要的是一种有别于其他感情的、更深的卷入程度。

爱情是一种特别的亲密关系，因此爱情也同样承载着亲密关系的一项重要使命——归属需要。这种需要来自人们生存的本能，建立人际关系后人们就能够更稳定地应对生活中的变化。在马斯洛需求理论中，一个人在生理需求、安全需求满足之后就是归属和爱的需求，大部分人需要在有包容和支持的环境里才能够追求更高层次的人生目标。之所以失去亲人、与朋友决裂、和恋人分手让人痛苦到觉得无法承受，很大一部分原因来自失去归属的恐惧感。一段关系的消逝必然会让人觉得伤痛和难过，但现实的亲密关系并非唯一，而是包含你与他人丰富的连接，每个人都具备用关系疗愈自我的能力。回到爱情的主题，当恋爱关系不得不结束时，一个人有许多可选择的面对方式。请记住，某段关系本身也许是独特的，但它在一个人生命中所起到的支持作用、满足归属需求的价值并非无可替代。也许在另一段关系中，也能找到相似的感受。爱情的确独特，却不会是生活中唯一的支点。

【知识链接】

弗吉尼亚大学神经学家詹姆斯·科恩（James Coan）负责的一个研究小组，通过脑部扫描发现，女性在受到威胁的情况下如果抓住丈夫的手，压力会立刻缓解。

研究人员设计了一项功能磁共振成像研究，他们让16名已婚女性在受到弱电击时分别握住丈夫的手、握住一位陌生男性的手以及不握手。结果发现，功能磁共振成像可以显示出这些女性在受到威胁的情况下，握住不同人的手时的大脑反应。研究人员发现，受到威胁的女性抓住丈夫的手时，脑部反应明显减弱；而抓住陌生男性的手时，脑部反应的变化则没有那么明显。此外，这种握手所起到的效果受到婚姻质量的影响，婚姻很美满的女性握手时压力明显缓解。

【推荐资料】

《爱在黎明破晓前》《爱在日落黄昏时》《爱在午夜降临前》三部曲

爱是相见时的小心翼翼和无所不谈，爱是重逢时的心照神交和小心试探，爱也是相守后的琐碎与妥协。这个系列电影用一对恋人的18年，展现了爱情随着时间转变而产生的变化。哪怕起于激情的爱，若要长久，也需要承受平凡的生活。

【心理测试】

你对 Ta 是喜欢还是爱呢？

请完成鲁宾的"喜欢与爱"量表。

量表 1（记录选中项数量）

1. Ta 情绪低落的时候，我觉得很重要的职责就是使 Ta 快乐起来。
2. 在所有的事件上我都可以信赖 Ta。
3. 我觉得要忽略 Ta 的过失是一件很容易的事。
4. 我愿意为 Ta 做所有的事情。
5. 对 Ta 有一点占有欲。
6. 若不能跟 Ta 在一起，我觉得非常不幸。
7. 假使我很孤寂，首先想到的就是要去找 Ta。
8. Ta 幸福与否是我很关心的事。
9. Ta 不管做什么，我都愿意宽恕 Ta。
10. 我觉得 Ta 得到幸福是我的责任。
11. 当和 Ta 在一起时，我发现我可以什么事都不做，只是用眼睛看着 Ta。
12. 若我也能让 Ta 百分之百的信赖，我觉得十分快乐。
13. 没有 Ta，我觉得难以生活下去。

量表 2（记录选中项数量）

1. 当和 Ta 在一起时，我发觉好像二人都有相同的心情。
2. 我认为 Ta 非常好。
3. 我愿意推荐 Ta 去做为人尊敬的事。
4. 以我看来，Ta 特别成熟。
5. 我对 Ta 有高度的信心。
6. 我觉得什么人和 Ta 相处，大部分都有很好的印象。
7. 我觉得 Ta 跟我很相似。
8. 我愿意在班上或团体中，做什么事都投 Ta 一票。
9. 我觉得 Ta 是许多人中，容易让别人尊敬的一个。
10. 我认为 Ta 是十二万分聪明的。
11. 我觉得 Ta 在我所有认识的人中，是非常讨人喜欢的。
12. Ta 是我很想学的那种人。

13. 我觉得 Ta 非常容易赢得别人的好感。

三、友谊和爱情的区别

对比上面两个量表，哪一个选中更多，并且猜一猜哪个是测量"喜欢"的量表，哪个是测量"爱"的量表？

人们都说："爱情是盲目的。"到底是哪里盲目了？对于对方的理想化就是造成无法客观判断的根源。当你能够看到对方身上存在自己非常介意的问题，但仍然决定继续爱 Ta 时，可能你的爱情（而非迷恋）还有属于你们的关系才正式开始。现在你有答案了吗？

四、爱情相关心理效应

本节前部分都在讨论如何能够塑造良好的亲密关系，同时将一个很重要的问题搁置了：爱情是怎样产生的？一些更细节的问题是：人为什么会爱上另一个人？人们在爱情中看重哪些？如何让喜欢的人喜欢自己？……心理学家也同样在探讨这样一类问题：选择伴侣时，对人影响最大的心理效应到底有哪些？

建立关系的阶段，吸引力是重要的影响因素。生活中有一些人总是能很轻易地博得大部分人的好感，也有一些人很难激起他人的兴趣，个中差异是在社会交往状态下的人际吸引力的展现。每个人的生命中都会出现成千上万个过客，大部分人却"弱水三千只取一瓢饮"——只对其中极其个别的对象产生爱慕的感情。这些被选中的对象也许在其他人的眼中并不优秀，但是对于那些心仪于他们的人而言，其一举一动都格外独特且吸引人。

心理学家认为，人与人之间的吸引力源于奖赏机制，无论是对于爱情还是对于其他关系而言，人更容易对那些能够带来积极体验的对象感受到好感。粉丝群体对偶像的喜爱是一种极为典型的状态。偶像的美好形象、多样才能、优秀作品，能够让从未在现实生活中接触过他们的粉丝喜爱痴狂，一部分原因就来自享受美好事物的积极体验。在生活中，那些容易让人产生想亲近感受的人大部分是能够带来积极体验的人。性格轻松有趣、待人接物举止得当、外貌优雅得体的人更容易成为他人喜爱的对象。

当两个人相遇时，有许多心理活动会在瞬间发生。有时候仅仅是开始时的一个细节就可以引发许多后续的互动。其背后可能存在这样一个人际之间的心理效应——光环效应。当对一个人不够了解时，如果 Ta 刚好给我们留下了某一方面格外好的印象，我们更容易下结论认为这是一个好人。优点就像是围绕在这个人身外的光环一样，让人很难立刻发现其身上的缺点，进而有更多美好的预期。客观而言，这些美好的预期并非源于对一个人完整客观的评判，因此光环效应往往在交往初期更明显，而随着了解的深入渐渐褪去"魔力"。有些人身上的优点十分明显，但也有些人在展露优点时十分含蓄。因此，如果想要建立或维护一段良好的关系，适当地显露自身的优点，可以创造更多他人对自身的好感。

相比于自身吸引力的塑造，在相处中关系层面重要的特质也不容忽视。

设想你刚刚搬家到一个新的宿舍，一开始你没有对任何一个室友有好感，但是你的室友每天见到你会主动而热情地打招呼，吃饭时邀请一同前往，甚至收快递都会问问有没有需要帮你拿的件（当然这样的室友不容易遇到），也许不出一个星期，你便会和室友成为关系不错的朋友了。这便是临近性和互惠性的心理效应对于关系的影响。如果是经常见的人,我们很难拒绝对方所流露出的种种友好信号,人们都更倾向喜欢那些喜欢自己的人。在亲密关系中亦是如此,我们更容易和频繁见面的人建立起更亲密的关系,也需要对方情感的回应才能确认彼此之间的喜爱程度。由"喜欢那些喜欢自己的人"引申,可以联想到"暗恋"是一种美好的情感,为什么总是无疾而终呢?一部分原因可能来自一方没有充分地表达对另一方的好感,导致被暗恋的那个人从未感受到友好的信号。

与之相似的现象,还有人们在选择交往对象时更倾向于有一定相似性的人。这种相似性也许并不显而易见,并非学霸就一定要和学霸谈恋爱,搞艺术的人只能选择搞艺术的恋人,而是一种综合评判中的相似性,也许情侣双方是通过交往了解到对方是一个和自己一样富有挑战精神的人,那么即使他们专长的领域不同,也可以培养起对彼此的欣赏。生活中,当你看到一对完全不搭,而对方两人却相处甜蜜的情侣,那很有可能是你选择了用自己看重的标准来衡量两人的相似性。正如世界上没有两个完全一样的人,也不会有两种完全一致的爱情观,因此才会存在多种多样的亲密关系模式。

也许你可以思考一下,发展和展示自己的哪些特质,能够更认可自我,同时让心中理想的 Ta 对自己产生好感?当然,所有的心理学效应犹如硬币的两面,有时人们也会因为爱情中的一些情况而受到伤害。

【潜能训练】

哪些心理效应是在感情中容易受到他人意图影响,而被不当使用的?我们应该怎样更好地保护自己?

【知识链接】

近年来,出现了越来越多展现恋爱过程的综艺节目,许多共情力很强的观众会被深深地带入剧情中。不知道你是否发现,除了温暖柔情的环节之外,有很多节目中会安排情侣去游乐园玩一些惊险项目,许多情侣的感情会因此迅速升温。其实这背后也有心理学研究做背景。下面就让我们通过实验简单介绍一下"吊桥效应"。

实验中,研究者找到一位漂亮的女性作为研究助手,由她收集大学男生被试者对一张图片编写的故事。调查发生在三个不同的地点:安静的公园,坚固而低矮的石桥上,一座危险的吊桥。女性研究助手在调查之后,把自己的名字和电话号码告诉了每一个参加实验的大学生,并且告知可以通过电话了解实验的内容。

你认为谁更有可能给实验者打电话呢?

实验结果是:与其他两组相比,在危险的吊桥上参加实验的男性大学生给女调查者打电话的人数最多,同时他们所编写的故事中,也更多含有情爱的色彩。

研究者的解释将危险情境和浪漫关系连接了起来。我们已知人们在危险中的心跳加速、呼吸急促等反应由植物神经系统控制,那些在吊桥上的参与者也会自然地有更加强烈的生理反应。重点在于,人们对身体感受的理解与认知相关,他们如何归因于吊桥上的反应会影响他们对女性助手的态度。在吊桥上的男生能认为女性助手的无穷魅力让其心跳加速、痴迷，或者只认为是因为恐惧而有了紧张反应。那些将生理反应归因于研究助手关系的学生则更可能有浪漫关系的联想，也打了更多的电话。

这个研究有很多生活应用场景。比如在建立关系的阶段，或许一起进行体育运动、去游乐场体验惊险项目，会比在公园走一走更快地建立关系。但是，也需要警惕来自生理信号导致的误解，爱情仍然需要相处来验证。

第二节 爱的迷思

【案例引入】

小强和小花在大学时是一对周围人都看好的情侣，但是他们恋爱长跑了7年，同居了3年却一直没有正式谈过结婚的话题。对于他们而言，现在两人作为情侣的打打闹闹可以接受，但对于成立一个家庭来说，似乎仍旧没有准备好。小花还有一个念头，如果在第8年的纪念日之前，自己还无法决定和这个人共度一生，就提出分手。

故事中两人的困惑，也许可以代表一部分年轻人的疑惑：爱情，到底应该是怎样的？恋爱里有那么多的困扰、无奈、伤心，是正常的吗？

一、到底要不要恋爱

能够在大学校园里谈一场风花雪月的恋爱，可能是许多年轻人在中学时代对大学美好想象的重要部分。但进入大学后，却发现紧张的学业、有限的社交、繁忙的生活琐事等都让人自顾不暇，谈恋爱变成了一番痴念。更有学生在被问及"你是否准备恋爱"一类问题时，会坚定地回答："游戏不香吗？自由不好吗？为什么要恋爱？"

面对恋爱，有一些人是心怀憧憬但难以迈步，有一些人是无暇顾及，也有人在再三思索后决定不涉足感情生活。其实，即使是处于恋爱中的大学生，有时候也会烦恼自己怎么会糊里糊涂地走入了一段关系中，怀念曾经单身自由的时光。

每个人决定是否进入关系时，都带着自身丰富的经验和议题。首先，内心排斥恋爱的人可能需要面对人际关系中的信任问题。亲密关系是两个人在情感和生活上的深度卷入，这意味着对方和自己有深度的同频共振。根据心理学家哈罗德·凯利（Harold Kelly）的定义，在共同关系中的互赖性很多时候称为亲密关系，特点有三个：两人有长时间、频繁的互动；关系中包含着许多不同种类的事件，共享很多共同的活动及兴趣；两个人相互的影响力很大。这意味着双方要投入时间一起完成生活中的多种活动，有着相一致的兴趣话题，而且双方的情绪和决策等内在心理过程可能会受到对方的影响。信任对方，同时获得对方的信任，是在亲密关系中重要的互动过程。

信任感可以通过安全、稳定的人际关系逐步培养。因为在真实的互动中，许多想象层面的危险实际上并不会发生。同时，人际中每一次积极的反馈都是建构内心信任感的重要部分。

另外，那些对于恋爱又向往又担心的大学生，其实面临的是对进入关系后两人如何发展的焦虑。焦虑的内容包括：自身不够完美、沟通不畅、丧失自由、让他人失望、未来不可测、关系破裂的恐惧……如果你也有这样的担忧，并且这种担忧已经影响到了亲密关系的建立，请你思考这样一系列问题：这些担忧从哪里来？是谁告诉你爱情会有某种问题？你和这个提出爱情中问题的人有什么不同？以上预期是否被你亲身证实过？你为了应对这些问题曾经做过哪些准备？

通过上面那些问题，你会发现亲密关系中的种种担忧与寓言《小马过河》中的桥段相似：小马过河前问老牛河水深不深，老牛说水很浅，只到小腿。刚要迈步，小松鼠又跑过来说，水深得能淹死，小马一下子没了主意。最后，是小马自己走进了河水里，发现水不像老牛说的那样浅，也不像松鼠说的那样深。没有一个人在进入爱情时能够自信地说："我已了解并解决了亲密关系的所有问题"，我们都是带着些试探、小心地进入关系，并且因为这些担忧而更具自省能力。亲密关系是双方合作完成的作品，永远没有"完美"一说，因为所有人都是在犯错误中成长的。

最后一类暂时无法进入爱情的，是处在单恋的同学。单恋也是一类爱情的存在形式，一些人会默默关注，如《一个陌生女人的来信》中的主人公那样在对方的生活里成为一个旁观者；也有些人会走入对方的生活，却是带着美好的感情、以非恋人的状态交往。单恋的状态在当事人的感受层面也属于爱情，因为它同样能引发爱的生理和心理反应，而且因为这种感受来自内在世界，有时甚至会使得对另一方的喜爱更加稳定。但是，以上所有的感受都基于对两人关系的想象，理想化了对方和关系本身。处在想象层面的爱自然很难有矛盾，却也非常敏感，因为无法得到对方的确认而总处在不确定和怀疑中。所以单恋是一场只属于自己的惊天动地，无可避免地在每个人的青春留下痕迹。伴随着人格的成熟，单恋的情况会逐渐减少，具有更稳定自我认同的人会拥有应对关系开始、冲突、结束的能力，而不必再局限于单恋的情境。

不肯从单恋走向表白、建立关系的原因可能与前文提及对恋爱的焦虑相关，同时也可能是因为当事人对当下状态相对满意。这也牵出了另一个主题，即单恋也能够如恋爱一样带给主体自身积极体验，甚至这种体验是能够维持和延续的。

【案例引入】

勃拉姆斯的暗恋——"我最美好的旋律都来自克拉拉"

爱情一定要有结果吗？也许对于年轻的你而言，爱情应该拥有完美的结局，但也有许多爱情最后并未修成正果，却也依然留下了美好的记忆。

约翰内斯·勃拉姆斯是著名的浪漫派作曲家，他的老师是著名的作曲家、钢琴家舒曼。克拉拉是谁？她是老师的妻子，又比勃拉姆斯年长14岁，是他最无可能的伴侣，却也是他一生的情感支点。他们相识时已是师母和学生，在舒曼病后的漫长岁月里，两人相互鼓励支持，勃拉姆斯发乎情止于礼，用困境中的陪伴和数曲温情的旋律记录了他的深情。终其一生，他都没有被克拉拉接受为爱人，但这并没有阻碍他成为对方心中重要的人。

作家余华在《音乐的叙述》中写道："勃拉姆斯在舒曼那领取了足以维持一生的自信，又在克拉拉处发现了长达一生的爱情，后来他将这爱悄悄转换成依恋。在勃拉姆斯以后的写作里，舒曼生前和死后的目光始终贯穿其间，它通过克拉拉永不变质的理解和支持，来温和注视着他，看着他如何在众多的作品里分配自己的天赋……"

爱情并非永远不顾一切，即使留下了遗憾，也依然可以有无可替代的美感。一段没有结果的恋爱中，依然有可以升华为艺术的积极体验，依然值得被所有者珍视。

二、失恋是因为我不够好

恋爱中最让人感到伤痛无助的时刻非失恋莫属。失恋后不同的人反应会大不一样，有的人是躲起来静静疗伤，有些人找朋友倾诉，也有些人会通过快速进入下一段恋情遗忘之前的经历，但他们很一致的感受是被拒绝、被抛弃、与世界失去连接。失恋，有时候会让人陷入对自身的不满和攻击中。

不同的关系会因为各式各样的原因而结束，但其相似之处在于，关系结束后许多人都会体会到持续一段时间的、深刻的低落感。你有没有想过，为什么失恋会有如此大的威力？

在心理上，恋爱与内在自我认同紧密相关。如果进行比较，会发现大部分因爱而极度痛苦的人属于大学生群体，而年龄更长的工作人士对恋爱中的挫折有更强的抗压性。这是因为在大学阶段，人的自我认同感尚未确立，仍然处于探索的阶段。这个时候的大学生，虽然在生理上已经成年，却在心理上需要参照周围人的反馈不断地建立对自我的认同。其中来自恋人的反馈格外重要。

试想，关系结束时我们都会怎样告诉对方自己的想法？如果对一段关系不满意，大多数人会将这段关系的失败归咎于对方，而为了支持这一论点，可能会在分手的时候多加责备。在关系结束的节点，能够说出对彼此认可、鼓励、祝福的人实属少数。

在失恋的痛苦背后，有着神经生物学的基础。在海伦·费希尔（Helen Fisher）使用功能磁共振进行大脑扫描的研究中，发现刚刚经历失恋痛苦的人，脑内的多巴胺奖赏系统仍然活跃，这一点和恋爱状态中喜悦的状态相似，但是激活的精确脑区却有了不同。恋爱时，人们的奖赏系统不断受到关系中积极体验的刺激，奖赏相关行为受到强化；而当一个人被所爱的人拒绝时，与高风险投资、身体疼痛、强迫性行为、评估决策和情绪调节有关的神经区域活性增强。这意味着，在费希尔的研究中，刚刚经历失恋的人更有可能用一些积极的行为来应对，例如做一些有风险性的决定，找前任理论甚至试图通过努力挽回感情。但是，产生这些行为的原因可能并非对方极其优秀，或是两人的感情对于你而言是绝无仅有的珍贵，而是一种正常的生理反应。

如果从失恋后人们随时间的变化来看，刚刚失恋的人是处于抗议阶段，而经历失恋一段时间的人所处的是放弃/绝望阶段。随着时间推移，失恋后的压力情绪会让多巴胺通路的活性降低，沮丧、失望和抑郁的情绪逐渐涌上来，这也是许多失恋后的人看上去与抑郁的临床表现相似的原因。但是当周围的人际支持系统相对稳定且具有支持性时，失恋状态中的负性情绪会减轻。

当了解失恋后的普遍反应后，人们也许可以理解自身感受是与大部分人共通的。我们丧失了一段对于生活而言非常重要的关系，为此感到难过一段时间十分正常。此时能够陪伴人们走出来的关键一步是回归生活中其他重要的亲密关系之中。

正如那句常被人提起的话所说："时间是良药。"但面对关系结束的丧失感，人们不仅要将希望寄托于时间，也要努力帮助自己。对此，还有一些更具有操作性的建议。

面对一段关系的结束，可以参考以下几点建议。

① 要用两人认同的方式结束，不应使用冷暴力、失踪、出轨等方式来伤害彼此。

② 了解失恋后的生理和心理规律：经验表明，在失恋的 1～6 个月里，人们都会经历低落的情绪。请为自己设定一个恢复情绪的方案，比如每天运动、和朋友周末出行。

③ 虽然过去的经历很珍贵，但在失恋后可以用有建设性的新经验来替代反复回忆。

④ 不以一段关系结束时收到的评价贬低自己，认可自己的价值。

⑤ 寻求社会支持，爱情只是亲密关系的一种，还有许多高质量的关系值得你为之付出情感。

⑥ 如果你通过前面几步已经可以慢慢走出失恋后的阴霾，那么可以尝试最后一步：认可收获。也许上一段关系不是完美的，但是你一定从其中收获了经验，可以尝试着看到你在亲密关系中所获得的成长。也许时过境迁，你可以思考是什么让前一段感情走向结束，自己在其中付出的感情和从对方身上看到过的美好或失望怎样影响了生活？作为一个于对方而言曾经很重要的人，你为什么会被对方选择，在 Ta 的生活中产生了哪些影响？对于这些问题，在刚刚失恋时和走出阴霾后，你会得到十分不同的答案。

三、总是争吵还能继续爱吗

许多情侣都会遇到相似的困扰：两个人明明相爱，却总要陷入冲突，感觉恋爱谈得让人疲惫。有经验的人也许会有所洞察：许多的矛盾的起因并不是涉及对错的话题，而是因为两个人的沟通过程出现了问题。

矛盾背后，呈现的是面对亲近的人时，一个人内心是带着怎样的预期和体验交流的。当期待无法得到满足时，如何表达自己的不满对关系的稳定影响极大。一般而言，亲密关系的伴侣应该是最信任的人，而不同的人面对依恋关系的客体，反应却可以完全不同。同样是错过一个电话，有一些恋人可以理解，并且不认为这会伤害两人的关系，而另一些恋人却会开启"夺命连环 call"模式，认为不接电话是很严重的事情。

为了了解到底是什么影响了人们之间的依恋关系，心理学家从人类最原始的依恋关系——母婴关系开始了研究。心理学家鲍尔比通过婴儿观察发现，当一个婴儿的生存需求总能够得到养育者及时的响应时，Ta 便会认为他人是友善的、可信赖的，发展出安全型的依恋模式。慢慢成长的他们也会在其他人际关系中更容易建立轻松、信任的关系。当照料者对于婴儿的情况有时关注耐心，有时又无法回应甚至焦躁地回应时，婴儿与养育者之间的感情就是复杂而充满焦虑的，因为婴儿无法判断对方是否真的关注自己。随着他们的成长，这样的婴儿会在人际关系中表现出焦虑-矛盾型依恋的特质，他们在建立关系时会更加紧张，关注对方，并且依赖性较强。在鲍尔比的学生安斯沃斯（Mary Ainsworth）之后的观察研究中，焦虑—矛盾型的孩子会在父母离开时大哭大闹，难以分离。另一类回避型的婴儿往往在养育中很难得到需求的回应，经常被照料者拒绝或感受到敌对的态度，因此他们认为别人不可信赖，在成长中更难建立亲密、信任的关系。

成年后的亲密关系在很大程度上是与早期照料者之间关系的缩影。如果通过早期养育建立了安全型依恋，这样的孩子学到了父母对于需求的敏感、耐心、适度的回应等能力，他们在成年后的关系中也可以运用这些于关系具有建设性的能力；焦虑—矛盾型依恋让人在亲密关系中更希望依赖伴侣，并且不断试探对方是不是稳定、安全的；回避型依恋的孩子在早年从养育者处获得的关注、照料较少，因此他们也需要经历更多的尝试和努力才能进入到爱情中。但这并不代表安全型依恋的人不会与伴侣产生矛盾，只是在面对矛盾冲突时，不同依恋类型的人所需要的回应各有不同。

试想一个安全型依恋的人，也许在争吵时依然相信对方是爱自己的，所以爱情里的吵闹可能变成"调味剂"；但对于一个回避型依恋的人而言，一次与爱人的激烈冲突可能会让Ta坚信对方已不再全心地爱自己，甚至决定就此关上刚刚打开的信赖之门。这也解释了为何有些情侣可以吵闹却依然相爱，有一些情侣却因为一次争吵就无法维持。有些时候，人们在关系中需要试探，才愿意相信这段关系是安全、温暖的。转换视角看待冲突，会发现许多的争吵目的绝非破坏关系，而是为了通过这样的表达方式来告知彼此"这件事对我很重要"，或是"你对我很重要，所以我不希望你……"。

实际上，依恋类型只是一种外显的行为表现，人们内心对于安全、归属的需要才是问题的核心。情侣双方关注和理解对方对关系的感受，并且在遇到摩擦时及时、适当地给予回应，处理矛盾的方法就可以更加灵活。具体的沟通方式将在本章第四小节中讨论。其实，世界上没有完美的爱情和完美的爱人，我们所看到的完美大多来自两人的相互成就。依恋类型的发展就是一个很好的例子。通过早年养育经历，每个人获得了初始的依恋模式，并且会在亲密关系中受其影响。心理学家研究发现，恋爱中的互动可以影响依恋类型，这样的发现或许会让你在做完下面的依恋类型测试后，更有进入亲密关系的信心吧！

【心理测试】

测测你的依恋类型：以下哪个表述最能描述你的感觉？

a. 我觉得跟人亲近很容易，我容易依靠别人，也容易让别人依靠我。我不担心被抛弃或跟别人走得太近。

b. 我常担心我的男（女）朋友不是真的爱我，或不是真的想跟我在一起。我很想跟人完全融成一片，这想法却常把对方吓跑。

c. 我有时候觉得跟别人亲近不太舒服，我觉得很难完全信任他们，我也很难依赖他们。当别人跟我亲近时，我会感到紧张，而且我的男（女）朋友常会要求亲密到使我感到不舒服。

参考类型：

a. 安全型依恋（Secure Style）

成人：可以与他人亲近且舒适地交往，不会忧虑遭抛弃或害怕关系亲密。此类型者最能维持长久稳定的爱情关系。

b. 焦虑矛盾型依恋（Anxiety/Ambivalent Style）

成人：担心遭到伴侣抛弃，要求极度亲近，有时可能反而吓到对方。

c. 回避型依恋（Avoidant Style）

成人：他人亲近时感到不舒适或紧张，难以信任他人。

【案例引入】

  2019 年，一则国内顶尖大学女生因为恋爱自杀的新闻在网络上引发了激烈的讨论，此案之所以成为热点，是因为它涉及了亲密关系中的精神控制。2019 年 10 月 9 日，女生包丽（化名）在北京市某宾馆服药自杀，送医救治期间被宣布"脑死亡"。包丽的母亲、同学获得了她手机中与男友的聊天记录。记录显示，包丽与男友的关系以男生为主导，她作为学妹是带着对男友的仰慕和欣赏开始恋情的，而男友也以前辈的身份给予她在个人发展方面上许多指导。包丽在这段关系中投入了真诚的情感。但是，随着关系发展，男友了解到包丽曾经有过恋爱经历并发生过性关系后，对待包丽的态度急转直下。他以包丽之前的性经历伤害了自己为由，向包丽提出过拍裸照、先怀孕再流产并留下病历单、做绝育手术等一系列要求。在包丽友人提供的聊天记录里，包丽对友人表达过男友不希望她和其他人有过多联系，男友很爱自己但是也让自己感觉很不自由，她很困惑两人的关系是否要继续。

  在了解这些后，包丽母亲认为，其男友的折磨是导致包丽自杀的主要原因，而对方对此予以否认。在 2020 年 4 月，女生包丽离开了这个世界，但她的母亲还在继续维权中。

四、爱的危险信号

  有时候，亲密关系中一方的控制在一开始并不会让人觉得危险，反而会为了对方非我不可的坚定觉得感动。但是，包含了过多控制的关系，真的还是爱吗？我们该如何识别一段亲密关系是否已经超出了自己的掌控？

（一）爱人也爱己——识别爱的危险信号

  在社会热点事件中被提及的 PUA，是对于有目的地建立亲密关系，并且利用对方的情感进行亲密关系中各种情感虐待、性暴力及其他伤害行为，进而达到自身控制欲满足的一类现象的简称。其全称是 Pick Up Artist，起源于欧美，这一现象在近几年受到了人们的大量关注。

  对于许多因为伴侣的情感虐待和精神控制承受痛苦的人而言，自己是否经历了 PUA 并不是关键，因为关系而带来的创伤才是人生中难以抹去的痕迹。其实，一些被冠以 PUA 的情况只是同样体现了关系中的控制乃至暴力现象。这类现象中包含对于伴侣的侮辱、贬低、过度的控制、对伴侣其他人际关系的排斥、缺乏共情、情绪阴晴不定、忽视、肢体暴力等。人们往往能够通过日常相处看到施害一方身上的蛛丝马迹，例如对待动物是否充满爱心、是否会用它们泄愤，在易引发情绪时是否能够自我调适，是否用暴怒应对。

  psychopathfree.com 是一个自助式网站，其建站初衷是教授深陷情感虐待的人如何脱离不健康的关系、如何从伤痛中康复。其建立者杰克森·麦肯锡（Jackson MacKenzie）也经历过糟糕的亲密关系。她在书中总结道，情感虐待者常用的方式是让伴侣的感受在理想化和贬低之间反复循环，最后走向崩溃。

（二）建立亲密关系的边界

而人们也会好奇，为什么许多情感虐待的受害者，明明有能力反抗，却选择了忍气吞声？在《自我边界》一书中，作者提到，每个人都有控制他人的欲望，但是一些人对于边界的设立却并不擅长。开始越界的人，可能因为没有被对方反馈和觉察而感到被允许，因而相似的行为会再次发生。这或许是一些人开始进入被控制或被虐待关系的原因。许多控制行为也会包裹着浓厚的爱意，以建议、期望的形式发生。有时我们会看到，一对热恋中的情侣，一方要求另一方不要再和其他的异性联络，这本身就是个不合理的要求，但刚刚进入恋情的人们可能真的会照做。在陷入爱情时，有人会将伴侣许多反常行为视为一种强烈爱情的表达方式，而没有意识到对方行为对自己的伤害性。因此，识别爱与控制之间的界限十分重要。如果一段关系已经让人感受到无法控制的情绪起伏，甚至影响了一个人对自我的评价，这时就需要停下来问一问自己，两人的关系到底是否基于爱而延伸。

浅析情感虐待者的内心世界，可以发现他们对于关系中维持自身处于控制方的需求是不符合常态的。总而言之，施暴者在意的从来不是关系，而是利用关系满足自己。当看到这一点时，我们更应理性地抉择，没有人的自恋值得他人用生命来献祭，既然对方追求的并非关系本身，不如给自己一个重新选择的机会。

（三）权力不平等的"爱情"

一些亲密关系本身就建立在特殊的背景之下。在上下级关系、师生关系等带有年龄、能力差异的交往中，弱势的一方很容易被对方身上的闪光之处吸引，进而开展一段亲密关系。如果用爱情三因素理论来分析，在恋爱关系初期被对方的优秀、能力吸引其实有许多激情的影响，而尚未走入真实的、稳定的关系模式。

身份的差异背后隐藏了权力地位的落差，弱势一方往往难以客观、全面地评估自己与对方关系的质量。爱情关系不同于其他人际关系，两人在交往中的平等、互助对于建立亲密感和稳定的承诺十分重要。一些爱情起源于对一方的崇拜，却不能仅建立于社会身份之上。尤其是耀眼的身份会让人本能地产生"晕轮效应"，对方身上的光环可能暂时地掩盖部分不完美的特质，但亲密而长久的相处难免会让人呈现出更真实的面貌。褪去光环后有缺陷、不完美的对方，才是在现实中真正共同建立关系的人。

在此，我们无意否认身份、年龄、学识有差异的人一定不能组成真实而美好的亲密关系。但寻求"真爱"的路上，底线是对自我的信任、对关系的信任不应被某一段关系破坏。如果一方深陷爱中，而另一方只视为利益的交换或控制欲的实现，那么这段关系本身就缺乏稳定性。当被动一方开始寻求一般恋爱关系中平等、互惠的沟通时，原先建立的平衡会迅速瓦解。即使双方相互吸引，并真诚交往，也仍要注意，人很难因为社会知识、能力的积累而更适合做"爱人"，在亲密关系中，每个人都需要不断成长。

第三节 "练爱"成长手册

经过本章前面的讲解，我们了解到了建立亲密关系的不同动机（激情、亲密、承诺）及其带来的不同关系类型，个人的心理层面与爱情相关的效应，以及对于理解伴侣关系而言十分重要的依恋类型。正如歌曲里唱的一样——"相爱没有那么容易，每个人有他的脾气"，许多矛盾并非在某一段关系中独有，而是因为每个人是独立的个体，有着自由的意志，所以难以避免磕磕碰碰。爱情中有许多的迷思和困难，维系美好的亲密关系并不是人与生俱来的能力，因此，在恋爱中练习爱的能力是大部分人要经历的关卡。

在讲述心理咨询临床案例的书《刺猬的爱情：亲密关系的心理故事》中，有一个有趣的小故事："在寒冷的冬天，一群刺猬围在一起，为了取暖，它们越靠越近，可是太接近时会刺到对方，为了避免疼痛，又逐渐散开，却失去挤在一起的好处，而再度冷得发抖，于是又慢慢靠近。这个过程循环几次后，它们终于找到最舒适的距离，既不会太冷，也不会刺痛彼此。"

你一定读懂了其中的隐喻。亲密关系中的人就像故事里的刺猬，在摩擦和抚慰的循环中不断地练习着用适宜的距离、适宜的方式来经营关系。

一、培养爱的能力

心理学家弗洛姆认为："爱是人的一种主动的能力，一个突破把人和其他同伴分离之围墙的能力，一种使人和他人相联合的能力；爱使人克服了孤独和分离的感觉，使他允许成为他自己，允许他保持自身的完整性。"

人天生具备爱的能力，但这种能力也需要在实践中不断丰富。弗洛姆所讲的爱的主动性，主要包括关心、责任、尊重和认识。这意味着需要主动地关心他人的状态、感受，承担在关系中的责任，给予彼此尊重的态度，并且在精神层面关注和相互交流，给予彼此心理的抚慰和成长。爱的能力是指和他人建立亲密关系的能力，对人一生发展有着重要意义，它会引导一个人去真正地爱他人，也真正地爱自己。

爱的能力包括七项，分别如下。

（1）表达爱的能力：使用恰当的方式和语言表达出自己的情感，并且需要勇气与自信。

（2）鉴别爱的能力：需要分辨好感、喜欢与爱。

（3）接受爱的能力：爱是双方的，当你感受到他人所传递的爱的信号时，是否能自然地接受被爱，又是否能够坦然地接受他人的认可。

（4）拒绝爱的能力：面对不适宜的恋情，我们需要用尊重而坚定的方式给予拒绝，而不是欲拒还迎或心口不一地使对方误解。

（5）解决爱的冲突的能力：当关系中出现矛盾时，能够用适当的方式来使彼此面向问题的解决。解决冲突需要包容、理解，同时还要有建设性沟通的能力。

（6）保持爱情长久的能力：这是一种综合的能力，需要人们适应在关系中依赖与独立的关系，维持学业、工作、爱情的相互平衡，不断地调整相处的模式。

（7）面对失恋的承受力：在失恋时依然能保持对自己的认可，能够接受关系逝去的结果。

二、调整预期与觉察需求

当爱情来临，人们有时会一头扎进美好的体验中，一时忘记了关注自身的感受、需求乃至对于关系原本的期待是什么。而维护好亲密关系的重要方式是透过亲密关系中两人的互动，更加理解自己的预期和需求，在理解自己的基础上与爱人的沟通将会于关系更有助益。当你进入一段关系，也意味着邀请一个人进入了自己的生活，这个人将会扮演怎样的重要性，如何影响你在Ta到来前已经塑造好的内在世界，会发展怎样的未来？这些问题有关于你对于爱情的预期，也影响着关系的发展。

在亲密关系中，有一些误会来自非理性的预期，如伴侣应该和我一样看重某件事情；伴侣应该理解我处理事情的方式；我的伴侣应该和我有一样的生活目标，并且和我一起为之努力；如果有矛盾，我们应该彻底解决处理；我的伴侣要包容我的不足。如此等等。

如果你也曾经有过类似上面的想法，是否想到过它们也许会影响你们的关系？在亲密关系中带着对关系美好的预期并没有错，但是要求对方与自己完全相同很难。对于关系中另一方的预期如果与自己的想法不一致，就容易出现矛盾。两个人的信念和解决问题的方式来自之前所有生活经验的塑造，其差异正如人们常说的"世界上没有两片相同的树叶"那样，世界上也没有两段相同的人生。放下"应该"，降低对关系的"完美"预期，并且接受关系中存在问题或不一致，是避免冲突的一种方式。

理解自己在沟通背后的内在需求能让交流更加有效，我们引用冰山模型来解释想法与行为之间的关系，如图8-2所示。人们的意识和无意识像冰山一样，浮在水面之上的意识部分只有十分之一，也就是外显的行为、想法。而剩余的十分之九则是庞大的无意识领域，包含着久远的记忆、感受、期待等内容。因为它们都在水面之下，有一些内容是难以被意识提取的，但是正是这些过往生命的积累，在暗暗影响着人们当下的感受、想法、行为。通过本书关于自我认识的讲解，也能窥到作为人如何被自己的经历塑造。亲密关系则是这样两个带着过往经历，却有时不能理解自己为什么愤怒，为什么用争吵解决问题的人在共同摸索着前进。

以冲突的情境为例，可以将一个会引发冲突的场景中自身的反应分为感受、想法、行为三个层次。人们最容易捕捉到的信息是行为层面的，也许是争吵行为、回避行为，但如果看

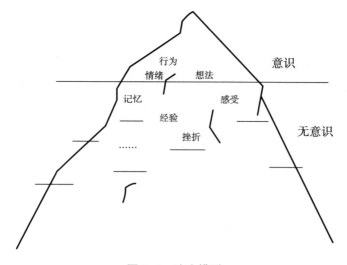

图8-2 冰山模型

不到背后是发生了什么引起了不舒服的感受,这样的感受如何影响你的想法,进而你决定用某种行为来进行回应这样一连串的内在过程,那么冲突就可能反复地发生。其实很多时候人们只是希望通过自己的行动来表达某种立场,或是寻求对方的某种反馈。

你可以按照下面的顺序做一次觉察训练:在经常发生的矛盾中,反思自己习惯的行为;找到行为背后的想法有哪些,发生了什么让你如此生气,这会让你联想到哪些类似的经历;觉察背后的感受,如果有愤怒,到底是来自对关系的愤怒、对伴侣的愤怒还是对自己的愤怒;尝试用语言表达你生气的原因,并且将期待和担心表达出来。在多次的练习后,你甚至可以在遇到相似事件时问一问,自己是否真的有必要像从前一样生气。

亲密关系是人生走到了半途与自我的再一次相遇,我们可能通过爱情才发现自己某些不完美。在与爱人的互动中看到自己,珍视这些感受,并且试着用更多的方式来处理情绪,你也会看到关系全新的一面。

【心理测试】

你更喜欢怎样的爱的表达?

请你在 1~10 题中选择更加贴合你在关系中需求的选项,并且记录下选择 A~E 不同选项的数量。

表 8-1 爱的五种语言测试表
爱的五种语言测试(简易版)

1	我喜欢我的伴侣称赞我的外表。 我喜欢我的伴侣倾听并尊重我的想法。	A B
2	能和伴侣待在一起,会令我很高兴。 我伴侣送给我的即使是最小的礼物,对我来说都很重要。	B C
3	我可以指望我的伴侣帮助我完成一些任务。 当我打开伴侣送给我的礼物时,我仍然会感到很兴奋。	D C
4	当伴侣在我旁边时,我忍不住要触摸 Ta。 当我的伴侣有时为我跑腿时,我很感谢 Ta。	E D
5	我伴侣写的爱的短笺让我感觉很好。 我喜欢伴侣给我的拥抱。	A E
6	我期待着看到我的伴侣会送什么生日礼物。 我从来没有厌倦过听伴侣告诉我,我对 Ta 有多么重要。	C A
7	在我累了的时候,我的伴侣善于问我 Ta 能帮着做些什么。 我们去哪里并不重要,重要的是我只喜欢和我伴侣一起去这些地方。	D B
8	我不敢奢求还有哪些礼物比我伴侣送给我的礼物更好。 我简直无法把自己的手从伴侣身上收回来。	C E
9	对我来说很重要的是,当我伴侣尽管有自己事情要做,Ta 却来帮助我。 当伴侣告诉我 Ta 很欣赏我的时候,让我感觉非常好。	D A
10	我不管去哪里,都愿意和我的伴侣一起去。 我喜欢牵着我伴侣的手。	B E

三、丰富爱的表达

（一）找到属于爱的语言

通过前面的 10 组题目，你应该得出了一至两个选择较多的选项，答案对应的是在爱情中你更喜欢的表达方式，分别如下。

A：肯定的言词

心理学家詹姆斯说过，人类最深处的需要就是感觉到被人欣赏。肯定的言词就是表达在恋爱中对伴侣的欣赏和赞美。生活中，你是否能够想到自己能如何表达爱吗？

B：精心的时刻

精心的时刻是双方给予对方全部的注意力，中心思想是"同在一起"。这种在一起不只是在距离上的接近，而是当一方表达时，另一方的注意力全部倾注在彼此身上。

C：交换礼物

送礼物这个行为不仅是给东西这一个含义，背后所表达的是在筹备礼物的过程中对伴侣的了解、观察，挑选礼物过程中的用心，同时也表达了你愿意为对方付出。

D：服务的行动

服务的行动的重点是行动方以积极的态度完成服务，并且愿意为此付出思想、时间、精力。在服务的行动中其实也解析了伴侣双方在"应该"做什么方面的观点，让关系中多了一些理解和尊重。

E：身体的接触

我们的身体也是传递情感和情绪的信号。有一些身体的接触虽然含蓄，如只是摸摸后背、拍一拍对方的手，却可以给予另一个人很大的安抚，并从中获得亲密。但是接触也需要征求对方的意见，询问 Ta 喜欢怎样的方式。

每个人习惯表达爱的方式和接收爱意的方式各不相同，因此换位思考，并且用对方能感知到的行动来表达感情，会带来更少的误解和更多的默契。中国文化有着含蓄内敛的传统，因此很多人会认为在恋爱中说体贴的话、做亲密的举动会显得过于刻意，因而在稳定的关系中忽略了继续培养亲密感的需求。选择肯定言词的人更关注伴侣对自身的欣赏和认可，选择精心的时刻的人更加在意伴侣为自己付出的时间和创意，选择交换礼物的人希望伴侣用礼物来表达自己的重要性，选择服务的行动则需要伴侣关注自己的需求并提供行为帮助，选择身体接触则更渴望两人接触带来的亲密和安全。希望你既可以用温暖的方式贴近伴侣的需求，也在看到自己的需求后，学着关爱、满足自己。

【推荐资料】

查普曼所写的《爱的五种语言》为许多人提供了了解自己、了解伴侣的方式，通过测试，可以获得如何相处的灵感。

【潜能训练】

说出"我的爱"

（1）完成爱的五种语言测试。

（2）用三句话来表达自己期待的爱的表达。
（3）尝试和朋友／伴侣讨论，不同的爱的表达会给你怎样的体验。

（二）表达失落也是沟通

在表达爱的过程中，人们经常会因为没有收到期待的回应而感到失落，其中也存在着沟通方式导致的矛盾。除了尽力表达爱，表达失落、拒绝本身都是人们在关系中做出的努力，它会让关系更加真实、立体地存在，并且指明双方努力的方向。在矛盾中的争吵本身虽不是最理想的交流，却能够提示人们，需要调整一些相处中的细节。如果你希望顺畅地表达爱，那不妨从爱的五种语言开始，试着理解对方的期待。一种说法是：〝当一个人在某一领域犯过所有的错，也就成为这一领域的专家〞，表达爱意的练习也会帮助你成为自己爱情问题的解铃人。

四、爱是自我成长之路

本章的许多内容站在现实生活中问题的角度，提供了建立和维系亲密关系的知识、方法。请记得，所有在追寻爱的路上所遇到的问题和困难，都不能影响爱这种情感本来的美好。

人是在和亲人、朋友、爱人之间情感的连接中成长的，每一段关系都会带来不同的体验和收获。在他人的身上，我们可以看到自己身上许多特质的映射，并且通过这些映射丰富对自我的理解。我们喜欢的人身上，也许存在很多自己渴望拥有或已经拥有的特质，通过喜欢他人，我们也肯定、见证了自身的美好。通过观察与亲密的人之间相似之处，你也许会发现自己身上尚未被觉察的优秀品质。

诚然，喜欢的人身上也一定有一些我们不喜欢的特质，一些我们无法接受的价值观和行为方式，但这往往不能影响我们喜爱这些人。因为在爱里，我们选择了包容对方身上的缺陷。接纳对方是一个〝既好又坏〞的存在其实需要很大的勇气。在一个人的心理尚未发育成熟时，承受他人身上的缺点，甚至与之相处是一件困难的事。人们常说：〝小孩才分对错。〞那是因为只接受对和错的认知是简单的、不需要过多加工的。但是随着年龄的增长，我们会发现所有事物都无法万全，而我们也不会再因为他人的失控而感到内在秩序的崩塌，这是心理成长的体现。亲密的爱人，在可爱的同时可恨，可气的同时可笑，才是以真实面目相对的一个人。

在爱情里，我们会发现自己有时候比想象更糟糕，有时候却也能爆发出超出预期的潜力。在爱情里，有时也会突然发现，原来自己一直在试图包容体谅的那个人，也在用同样的深情承载我们的不完美。许多优秀的年轻人会担忧爱情给生活带来的不可控，让原本稳定的内心波澜起伏，让原本可以疏离的关系影响情绪，要给予另一个人影响自己人生的许可。这种不可控是安全的吗？这个问题的确很难回答。但在关系中，正因两个不同背景、观念的人相遇，才有可能塑造比一个人更精彩、多样的故事。或许这就是爱情的魅力所在。

在这一章里，探讨爱情是什么，探讨关系的维系，也探讨亲密关系中那些并不如人意的种种现象，想要呈现的是一幅在亲密关系中尽可能开阔的图景，让你看到更多的可能性。许多人会害怕自己不是那个最贴近〝标准答案〞的人，也担忧着自己是否〝享有被爱的资格〞，甚至为了成为被别人喜爱的人，在生活中处处隐藏起了真实的感受。为了回避真实而卷入的关系所塑造的〝标准〞形象，也许能够让人有距离地喜爱一个人，但无论是面向朋友、亲人还是伴侣，时间久了都会让人觉得身负重担，感到疲于应付。在亲密关系里，人们渴求归属的感受，更希望他人接纳的是那个不完美却真实的自己。因为对真挚情感的渴望，人们才在文艺作品中从未放弃歌颂爱情。

本章最希望传达的一个理念是：每一个人作为独立个体都值得被看到、尊敬和珍视，无论在怎样的关系中，都要珍视自己，也尊重他人的存在。可能因为种种原因，经历多番尝试之后，一段关系还是如本章开篇中阿布拉莫维奇和乌雷的爱情一样没有相伴一生，但爱的过程于生命的价值往往比结果重要得多。

【本章回顾】

本章从经典的爱情三元素理论开始，分析了激情、亲密、承诺三种成分在爱情中产生的影响。通过对一系列人际关系相关心理效应解读了建立亲密关系过程里的原理。最后列举亲密关系常见的迷思，以及如何通过自我觉察、训练的方式提升维系关系的能力。爱是一条自我成长的道路，希望本章可以支持到各位读者思考你与自己、与他人的关系。

【话题讨论】

1. 亲密关系三维度随时间变化的规律是什么？对你的亲密关系有何启示？
2. 你认为，哪些心理效应对自己的亲密关系影响更大？
3. 你是否经历过对爱情的迷思？学习本章后你有哪些收获？
4. 你的爱的能力有哪些长项，有哪些短板？
5. 交流如何将爱的五种语言应用到生活中。

【参考文献】

[1] [美] 罗伯特·J. 斯滕伯格. 爱情心理学 [M]. 李朝旭，等译. 北京：世界图书出版公司，2010.

[2] [美] 罗兰·米勒. 亲密关系 [M]. 王伟平，译. 北京：人民邮电出版社，2015.

[3] [美] 罗伯特·费尔德曼. 发展心理学——人的毕生发展 [M]. 苏彦捷，等译. 北京：世界图书出版公司，2007.

[4] [英] 杰夫·艾伦. 亲密关系的秘密 [M]. 郭珍琪，冯志德，等译. 厦门：鹭江出版社，2015.

[5] [美] 詹妮弗·菲尔德，帕梅拉·比勒尔. 看不见的背叛：爱与痛的挣扎与疗愈 [M]. 北京：北京联合出版公司，2016.

[6] [美] 盖瑞·查普曼. 爱的五种语言：创造完美的两性沟通 [M]. 王云良，译. 北京：中国轻工业出版社，2006.

[7] [美] 黛博拉·A. 卢普尼兹. 刺猬的爱情：亲密关系的心理故事 [M]. 易之新，译. 上海：华东师范大学出版社，2008.

[8] [美] 菲利普·G. 津巴多，罗伯特·L. 约翰逊，薇薇安·汉密尔顿. 津巴多普通心理学（第7版）[M]. 钱静，等译. 北京：中国人民大学出版社，2016.

[9] [美] 丹·艾瑞里. 怪诞行为学 [M]. 赵德亮，夏蓓洁，译. 北京：中信出版社，2008.

[10] 李银河. 李银河说爱情 [M]. 北京：北京十月文艺出版社，2019.

第九章　纸上得来终觉浅
——性的发展与成熟

【名人名言】

　　人尽管有许多需要，但作为成年人一生中有最重要的两大欲望，一是成为一个重要人物的渴望，一是性欲的满足。

——马斯洛

　　性几乎从来不仅仅是性而已。

——雪莉·麦克雷恩

【案例引入】

　　18岁的刘小华考上了理想的大学，他既憧憬着美好的爱情，也向往着自由的大学生活。这个暑假，突然从学业中放松下来的他开始上网，却发现自己总是被网络上充满性暗示的广告吸引。虽然男生之间偶尔会开些玩笑，但连续好多天沉迷在色情信息里仍然让他觉得不自在。自小的教育告诉他现在的这些行为是危险的，每天多次、频繁的性冲动也在不断地提示他正在做不对的事情。怎么办？想改变的他开始上网搜索克制性欲的方法，于是逛进了"戒色吧"。但是一进去他又被吓坏了。里面的同龄人为了抑制性欲用了各种各样的自我惩罚方法，甚至有些人还会自残。刘小华赶紧关上了网页，心里想真的有必要吗？他们就这么厌恶性吗？幸好自己还没那么严重。学了这么多年，自己还没交过女朋友呢，要像贴吧里的人那样伤害自己，真是做不到。

　　只是，面对未来，他真的没信心和自己的性冲动好好相处。

【导言】

　　大学生正处在18～24岁的年龄段，进入了性生理成熟和性心理成熟的阶段。然而，由于在进入大学之前高强度的学业压力、家庭和学校教育对性多方面的束缚，性的需求被掩盖了太久，让许多刚刚步入大学的大学生把性的关系看起来陌生而略显疏远。需要认识到人类在初生之时就有性和情欲的丰富潜能。

　　许多人的性觉醒是通过生理上的改变开始的。随着青春期的逐渐来临，人会迈向生理上的性成熟，也会开启因性而带来的种种困惑。但所有的成长都非一蹴而就，我们的生理快速发展的同时，心理也会日益成熟，逐渐与看起来已经是一个成年人的身体同步，达到情感和心智的稳定状态。

第一节 性的基本概念

一、性的含义

性,是生命的一个组成部分。古人云:"食色,性也。"人类的性,比单纯的生物和繁殖层面意义更复杂,融合了历史、文化、社会关系、经济阶层、心理发展等多层面的元素。性的丰富含义及其每一个发展阶段的发展顺利程度,对于成年后的性自我认知、正常性需求的满足、亲密关系和繁衍后代的决策有着非常重要的意义。性不仅是一个生理结构上的简单差异,还会对一个人心理领域的健康,产生极其重要的影响。

为了更清晰地了解何为性,我们将从生物学、社会学、心理学三个属性进行讨论,并扩展其理解内涵。

(一)性的生物学属性

性的生物学属性,指男女两性在生物学上的差别,是生物进化的结果。生理性别经常被认为只有男和女两种。实际上,因性染色体、基因表达、激素分泌、性征等多种原因,可能导致许多影响"确定的"生理性别的可能。下面让我们从染色体性别、性腺性别、激素性别、生殖系统及第二性征等四个层面来看看其区别。

遗传学上,除了人类体细胞的 22 对常染色体,第 23 对染色体在性发育中起决定性作用,被称作性染色体。性染色体有两种类别:X、Y,其组合与性别的对应关系为:男性 XY,女性 XX。

生理结构上,受性染色体影响,男性身体的性腺为睾丸,女性身体的性腺为卵巢。在性腺的作用下,人体会分泌性激素并在青春期开始发育出第二性征。

性激素分泌上,男性分泌较多的雄性激素,雄性激素促进男性生殖器官发育,并出现第二性征,刺激食欲,促进蛋白质合成;女性分泌较多的雌性激素,有促进第二性征发育的作用,使得女性子宫内膜增生,产生月经,并且影响脂肪在身体的分布。

最后,生殖系统及第二性征的差异即男性和女性之间性生殖器官生理结构的不同。

以上四类区别影响了人的性别,也是人们对自身性的认同的基础之一。

但性的生物学意义不仅是性别,还包括性欲和性能力。性欲是伴随着人们生理的成熟而逐渐发展的生理欲望,它和饥饿感、对温度的需求一样,是人类基本的生理需求。在马斯洛需求层次理论中,性的满足是人类生存最基本需求之一。虽然人类从青春期开始就已经具备性能力,但是如何使用这一能力,除了基础的生理条件之外,还与社会和心理有极大的相关性。

(二)性的社会学属性

人类的性与动物的区别在于其社会的需要。性不仅承载了人在生理本能上的欲望,同时还存在着许多社会性意义。例如,在自己的文化中如何选择伴侣,社会对性的态度持肯定或否定,性与一个人的经济、文化、社会角色有怎样的关系等。

性的社会性还包括性道德感、性文化、性规范和性法律。性道德感指的是人在两性生活中对自己的思想和行为按照社会性道德规范的要求做出的一种自我制约。性文化指有关人类性爱的方式、规则、知识和艺术。性规范指的是性禁忌，以及其后发展完备的性法律、性道德、宗教性戒律等。而性的法律同样基于每个国家或地区的差异，在当时当地的法律体系中建构，例如对性侵犯的具体定义、对性商业化的准许等。

不同文化背景也影响了人们对于性的认识。对于每一个人而言，脚本是一种指挥并引导行动的预设方案。作为某种特定文化中的男女，所学到的性脚本极大地影响着我们在性活动中的表现。性脚本，包含了文化脚本、内心脚本和人际脚本三个部分。

文化脚本提供了社会期望性行为应遵循的大致模式。例如，我国文化非常强调异性性行为，同时对自慰持不积极的态度。

内心脚本负责处理引发、伴随或标志着性唤起的各种心理或生理状态，即我们如何去解释自己脸红心跳等反应。但是内心脚本也是容易有疏漏的，人们可能会因为了解到性唤起的通行的身体反应，而忽略了自己个性化的反应。

人际脚本包括暗示两个人可以开始性行为的不成文约定及信号，比如特定的肢体语言、词汇以及有情欲意味的抚摸等。

也就是说，在我们去体验自己内心的感受、发生性行为、解释一段关系的过程中，性脚本都在发生着作用。在我们能够觉察其存在之前，这些原型、模式就已经在影响我们的生活了。有一种观点认为，人们的性行为和性感受主要取决于后天学习而不是生理冲动，性冲动可以被塑造成几乎任何形式，所谓"自然的性"只是社会眼中的自然。人们的性受到社会的塑造，并通过学习内化形成了个人在心理层面对于性的解释。

（三）性的心理学属性

性心理指人们在生理发展的基础上，在社会环境、文化背景的影响下形成的对性及性活动的认知、体验、观念和情感等心理活动。性的心理属性包括两个方面的内容：

一是与性或性行为内容有联系的各种心理过程，包括与性有关的知觉、记忆、思维、需要、情绪、意志的选择和决定等；

二是与人格特质相联系的性心理，如个体对性的态度、评价和性取向等。

性心理随着生理发展、与社会环境的互动而不断变化。大多数人认为性的心理发展是从青春期开始的，这一观点是正确的，因为青春期至成年早期，是人们进行性体验和认知、确立个人性观念的最重要阶段。但在青春期之前，人们就已经对性有了部分认识和体验。

（四）性的丰富外延

性的概念不只关乎与生理体验相关的内容。正如前文提及，性作为人类活动的重要组成部分，融合了历史、文化、艺术、经济、权力等多方面的概念。如果只能认识到性是一种本能，是对性的肤浅认知。

在本能之外，性也有着其升华意义。例如，性驱力可能会指引人们发展出艺术创造、精于工作的能力，而不至于被本能驱使着、只着眼于基本欲望的满足。这也让我们的社会中虽然处处存在着性，却不会处处受之局限。

（五）性行为的目的

社会学家、性学家李银河在《李银河说爱情》一书中提出，性具有七种本源的意义，包括：

第一，繁衍后代；

第二，表达感情；

第三，单纯的肉体快乐和性快感；

第四，追求延年益寿；

第五，维持生计；

第六，维护人际关系、缓解冲突；

第七，权力的表达。

事实上，以上有一些意义的提出来源于动物研究，如维护关系缓解冲突的性行为常见于灵长类动物中，动物们通过性行为来修复关系；权力表达也在自然界十分常见，如群居动物中的首领总是会享有更多的交配选择。反观人类社会，虽然文明发展程度与其他物种不可同日而语，性的作用有时候却又十分相似。但是作为人类的重要能力是理性思考和判断，我们可以辨别一段关系中亲密与性之间的相互作用。作为亲密关系中合作的双方，理解对方对性的需求也十分重要。

二、认识多元的性

一个人的性既来自其生理条件，也和在成长过程中对自我认同的逐步确立有着极大的相关性，每一个人都可能是多元文化的一个独特个体。著有影响深远的《金赛性学报告》的阿尔弗雷德·金赛（Alfred Kinsey）说："世界并不只有山羊和绵羊。"

在开始这一部分的学习之前，请先做一个小测试。

你之前是否听说过"LGBTQQIA"这样一组字母？它们代表着什么含义？不同的字母又是通过什么来定义的？

通过这个小测试，你可以大致判断，自己对于多元的性这一主题的了解程度。无论一开始你对于这一组字母有多少了解，在本小节结束之后，你会开始建立自己对于性别的认知。你将了解到一个人怎样在成长中建构性意识，性别在不同维度的定义，以及性倾向的丰富性。

（一）生理性别

对于大部分人而言，性别是一个再平常不过的概念。从出生开始，我们就被标识了一种性别，并且依照着这样的标识一直生活到了现在。在你的内心中，性别于生活而言是一个怎样的存在？也许性别决定了你去哪个卫生间、穿什么衣服、怎样打扮、如何与人交往，也决定了你将来所选择的另一半……如果你接受自身性别所带来的影响，那么这些将不会成为困扰你的问题。但是，许多人正在遭遇关于性别的极大困惑，而这些困惑往往爆发于青春期。

让我们回到生命之初，看一看性别是被怎样定义的。每个人的生命都起源于受精卵，随着细胞一天天地发育，受精卵成为一个孕育于母亲身体内的小生命，直到生产那一天，来到这个世界上。从此，Ta 需要适应这个社会的一些准则。当医生向孩子的亲人第一次介绍这个孩子时，可能会这样说："是一个健康的女婴"——人们在来到世界的第一时刻就会被定义性别。所有人都掌握一个基本的知识，即出生时的性别取决于孩子的第一性征——生殖系统。这里，我们要引入第一个关于性别的概念：生理性别，英文常用 Sex 表示。

前文提到了生物学上影响性别的四个方面：染色体性别、性腺性别、激素性别、生殖器官及第二性征。当一个人能够在四个层面上均是正常且一致的，可以说是处在性发育中最顺利的状态。相应地，我们可以看一看生理导致性别确认问题的情况。一些人的性染色体可能存在异常，他们的性染色体不属于普通的 XX 或 XY 中的一类，而可能是 X0、XYY 等情况，从而影响他们的生理发育，尤其是性器官的发育。

在 2009 年获得柏林世锦赛女子 800 米冠军后，南非运动员赛门娅因为跑得太快以及男性化的外形被质疑性别。后来检测发现，赛门娅没有女性生殖系统，体内有隐睾，其睾酮素分泌量是一般女性的 3 倍。最后，她被要求服用酮体素以降低雄性激素分泌，否则不可以再参赛。但赛门娅一直认为自己是一个女性。

类似赛门娅的问题曾经出现过无数次——一个拥有与"标准"不同的生理结构的人，似乎在一些特定情境下失去了决定自己是谁的权力。LGBTQQIA 中的 I 是属于间性人群体的代称，英文为 Intersex，一般是指出生时同时拥有男、女两套性器官的人。一些间性人孩子会在一出生就被选定性别，完成性别确认手术，但是其性别在绝大多数情况下都由医生或家人决定。那么这个孩子就应该属于某一种性别吗？

（二）性别认同

不难发现，在生理性别并非确切地只有男、女两种分类的情况下，人们使用二元的方式划分性别虽然是一种社会公认，但并不是一种完美的方法。这样的一种社会标准，就是第二个关于性别的概念：社会性别，英文常用 gender 表示。社会性别意味着一个人在社会上以某一种性别的身份生存。一个人基于生理、心理而选择的性别身份被称为性别认同（Gender Identity）。大部分人会选择与自己生理性别相同的社会性别生活在世界上，这种性别认同被称为顺性别。

不过，传统认为性别只有男女的观点在近些年也有了很大的变化。还记得本节开始的一串字母吗？其中的 Q 就属于挑战传统性别划分的人，他们称自己为酷儿（Queer），意为他们不认为自己需要被划分到男或女的二元性别之中；另一个字母 T 则属于自己的性别选择与生理性别不同的人，他们是跨性别人群（Transgender）。与酷儿不同的是，跨性别人群的社会性别仍可以归类到男或女，只不过他们的性别认同是非顺性别的。对于很多人而言，非顺性别的性别认同在生活的便利程度、心理自我认同中造成了重要障碍。

在确认了个人的生理性别和社会性别后，一个人就获得了自我认知中非常重要的部分。社会上对于性别的教育有很多观点，有些人认为要对孩子进行符合社会对于某一性别期待的教育，例如给男孩子上技术课，给女孩子上艺术课；而另一部分人则认为要让孩子自由地接收所有信息、教育，然后成为一个自己定义性别特点的人。这类争论实际上是在讨论：我们的社会到底期许怎样的成员，是应该培养典型的男人和女人，还是只培养人，人们应该用怎样的方式进行性别表达。在性与性别领域中，性别表达是受到时代文化背景影响最大的领域。欧洲历史上，为了能够选择穿裤子、不再束腰，女性在二战前后经历了艰难的抗争，但在如今的世界范围内，大部分女性都拥有了随意穿裤子的自由；而作为中国男性，可能也很难想象苏格兰短裙竟然是男士的专属。不同文化中，人们对于性别表达的包容度和预期十分不同，一度被社会热议的男子气、女子气也并非完全对立的两极。

（三）性倾向

性领域另一个重要的维度是性倾向（Orientation）。异性恋是最常见的性倾向，但除此之外，对于人们如何受到吸引，还有许多的可能性。

首先，需要了解人们认识多元性倾向的过程。曾经，同性恋被列为精神疾病，甚至在我国，人们一度会因为同性恋身份而被判刑。但随着社会对于性与性别领域研究的深入，1992年，世界卫生组织正式将同性恋从《国际疾病分类》（ICD-9）的精神疾病列表中剔除，我国也于2001年从《中国精神障碍分类与诊断标准》（CCMD-3）中移除了对同性恋的精神疾病诊断。目前，已有包括荷兰、比利时、西班牙、加拿大等20余个国家实现了同性恋婚姻的合法化。

然而，因为历史上曾有对性少数群体的疾病诊断，同性恋在普通群众中的被污名化程度很高。作为父母，也有很多人完全不能接受自己的子女是同性恋，甚至因此发生出柜后的家庭暴力行为。根据2017年北京同志中心的调研，我国有超过70%的性少数人士曾经因为性倾向、性别认同或性别表达而出现心理困扰。

在本节开头的一连串字母中，L指女同性恋，英文为Lesbian；G指男同性恋，英文为Gay。实际上，除了同性恋这一倾向之外，还有许多种性倾向，如B（Bisexual）所代表的是双性恋之意，意味着某个人面对异性和同性都可能感受到被吸引；A（Asexual）代表无性恋，意思是可以在没有性冲动的情况下，因为其他原因感受到吸引并与他人建立亲密关系，对于伴侣性别没有特别指向。

对于性少数群体而言，有一些人会因为自己对于同性产生性的吸引而感到恐惧、自责，进而联想到自己是否"出了问题"。实际上，能够感受到他人的性吸引是极其正常的，无论对方的性别或性倾向是什么。在性学研究经典《金赛性学报告》一书中，金赛对于性倾向设计了一个0~6的量表，0和6分别对应绝对异性恋和绝对同性恋，而中间的5个等级则是不那么确定的选项。金赛还认为，虽然他将这一量表分为7点，但这应该是一个可以无限细分下去的量表。这一理念引领了人们对于性倾向认知的发展，现在有越来越多的人认为，无论是性别认同还是性倾向，都是一个可以变化的连续谱，人们可能因为生活经历而转变取向，或者天然拥有对不同特质的人产生好感的特质。

简而言之，性倾向是流动的，也不能标志一个人其他任何特质。无论是否属于大多数，我们都不应为自己的性别认同、性别表达或性倾向而感到自卑。

【知识链接】

人们对于生理性别、性别认同和性倾向的认识是不断发展的。一些无法接受自身或身边重要的人是性少数的人，也曾经寄希望于心理治疗以扭转性别认同或性倾向。以往，也曾经出现过通过行为疗法进行性治疗的尝试，包括在出现性唤起时进行电击、用皮筋弹手腕等厌恶治疗方式，但真正能够因治疗而彻底扭转性别认同、性倾向、性别表达的案例报告却极少，几乎没有。目前，心理咨询或治疗的方向转为处理因为个人的性少数身份而带来的困扰，帮助来访者接纳自己，而不再做残忍的扭转治疗。

2019年，美国一家同性恋矫治中心的负责人公开出柜，表达自己终于认同了同性恋身份，并为之前自己所持的立场过于偏颇感到忏悔。类似的故事在许多地方仍在上演。一些人对性少数群体的排斥来自不够了解这个群体，或者不够了解自己，但是在行为上却通过攻击、中伤他人的生活来彰显自身观点。正确的做法是在正式地了解、研究和沟通后再形成判断，而且不应因为某种标签而伤害他人。

【话题讨论】
1. 性别认同、性倾向可以改变吗？为什么？
2. 文化对性与性别观念有哪些影响？

第二节　性的发展与成熟

如果你看过《头脑特工队》(*Inside Out*)这部电影，一定知道这一整部电影都在讨论主人公莱莉进入14岁后生活发生的种种变化。你是否想过，影片为什么要将转折点设定在14岁呢？答案很好猜：因为这是大部分人青春期开始的年龄。

从青春期开始，我们的身体会因为激素水平的改变而发生许多变化，有的变化甚至让你的身体好像成为另一个人。青春期的心理体验也是动荡的，一个人要和发育后的身体重新相处，也要经历由成长带来的生活转变。

在第一章的内容里，我们详细地梳理了作为一个人，是怎样逐步认识自己的。前文关于性与性别的讲解中，也谈到性是一个人自我意识非常重要的一部分。性与自我认同的关联是，我们要通过对自身在性的各个维度上获得一个相对确定的结论，才能够更清晰地意识到自己要依照怎样的预期和标准生活。青春期是一个人由儿童走向成年的过渡阶段，对于每一个人而言，都有着独特的意义，它为自我意识的确立提供了丰富的素材和多样的挑战。

让我们从一个青春期最关键的变化说起，那就是"性成熟"。在尚未发育之前，许多男孩和女孩对于彼此之间差别的理解局限在不能共用卫生间，但一个开始发育的青少年会了解男性与女性在青春期的巨大差异。往往男生会在青春期经历身高和体重的快速变化，身高开始普遍高于女生；女生也开始有了体态的变化，第二性征的发育甚至让一些女生因为脂肪积累而感到烦恼。青春期的生理变化会高度提升男女生对于自身形象的关注，生活环境会有一个类似"标准化"的隐形概念，控制着每个男孩和女孩对自己身体的认识。虽然不同群体的标准略有差异，但无疑都影响着每个人获得的评价及自我接纳。从这个时候开始，"我是谁"的问题中又增加了一个维度——"我是一个怎样的男人/女人"。青少年更加关注自己是否是一个受欢迎的人，在社群里寻找自身的定位。

一、童年时期的性发展

请你回忆一下，第一次理解性是一个与身体相关的概念是什么时候？那个时候的你可能对于性的认知还是懵懂的，只是与生育有关的联想。但那段启蒙很重要，它奠定了一个人与性最早有自主意识的连接。

在许多人小的时候，家长很难讲出"性器官"这样的词。也许在全世界范围内，男性和女性生殖器官大约有几十种昵称。值得思考的是，人们为什么认为孩子无法理解性器官这类词？也许因为儿童所展现的对于性的懵懂无知，让人类在漫长岁月中忘记了一点：即使是孩子，也存在与性相关的体验。

性，从自然属性来说，是人与动物共同的属性之一。动物和人类一样，成熟的标志与生殖能力息息相关。如果我们带着更生物性的眼光来审视人类的性，便会发现它自然而原始地存在于每个人的生命全程。有研究者发现，即使是对刚刚出生的婴幼儿，也能观察到勃起或性高潮的现象，这意味着孩子虽然不知道什么是性体验，却已经能够感受它们。性体验本身是中性的，并无好坏之分。值得注意的是，作为家长的成年人怎样回应这些身体体验，对孩子性观念的塑造及性行为有着重要意义。

精神分析学派创始人弗洛伊德提出了人类在不同年龄段性发展的主要阶段。在儿童时期中3~6岁这一年龄阶段，小朋友开始关注自己的生殖器和其他孩子的区别，也有些孩子会抚摸自己的性器官。这一阶段被称为"性器期"，孩子认识到了两性之间在解剖学上的差异和自己的性别，因此力比多集中投放在生殖器部分，性器官成了儿童获得性满足的重要部位，通常表现为喜欢抚摸生殖器和显露生殖器以及性幻想。这一阶段，儿童表现出对性的好奇，由此产生一些复杂的心理状况。

学生小王到现在都能回忆起来小的时候和小朋友一起玩耍时发生的场景。那时候他刚刚发现自己和关系很好的邻居小姐姐身体有很大的区别，所以玩的时候会扒开自己裤子进行观察，并且摸一摸生殖器。这天他在家门边和邻居家几个小朋友一起玩的时候，妈妈突然冲了过来，狠狠地打了他的脑袋一下，用很大的声音说："你这个没规矩的孩子，怎么这么不知羞呢？"当时的小王吓坏了，大哭出来，但妈妈只是很严厉地告诉他下次不许这样了。这个经历让他在小伙伴中多次受到嘲笑，也成为青春期性萌动时一想起来就备感压力的记忆。

性器期的孩子对于性和身体的探索，正如小的时候什么都要放进嘴里咬一咬，如果家长过于紧张孩子的探索行为，反而会给他们一种将性和犯错相关的意识。也许禁止会在当时让孩子的行为停下来，但带来的后续影响可能是对自己身体的厌恶、担忧，甚至是对自己是个坏孩子的恐惧。

其实我们可以放心，即使这个时候孩子通过探索身体体验到了性快感，即使性快感产生的部位同样是生殖器，但其感受强度、深度仍然与成年后带有成年人性欲、伴随着性高潮来临的感受是有很大区别的。这就像可乐和水的区别，虽然同样有水作为主要成分，但可乐的刺激正是一点点糖、二氧化碳，是整杯饮料中成分上极少的一点点改变。性体验的差别正是源于细微的来自生理发展的区别。

度过性器期后，孩子将迎来潜伏期。6~12岁时期，儿童的性从心理上又受到了压抑。这是由于道德感、美感、羞耻心和害怕被别人厌恶等心理力量的发展，这些心理力量与儿童时期的毫无掩饰的性力冲动是对立的。发展一半是由于家庭教养和社会要求，另一半则是由于躯体的发育。这一时期的性冲动暂时停止活动，儿童中止对异性的兴趣，倾向和同性者来往。但是性力的冲动并没有消失，而是转向今后社会生活所必须的一些活动——学习、体育、歌舞、艺术、游戏等。所以小学期间的男生女生会组成以性别为区分的小团体，开展游戏和运动，但却偶尔对彼此间带着些排斥。潜伏期所展现的交往特点是通过升华作用实现的，也是性力在发展过程中的一种更有目的的作用。

经历了以上两个阶段，儿童开始慢慢成长为一个青年，也就迎来了生命中性能量最蓬勃的时期——青春期。现在我们知道了，青春期的性能量并非突然而至，而是在整个成长阶段积累了对身体、心理、人际关系的学习和认识后，开始转向了具有更明确人际指向的行为。大学生的年纪大多在青春期中后期和成年早期，因此我们对性发展的介绍也将以青春期为主。

二、生理变化与心理动荡——青春期前期

在青春期，人的身体由儿童逐渐成熟，在身体发生急剧变化的同时，其心理也快速发育。青春期时的生理变化意味着身体上性征的日益凸显成为不可避免的焦点。虽然从一出生起人们就有性别的区分，但对于大部分人而言，真正意识到自己是一个男人或女人的阶段开始于12岁左右。随着身体骤风暴雨般的剧变，人生中最为多变、动荡、让人兴奋的时期到来了。在青春期的早期，许多人的第一反应却并不是喜悦，而是会首先体会到一股陌生感：原先那个纤弱的、很瘦小的女生开始发育了，脂肪累积，身材开始变化；原先那个小男孩也变得开始毛发旺盛，身高、声音都脱离了稚气……发育的历程中，生殖器官的变化更容易带来情绪的变化，长个子、长胡子是可以被任何人知道的事，但女孩的胸部、男性生殖器变化则会让人特别紧张。

我们需要像第一次认识自己的身体一样，接受它超出预期的变化。身体形象的改变带来一大不同：需要重新调整对自我的认知。所以青春期的少男少女总会照镜子，看看自己是否又长得不同了，看看自己是否容貌美好。在埃里克森的人生发展阶段理论中，青春期的主要任务是处理自我同一性和角色混乱之间的矛盾。这意味着对自我的探索、找到"我是谁"的答案是青春期的头等大事。

当我们觉察到自身的巨大改变时，往往会思考一些问题：住在这个身体里的人到底是谁？Ta 是否足够匹配自己的期待？许多人在青春期曾经充满了哲思，在上课时候思考的可能不是题目，而是像哲学家一样的关于自我认同的话题。古诗说："少年不识愁滋味，爱上层楼，为赋新词强说愁。"其实不然，这时候的愁苦是最深切、真实的，也许还是人生中第一次面临对自身存在的质疑。但这时候的思考大多不是理性的探索，而是充满了对自身或是恐惧，或是担忧的连接。

然而，认识自己的路上不是一帆风顺的。其实青春期的我们只是开始变成一个身体上像成年人的人，在心理的发展上仍有很长的路要走。青春期与成年自我认同的区别在于其稳定性，青春期建立起的认知动荡而脆弱，稍有风吹草动可能就被击倒。这些都十分正常，因为心理和大脑的发展在此时其实稍晚于身体，所以我们才有了对初中生全能幻想、自我中心又不自知的调侃，有了"中二病"这一称呼。

事实是，每个人都曾经"中二"过。我们之所以能成为成熟稳重的成年人，都是来自早年有过打破稳定的突破尝试。这也是叛逆期的重要价值，叛逆过的人生意味着探索过的人生。

但在这种自我中心的探索中，如果我们遭遇了困境，则会受到巨大的打击。在身体极具变化的过程中，很容易遇到的问题是对于身体形象的过度担忧，从而引发控制体重带来的进食问题。进食障碍包括过度进食和过度节食，无论与身体的关系走向哪一个极端，对自我的发展都可能带来负担。青春期是进食障碍的高发阶段，重点人群是青春期女生群体，

其实这背后隐藏的依然是与自我认同、性发展极其相关的问题。如果你发现自己对于体型、外貌的关注已经开始影响到自己的正常生活，那么也许需要寻求成年人的疏导或专业机构的帮助。

三、破壳而出的冲动——青春期中期

时间来到青春期中期，青少年仍然需要处理的是自我认同的话题，依然走在寻找自己的道路上。但是这一阶段的重点有所变化，我们已经基本熟悉了身体的种种变化，也将慢慢看淡自身的性生理发展。至少，这些变化不会像一开始萌发时那样可怕。

此时，青少年的注意力开始向关系转移，青少年开始从家庭关系、同伴关系中获得认识自我的重要素材，因此各种关系中的冲突成为这一阶段的重要主题。虽然大家总是强调"认同"这一概念，青少年的认同却是从"不认同"开始的。明确自我认同的过程，需要将自己和他人区分开，展现独特性的方式并非证明"我是谁"，而是不断证明"我不是谁"。反抗一切，要求别人停止用标签来定义自己，是青少年在此时最关注的事情。比如中学时期穿统一校服的时候，我们总要琢磨出一点儿小设计来，比如剪掉裤脚、把袖口毛边处理等。

这一时期和父母的矛盾是家常便饭，因为他们是最容易动摇刚刚建立起的"我是谁"这一定义的人。有时候觉得自己是个大人了，但是父母却会嘘寒问暖，迅速把我们从生理上的大人打回原型。此时，我们对他们的厌烦来自对独立的渴望。而青春期时期的激素变化，又会助长情绪的起伏变化，让人更容易气愤，男生往往会因为身体的变化而变得更具有攻击性。每一个青春期的孩子都期待被当作大人看待，这很正常，但同时我们也需要反思：青春期的男女生是否真的如同大人一样，有了稳定的自控能力和稳定的社交能力？

青春期中期的孩子像准备好破壳而出的小鸡，需要自己啄破蛋壳，一点一点剥离曾经限制他们的生存空间。性发育带来的无限能量会帮助他们在世界里更勇敢，甚至有些莽撞地探索。此时，家庭就是最有形的突破对象。因此不少家长会发现，原先柔顺的"宝宝"一下子成长为一个愤怒的年轻人了。现在也许一些大学生仍然处于这一时期，但这并不意味着青春期就是一个不可调和的过程。相反地，大部分人都会平稳地度过这一时期。

总而言之，在青春期中期，青少年会格外注重自己的外表是否具有吸引力，是否被他人喜爱和接纳，尤其是同伴间的互动。这其实是在为后面形成真正具有性意味的亲密关系做准备，也是为进入成年早期发展任务"亲密对疏离"做准备。虽然在潜伏期，儿童总是和同性伙伴一起玩，但到了青春期，异性的交往会愈发频繁。心理学对于亲密关系的定义包括家人关系、同伴关系和伴侣关系，所以这一时期，试图挣脱家庭的青年们在心理上并不是无家可归，而是会试图建立新的亲密关系。这一阶段所发展起来的人际能力，所建构的对人际关系的信心，对于人的一生而言无比重要。

四、人格的整合与成熟——青春期后期

在青春期的后期，人的身体更加成熟。但在心理上经历过自我认同的探索后，我们会再次面临一次整合——如何将性整合到对自我的认知中。

在此之前，虽然性迅猛发展的气息弥漫在少年的四周，但是其关注点其实更多还是在一

些基础功能的发展上。虽然青春期前期的生理变化和中期的人际发展在后期仍然在持续,但性体验的整合却是此时最独特的话题。到了青春期的后期,尚未经历过性行为的青少年往往在面对性冲动的体验、频繁的性梦和性幻想时感到手足无措;而一些初尝性滋味的人也许尚不清楚,性除了高潮时的快感之外,还有什么其他意义。性背后来自关系的亲密、柔情、归属、温暖都被短暂地隐藏在了强烈欲望之下,所以青春期的恋爱总是"来得容易去得快"。在这一阶段,青少年的情感冲动可能尚无法承载与另一个人的互动,意味着超出掌控和被他人约束。如果不能将性容纳进一个人稳定的心理状态中,已经成熟的身体和冲动性就会像猛兽一样,意欲突破却难以控制。

大部分人浪漫的恋爱关系起始于青春期。在亲密关系中,我们开始有机会将自己那些属于幻想层面的性体验付诸实践。并且在实践的过程中不断进行修正,体会平等、沟通、互动、尊重的关系。也许因为个人心理尚未发展成熟,这种关系仍存在着不稳定的部分,因此刚开始的实践往往不顺利,但这并不意味着亲密关系和性就是不可控和令人失望的。在青春期这样一个能够对性和亲密关系之中理想与现实的冲突进行调节、修正、整合的黄金窗口,我们的每一份实践,对往后的我们来说,都是值得感谢的。

第三节　理解爱与性的关系

一、性幻想与性行为

大学是个体从青春期到成年期过渡的阶段。这个阶段所对应的性的发展是性成熟,即向性成人期过渡,这一阶段是性最为活跃的时期之一。同学们离开家庭来到学校,脱离了父母的影响,享受更大的自由。接下来,我们聊一聊性体验的话题,包括性幻想和性行为等。

(一)有性幻想是不是正常的

小文是一个安静、温柔的大一女生。自从上次作为啦啦队队员参加篮球赛后,她的状态就有点不对,一直闷在屋里不出门。宿舍同学很关心她,问她发生了什么,但她对此一言不发。直到后来她去心理中心才坦白了自己的内心——自从上次篮球赛后,她的脑海中就总有一些画面,比如男生胸口上流淌着汗水,这些画面一方面让她感觉到很兴奋、很满足,另一方面又会让她有点紧张和焦虑。从那之后,她出门时,总是会有意无意地关注男孩子的胸口、腹肌。回来之后又控制不住地胡思乱想,会想到和他们接吻、约会、拥抱甚至发生性关系的场景,并对此感到非常羞耻,觉得自己是坏女孩。小文不敢把这些告诉任何人,担心他们会瞧不起自己。

小文遇到的情况在大学生中是很普遍的。大学生正处于青春期的中后期,性生理发育已基本完成,对于亲密关系、爱情等有了更多的渴望,自身的性幻想也逐渐活跃了起来。

性幻想,指的是人们脑海中那些会使人产生性唤起或性欲望的一些想象。这种想象可能本身就来源于人自身的冲动与欲望,也可能来源于外界的刺激。例如,案例中的小文看到打篮球的男生,或者是阅读与性有关的文学作品、使用具体的能引起性欲望的物品、出现一个对自己有特定性吸引的人等，这些都会激发人们的性幻想。

首先，性幻想是一件非常正常的事情。众多学者的研究发现，98%的成年人都持续有着或至少曾经有过对性的幻想。有人甚至提出，性幻想就是人类想象力的副产品，这意味着拥有想象力的人就有对性的幻想。

其次，性幻想是一个人欲望满足的过程。在性幻想最普遍最直接的形式里，幻想的对象是现实中想得到但实际上没有得到的那个人。在幻想中，你可以把会成为你爱人但实际却不是的那个人添加进你的故事里，这种想法可以包含所有没有冲突的，且能够给你满足感的性行为。简单来说，就是你可以在性幻想里有机会做任何你想做的行为。

另外，性幻想也是性行为的替代品，在等候某个具体的人的时候，我们可以暂时得到满足或者对难以实现的目标得到补偿。通过精神的探索，人们的性需求和性欲望得到了部分满足，将那些不可接受的、不利于健康的性想法和性感受通过安全、可控的方式表达出来。幻想虽然不能让人完全满足，但它们缓解了愿望得不到满足而带来的挫折感。

那么会不会有一些性幻想的确是有问题和不健康的呢？

如果对如何区别健康和不健康的性行为有一套统一标准的话，那么这套标准也同样适用于性幻想。但事实上，我们没有这样的标准。每个人的主观反应是不同的。一些人会为无伤大雅的行为所困扰，有的人连最不符合常理的性幻想都能接受。但是如果在性幻想越过某个界限，给我们带来困扰时，就得不偿失了。因此，需要注意以下三种性幻想。

第一，精神障碍者的性幻想。这些性幻想中对于性的想象是强迫性的，带有难以抑制的冲动。例如，有些人会"幻想"自己将生殖器暴露给他人以获得满足感。有露阴障碍的人会感觉自己这种"幻想"是不受控制的、是在脑海中挥之不去的，而普通性幻想的人则是可以控制自己的这种想法。

第二，有些性幻想带来人本身内心的不适，如产生内疚感、羞耻等，影响其自身的性功能及其他社会生活的功能。

第三，就是在想把性幻想付诸实践的过程中，对他人造成身体和/或心理伤害，有他人参与且具有伤害性的性幻想是需要被治疗的。

如果有以上问题并感到痛苦、无助，影响到正常的学习生活，那就应当及时到学校的心理中心或者专科医院进行咨询和治疗。性幻想是日常精神生活的一部分，也是性愉悦的一个丰富资源，所有非强迫性的，且对自己和他人都无害的性幻想都应该被认为是人们对于性的不同爱好，是正常的、无须纠正的。

（二）什么是性行为

谈及性行为，你都会想到什么？

先来看一看对于性行为的联想，它们可以被分成积极的、中性的和消极的三类。积极的如美妙、缠绵、温存，中性的如怀孕、性交，负面的如暴力、污秽、丑恶等。对于一个人如何看待性行为，我们可以从以上的联想中看到一些线索。如果对于你而言，关于性行为的联想总是消极的，性也许会给你带来一些压力。

再看一看从不同角度对性行为这一概念的定义。

按广义和狭义划分，广义的性行为指的是为获得性欲和性快感而从外部所能观察到的一系列动作和反应，包括性交，自慰，接吻，拥抱和接受各种外部性刺激形成的性行为。狭义的性行为则是指两性通过性器官接触满足性欲并得到性快感的行为。

按发生单元划分，自我性行为指的是独自进行的性行为，包含自慰、梦遗，也有一些异常的性偏好，如露阴癖、窥阴癖、异装癖等；与他人进行的性行为，包括异性性行为、同性性行为，还有需别人参加的异常性偏好。

二、亲密关系中的性行为

（一）性冲动与决策

希望你已经理解了本章介绍的一个理念：爱情与性的本质都是美好的、自然的，它们源于天性，虽然可能伴随着困扰，但不应被否认和打压。但为什么每每谈及青年人的亲密关系，人们都会格外谨慎？

先看一项有趣的研究：研究者邀请20岁左右的男性大学生进入实验室，每个人的任务分为两个部分，首先他们需要在冷静状态下进行19道有关性偏好问题的回答；另一个场景下，他们要通过性幻想让自己进入性兴奋状态，再次回答同样的19道性偏好提问。这19道题包括"你是否会实施某些非正常的性行为？"（性偏好）"你会对一个女人说'我爱你'以增加和她上床的机会吗？"（非道德行为）"如果你对刚结识的性伴侣的性史不了解，会一直使用避孕套吗？"（不安全性行为）三大类问题。你认为两次回答的结果会有多大程度的区别？

真实的区别如表9-1所示：

表9-1 非兴奋状态和兴奋状态的性偏好回答

序号	问题	非兴奋状态"是"回答率（%）	兴奋状态"是"回答率（%）
1	女人的鞋子会激发性欲吗？	42	65
2	你会被12岁女孩吸引吗？	23	46
3	你会和40岁女人性交吗？	58	77
4	你会和50岁女人性交吗？	28	55
5	你会和60岁女人性交吗？	7	23
6	你会和男人性交吗？	8	14
7	你和特别肥胖的人性交快乐吗？	13	24
8	你和你憎恨的人性交快乐吗？	53	77
9	女人出汗时性感吗？	56	72
10	抽烟的气味会让你性兴奋吗？	13	22
11	性伴侣把你绑起来，你觉得有趣吗？	63	81
12	你把性伴侣绑起来，你觉得有趣吗？	47	75
13	对方坚持只能亲吻你会感到沮丧吗？	41	69

续表

序号	问题	非兴奋状态"是"回答率（%）	兴奋状态"是"回答率（%）
14	你会带约会伴侣去高档餐馆以增加和她上床的机会吗？	55	70
15	你会对女人说"我爱你"以增加她和你上床的机会吗？	30	51
16	你会鼓励约会伴侣喝酒以增加她和你上床的机会吗？	46	63
17	约会伴侣拒绝上床你还会继续尝试吗？	20	45
18	你会偷偷给女人下毒品以增加她和你上床的机会吗？	5	26
19	节育是女人的事情吗？	34	44
20	用避孕套会降低性快感吗？	66	78
21	用避孕套会影响双方同时达到高潮吗？	58	73
22	在不了解新的性伴侣的性史时，你会一直使用避孕套吗？	88	69
23	你去取避孕套时对方可能改变主意，你是否还是会去拿？	86	60

你是否被题目中一些巨大的差异震撼了？这个研究体现了性冲动对于决策的影响，这些受试的男性大学生在理性状态下表现出对女性更高的尊重，对自身道德的更强约束，也能够使用有效的避孕措施。但性冲动会让他们的选择大大改变，虽然这些影响常常被人们忽视。

青年人的冲动性，尤其是在尚未完全熟悉的性领域的冲动性的确令人更加担心。认识到冲动对于决策的影响本身将具有警示性，它提示我们并不如自己想象的那样理性。在清醒的自我认识之外，首先能够帮助到你的，是积累一些基础的性健康及避孕知识，以免因为对性一无所知造成对身体的伤害。

在 2020 年发布的由中国计划生育协会、中国青年网络、清华大学公共健康研究中心共同实施的"全国大学生性与生殖健康调查"，共覆盖了 54 580 位在校大学生，接受调查者的性别比例为男性 34.20%，女性 65.80%。数据显示，有 15.61% 的大学生未在首次性行为时采取避孕措施，有 11.03% 的大学生从不采取或偶尔采取避孕措施，每次性行为都采取避孕措施的只有 56.98%。在避孕方式的选择上，有 26.06% 和 14.31% 学生在日常性行为中采用体外射精和安全期避孕的方式，而这两种方式并非安全有效的避孕方法。

对于很多人来说，大学阶段是一生中性最活跃的时期。大学生会经历一个更隐私的性探索和性实践的阶段。通过约会、性接触和短期关系，弄清楚自己想与什么样的人稳定下来，到哪里和通过什么样的方式寻找到那个合适的人，在想要什么和能得到什么之间进行怎样的妥协。一项针对"95 后"大学生的调研发现，接受婚前性行为的大学生比例将近 60%。相较而言，男生支持婚前性行为的比例大于女生。

尽管越来越多的大学生自愿地发生了婚前性行为，但更多人的婚前性行为是在同龄人的敦促和压力下发生的，实际上他们并没有做好心理准备，也并不感到舒服。随着周围发生性经历的同学增加，那些宁愿等到结婚后再发生性行为的人可能要承受一定的压力。对于一些有过性经历的学生来说，如果向他们提问他们在性经历方面最后悔的是什么，男女可能会给出不一样的答案。总体而言，女性更后悔自己操之过急，而男性后悔自己没有更大胆地往前一步。

（二）如何做出性决策

性体验让人感到兴奋，却也带来一些困惑。特别是当爱情更进一步的时候，如何进行性方面的决策呢？大四的小雪马上要毕业了，正打算和朋友们毕业旅行。但在订房间阶段，她遇到了难题。她说："我男友和我同班，这次他也一起去。我们谈了4个月，牵手接吻都做过，他暗示我这次想住一起，做点更亲密的事，但我很不确定要不要这么做……我们感情是很好，我也确定有天我们会到那一步。但我怎么知道什么时候是'对'的时候？我怎么知道我准备好了？"

随着关系升温，人们免不了触及性需求，而比起突然面对做或不做的选择，能提前考虑并与伴侣达成共识，可以避免在突发情形下做出后悔的选择。在2013年的一项研究中，男女被试者勾选了他们在性方面后悔的事。结果显示，女性最后悔的包括选择了"错误"的伴侣度过初夜（24%），以及在一段关系中过快地推进了性行为（20%）；与之相对的，男性则最后悔没有大胆地表达自己的性需求。

此外，匆忙地发生性行为也可能影响关系满意度。有研究发现，女性越快在一段关系中发生性行为，越有可能在将来对这段关系不满。康奈尔大学的萨斯乐（Sharon Sassler）教授研究了"性间隔期与亲密关系满意度"之间的关联。性间隔期指的是在进入约会关系后，人们隔多久开始和伴侣发生性行为。研究者按照性间隔期的长短，将600对已婚或同居的伴侣分为三组，分别是"1个月内发生性行为组""1~6个月内发生性行为组"和"6个月以上发生性行为组"。通过比较不同组的关系质量、沟通和冲突情况，研究者发现：与性间隔期6个月以上的女性相比，"性间隔期1个月内"的女性在日后对关系质量的满意度更低。有趣的是，性间隔期对关系的影响只在女性身上有明显表现；不同组间男性对关系的满意程度略有差异，但并不显著。

研究者认为，在女性看来，和对象发生性行为是向关系中注入更多承诺的象征，但男性却没有同样的感受。这解释了为什么快速进入性关系的女性变得对关系更不满：她们对关系变得更认真了，但伴侣却没有与她们步伐一致。女性将性行为与对关系的投入联系起来的倾向，有可能是受到社会与文化的影响，比如女孩成长过程中更可能被告诫要谨慎地挑选性对象；也可能有生理方面的考量，因为女性承担了怀孕风险。但在种种担心的背后，为何仍有许多人没有经过理性思考就开启了性的大门？也许以下三点原因。

第一，想证明自己被爱着。很多人，可能将性看作对其价值的肯定。即使她们未必喜欢性，但伴侣的邀约和行为让她们感到被爱，可以缓解她们对一段关系的不安。

第二，为了留住关系。一些人很难对性邀约说"不"，因为害怕自己一旦拒绝，对方会以"你无法满足我的需求"为理由离开。因此，她们想用答应伴侣的各种请求来换取伴侣的爱。自卑的女性会更容易这么做。在她们看来，伴侣的爱得来不易，一旦分手，就再也找不到像现在的伴侣那么好的人。

第三，不想让对方不高兴。有时女性觉得很难对男性伴侣的性邀约说"不"，是因为女性往往会被教育"要照顾他人感受""得给男人面子"。受此影响的女性在面对男伴的要求时，往往会对自己的拒绝感到没有底气，因为她从小接触到的种种信息都告诉她：满足男性的性需求是必须的，拒绝反而是错的，说不定还会触怒对方、遭受暴力。

其实，一切担忧都与我们自身的"性脚本"或者说是做出性决策时背后的信念息息相关，但是，未经审视的信念本身是值得探讨的。做出性行为决策前，我们需要思考一些能够帮助自己厘清对性的观点的问题。

首先，思考自己的性价值观是怎样的。也就是在你看来，哪些性是好的，哪些性是坏的。比如，你觉得婚前性行为是可以接受的吗？它会和你的观念相冲突吗？又比如，有的人坚持性和爱不能分离，认为在感情不够的情况下上床太随便等。

其次，想清楚自己想从性中获得什么也很重要。你只是想从性中获得愉悦吗？还是希望性行为能推动关系的发展，让对方投入更多承诺？正如前文引用研究的结论，双方对性赋予的意义和期待未必相同。因此，如果你希望通过性改变对方的行为，那需要把自己的期待事先告诉伴侣。如果伴侣明确表达自己不愿意改变，你可以重新决定要不要在这段关系中纳入性，甚至是否继续这段关系。

最后，需要有基本的关于性的知识。了解哪些避孕措施是安全的，如何预防性病和感染，怎样正确使用安全套等，问题的答案都是需要在真正发生性行为前做好的准备。侥幸或疏忽往往导致女性承担意外怀孕风险的增大，同时也会因为对性的不负责任而伤害两人在亲密关系层面的稳定。

以上是对于个体层面的一些反思。其后，人们也需要审视关系，你可以尝试以下几个角度：①是伴侣是否值得信任，例如对方在性行为的过程中只顾自己，还是会关照你的需求？②两人是否对性抱有一致的看法，例如对性和关系的期望；③双方对性是否持有错误的认知，例如对避孕或疾病的观点。

最后的提示是："什么时候合适发生性关系"并不存在一个非黑即白的答案。尤其在当下文化中，越来越多的年轻人接受婚前性行为，不再以某种人为的承诺作为是否发生关系的评判标准。正是越来越尊重个人意愿的社会文化使得不同的关系中出现各异的进展节奏，但与此同时，这也给做选择增加了难度。如果你觉得不确定，你可以和信任的朋友、专业人士讨论。比起匆忙之下后悔，不妨给自己留点时间，再多等。当然，明白自己有权说"不"，和真正能说出口还有很长一段距离。

性是人类的自然属性，是人性的一部分。纵观人类的历史，对性的认识也发生着种种变迁——时代背景不同，文化传统不同，对性的认识也不同。大学生正处于青春期发展的中后期，性生理的日益成熟和性心理的不断发展，需要大家对性有客观、理性的认识和理解，明白性不仅仅是身体上的愉悦，也有心理和社会的影响。大学是青年发展的黄金期，青年在这个时期储备知识，锻炼能力，为今后步入社会积累各种能量。性伴随着人一生的发展，在这个阶段如何把握自己的性活动，保持和谐的心理，需要同学做出更多的思考。

（三）性同意

性行为是伴侣间亲密的表达，但是简单地将亲密关系与性行为等同却是不明智的。当下社会对于性行为的态度相比于传统观念开放许多，但性关系却仍然是许多情侣间困扰的来源。前文引述的研究证实性冲动可能会影响决策，我们生活中与性冲动关联最紧密的一系列决策，正是发生在亲密关系之中。有时候人们会认为，自己提出的性行为要求是合理的，对方既然是自己的伴侣，就应该有相同的感受。面对"是否发生性行为"的意见不一，你会怎么做？

一个彼此尊重且对亲密关系有建设性的做法，是性行为的发起方有责任征求对方的性同意（Sexual Consent）。性同意的内涵包括：

第一，要构成对性活动的同意，需要双方确定、意识清醒和自愿地同意进行性活动，每一方都有责任确保自己得到了参与性活动的另一方的明确同意；

第二，性同意必须通过可以相互理解的言语或行为表示出来，对方的沉默或对方处于无法反抗的境地而不得不做出的决定并不构成性同意；

第三，同意某种形式的性行为（例如接吻）并不表示同意其他形式的性行为（例如性交），性同意的内容是双方之间事先达成共识的性行为，对一定范围内性行为的同意，并不构成对任何其他性行为的同意；

第四，当某人丧失行为能力时（包括但不限于某人具有肢体或精神上的缺陷），则不能给予性同意。受毒品、酒精或药物的影响并无法辨识性行为的个人也无能力给予性同意；

第五，性同意可以随时撤回，在性行为过程中的任何时刻，任何一方都有权利中止。

总而言之，性同意意味着双方清楚地了解将要以怎样的方式发生性行为，且同意将要发生的性行为，同时都有权利在任何时候叫停。其中的要点是，对方需要处于能够给予同意的状态，并且给予了清晰的许可。参与性行为的双方都应作为可以提出个人观点的个体，而非必须听从某一方的意见。带着这样的态度，伴侣双方才能够信任地与对方维护关系。

性关系并非维系亲密关系唯一的纽带，因此拒绝并不是一件毁灭性的事情。如果一方不尊重他人对自己身体的主权，甚至因为关系的亲密而将他人视为自己的附属，那么这样的亲密关系是可怕的。

人们应当学会反思，如果关系中的性行为已与情感无关，甚至被工具化，是否意味着关系的本质已经偏离了建立它的初衷。

第四节　性的困扰与自我关照

一、性的困扰

在性发展中，人们或多或少都有过困惑或迷茫。其实每一个人的性发展都不是一帆风顺的，无论是在身体发育的美观、性活动的顺利度，还是对自身性吸引力的考量上，都可能出现短暂或持续长久的迷惑期，我们将之称为"性发展中的焦虑"。

焦虑并不是一个绝对坏的体验，很多成长都是在焦虑中慢慢达成的。这类感受带我们体验了一些大胆疯狂的尝试，有时候轻微越界的后果不严重却足够具有教育意义；也带我们思考自己到底是谁又不是谁，例如在你是一个乖巧的学生的同时，是否也曾经渴望过自己也是一个具有性美感、性诱惑的年轻人。

但性发展的过程带给每个人的结果却不同，当它的不确定性或刺激程度庞大到当时的你无法承受时,也会引发一些与性相关的生理、心理或行为偏离。

我们在这一部分将分成三个层次看性发展中心理的体验。

(一)正常的性探索

在性器期,儿童通过性游戏探索身体,是非常正常的事情。他们的游戏既是身体的探索,也是对社会角色、性别身份的体验。如果家长能够接受孩子正常范围内的性探索,而不是喝止或是非常紧张地让孩子不要再进行,他们接收到的信息也将是"我所做的是正常的"。随着年龄增长,孩子可能会通过同伴之间的交流学习到性知识,对生活中与性有关的事情出现反应。

成长中正常的性探索可能包括:儿童之间的性游戏,青少年时与伙伴间带有性信息的沟通(没有侵犯性),对自身的身体探索如自慰,以及在性成熟后的与他人的性活动。遵守人的发展规律,并且认同性在人生活中的重要性,是我们自然接纳性重要的一部分。

(二)关于性的焦虑体验

之所以提示人们尊重生理发展方面的一般规律,是因为过度的暴露和过度的限制都会导致关于性的焦虑体验。虽然许多焦虑体验是阶段性的,并非贯穿人的一生,但在身心尚未发展成熟的阶段,某些体验带来的困扰对人的正常生活仍会产生影响。

如果将性的焦虑体验进行分类,会发现人们的性焦虑问题中包括:关于性行为和生理的焦虑,来自关系的焦虑。

1. 性行为和生理的焦虑

在许多关于性行为的焦虑问题中,最典型的例子是自慰。青春期的自慰往往是紧张甚至伴随着恐慌的。作为成年人,大部分人都有自慰的经历,但很多人会觉得自慰是一个可耻的、羞愧的经历。在一项2003年的美国调研中,当大学生被问及第一次自慰的时间,约40%的女生和38%的男生回忆起自己在性发育期之前就开始自慰,这也说明了自慰的普遍性和正常性。

当然,存在于许多男性身上的对于性行为方面的不自信也往往会引发焦虑。在各种文化里,男人在性方面都被期望成为一个超级运动员,因此而造成的压力也是具有性别特点的。从青春期起,男生就承受着同伴压力,希望能在同伴面前显得自己富有性经验、在性方面很开放等。

一些焦虑是因为知识错误导致的,一旦了解了正确的信息,就会发现他们担心的问题并不存在。比如,有些男性过分害怕自己会早泄,因而在性行为过程中承担了很大心理压力。在一项针对多人种、跨年龄的调查中发现,男性插入后平均需要5.4分钟射精,并且认为时间在1分钟以内算确定的早泄,1~1.5分钟是可能的早泄。一项2003年的调查显示,有三分之一的男性青少年表示自己承受着同伴压力,使他们倾向于发生性行为。男性不但希望在性经验方面不输给同伴,也希望自己的性器官尺寸能傲视群雄。一项针对25 594名男性的调查显示,有45%的男性不满意自己阴茎的尺寸,希望它更大。对此,精神病医生维勒(David Veale)提出了"阴茎短小焦虑"的概念,指出许多男性即使阴茎尺寸正常,仍然会过分忧虑性器官的大小。在他的研究中,有30%的男性表达了这种焦虑。有的甚至担心,"即使我穿着裤子,其他人也能看出我阴茎的大小和形状"。

【知识链接】

自慰行为是正常的吗？

自慰是指手或其他物品刺激性器官而获得性快感的行为。自慰其实是提供了一种简易、安全而且有保障的性欲发泄方式。可以缓解性欲望，并进行自我探索。

自慰和性幻想是紧密相关的。幻想可能会导致自慰，而进行自慰的想法也会招来性幻想。自慰对于男生和女生来说都是达到性高潮最常用的方法。金赛是全世界非常著名的性学家，他的性调查是社会学史上首次对人类性行为的大型调查和研究。在金赛的研究中，三分之二的男生第一次射精是通过自慰实现的。92%的男性和58%的女性在他们的一生中曾数次以自慰的方式达到性高潮。此外，金赛还发现，受过良好教育的人更可能自慰。对于自慰的次数，金赛的研究发现，这种行为在青春期是最高峰的，平均自慰率是每周两次。

从这些数据可以看出自慰其实是一件正常、普通的事情。现代医学研究也表明，适度自慰不会对身体造成伤害。今天大多数性学专家将童年和青春期的自慰行为视为成长的一个正常部分，认为它是了解身体机能的方式，也是为以后与他人发生性行为的排练。很多学者认为，青春期自慰的人在长大后遇到的性问题会更少。自慰在性心理发育过程中也有重要作用。从自我探索开始，孩子发现了其生殖器官令人愉快的潜能，反过来又促进了进一步的学习和性的成熟。那么在大学阶段，自慰继续在自我探索中完成了发育的功能，并为性释放和性满足提供了初步的手段。作为一种了解自己性生理的工具，自慰在成年期继续起到有效的作用。

2. 关系的焦虑

在青春期时，一些人会因为无法接纳自身的性冲动，而主动避免与异性的交流，甚至在一段时间内恐惧、回避和异性的接触。这种体现在对关系的焦虑行为背后的心理成因，与人是否能够接纳自身的性发展、性冲动相关。适当地了解性心理和性生理知识，允许自己探索性的体验将帮助人们更好地整合。在这类学生身上，虽然与异性的关系具有一定内心冲突感，但并不会长期存在，而是会随着对性的逐渐了解、接纳变得更自如。

另一类性带来的关系焦虑存在于伴侣之间的性活动中。有些人因为担忧自己的性能力，或是担心能不能取悦伴侣，而产生了性表现焦虑（Sexual Performance Anxiety）。性表现焦虑在男性群体中比女性群体更常见，意味着男性可能比女性更担心自己在性行为中的表现。总体来说，在性行为时有三种普遍的担忧：①担忧被拒绝；②害怕自己能力不足；③担心伴侣没有被真的满足。

对于这类焦虑的解决，首先，应该进行充分的沟通，避免因为误解而产生的性焦虑。其次，调整性行为的目标和重点，把性行为的关注点从证明自己的能力转变为关注自己和对方的状态。关系中的性是合作的产物，如果其中一方抱以极大的心理负担，那么性活动会使双方感到疲惫。正确的做法就是客观认识规律，主动沟通，讨论方案，及时调整，不给自身过多负担。

（三）持续性心理或行为困扰

以下对持续的性心理或性行为困扰进行了部分列举，由于篇幅所限无法继续展开完整讲述。但是被列入这一范畴的情况，大多已经超出了大学生个人可以应对的范畴，因此当你遇到类似情况时，请及时向专业人士求助，并且进行相应的医学治疗。

1. 生理与心理性别不一致的焦虑

在青春期的中后期，性方面的体验会逐渐由探索期进入获得确认的时期，例如一些青年人会明确地提出自己有性别重置的渴望。

曾经，这一心理需求被视为一种精神疾病，人们认为想要转变性别是错误的。但是随着发展，医学界对于这一现象的认识也在不断进步。美国精神医学学会在2013年5月出版了《精神疾病诊断与统计手册（第5版）》（DSM-5），其中去除了"性别认同障碍"的诊断名称，改为"性别焦虑"；2018年世界卫生组织发布《国际疾病分类（第11版）》（ICD-11），将性别认同和性别表达从精神疾病与心理障碍中删除，在性健康相关状况中增加了"性别不一致"编码。这说明性别认同的差异不再被视为一种障碍或疾病。性别认同的去病理化过程肯定了性别认同的多元性，自此，性别认同的差异不再有正常与异常之分。

美国精神医学学会的调查发现，成年生理男性存在性别焦虑的比例约为0.005%～0.014%，而成年生理女性的比例约为0.002%～0.003%。性别焦虑也根据生理学性别与始发年龄分为不同种类。

在临床上，性别焦虑大多始于青春期前，没有明显的诱因，部分性别焦虑者甚至从"刚懂事"的童年就开始产生强烈的性别焦虑。他们会对自己的第一、第二性征抱有不满意甚至否定的想法，并且会产生改变性别身份的强烈愿望。他们更喜欢穿着异性服装，模仿异性的声调、表情、姿势，参加异性偏爱的活动等。

性别焦虑会伴随或导致一些心理疾病，如在成年阶段有情绪障碍、抑郁症、焦虑症和自杀倾向，在幼年阶段有自闭症障碍等。

2. 性功能障碍

人体的各种机能活动不可能在一生中自始至终地保持完美无瑕，性功能也不例外。对于性功能与性满足无能的情况，我们称之为性功能障碍，主要包括：性欲失调，性唤醒失调，高潮失调和性疼痛失调。

（1）性欲失调包括性欲减低、性冷漠、性厌恶或者性欲亢进。

（2）性唤醒障碍中最常见的为勃起障碍，也就是常说的阳痿。在生活中，偶尔出现的勃起障碍是普遍的，临床上，一般男性四次性交中一次不能勃起才称为阳痿。

（3）高潮障碍对于女性来说是指无法感受性高潮，对于男性来说是早泄症状。

（4）性疼痛障碍包括性交不快、阴道痉挛。

性功能障碍的成因，一方面是器质性病因，另一方面则是心理因素，其中直接的因素包括对性生活失败的忧虑，对自己性能力的过高需求，或者过分想要取悦于伴侣；深层次的原因可能与一连串复杂的，甚至已被遗忘很久的经历相关，比如被教育性行为是肮脏和危险的。有类似这样困难和障碍的同学，一定要及时就医，及时寻求帮助。

3. 异常的性行为

每一个人在性的唤起与性行为偏好上都有自己的喜好，比如地点、方式，以及一些更个性化的需求。性在大多数时候是一个私密的事情，因此无法规定所有人必须以怎样的方式来实施性行为。所以我们首先要意识到，性偏好本身是具有多样性的。如果性偏好的实施控制在法律界限内，遵循自愿、无伤的原则，且未引发心理或生理上的困扰，那么这样的性偏好是不需要被诊断或治疗的。然而，在精神疾病诊断标准中，目前仍有性欲倒错障碍的临床分类。在DSM-5中，性欲倒错的定义为：涉及除了与一名正常、经同意的成年人发生生殖器性交以外的其他性行为。当个体因这些行为而感到痛苦或功能受损时，就会被诊断为性欲倒错障碍。并列举了8类常见的性欲倒错，包括：窥阴障碍、露阴障碍、摩擦障碍、性受虐障碍、性施虐障碍、恋童障碍、恋物障碍和异装障碍。性心理障碍者往往会感到痛苦、无助，影响正常的学习生活。如果出现此类状况，需要在精神科及心理咨询的辅助下进行鉴别诊断和治疗。了解几种性心理障碍的大致分类，有助于我们在生活中分辨、认识引发心理困扰的性偏好，并及时加以疏导，减少心理冲突。

二、性传播疾病

性传播疾病由性传播感染（Sexually Transmitted Infections，STIs）引发。根据世界卫生组织2016年的统计，每年约有3.57亿人新感染下述4种性传播感染中的一种：衣原体、淋病、梅毒和滴虫。有30多种细菌、病毒和寄生虫通过性接触方式传播，这些病原体中有8种致病概率最高，其中有4种目前可以治愈，即梅毒、淋病、衣原体和滴虫；另外4种为不可治愈的病毒性感染为乙型肝炎、单纯疱疹病毒、艾滋病毒和人乳头状瘤病毒。

性传播感染主要通过性接触传播，包括阴道性交、肛交和口交。有些性传播感染还可通过性接触以外的途径传播，如血液或血液制品。许多性传播感染——包括梅毒、乙型肝炎、艾滋病毒、衣原体、淋病、疱疹和人乳头瘤病毒——也可在怀孕和生产期间由母亲传给孩子。

如果觉察到常见症状，如女性阴道分泌物、男性尿道分泌物异常、生殖器烧灼感、生殖器溃疡和腹痛等，需要及时就医；然而，有时候性传播感染可能没有任何明显症状，许多人会因此而忽略了相关疾病。

最广为知晓的性传播感染是HIV病毒导致的获得性免疫缺陷综合征，也就是艾滋病。其传播途径包括性接触中的体液传播、血液传播以及母婴传播，患病会导致身体部分器官的功能障碍，以目前的医疗手段尚不能确保治愈，治疗过程中需要持续用药，有着较高的死亡率（据我国2019年的统计，艾滋病的死亡率是1.503 6/10万人，远高于其他传染性疾病的单项死亡率）。如果发生了可能导致HIV感染的危险性行为，在72小时内服用阻断药可以极大降低患病的可能性。在我国，一般可以通过联络当地疾控中心或传染病医院获取阻断药。

性传播疾病是一个沉重的话题，染病将导致生活质量的下降，甚至需要终身带病生活。但是，性传播疾病也可以通过有效的手段进行预防，目前已验证最有效避免性传播感染的方式是正确使用安全套。除此之外，避免危险性行为、了解伴侣的性史、及时进行健康检查等也十分重要。

【推荐资料】

智慧树平台网络公开课《艾滋病，性与健康》。

第五节 预防性的伤害

性除了美好之外还有阴暗一面,那就是围绕着性的各种伤害。人们是否发生性行为、发生性行为的对象等选择,既关乎身体主权,也关乎心理健康,因此,性侵犯事件对于受害者而言是身心双重的伤害,甚至可能导致持久的困扰。在许多人的观念中,性侵害等于强奸,而场景总是独行的女孩子因为没有保护好自己被引入了幽暗昏僻的小树林。实际上,人们对于性侵害存在着很多误解,这些误解带来的是对潜在的危险缺乏足够的觉察力,从而无法更好地保护自己,或者在面对社会上发生的伤害性事件时站在了不够客观的视角。

中国台湾作家林奕含的遗著《房思琪的初恋乐园》,是一本讲述青春期少女遭受教师诱导和性侵犯经历的小说,书中还穿插了在主线故事背后,少女看到他人遭受家庭暴力时,其家人朋友对性侵犯的无知和冷漠回应。故事里的女孩面对遭受侵犯一事经历了从困惑到自罪,从渴望帮助走向了绝望的独自反抗。作者生前接受采访时表示,这本书就是以她自身的故事为原型,她是边哭边写下整本书,为的是让更多人知道,她的遭遇在世界上真实发生着。写下了这个故事后,现实世界的主角仍然没有得到内心的拯救。作者因为遭受性侵犯而长期抑郁,虽然获得了社会的认可、关注,仍在痛苦中选择了自杀。

一、性侵犯的识别

性侵犯(Sexual Assault)指非自愿的、被他人企图以暴力、威胁、引诱和欺骗等方式进行的性接触,无论是躯体的、言语的还是心理的,包括强奸、企图强奸、猥亵、性骚扰等形式。这一定义意味着性侵犯的范围可能远比人们想象得大,不仅包含实际发生性行为,也包括窥视和任何形式的性骚扰等。

《中国性侵司法案件大数据报告(2019)》整理了我国所有涉及性侵关键词的司法审判文案。2014—2017年,我国共受理了51 447次性侵上诉,且受理数量呈逐年上升趋势。鉴于性侵犯事件存在报警率较低的现象,许多受害人是没有发声的,因此,统计的数字远小于实际的性侵犯发生量。

面对与性有关的话题,很多人会选择谨慎态度来评估对方的意图,甚至有时候会因为人际关系、对方的身份等因素而对已经发生的侵犯选择大事化小。中国国家人口和计划生育委员会曾在2016年发布了一份《大学生性与生殖健康调查报告(2015)》,报告中指出,在大学生群体中,35.1%的调查对象曾遭遇过性暴力或性骚扰,其中以"关于性的言语上的骚扰"最为常见,其次是"被他人强迫亲吻或触摸隐私部位"。从这份数字中,我们可以看到,性侵事件绝非罕见,只是在更多的时候没有被人们重视。

社会对性的污名化,让许多受害者只能选择无声地接受了所发生的一切,而社会对于性侵害事件的漠然引发的最令人痛心的结果,是对于下一代性侵事件的预防无力。经《2018年性侵儿童案例统计及儿童防性侵教育调查报告》统计,2018年我国报道的性侵儿童案例中有66.25%是熟人作案,且多次作案的比例为39.11%。这意味着许多儿童尚未充分培养自我保护意识,甚至可能对于性侵的概念都是模糊的。面对熟悉的人、多次的侵犯,他们的身心成长都会受到无可想象的创伤,遭遇性侵儿童的生活可能因此发生巨大转折。

严重性侵害事件伴随而至的不仅是受害人在事件后所承受的身心创伤，也有来自社会的评价。例如，社会的关注点经常放在受害者身上。受害者在被侵犯后，有些人会追究其作风、穿着，并推测是否受害人引诱了他人对其实施犯罪。这类预设在媒体中被称为"受害者有罪论"，殊不知对于受害者而言，承受来自舆论的二次创伤所造成的精神压力，有时甚于事件本身的影响力。此类观点的传播也会令其他受害者失去求助和寻求法律途径维护权利的勇气。遭受侵害者因为无法面对舆论而选择放弃维权，带来的结果是施害者不会受到应有的惩罚；长此以往，类似事件中受害者的声音将变得越来越微弱。因此，在性侵害事件中，作为同伴需要坚定地支持和保护受害人，而不是在他们尚未走出阴霾时帮助他们反思自己哪里做错了。

性侵害事件的频繁发生，源于对于性侵害发生条件的误区，其中的某些观点会让人放松对危险情境的警惕。从性侵害发生地点而言，僻静的山区或树林并非最危险的地方，许多性侵害事件发生在受害人的生活半径内，如居住地、酒店、学校、公园等；性侵的施加者也以熟人居多，尤其是网友、不熟识的朋友或长辈、有交集的工作人员等。实施性侵害的人往往会挑选较好控制、有实施机会的对象进行侵犯。

二、应对性侵犯场景

身体感受到的警示信号会在危险情境下对个体发出警告。舞动治疗专家科恩布鲁姆（Rena Kornblum）提到，有些受到攻击的个体回忆事件发生前会产生"啊哦！（哪里不对）"的感觉，但由于找不出准确的原因，所以他们都选择忽略了身体发出的这些信号。我们应该注意这些身体本能在危险情况到来时所发出的信号，学着去感受并相信这些提醒。

性拒绝与性同意都属于对于性的控制，任何人对与性有关的不喜欢或不认同的方面都有拒绝的权利，比如拒绝恋爱关系、拒绝引诱、拒绝亲吻、拒绝拥抱、拒绝浏览不良信息等——只要不愿意、不喜欢，都有权力说"不"。对可能给自己带来不利影响的任何与性有关的事情，任何人都有权拒绝。这种拒绝不仅可以表现为拒绝与某一特定人发生性行为，而且还可以表现为在特定条件下拒绝与某一特定人发生性行为。即使双方都愿意发生性行为，但是如果一方在另一方不愿意的时间、地点强行与其发生性行为的，同样也是一种性侵害。

三、如何支持遭受伤害的伙伴

如果你的朋友不幸遭遇了性侵害事件，那么作为性侵犯的受害者，最重要的是告诉自己"一切不是我的错"。放下对自己的责备，开始寻求他人的支持是重建生活中的秩序和信任感重要的一步。之后你可以选择用法律的武器保护自己，并且接受心理、生活上专业的帮助。作为受害者身边的人，最重要的任务在前文已经提到过，就是给予支持和关怀。在重建生活秩序的过程中，需要关注受害人是否因为创伤引发了心理困扰，如有，也要及时陪伴他们到精神科进行诊治。

【推荐资料】

2011年的韩国电影《熔炉》讲述了一个基于现实改编的儿童性侵案件。美术老师姜仁浩来到慈爱聋哑人学校任教，却遭遇索贿，发现学校笼罩着一种紧张压抑的气氛。他发现了学生身上的异样，并逐渐探明了孩子们遭遇的伤痛，帮助他们逃离地狱。

【潜能训练】

请给你未来的孩子写一段话，告诉 Ta 你在了解了本节知识后的感触。

【本章回顾】

1. 从性的生物、社会、心理角度理解性的含义。
2. 通过生理性别、性别认同、性倾向三个方面展开对多元的性的认识。
3. 从青春期的重要阶段认识性在心理成长中的重要作用。
4. 分辨在爱情中性的作用，并且学习如何处理爱情与性的关系。
5. 认识性的困扰，学习应对、处理和自我关照。
6. 学习预防和应对性侵害的方式。

【话题讨论】

1. 从发展的角度，梳理自己的性生理、心理发展历程。
2. 请写出 LGBTQQIA 的含义。
3. 学习本章后，你如何理解自慰？
4. 你是否有过关于性的困扰？现在如何理解？
5. 遭遇性侵犯或伤害后，有哪些社会资源可以帮助受害人？

【参考文献】

[1][美] 威廉·L.雅博，芭芭拉·W.萨亚德，布莱恩·斯特朗，克里斯汀·德沃尔特. 认识性学 [M]. 爱白文化教育中心，译. 北京：世界图书出版公司，2012.

[2][美] 贺兰特·凯查杜里安. 性学观止（插图第 6 版）[M]. 胡颖翀，史如松，陈海敏，译. 北京：科学技术文献出版社，2019.

[3][美] 阿尔弗雷德·C.金赛. 金赛性学报告 [M]. 潘绥铭，译. 北京：中国青年出版社，2013.

[4] 樊富珉，费俊峰. 大学生心理健康十六讲 [M]. 北京：高等教育出版社，2020.

[5] 李银河. 李银河说爱情 [M]. 北京：北京十月文艺出版社，2019.

第十章　轻舟已过万重山
——大学生挫折心理及应对

【名人名言】

  天行健，君子以自强不息。地势坤，君子以厚德载物。

——《周易》

  天生我材必有用，千金散尽还复来。

——李白《将进酒》

【案例引入】

  清华大学2019级本科生新生开学典礼上，电机系教师代表于歆杰致辞中有这样一段非常中肯的话：

  你会发现，在清华，大多数学生学习比中学更辛苦；你会发现，研究生们经常说自己累成了一条狗；你会发现，青年教师时不时会感慨自己过的是狗都不如的日子；你甚至会发现，不少白发苍苍的老教授每天工作10个小时以上。问题是，为什么呢？为什么清华大学里这帮高智商的人都在"自虐"呢？

  因为作为清华人，我们都逐渐地把"自强不息、厚德载物"的校训刻在了骨髓里。只要你想变得更强，只要你想为祖国发展和人类进步做出贡献，你就需要持续地爬坡，就需要付出更多失败的代价，任何人都是如此。也就是说，遭遇失败，是因为你在追求进步；屡次遭遇失败，是因为你一直在追求进步。最后，要学会享受成长的痛苦。

  进入清华的本科需要在中国高考成绩中至少进入前1‰，而高考成绩前1‰扎堆的地方注定是不平凡的。有的同学发现在自己原先最擅长的地方，别人很容易就比自己强很多，于是自信心遭到重创，感觉自己被完全否定了，接下来的一个学期在梦游中度过，成绩更加不堪。还有的同学第一学期成绩不好，第二学期希望用更多的学分、更难的课程来证明自己，但是接下来的失败却彻底摧垮了他们的自信心。这种输不起的心理和赌徒心理是大部分没能正常毕业的学生和在清华活得很压抑的学生的共同特点。

  挫折教育，是每位清华新生都必须上的一课。从高中阶段通过横向比较学习成绩的竞争心态，过渡到在大学阶段学会欣赏他人优点，激励自我进步，可能是每位清华学生都需要经历的一个思路转换。

  你会慢慢地接受这个事实：要想在考试成绩上战胜某些人是不可能完成的任务。也许你会由此失去一些机会，但这其实并不可怕。记住我的话，你是在跑马拉松。这个过程中最重要的是你一直在跑，一直在成长，因为只有这样，才能战胜自己，才能领略人生爬大坡的乐趣。电子系的郑君里教授有一句话说得很有哲理："做学问就像踢足球，一堆人都在围着足球跑，每个人都想进球。能进球的只有个别人，但这并不妨碍大家都在享受着踢足球的乐趣。"我不少本科同学都已经成为社会的中流砥柱，但其中的大多数当年学习成绩都不是名列前茅，他们都尝过成绩不如别人的痛苦，但他们都清楚地知道自己想要什么，坚定地跑下去，享受着成长的痛苦和进步的快乐。

对于清华园里的同学来说，学会面对挫折，在挫折中成长是人生的必修课。正所谓"两岸猿声啼不住，轻舟已过万重山"，经历过艰难困苦的岁月，更锻炼从容不迫的心态，更能做到自强不息，厚德载物。

清华大学老校长梅贻琦曾说："大学生者，负新民工作之实际责任者也。"大学生是担负未来社会发展的负责人，大学生就是国家和社会未来的希望。大学的四年，就是大学生学习和准备承担责任的阶段；大学生在大学时的学习状态，就是未来社会发展的状态。发展也是我们一生不变的核心主题，就像植物的光合作用和新陈代谢一样，我们每天也期待着有所改变，有所成长，能够有一个不一样的自己。发展是我们内心的渴求，甚至是本能的表现。心理发展侧重于人的内心，通过外在的行为表现出来，体现为对新环境的适应，自我的成长。另外，我们也要认识到，发展也会面临挑战，面临压力，乃至挫折。大学生可能具备一定的情绪冲动不稳定、自控力不足、思维不够灵活等特点，在大学期间也容易因环境适应、学业压力等产生一定的挫折。

因此，探讨分析大学生可能面临的挫折，提供应对挫折的方法是十分必要的。这一章将对大学生的挫折心理及应对进行讨论，希望我们在大学里都能"轻舟已过万重山"，开发自我潜能，达到自我实现的目标。

第一节　挫折概述

谁不希望自己的一生一帆风顺？谁不希望成功和喜悦永远伴随自己左右？然而，这只是一个美好的愿望。人生是一条漫长的旅途，有平坦的大道，也有崎岖的小路；有灿烂的鲜花，也有密布的荆棘。在期待和幸福中间，还要经过一条遭遇困难和痛苦的挫折之路。面对挫折，有些人望而却步，有些人半途而废；而有些人虽然伤痕累累，却越挫越勇，披荆斩棘，最终达成自己美好的愿望。对待挫折的态度方式以及行为结果，完全在于个人的认识与选择。古往今来，英雄豪杰、成功人士的一生，无不是与挫折、苦难、寂寞和失败相伴随的。然而他们没有向命运低头，在一次次生命的失败挫折中超越自己，成为强者，演绎出人类历史上最感人之绝响，走向人生之辉煌！

近年来，学业压力、人际关系、就业压力等带来的大学生心理健康问题受到社会广泛关注。2021年1月19日，教育部在《关于加强高校学生挫折教育的提案》答复中表示，加强包括挫折教育在内的大学生心理健康教育是促进大学生全面发展的重要途径和手段。

一、挫折及其影响

（一）挫折的定义

挫折是人生发展和成长过程中不可避免的重要经历。心理学认为，挫折是在一种目的性的活动过程中所产生的紧张状态和情绪反应，它是个体在面对无法克服或认为无法克服的障碍或干扰时，需求和动机无法得到满足后所出现的状况。挫折有三个组成部分。

1. 引发挫折的情境

考试或比赛成绩不理想、恋爱求婚被拒绝、事业发展不顺等情境状态或条件，使个体的需要或动机无法得到满足。

2. 挫折认知的产生

这是一种感知、理解和评估挫折的认知过程，包括对实际或想象中发生的挫折的认识。面对同样的挫折，不同的人产生的心理压力都不一样，对挫折状况的感知和判断受到个人认知结构的影响。例如，有的人怀疑别人在谈论自己，贬低自己，虽然这不是真的，但也会因此体验到与他人的不和。

3. 对挫折的反应

它是一种伴随着挫折认知而产生的令人沮丧的感觉，即当自己的需求无法得到满足时，所产生的愤怒、焦虑、回避或攻击等情绪和行为反应。

当上述三个因素共存时，就形成了一种典型的心理挫折，其中挫折认知的产生是最重要的因素，它很大程度上决定了个体对挫折的反应性质和程度。

（二）挫折的形成

动力需求理论表明，基于需要而形成的动机，促使人的行动要朝向一定的目标，并为了达成这个目标而努力。然而，在激励指向目标和实现目标的过程中，障碍和干扰会使目标无法实现，这时就会导致挫折的产生。

挫折的形成与以下五个因素有关：①需要和由此产生的动机；②由动机驱动的目的性行为；③引发挫折的情境；④挫折认知的产生；⑤对挫折的反应。在这五个因素中，最重要的因素是挫折认知的产生，因为只有感知到挫折情境才会形成挫折认知，如果没有感知，即使实际存在无法克服的困难，个体也不会产生挫折感。事实上，挫折是一种起源于自我评价的内在感觉，个体是否产生挫折感、挫折感反应的强弱，主要取决于当事人对挫折状况、自我动机、目标与结果关系的知觉、认识、评价和感受。需求和动机的强度、达成目标的评价标准、自我期待、挫折的归因等，都是因人而异的。面对同样的挫折，每个人对挫折的反应都不一样。同样的考试不及格，有的学生失望懊悔，有的学生痛不欲生，有的学生淡然处之，这是因为对考试不及格的挫折感的认识不同所造成的，见图10-1所示。

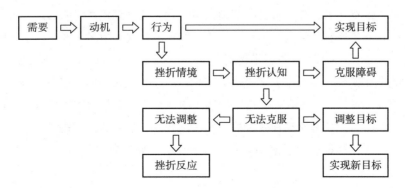

图10-1 挫折形成过程示意图

（三）挫折的反应

挫折反应包括生理反应、心理反应和外在行为特征三种类型。

1. 生理反应

因严重或长期负面情绪的影响，个体的神经系统、心脑血管、消化系统和内分泌系统会产生各种变化或反应，如心跳加速、血压上升、呼吸加速、出汗等。如果紧张和焦虑持续存在，就会导致脸色苍白、四肢发冷、心悸、呼吸急促和紧张，危及人的身心健康。

2. 心理反应

（1）**焦虑**。恐惧和担忧，并伴随着言语和行为的变化，比如说话结巴、注意力涣散、行为混乱、动作僵硬等。

（2）**愤怒**。由挫折所引起的一种紧张而不愉快的内在情绪心理状态，是"战或逃"应激反应中的一环，构成掩饰害怕或受伤的潜在保护机制。愤怒会引发直接或转向的攻击行为。其中，前者是将愤怒的情绪直接指向造成挫折的人或物；后者则是把愤怒的情绪指向自己或第三者，也就是把挫折情绪发泄到"替罪羊"身上。转向攻击的情况有两种，第一种是对自己没有自信，变得悲观，受到挫折而自责，把攻击指向自己；第二种是感觉不应该做不到，直接攻击招致挫折的对象，于是将受挫的感情发泄在他人或物品上。

（3）**妥协**。一种无可奈何的顺从状态。在这种情况下，人在挫折面前不知所措，无所适从，束手无策，顺应形势，听任事态发展的要求。虽然可能无助于解决所遇到的困境，但是这在一定程度上能够缓解由挫折引起的紧张。为了避免心理失衡，妥协可以减轻压力引起的心理冲突。

（4）**寻求支持**。面临挫折的时候，有些人经常感到自己的软弱和局限性，所以他们会把注意力转向寻求他人和社会的支持，或向家人和朋友来分享感受，或向组织和团体寻求关注和帮助，以减少沮丧和烦恼的程度。

（5）**筹划解决问题**。遭受挫折的人会根据自身的知识和经验，来思考如何摆脱他们所经历的情况，这被称为"筹划解决问题"，这是一种理性的挫折反应。

3. 外在行为反应

有些时候我们明确地知道自己正在经历挫折，但有时候可能没有意识到我们正在经历挫折。但个体一些行为反应，会帮助我们推断出一个人是否经历了某种程度的挫折。

（1）**抱怨**。某同学看什么都不顺眼，张口就批评别人的不足，睁眼看什么都不满意，对所遇到的事情总是挑毛病，表达自己的不满，不停发牢骚，说些奇怪的话，或者不是觉得别人对自己不好，就是埋怨自己运气不好，等等。如果出现这种情况，说明这个人的需求没有得到满足，也就是说某种程度上受到了挫折。

（2）**学习效率降低**。当一个大学生遭遇挫折时，通常是无法集中精力学习的，在这种状态下学习效率会降低。当一个人抱怨自己不能集中注意力，在学习中想着其他事情，或在休息时担心学习，这可能是遭遇某种挫折的结果。例如，一个刚刚得知挂科的大一新生，上课时的学习效率降低，看书的时候想出去玩，或者玩的时候抱着很多书。学习的时候头就晕，没有精神，玩的时候也不开心。

（3）**敏感多疑**。在遇到挫折时，人们的安全感通常会降低，同时会变得过于敏感，认为自己总是被他人攻击和嘲讽,从而产生一种警觉的状态。例如,某位同学可能对别人谈论自己漠不关心,但某天有人对他说:"呀!你今天的外套多好看啊!"他可能会想:"这个人整天都在嘲笑我。"此时,该同学可能在人际上遇到了挫折。也许他不知道是什么原因,更不知道具体程度,但可以推断,他受挫了之后,对挫折的阈值突然降低,对与人交往时的语言行为变得敏感多疑,从而变得对挫折以及相应的环境状况过于敏感。

(4)**依赖性**。当一个人遭受挫折时,很容易产生依赖感。例如,生病的人会开始变得依赖别人。有些人的恋爱关系是从病人的床边开始的。这是因为当一个人生病的时候,情绪比较沮丧,容易倾向于相信温情,感激甚至依赖照顾自己的人。这种关系很容易一拍即合,但是这种"床边恋情"需要慎重考虑,因为当这个人从挫折中走出来后,不一定依赖别人,会表现出自己的个性,与恋人的关系也不一定稳定。但我们可以通过突然出现的依赖迹象来判断某人正在遭受挫折,尤其是当一个个性很强的人开始表现出更多的依赖时。

以上总结了人们受挫时可能的行为迹象。如果在他人或自己的行动中出现了这样的迹象,就应该回顾和检查一下,是否遇到了什么挫折。当然,一个人在沮丧时可能表现出来的行为特征和迹象不止于此,我们可以通过反思不断总结概括。

【知识链接】

逆商 AQ 新概念

逆商 AQ 是英文 Adversity Quotient 的缩写。逆商的概念是由美国学者史托兹(P. G. Stoltz)在 1997 年提出的。他在著作《逆境商数》中将逆商定义为:一个人面对困境时的态度和超越困境的能力。构成逆境商数的因素包括:C(Control)控制,自己对挫折有多大控制力? Or(Origin)起因,挫折的起因是什么人或事? Ow(Ownership)责任,我对挫折应负多大责任? R(Reach)影响,挫折对我生活会有多大影响? E(Endurance)持续,挫折会持续多久?

史托兹认为人生就像登山一样,必须一步一个脚印,不断攀登才能达到完满的地步。为什么有的人能坚持,而有的人中途退缩?为什么有许多天赋很高、智商优异的人却没有发挥出他们的潜能?为什么有的企业家能克服深不可测的逆境,其他人却轻易放弃?为什么有些人遭到挫折能采取积极行动重塑自己的命运,而有些人却陷入愤怒和沮丧之中?为什么有些机构在竞争环境下脱颖而出,其他的却不堪一击?史托兹在书中这样定义成功:人在追寻一生的目标时,克服所有障碍或其他各种形式的逆境,向前、向上移动的程度。逆商高的人虽然面对似乎无法超越的困境,却能继续前行,在别人都被困难打倒之际,却能一再站起突破,把每个困难看作挑战,让每种挑战充满机会,在人生的旅途上乐于接受变化,勇往直前,直至达到自己的目标。遗憾的是,大部分人在面对逆境时,都会在潜力还没有完全发挥时就半途而废。史托兹认为,无论是职业生涯还是个人生活,成功取决于逆境商数 AQ。

对人类生存而言,最大的威胁莫过于攀登逆境的斜坡时半途而废或者丧失希望。放弃和绝望将使现有的逆境更难挽回,使接纳陡峭斜坡挑战的人更少。希望(相信这样能做到)、无助(人所做的一切无力回天)和逆境之间的关系如图 10-2 所示。AQ 是人们在困境中是否能保持希望、掌控一切的决定因素。美国文学家爱默生曾经说过,逆境有一种科学价值,一个好的学者是不会放过这一大好学习机会的。AQ 高的人往往表现出这样一些特征:保持乐观态度,积极看待挫折,灵活调整策略,明确奋斗目标,保持自信。

在逆境中的反应会影响个人的效率、表现和成功。认为挫折源于自己、无法控制、范围广大而时间持久的人,往往会受逆境折磨;而认为挫折属于一时不顺、影响有限、源自外在的原因、努力便能影响改变的人,则能够继续向前。成功的窍门就在于你怎样看待命运与危机,能否化逆为顺、转危为安。

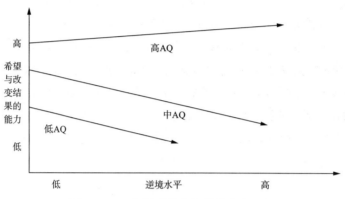

图 10-2　AQ 是希望和控制的决定因素

二、挫折的心理学理论

对西方学者来说,挫折研究一直是一个备受关注的焦点,不同的思想流派对挫折有不同的看法和认识,形成了不同的挫折理论。在这些理论中,最有贡献的应该是精神分析学派、挫折-攻击理论和挫折的认知理论。

(一)精神分析学派

弗洛伊德将人的意识区分为无意识、前意识和意识三个层次。弗洛伊德认为,精神活动的主要驱动力是无意识,构成了个体动机、意图和行为的源泉。在意识和无意识之间,存在着前意识。前意识是在无意识中可以被回忆起来的部分。无意识,包含了诸多原始的冲动、本能和被压抑的欲望,其中以性欲为中心。根据弗洛伊德的理论,当一个人的本能和欲望被压抑而无法满足时,挫折就会发生,也许它会在潜意识中被压抑,却依然能够成为支配行为的动机。例如人都有追求亲密伴侣的本能,当表白受挫或失恋时,就会有挫折反应,可能会感受到压抑愤怒等。

阿德勒认为,人类所有的行为动机都是为了追求卓越,如果这种动机遭到挫败,就会形成一种自卑情结;如果得不到补偿,就会导致广泛的焦虑,甚至严重的精神分裂。

荣格(Jung)认为,个体的心灵是由意识、个人潜意识和集体无意识组成的。意识的核心是自我,它整合并稳定了整个人格结构。每个人的个性都是永远向前的,人往往为自己未来的目标而奋斗,为了各方面的和谐发展,进而达成自我的实现。当一个人的自我实现没有得到满足,就会产生挫折感。

（二）挫折—攻击论

挫折—攻击理论是由美国耶鲁大学的社会心理学家多拉德（Dollard）等人提出。他们认为，攻击行为往往是挫折的结果，攻击行为的发生总是以挫折的存在为前提的，同时挫折的存在会以某种形式导致攻击行为。他们进行的"睡眠剥夺"实验表明，当受试者被剥夺了24小时的睡眠，并且被禁止移动或吃早餐时，他们往往会用不友好的语气说话，或者通过问一些具有挑战性的问题来攻击实验者。这种挫折感的作用可以在广泛的社会关系中充分反映出来。例如，在经历了萧条或战争之后，人们往往会感到心理上的挫折；当人们找不到工作，买不到他们需要的东西，生活的方方面面都受到限制时，他们的攻击性无处不在。

哈佛兰德等人根据历史考察的结果，提出了"挫折—攻击"理论，即攻击的发生与挫折动力的强弱和范围、以前的挫折频率、攻击结果的评价等有关。

1969年，贝科威茨（Berkowitz）对"挫折—攻击"理论作了重大修改。他认为，挫折仅创造出一种攻击行为的"准备状态"，这种准备状态还可以由他人的攻击或以往的攻击习惯唤起。

（三）挫折的认知理论

关于挫折的认知理论，早期具有代表性的是美国临床心理学家艾里斯（Ellis）提出的ABC理论。ABC理论认为，诱发性事件只是引起情绪及行动反应的间接原因，人们对诱发性事件所持的信念、看法等才是引起情绪及行为反应的直接原因。例如同样是实验失败，有的同学认为是一个严重的挫折，而有的同学则认为排除了一个错误的答案。ABC理论以认知心理的观点来看待挫折情绪的产生，揭示了内部信念和观念系统对挫折产生的作用。根据这一观点，要改变人的挫折情绪最重要的是调节或改变人的观念系统。

根据海德（Fritz Heider）和韦纳（B. Weiner）提出的归因理论，在日常的社会交往中，人们会对他人或自己的行为结果进行有意识或无意识的解释。我们对成功和失败的解释会对以后的行为产生重大的影响。如果把考试失败归因于缺乏能力，那么以后的考试还会期望失败；如果把考试失败归因于运气不佳，那么以后的考试就不大可能期望失败。这两种不同的归因会对生活产生重大的影响。

第二节 大学生中的常见挫折

大学生在学习、适应、沟通、爱情、事业等方面面临着越来越大的压力，与此同时心理困惑日益增多，挫折感日益强烈。正确处理大学生成长和发展过程中的挫折，帮助大学生在逆境中生存和成长，是大学生心理素质教育的一项重要任务。

一、大学生常见的挫折类型

大学生的学习生活是多姿多彩的，随着学习、适应、交友、恋爱、就业等一系列人生课题的出现，大学生会遇到各种各样的挫折，归纳起来，主要有以下五种类型。

（一）环境适应挫折

进入大学的年轻人实现了自己的理想，但随后他们不得不面对个人生活方式的各种改变，以及由此产生的冲突、困惑、矛盾甚至挣扎。比如从自己的单人房搬到6~8个人的宿舍；从之前的"饭来张口"到挤进食堂队伍排队打饭；从一个人在家洗澡到几十个人挤在公共浴室里洗澡。面对这种要求一个人更加独立、主动适应的新生活，相当多的学生难以适应，感到不小的挫折。

（二）学业挫折

本书在第四章详细讨论了大学学习，学习上的挑战也会给同学带来一定的挫折感。首先是进入大学后，学习方法与高中有很大的不同，一些在高中学习很好的学生进入大学后失去了以前的优势，从而产生挫折。其次，因升学而带来的巨大压力在进入大学之后就消失了，学业的负担也减少了，因此出现了松弛的学习心态，认为上了大学就等于进入了一个安全的保险箱，只要考试应付通过就好，不在乎成绩的好坏。因为过于放纵自己，一旦期末考试成绩亮起红灯，这些学生就会更加受挫。

（三）人际交往挫折

在大学里，不同地区、不同家庭、不同经历、不同性格的人住在同一个宿舍，在同一个班级上课，彼此的生活习惯、处理问题的方式不一致，难免会发生人际冲突。另外，进入大学后，曾经相处得很好的朋友之间往往距离很远，这导致一些学生在人际交往中遇到挫折，感到沮丧、失望、孤独和无助。

（四）恋爱挫折

恋爱挫折在大学生中最为普遍。自己被一个异性吸引，下定决心鼓起勇气去追求，却被冷淡地拒绝。在恋爱的过程中，因为观点不同，而发生激烈的争吵。明明意气相投，却被一方父母制止。相爱多年的男（女）朋友突然移情别恋，毫不留情地提出分手……这些都会引起大学生激烈的情绪反应，影响到正常的学习和生活。

（五）就业挫折

随着高校毕业生的日益增加，相当多的大学生在就业过程中体验到了就业挫折。大学生经常发现他们的个人目标不容易实现，找不到他们想要的工作。同时，找工作可能会受到学校、学历、专业、户口等的影响。例如，一些专业的就业薪酬低，不理想，这会导致自我效能感低，甚至会产生强烈的情绪，如焦虑、抑郁。

二、大学生挫折的成因分析

个体的需要和动机是一种主观期望，它与客观现实之间存在着距离和矛盾，这正是挫折心理形成的根本原因。从大学生挫折心理的行为表现中，可以总结出大学生受挫的两类原因，即外在因素和内在因素。

（一）外在因素

所谓外在因素，是指外部事物或条件对人施加的障碍和限制所造成的挫折，使人的需要得不到满足，阻碍人的动机实现。

1. 家庭环境

大学生在校园生活中由于家庭因素而产生的挫折感。家庭是一个人最重要的社会支持之一，如果家庭的心理支持功能在大学生的生活，尤其是适应阶段缺位，同时孩子在人际关系中再面临冲突，而朋辈的支持系统没有及时建立，就会造成大学生心灵的荒漠，会不知不觉地受挫。例如，有的父母整天忙于自己的事业，没有时间去关心孩子，或只关心孩子的饮食和衣着等外在物质需求，而忽略了情感投入和精神培养，整个学期都没有和孩子进行情感交流。

2. 学校环境

受学校地理位置、校园环境、学校条件、生活秩序、校园纪律、校园文化、教学状况、学习节奏等因素影响而产生的挫折感。例如，有一些大学片面地追求一种价值标准，使学生负担过重，给大学生造成过度的心理负担和精神压力，进而滋生出厌学情绪和对抗情绪。而在另一些高校中，不科学的教学措施、僵化的教学方法和急切的教学态度使学生难以承受，导致学生屡屡发生挫折感。

3. 社会环境

一个人在校园生活中所遭受的人为因素的限制所带来的挫折。如受他人攻击诬陷，长期遭受冤屈；与他人关系疏远、关系紧张等都会导致挫折感。由于社会环境造成的挫折情况的复杂性，对人们的需要和动机的影响也比自然环境造成的挫折影响更为普遍和深远。例如2020年以来，受新冠肺炎疫情的影响，大学生出国留学的机会减少，国内考研保研的压力增大，从而导致部分同学的学业和发展受挫。

（二）内在因素

内在因素，是指大学生的生理或心理因素成为挫折的原因，主要包括个体动机之间的冲突、生理条件的制约、能力与期望之间的落差，以及压抑与浮躁等。

1. 目标丧失

新入学的大学生往往会有这样的特点：失去目标。因为高考的巨大压力导致大部分高中生只有一个目标：上大学。然而进入大学后，学生们会陷入一种"没有目标"的心态中。随着时间的流逝，大多数学生及时确立了大学四年的努力目标，并在追求目标的过程中使自己忙碌起来。但是，也有一部分学生无法很好地调整自己，陷入目标丧失状态。著名的神经心理学家鲁利亚（Luria）说过："目的的实现意味着积极性的丧失。"于是在目标丧失的同学中，无聊开始打扰他们脆弱的心灵，空虚、苦闷、挫折心理也随之而来。

2. 动机冲突

它指的是一种矛盾心理状态，在这种状态下，两个或两个以上的动机同时出现，也都渴望实现，但由于某些条件，它们不能同时达成。大学生在校园生活中经常面临以下四种不同类型的动机冲突。当这四种心理动机冲突出现时，大学生容易产生挫折心理。

（1）**双趋冲突**。这是一种"鱼与熊掌不可兼得"的纠结心境。例如，一个学生想要在社会工作中表现积极，同时想要取得优秀的学业成绩。两者都很吸引人，但很难做到两者兼得，这使得许多大学生陷入了一个艰难的选择。

（2）**双避冲突**。这是一种从两项都厌恶的事物中进行选择而左右为难的矛盾心理状态。比如有的同学既不想用功读书，又怕考试不及格。

（3）**趋避冲突**。这是一种矛盾的心理状态，在这种状态中，会出现对同一目标的追求和回避。比如有些学生想获得奖学金、优秀学生等荣誉，但不想付出努力。这种现象可以构成趋避心理冲突。

（4）**双重趋避冲突**。这意味着个人要同时拥有两个及以上的目标，并且每个目标同时形成趋近回避的矛盾状态。比如有的同学想表白谈恋爱，又担心被拒绝受挫；不去表白，又担心单身被别人说笑。

3. 生理和心理发展的限制

这是指一个人的身体缺陷、疾病、外貌、身体等对目标达成的制约。例如，如果一个身材矮小的学生想要在篮球方面发展，那么其成功的机会将是有限的。霍林沃斯（Holling Worth）将青少年在心理上脱离父母或其他养育者而变得相对独立的过程称之为"心理断乳期"。大学生的身体发育基本成熟，但心理发育尚未完全成熟，仍处于"心理断乳期"。因此，部分学生的自我意识发展到前所未有的水平，要求参与意识越来越强烈，但他们的辩证思维能力相对较弱，容易自负或自卑，这将不可避免地导致在各种动机冲突中容易产生挫折心理。

4. 能力与期望的落差

在现实生活中，一些大学生往往过于自信，高估自己的能力，对自己提出不切实际的要求，设定过高的目标。当这些目标最终被证明是不可能实现，而且他们自身又无法清醒地意识到这一点时，强烈的挫败感就会产生。

总而言之，大学生挫折心理的产生是内部与外部因素相互作用、相互渗透、相互制约、相互影响的结果，对挫折的分析要综合考虑环境和个体因素，全面分析有利于挫折的应对。

第三节　应对挫折的方法

一、正确认识挫折

生活中总有许多挫折需要面对，要辩证地看待挫折。挫折在现实生活中都是不可避免的。大学生必须在挫折中学习和成长。马斯洛曾说："一个人面临危机的时候，如果你把握住这个机会，你就成长。如果你放弃了这个机会，你就退化。"因此，人的生命就是不断克服困难、化解挫折，从而实现成长与发展的过程。困难和挫折对人们来说是一场危机和挑战。大学生必须提高自己战胜挫折的能力，培养克服挫折、走向成功的毅力。

首先，挫折是前进道路上暂时的绊脚石。人们只有在前进的过程中，不断抗争，奋力拼搏，用理性的利剑刺穿荆棘，在征服自然、改造社会的实践中提高自己。作为一个现实的人，我们必须向前看。

其次，挫折具有双重性质。它可以培养人的坚强意志，通过总结经验，吸取教训，完善和改进追求；但与此同时，它也可能会导致心情低落，甚至引发心身疾病。因此，正确应对挫折有助于发挥挫折的积极作用，预防和克服挫折的消极作用。

最后，挫折也是一种机会。挫折可能令人痛苦，消磨一个人的勇气，甚至完全摧毁一个人。而挫折也能激发人的奋斗精神，磨炼人的意志，开发人的潜能，使人成功。为了找出成功的秘诀，拿破仑·希尔对成功人士进行了长达 22 年的访谈。他在访谈中发现，每一个成功的人都得出这样的结论：在每一次挫折或困难中，都暗含着更大的优势或好处。著名作家歌德在摆脱了失恋的挫折后，用自己亲身经历创作出了一部享誉世界的名著——《少年维特之烦恼》；正是体验了战争和爱情的挫折，著名的苏联作家奥斯特罗夫斯基写出了《钢铁是怎样炼成的》一书，鼓舞了无数年轻人。乐观的人在遭受挫折的时候会想："冬天已经来了，春天还会远吗？"然后面对挫折，挑战命运，从挫折中获得发展的机会，最终取得成功。有人专门研究了293位外国著名作家和艺术家的传记，发现其中127位在生活中遭遇过重大挫折。俗话说："宝剑锋从磨砺出，梅花香自苦寒来。"因此，我们对挫折要有积极的认识。

在遭遇挫折的情况下，不仅要看到挫折带来的损失和痛苦，也要看到自己的优势和取得的结果，不要一直沉浸在挫折带来的负面情绪中，要从痛苦的情感中解放出来，用理性去面对挫折。

【案例引入】

快乐的城堡

一个叫塞尔玛的年轻女子，陪伴丈夫驻扎在一个沙漠的陆军基地里。丈夫奉命到沙漠里演习，她一个人留在陆军的小铁皮房子里，不仅炎热难熬，而且没有人谈天。当地只有墨西哥人和印第安人，他们不会说英语。她太难过了，写信给父母说要回家。她父亲的回信只有两行字，但是这两行字彻底改变了她的生活。

"两个人从牢房的铁窗望出去，一个人看到了泥土，一个人看到了星星。"

塞尔玛把这封信读了许多遍，感到非常惭愧，决心在沙漠里寻找自己的"星星"。

她开始和当地人交朋友，人们对她非常热情。她对当地的纺织品和陶器表示兴趣，人们就将舍不得卖给观光客人的纺织品和陶器给她。塞尔玛研究那些引人入迷的仙人掌和各种沙漠植物，又学习有关土拨鼠的知识。她观看沙漠的日出日落，还寻找海螺壳。这些都是几万年前这沙漠还是海床时留下来的。沙漠没有变，印第安人没有变，只是塞尔玛的念头和心态改变了。这一念之差使塞尔玛变成了另一个人，原先痛苦的生活变成了一生中最有意义的冒险。她为自己的新发现兴奋不已。两年之后，塞尔玛的《快乐的城堡》出版了。她从自己的牢房里看出去，终于看到了星星。

二、培养乐观的品质

在日常的学习和生活中，我们难免遇到一些困难和挫折。当论文投稿被拒、研究不顺利、发言被批评、表白失败……你是否会产生自我否定、悲观绝望的情绪，甚至陷入自暴自弃的状态？过多的消极情绪不仅降低了学习工作的效率，还严重影响了身心健康。想要更好地解决问题，我们需要保持积极乐观的心态。那么，乐观究竟是什么？怎样才能让自己更乐观呢？

乐观既是一种品质，也是一种解释风格。悲观的人相信坏事都是因为自己的错，这件事会毁掉自己的一切，并且会持续很久。乐观的人在遇到同样的厄运时，会认为现在的失败是暂时性的，每次失败都有特定的原因，是环境、运气等外在因素导致的，而不是自己的错。

（一）乐观的相关概念

自我管理模型认为，乐观是指对于未来好事总是多于坏事的总体预期，在"评估目标→确定目标→管理行为"这一过程中，乐观体现为面对障碍时的态度和信念。塞利格曼通过归因理论认为，乐观作为一种归因方式和解释风格，影响到一个人如何解释事情发生的原因。

基于归因理论，习得性无助和解释风格可以解释为什么一些人总是乐观不起来。当屡次投稿被拒时，你可能会感到绝望、不敢继续投稿甚至对自己产生怀疑，这就是陷入了"习得性无助"的困境。习得性无助是指一个人经历了失败和挫折后，面对问题时产生的无能为力的心理状态和行为。接下来你又会怎么归因"投稿被拒"的事件呢？是文章没有得到编辑的欣赏还是自身的科研水平不足？你会给出"为什么这件事会这样"的习惯性的解释方式，这是你独有的"解释风格"。

解释风格可以分为以下三个维度。

1."永久的／暂时的"

悲观者相信坏事是永久的，而好事是暂时的，常常被过去的失败所困扰；乐观者相信坏事是暂时的，而好事是永久的，在成功后往往更加努力。

2."特定的／普遍的"

悲观者相信坏事是普遍的，而好事仅仅是因为特定的原因；而乐观者相信坏事的发生有特定的原因，而好事的发生会加强他对所有事情的信心。

3."内在的／外在的"

悲观者会把坏事归因于自身的问题，他们常去负不需要负的责任，而把好事归因于运气等外在因素；而乐观者会把坏事归因于环境等外在因素，而把好事归因于内在因素。

在挫折、逆境、失败和厄运面前，乐观者最大的资产是希望，悲观者最大的破产是绝望。然而我们也需要警惕过度乐观，这是因为悲观往往具有一种现实的能力，可以帮助我们认清事实的真相，而有些时候乐观是不切实际的，是希望战胜了经验。面对可能存在的"乐观偏差"与"悲观偏差"，我们需要具备一种"现实乐观"的能力，做到既是有经验的，又是有希望的。

（二）乐观的方法

怎样才能更乐观一点呢？基于第五章提到的"ABC"理论，能够帮助我们克服消极情绪，积极应对困难和挫折。

从表10-1的例子可以看到，通过习得性乐观和理性信念，以"转换视角"的方式摆脱"内在的""普遍的""永久的"的消极思维，例如"我什么也学不会，我太笨了"。下次遇到困难和挫折时，尝试把它归因于暂时的、个别的、非个人的，例如"我考得不好，是因为上学期我对非专业课不够重视，我的专业课成绩还是名列前茅的"，这时就会又有一些信心，不至于非常颓废和无助了。

总结来说，使用"认知五栏技术"可以帮助改变对事物的消极看法，如表10-1所示。在评价一件事情时，学会从多个视角看待问题，尽可能发现更多的可能性。挖掘挫败或弱点的积极意义，从而变悲观为乐观，支撑自己跨越现在、走向未来。

表 10-1　认知五栏

事件 A	想法 B1	结果 C1	新想法 B2	新结果 C2
上学期期末考试，排名后 1/3	室友一个第一，一个第三，我考得真烂，太笨了，什么也学不会，未来肯定没办法保研！不读研，本科出去能找到什么样的工作呢？	晚上焦虑失眠，白天精神差，非常颓废和无助。回避同室友一起自习了，不愿意同他们讨论	我考得不好，是因为上学期我对非专业课不够重视，我的专业课成绩还是名列前茅的。我现在知道自己花多少时间复习才能拿到好成绩，下次我更努力。本校的学生毕业都能找到一份好工作，我先好好学习	我对自己能取得好成绩又有了一些信心。我会继续念下去

积极心理学之父马丁·塞利格曼说过："乐观虽不是万灵药，但是它可以保护你不受抑郁的侵害，可以提升你的成就水平，使你的身体更强健，是一个令人愉悦的精神状态。"

【心灵故事】

乐观的保险销售员

多年以前，美国大都会人寿保险公司曾找马丁·塞利格曼教授做了一项有关乐观对业务员工作的影响的研究，有一个叫德尔的超级业务员给马丁留下了深刻的印象。

德尔曾经在宾夕法尼亚州东部的一家屠宰场工作了 26 年，可以说，他整个前半生都在那里工作。这份工作不算愉快，但至少他工作的清洗部门比其他部门稍好一些。后来，肉类供过于求，生意越来越糟，他被调到屠宰部门，那里的工作让他非常不适应，不过为了生活，他还是得做。直到一个周一的早晨，他照常去工厂，却发现工厂大门口挂了一块牌子，上面写着"关闭"。虽然德尔从没有做过销售，也不知道自己是否擅长销售，但他不打算后半辈子靠领救济金生活，于是他去应征大都会人寿保险公司的业务员。尽管他没有通过传统的保险行业职业剖析测试，但他还是被录用了，因为他符合该项研究对"特别录用组"的要求——他的归因风格测试分数很高，这个高分说明他很乐观。后来的事实证明塞翁失马，焉知非福。德尔在入职后果然成为一名超级业务员，他不但有韧性，还有想象力，可以在任何人都想不到的地方找到新客户。卖保险的第一年，他的薪水比在屠宰场工作时多了 50%；第二年，他的薪水增加了一倍。此外，他热爱这份工作，特别是工作的自由度——他可以自己安排工作的时间和地点。

有一天，马丁接到德尔的电话，"今天早上我的心情非常不好。"德尔说，"我花了好几个月才拉到一宗大生意，这是我工作以来最大的一单。但是两个小时之前，承保部门打电话告诉我，他们决定拒绝这桩生意，所以我打电话给您。"

"好的，德尔先生。"马丁回答道，但他不明白德尔为什么找他，"我很高兴你打电话来。"

"塞利格曼博士，我知道您为大都会人寿保险公司挑选了一组胜利者，不论什么不好的事发生在这组人身上，就像今早发生在我身上的这件事，他们都会继续往前冲。我猜您不是免费为保险公司做这件事的吧？"

"你说得对。"

"那么，我想你应该回馈一下，买我的保险吧！"

马丁真的买了。

三、合理使用心理防御机制

心理防御机制，指的是一种个体自我调节和自我保护的方法，它可以使人在遭受挫折时，从因挫折而产生的心理压力中解放出来，减轻精神上的痛苦，使情绪恢复正常，维持心理平衡。心理防御机制往往具有自动化、无意识的属性，是在成长的不同阶段里发展出来的，对于当时的发展阶段而言，新出现的防御机制常常能够帮助一个人更有效地应对新的生活情境中的挫折。常见的挫折心理防御的方式有升华、补偿、认同、抵消、幽默、合理化、压抑、投射、反向、幻想、否定、退行等。那些在个体幼年时期就已经出现，当时很有效，但随着成长发展已经逐渐落伍的防御机制，我们将其称为不成熟的心理防御机制；而那些在个体相对成熟的阶段，如儿童期、青少年期才发展出来的防御机制，我们将其称为成熟的心理防御机制。在大学的发展阶段，往往相对成熟的防御机制能使人更好地适应挫折，减轻心理痛苦，促进发展；而幼年时期出现的不成熟防御机制会使人逃避现实，降低适应生活的能力，或将导致更大的挫折，甚至诱发精神疾病。

（一）相对成熟的心理防御机制

相对成熟的心理防御机制应对挫折时，更依靠理性的对抗行为，即在理性的引导下，使挫折反应产生建设性的效果。

1. 幽默

所谓幽默，是当一个人陷入困境或尴尬的状况时，用幽默来应对，或者在不受重伤的情况下，间接地表达自己的意图。一般来说，性格比较成熟的人往往知道如何在适当的场合使用适当的幽默来改变困难，将重大事件的影响减少，让自己顺利地度过困难。这既是一种智慧的生活方式，又能体现良好的个人修养。例如，苏格拉底的妻子是个急性子的人，经常让这位有名的哲学家在人前出丑。有一次，苏格拉底正在和几个学生讨论学术问题，不知为何，他的妻子跑来大声叫骂，教室里一片混乱。然后，他的妻子拿起一桶冷水泼向苏格拉底，导致苏格拉底浑身湿透。当学生们感到非常尴尬和不知所措时，苏格拉底幽默地笑了，并诙谐地说："我一直都知道，雷声过后一定会有雨。"虽然这种幽默的忍耐只有一句话，却使妻子的愤怒情绪出现了良性的变化。大家听了都开心地笑了，愈加钦佩这位智者的文化素养、艺术修养和胸怀大度。

2. 认同

所谓认同，是当一个人在现实中无法成功时，将自己比作一个成功的人，以减轻挫折带来的内心痛苦。或者利用别人的长处来缓解自己的挫折感，寻求满足。例如，一些大学生经常谈论他们看到的名人，以此来积极地自我激励和暗示，用成功代替挫折。

3. 补偿

补偿是指由于基本客观条件限制而无法实现目标时，试图将最初的目标改为新的目标，通过现在的成功体验去弥补过去失败的痛苦体验，并恢复失去的自尊，以实现"失之东隅，收之桑榆"的目标。

补偿有两种形式：一是改变策略和行为方式。当目标无法达成时，需要重新审视和调整战略，摸索新的行动。我们常说的"迂回战术""围魏救赵"就是替代策略。二是变更目标，例如降低目标要求或重新选择新目标等。当给定的目标代价太高或不可能实现时，修改或降低目标的要求是明智的。例如，一个外表普通或身体残疾的女孩，她无法与其他漂亮的女孩竞争。但通过努力学习，在学术研究中取得了巨大的成就，因此获得了其外表无法获得的声望，这就是补偿效应。更广泛地说，它是个体通过自己的努力，培养长处，规避弱点，用成功的实践来代替失败的行动。这是发挥潜能的力量，是适应生活环境的更好方式。

在使用补偿时，应避免补偿的负面影响。例如，如果你考试不及格或者生活不顺利，你就会对手机游戏上瘾，这是一种消极意义上的补偿。

4. 升华

升华是指改变因各种因素制约而无法达成的目标或社会不接受的行动目标，置换成具有创造性和社会价值的其他更高尚的目标，以减轻因挫折而带来的精神痛苦。升华不仅需要理性思维的能力，还需要坚强的意志和开放的心态等强大品质。根据弗洛伊德的观点，大多数人的文学和艺术作品升华了他们心中的非理性冲动，并以一种社会可接受的合法形式表达出来。

（二）相对不成熟的心理防御机制

面对挫折时，个体可能会依赖于幼年时期即已发展出来的否认、逃避、退行、压抑、合理化等心理防御机制，但这样做无法有效解决问题，当下次类似挫折到来时，他们仍然会不知所措。因此，大学生要认识这类防御机制的消极作用，避免使用其所带来的负面作用。

1. 否认

否认指的是"否定"已经发生的痛苦事实，主观上认定它没有发生，从而减轻或回避心理上的痛苦。这种现象多发生在突发灾害之后。例如，家人或朋友在地震中丧生，但他们仍然相信对方还活着。否认可以被看作一种逃避痛苦的应对方式，对个人有一定的保护，可以作为我们接受现实的减震器。但是否认会导致我们不接受现实，进而延长压抑痛苦的时间，阻碍人们适应现实生活。

2. 逃避

所谓逃避，是指遭受挫折后，不是直面挫折的状况，而是逃避到相对安全的环境中。大学生逃避挫折的方式常见的有三种模式：第一是逃避到其他现实中去，比如学习不好就沉迷于玩电脑游戏；第二是逃避到幻想的世界里，想象自己不用努力就能碰上好运；第三是借由疾病进行逃避。例如，一些大学生在考试当天或考场发高烧，因为他们害怕考试不及格，这使他们无法继续考试。这是个体借助某些生理功能障碍来避免面对困难、障碍，它往往是在不知不觉中产生的，与假病不同。

3. 退行

退行，指在受到挫折的时候，通常会表现出幼稚的行为，不符合自己的年龄和身份，或者盲目地相信、追随别人，多指大人模仿孩子的样子。做出这种行为的大学生，对自己没有自信，看不到自己的力量，像孩子一样有依赖他人的倾向。比如，有个女生刚进学校，参加学生会干部选举失败了，觉得很委屈、不甘心，无法进行理性分析，于是不吃饭，不上课，整天睡觉。

4. 压抑

所谓压抑，是指对以往引起不快的经历和体验进行无意识抑制，不去回忆、主动遗忘。适度的压抑有助于调节情绪，但长期压抑会带来更强烈的挫折和心理不适。例如，在宿舍里，当你因为室友的玩笑或忽视受到伤害时，既不告诉对方，也不告诉别人，而是压抑自己，时间一长，就会变得抑郁，甚至引发失眠、头痛等。

5. 合理化

使用该心理防御机制意味着在无法达到目标的时候，给自己一个不能实现目标的好借口。虽然这些借口往往是虚假和不能自圆其说的，但个体可以借此说服自己，让自己心安理得。例如，当一些学生和别人相处得不好时，他们会对自己说："我只是不善于和别人交流。"在合理化了这种行为之后，便不再考虑自己与人的关系问题，也不会去改善自己的社交技能。

6. 反向形成

反向形成是指个体的动机与行动相反，一些有自卑感的同学常常会表现出傲慢的态度倾向。憧憬异性的人，却装出冷淡的样子。这些同学不会把自己真正的动机表露出来，而是从相反的方向表达。虽然这种行为可能部分掩盖了个体的真实动机，但长期使用可能从根本上扭曲了个人的真实意图，导致动机与行为分离，造成心理扭曲，大大削弱了个体的社会适应能力。

四、积极寻求社会支持

当学生进入大学后，会脱离家庭和父母的保护，脱离熟悉的伙伴和师生关系，进入完全陌生的人际关系团体中。对于大学生而言，各种社会支持源提供的支持在不同的阶段有不同的特征，而且在转换期有变化的倾向。研究表明，在上大学之前，父母和兄弟姐妹给予的支持相对较多，教师也是重要的支持来源之一，而同伴提供的支持则较少。在大学刚开始的时候，各种支持来源提供的支持明显减少，但是来自父母的支持仍然相对较高。在大学后第一学期，来自父母和同伴的支援明显增加，但来自教师的支援却持续减少。大学生从父母和新同学那里得到的支持越多，他们感受到的支持力量也就越强。这些结果表明，尽管进入大学意味着个体脱离父母的保护而变得独立，但在过渡时期，父母仍然是相对稳定和重要的支持来源。与此同时，同伴特别是大学新生提供的支持，在个人生活中变得越来越重要。

（一）建立社交支持网络

提高对挫折的忍耐力，创造和谐的人际关系，建立自己的情感社会支持网络是有益的。人们在面临挫折的时候，通常会出现强烈的情绪反应，焦虑和痛苦普遍存在。此时，如果有好友或亲朋能够给予安慰、关心、支持、鼓励和信任，就会有效地缓解个体的心理压力，减少不良情绪反应，从而增强应对挫折的忍耐力。因此，当大学生在遭受挫折时，不要把自己封闭起来，而应该与亲朋好友进行有效沟通，寻求积极的帮助和支持。

（二）主动寻求专业支持

心理咨询是指由受过专门训练的咨询师采用心理学的理论和技术，通过语言和非语言交流技巧，帮助、启发和教育来访者，促使来访者的认知、情感和态度发生积极改变，以解决其在学习、工作和生活等方面的心理压力和冲突，最终促进来访者人格的和谐发展和社会适应能力的有效改善。

面对挫折，可能会产生紧张、焦虑、痛苦、自我评价低等负性体验。不同的人在不同的时间会遇到不同的心理问题和困扰，如果能够及时解决，可以让自己更有信心，更能适应现实的生活，建立"及时主动求助是一种人生智慧"的观念，能有效帮助解决心理问题。

【潜能训练】

你的烦恼我也懂

活动分组：4人一组。

活动目的：鼓励学生在面对挫折时，积极寻求社会支持。

活动材料：纸质版表格、笔。

活动实施：

（1）请组中每位同学在设计好的表格上，先写出自己目前遇到的一件挫折。

（2）小组成员传递表格，在他人的挫折后面写下自己可能的应对方法。

（3）小组内部讨论，并分享以下两方面：

①应对挫折的有效方法；

②受到他人帮助时的感受。

【本章回顾】

本章对大学生的挫折心理进行了详细阐述，主要内容如下。

1. 大学生在心理发展过程中必然会经受挫折。本章介绍了挫折的定义，描述了挫折的发生发展过程，解释了挫折的相关理论，并结合事例说明大学生在人际、学业、就业、恋爱等方面可能遇到的挫折。

2. 遇到挫折，该如何认识和分析？可以从内部和外部原因进行分析，探讨可能的原因，有助于发现自己的所思所想，客观认识自己和生活环境。

3. 如何应对挫折？在挫折的发生过程中，挫折认知是非常重要的，本章从正确认识挫折、培养积极乐观的品质等方面，帮助改善挫折认知。此外，从精神分析学派的观点，对挫折的防御机制进行辩证分析，帮助大学生合理使用积极的心理防御机制。最后，遇到挫折时，强调积极寻求社会支持。

【推荐资料】

1. 书籍《活出最乐观的自己》，马丁·塞利格曼著，洪兰译。

马丁·塞利格曼从"抑郁专家"到"积极心理学之父"。塞利格曼博士从"习得性无助"中走来，不再只关注人性黑暗、脆弱与痛苦的一面。他发出了"积极心理学"的召唤——帮助普通人增加幸福感。本书帮助你认识乐观者和悲观者的自画像，看他们如何看待自己和解释世界。本书详述了乐活人生的ABCDE，帮助你五步走出悲观，迈出自在的青春舞步！

2. 电影《无问西东》，李芳芳导演。

《无问西东》是由李芳芳自编自导的剧情片，于 2018 年 1 月 12 日在中国内地上映。影片讲述了四个不同时代却同样出自清华大学的年轻人，吴岭澜（陈楚生饰）出发时意气风发，却很快在途中迷失了方向；沈光耀（王力宏饰）在家国的抉择中，最终自愿参与了最残酷的战争；王敏佳（章子怡饰）因为虚荣撒了小谎，陷入被众人唾骂的深渊；陈鹏（黄晓明饰）把爱情摆在了理想前面，张果果（张震饰）身处尔虞我诈的职场……

作为不同时代的大学生，他们都对青春满怀期待，也因为时代变革在矛盾与挣扎中一路前行，最终找寻到真实自我，无问西东！

【话题讨论】

1. 遇到挫折时，你可能有哪些反应？你觉得怎么样？
2. 回想那些经历过的挫折，你是如何看待它们的？
3. 你擅长用什么心理防御机制来应对挫折？
4. 挫折后，你经常寻求哪些社会支持？

【参考文献】

[1][美] 威廉·麦独孤. 社会心理学导论 [M]. 俞国良，等译. 杭州：浙江教育出版社，1997.

[2][美] 保罗·史托兹. AQ 逆境商数 [M]. 庄安祺，译. 天津：天津人民出版社，1998.

[3][美] 马丁·塞利格曼. 活出最乐观的自己 [M]. 洪兰，译. 沈阳：万卷出版公司，2010.

[4][奥地利] 弗洛伊德. 自我与本我 [M]. 车文博，译. 北京：九州出版社，2014.

[5] 樊富珉，费俊峰. 大学生心理健康十六讲 [M]. 北京：高等教育出版社，2013.

[6] 彭凯平. 活出心花怒放的人生 [M]. 北京：中信出版集团，2020.

[7] 崔丽娟，张高产. 积极心理学研究综述——心理学研究的一个新思潮 [J]. 心理科学，2005（2）：402-405.

[8] Berkowitz, L. Frustration-aggression hypothesis: Examination and reformulation[J]. Psychological Bulletin, 1989, 106: 59-73.

[9] Ellsworth, P. C., & Scherer, K. R. Appraisal Processes in Emotion.In R. J. Davidson, H. Goldsmith, & K. R. Scherer (Eds.), Handbook of the Affective Sciences[M]. New York: Oxford University Press, 2003: 572-595.

第十一章　生如夏花之绚烂
——追求生命的意义

【名人名言】

　　每个人都应追问生命的意义；并且，每个人只有通过承担他自己的生活才能向生命做出回答；他只有通过成为负责任的人才能对生活做出反应。

　　　　　　　　　　　　　　　　　　　　　　　——弗兰克尔《追寻生命的意义》

　　人生最有趣的事情，就是送旧迎新，因为人类最高的欲求，是在时时创造新生活。

　　　　　　　　　　　　　　　　　　　　　　　　　　　　　　　　——李大钊

【案例引入】

如果今天是我生命中的最后一天

　　乔布斯2005年在斯坦福大学毕业典礼上的演讲中讲了这样一个故事。

　　17岁那年，我读到过这样一段话，大意是："如果把每一天都当作生命的最后一天，总有一天你会如愿以偿。"我记住了这句话，从那时起，33年过去了，我每天早晨都对着镜子自问："假如今天是生命的最后一天，我还会去做今天要做的事吗？"如果一连许多天我的回答都是"不"，我知道自己应该有所改变了。

　　让我能够做出人生重大抉择的最主要办法是，记住生命随时都有可能结束。因为几乎所有的东西——所有对自身之外的希求、所有的尊严、所有对困难和失败的恐惧——在死亡来临时都将不复存在，只剩下真正重要的东西。记住自己随时都会死去，这是我所知道的防止患得患失的最好方法。

　　你已经一无所有了，还有什么理由不跟着自己的感觉走呢。

　　大约一年前，我被诊断患了癌症。那天早上7点半，我做了一次扫描检查，结果清楚地表明我的胰腺上长了一个瘤子，可那时我连胰腺是什么还不知道呢！医生告诉我说，几乎可以确诊这是一种无法治愈的恶性肿瘤，我最多还能活3～6个月。医生建议我回去把一切都安排好，其实这是在暗示"准备后事"。也就是说，把今后10年要跟孩子们说的事情在这几个月内嘱咐完；也就是说，把一切都安排妥当，尽可能不给家人留麻烦；也就是说，去跟大家诀别。

　　那一整天里，我的脑子一直没离开这个诊断。到了晚上，我做了一次组织切片检查，他们把一个内窥镜通过喉咙穿过我的胃进入肠子，用针头在胰腺的瘤子上取了一些细胞组织。当时我用了麻醉剂，陪在一旁的妻子后来告诉我，医生在显微镜里看了细胞之后叫了起来，原来这是一种少见的可以通过外科手术治愈的恶性肿瘤。我做了手术，现在好了。

　　这是我和死神离得最近的一次，我希望也是今后几十年里最近的一次。有了这次经历之后，现在我可以更加实在地和你们谈论死亡，而不是纯粹纸上谈兵，那就是：谁都不愿意死。就是那些想进天堂的人也不愿意死后再进。然而，死亡是我们共同的归宿，没人能摆脱。我们注定会死，因为死亡很可能是生命最好的一项发明。它推进生命的变迁，旧的不去，新的不来。现在，你们就是新的，但在不久的将来，你们也会逐渐成为旧的，也会被淘汰。对不起，话说得太过分了，不过这是千真万确的。

假如今天是我生命的最后一天，我还会去做今天要做的事吗？不知道你是否也思考过这个话题。庄子曾说："人生天地之间，若白驹过隙，忽然而已"。面对生命的逝去，人们可能会感到恐惧和焦虑，但同时它会让我们思考生命是什么，生命的意义何在。这些问题也许从小你就会好奇和思考，就像5岁的小朋友会问妈妈"我从哪里来的"。也许你正面临一些困惑，希望能够得到一些指导。也许你已经有了模糊或清晰的答案，正在充盈自己、丰富生命的路上。

本章节希望帮助你学习和思考以下内容：一是认识生命，了解当下时代的生命价值观，理解大学生的常见生命困惑；二是认识丧失，了解失去的意义，学习相关理论，能够合理面对人生所失；三是思考如何让自己的生命之花绽放，塑造积极的认知体验和人生态度，加强自我关怀和感恩生命，让自己拥有乐活的精神和能力。

第一节 认识生命和生命价值观

一、生命的意义

（一）生命的定义

《辞海》中说："生命是由高分子的核酸蛋白体和其他物质组成的生物体所具有的特有现象。能利用外界的物质形成自己的身体和繁衍后代，按照遗传的特点生长、发育和运动，在环境变化时常表现出适应环境的能力。"基于生物新陈代谢的视角，恩格斯认为："生命是以蛋白质的形式存在，其存在方式的根本在于它与周围的自然界不断地新陈代谢，如果这一过程停止，生命就会随之停止，其结果就是蛋白质被分解。"亚里士多德从生物潜能的角度指出："所谓生命，是指那种自身摄取营养、有生灭变化的能力。"上述观点是从生物学这一广泛的视野来进行定义，生命被看作是动植物等有机体的新陈代谢、繁殖、生长和环境适应能力。新陈代谢是生命最基本的特征。

弗兰克尔（Frankl），一位著名的犹太精神病学家和神经学家，奥斯威辛集中营的幸存者。结合自己的亲身经历，他创作了《追寻生命的意义》一书，并指出每个人都有自己的独特性和不可替代性，正是这两个特征将每个人的存在意义与创造性的工作和人性之爱联系起来。当个体意识到自身的独特性与不可替代性时，就会发现自己对世界的责任，并通过创造性的工作来履行责任。当一个人意识到已经得到了别人的温暖时，就不太可能放弃自己的生活，因为其更加意识到自己存在的意义，也更加能够从容地面对未来的任何挑战。

生命承载了所有智慧、力量和美好情感，是任何东西都无法替代的，人类生命的价值在于它是人类创造和实现一切价值的前提和先决条件。生活有开始也有结束。虽然每个人都不能决定自己生命的长度，但可以控制自己生命的宽度。也就是说，实现生命的意义，活得精彩，体现生命的价值。

（二）生命的存在形式

与植物和其他动物不同，人类生命有三种存在形式：生物性存在、精神性存在和社会性存在。

生物性存在：人首先是作为一个生物而存在的。生物性构筑了个体生命最基本的特质，奠定了人类生命的精神与社会存在基础。人的生命作为一种自然的物质生命而存在，人的成长和发展必然要服从生物世界的法则和规律。因此，生活、衰老、疾病和死亡是每个人都必须经历的过程，也是每个人都无法逃避的。

精神性存在：人之所以为人，在于其存在不仅是为了满足基本的自然生活需求，更在于超越生物存在而追求精神存在。人必须规划人生，创造自我价值，引导和提高生物性的存在。人的生命正是以精神性存在而具有人文价值、理性意蕴和道德升华。

社会性存在：为了追求生存，每个人都必须参与和融入社会，在与他人交流、沟通和互动中彰显生命的状态，追求和实现生命的意义与价值。通过社会存在，人们即使处于纷繁复杂、不断变化的社会生活中，也能够通过生命的智慧和坚定的信念，淡然而豁达地面对有限人生中的生与死、爱与恨、聚与散、得与失等无奈命运。

二、生命价值观

（一）生命价值观的含义

生命价值观是历史的、具体的，是在一定的时空背景下，人们对生命存在形态的总价值判断。

古今中外存在着多种生命价值观，中国的儒家文化强调"修身齐家治国平天下"的价值观观念，提倡个体生命与集体生命的相辅相成，认为每个人都应该完成自己的人生使命、积极投入社会，才能充分实现个体的生命价值。道家文化则强调个体本身的生命价值，强调个体的生命价值在于对道理的探索、个人幸福的追求等。西方存在则强调追求真善美，认同"未经思考的人生不值得活"的古希腊的生命价值观。西方也存在着社会达尔文主义之类的强调"优胜劣汰，适者生存"的价值观。

总而言之，从古至今，出现了三种基本的生命价值观：

第一种是生命神圣论。主张"生命的神圣和不可侵犯性，具有至高无上的价值""无条件地主张尊重生命和热爱生命"。这与对生命的敬畏理念是一致的。

第二种是生命质量论。自20世纪中叶以来，随着世界人口的迅速膨胀、人口老龄化、医疗卫生资源短缺等一系列社会问题的发展，生命神圣论开始被抛弃。基于这一背景，生命质量论应运而生，提倡"以人的身体能力、智力和其他自然素质来衡量人对自己、对他人和对社会存在的价值"。

第三种是生命价值论。在吸纳了前两种观念优点的基础之上，这一理论认为生命价值是衡量生命意义存在的重要标准，强调个体对他人和社会的贡献，构成了现代生命伦理学的核心思想。该理论主张生命价值的判断主要有两个因素：①个人生命本身的质量；②个人生命对他人和社会的意义。个人生命本身的质量决定了生命的内部价值，个人生命对他人和社会的意义决定了生命的外部价值。

（二）大学生生命价值观的特点

1. 发展变化快

有研究者调查发现，大学生生命价值取向随着年龄的增长，从最初的模糊不定，到注重外在的物质价值，直至最后关注自身内在价值。大学生对生命过程和死亡现象的认知理解和态度理念，都表现出积极正向的个人体悟，注重与他人的情感联系，表现出强烈的家庭责任意识。

2. 总体积极向上

大部分大学生的生命价值观是积极向上、充满活力的。他们都拥有较为积极乐观的人生态度，能够意识到生命的意义与价值，找到自身的优点，敢于面对自己的缺点和不足，善于悦纳自己，追求自己的人生，正确看待生命的意义，认识到生命的宝贵，能珍惜自己的生命。他们面对挫折时，提升对意义感的感知，保持积极心态面对生活和学习中的困难，对生命的存在意义和价值具有理性的认知，他们不断积极进取，力争为国家和社会做贡献。

【案例引入】

清华大学的生命理念

"溪光初透彻，秋色正清华。"这句诗用来形容清华的学生再合适不过了。走在清华大学的校园里，能充分感受到青春洋溢，而那一双双热爱生命的眼睛比溪光还要透彻。清华大学的生命理念是"自强不息，厚德载物"，也是清华的校训。清华老学长钱耕森教授提到，哈佛大学杜维明教授认为清华校训是世界所有大学最好的校训。

"无多珪组累，终不负烟霞。"在2021年的央视春晚上，一群平均年龄超74岁的清华老校友演唱的《少年》刷爆了网络。"少年"二字，不问白发，只问心境。无关年龄，只关热爱。80岁的团长刘西拉深情地说"为什么我们一批老人，愿意聚在一起唱歌，实际上我们的心里是有一种爱，爱我们的祖国，爱我们的人民。因为爱，我们奉献了自己宝贵的一生，因为奉献，我们得到了很多快乐，今天我们聚在一起，是重新来分享这些快乐"。如果问，清华的生命理念是什么？那就是，不慕虚荣，在自己的生命舞台上，追求卓越，爱家爱国。当你老去时，不负烟霞，仍是少年。

三、大学生生命价值观中的常见问题

部分国内学者已经围绕大学生生命价值观进行了相关研究。大部分研究发现，当前绝大多数的大学生在生活中能够珍惜自己的生命，并且试图积极追求实现生命的价值，对自杀有着较为正确的认知。李若衡在大学生生命价值观研究方面，采用投射测验和内容分析的方法，结果表明大学生的生命价值观呈现出多元化趋向，也存在令人担忧的消极生命价值观。

（一）目标迷失

1. 我为谁而活

有些大学生从未认真考虑过自己是为谁而活。曾经听到一位博士毕业生这样说："当我上小学的时候，家人告诉我好好学习。所以我努力学习，被一所重点中学录取了；上了中学后，父母又告诉我好好读书，我又以优异的成绩考上了重点大学；上了大学后，父母又告诉我，要继续努力读书，争取考取硕士研究生，于是我又以优异的成绩考上了硕士研究生；读了硕士研究生后，父母又告诉我，要努力读书，争取考取博士研究生。现在我博士毕业了，我还应该干点什么？我感到很迷惘、很困惑。"这位博士生的话，表达了很多大学生的心声。他们从小就被教导，所谓活着，就是为了别人而活，从未考虑过自己活着的意义。一旦失去了生存的意义，就会感到焦虑、迷茫和痛苦。

还有些学生过于在意和别人比较，认为自己的优点来自比别人好。这种价值观给了别人掌控自己命运的主动权，一旦觉得自己不如他人，就会轻视自己的价值，认为活着没有意义。

2. 我为什么活

有些大学生不知道他们学习和生活的目的，即不知道自己学习、生活是为了什么。为个人的理想，为国家的前途，为民族的命运？这些目标似乎太宏大，太遥远，与个体的现实联系不起来。为了生活的幸福与快乐？这些似乎太空洞、太宽泛，感觉不到，无法把握。当个体找不到一个最终的目标时，有些人会追求金钱，把工作赚钱作为主要事业，而忽视了学习；有些人会追求享乐，轻易挥霍父母辛勤劳作的成果，追求名牌和高档消费，相互摆阔攀比；有些人则追求功利，以极强的实用主义来对待学习和工作，把当干部和入党看作是自己找工作的一种便捷方式……

（二）生命价值感缺失

价值感是一个人生存发展的基础，是生命活动的源泉。有的大学生对生命的价值认识不足时，就会迷失人生的方向。

1. 学习成绩是你的价值？

一些学生把学习成绩、文凭和学位看作是他们自身价值的体现。当学习成绩无法令人满意时，当不能得到理想的文凭时，他们就会否认自己的学习能力，失去自信，甚至否认自己人生的意义。

2. 爱情是你的价值？

一些学生把能否得到理想的爱情作为他们的价值。当失恋的时候，尤其是当对方主动分手的时候，他们往往会说："我不好，我不值得爱""他（她）不爱我，我的生活毫无意义"……有些人甚至为了爱情抛弃了自己的生命。

3. "好"工作是你的价值？

有些人把人生的成功与追求体面的事业等同起来。当找不到自己理想的工作时，他们往往会说："我做不到，我不想做了。""如果找不到我想要的工作，我的生活就完了。"其实工作只是为个人提供了一个实现人生价值的舞台，而工作并不是他们全部的价值。

（三）丧文化

"我用尽全力，只是过着平凡的一生。""生而为人，我很抱歉。"……"丧文化"是近些年在网络时代流行于大学生群体中的一种亚文化。受"丧文化"影响的大学生可能具有以下特点。

1. 有今天，没明天

他们在生活中的态度是"有今天，没明天"。没有个人追求，也没有理想，对现实和将来采取无所谓的态度。既没有对未来的长期展望，也没有对现实的计划，所以缺乏行动的动力。这些人整天上网，从游戏中获得暂时的快乐，从虚拟中获得暂时的充实，放弃了学业。

2. 有学业，没学习

在学习方面的态度是"有学业，没学习"。他们尽管来学校上课，但是却没有学习热情和进取心，满足于获得及格的分数就好。有的人课堂上不听讲，下课后也不看书；上大学只是为了取得高分，取得好成绩。他们执着于重复记忆，而不是专注于对内在知识的理解，以及对能力的培养。他们不从事与专业学习无关的活动，不接触课外知识，缺乏对生活的了解，学习也缺少意义感。他们的生活以分数和成绩为根基，一旦这个支柱倒塌，他们就没有了生活可言。

3. 有面容，没有笑容

他们的情绪状态是"有面容，没有笑容"。当面对繁重的学业、复杂的人际关系、烦恼的爱情、困难的就业时，有的人就会出现各种各样的情绪倦怠：孤独、寂寞、痛苦、烦恼、失意、迷茫、困惑、疲惫、无奈……剪不断，理还乱。这也难怪"郁闷"会成为口头禅，而"纠结"也已然变成他们的时髦词。在这种消极生活心态的包围和侵蚀下，有的大学生不能积极、乐观地面对现实生活，害怕和避免生活中的矛盾和冲突，消极地生活；有的因一般情绪上的苦恼，发展成抑郁症，甚至走上自杀之路。

4. 有相处，没交往

在人际交往中，他们是"有相处，没交往"。有些人每天和同学在同一个教室学习，住在同一个宿舍，但是从不和同学交流。有些人甚至在大学四年里几乎从不和同学说话。有些人表面上和同学关系很好，但从来没有发自内心的真诚沟通。这些人缺乏人际关系的支持，当内心承受不了巨大压力时就会产生心理危机。

第二节　面对生命中的丧失

当今时代发展日益迅速，大学生不断接受新事物，同时也看到自己熟悉的人、事、物的逝去——自己熟悉使用的软件突然停了，喜欢的明星突然逝去了，追求的偶像突然形象崩塌。面对不断的逝去，大学生会感到哀伤和迷茫，会对自我概念和发展目标有所怀疑。另外，当今高校的学习生活节奏加快，学生需要不断快速适应新的任务，每个人生活中的问题，都需要被迅速地处理。

总的来说，大学生整合过去和接受丧失的能力，已经愈发重要，这是实现自我整合和健康成长的必要条件。

一、丧失的含义

丧失，广泛来说，就是失去曾经拥有的东西。失去有两种含义，一是死亡；二是离开，没有联系，或者感到被对方拒绝，遭到遗弃。生活中充满了各种丧失，如失去亲近的人、失去未来各种可能性，以及身体的损害等。丧失一般可分为三类：成长性丧失，源于生命规律和人在生活中做出的选择取舍，如搬迁、转学、离婚等；创伤性丧失，源于生命中一些不可预测性和突然发生的事件，如亲人去世、失恋、身体伤残、社会连接破坏、财产损失等；预期性丧失，源于人的预期，并没有真正发生，也不一定真正出现，如失去未来各种可能性——升学、恋爱、不能生育、信任、安全、控制、稳定和支持的丧失等。

在我们的成长岁月中，学习的重心是如何获得那些让我们成功和开心的东西。在童年的时候，我们努力成为好孩子，试图获得父母的赞赏。上学以后，我们努力考高分，从而得到别人的认同。工作以后，我们努力变得有魅力，以期得到同事的接纳。学习如何获取和得到成为我们每天生活的常态和惯性。尽管我们懂得如何去拥有，但是在面对失去的时候仍旧所知甚少，会感到手足无措。有得必有失，有时失去是无法避免的，有时是可以预见的。很清楚这一点，但是毕竟没有正式学习过如何面对无法避免的失去时的痛苦和混乱。

【案例引入】

自由即痛苦

李明是大一新生，在中学阶段的奋斗目标非常明确：考个好大学。考入大学后，新的人生目标尚未确立。大学的生活和高中相比真的很空，当目标丢失和理想真空的时候，他对接下来大学四年的路也开始迷茫了，他在日记本上写道："要是有人能将我大学四年安排好就好了，我按照他的安排一步步去走，可现在没有人给我安排，我不知道该干什么。以前总向往着自由飞翔，现在我终于自由了，可是也没感觉到自由带给我的快乐，我终于理解了哲学家萨特说的那句'自由即痛苦'的深意……"

其实，自由并不等同于痛苦，在这两者之间有一个媒介，就是"选择"。自由，意味着有很多选择的可能，而选择是需要能力和智慧的。没有足够的选择能力和智慧，选择就一定是迷茫和痛苦的。自由本身并没有不好，只是面对自由，需要再多一份选择的能力，这可以通过自身的经历去慢慢积累经验，做好每一次选择，昂首向前。

二、大学生中的常见丧失

（一）亲密关系

亲密关系，包括与家人、恋人和亲密好友。人际关系是大学生的重要生活部分，也是重要的支持资源。很多学生在进入大学后会失去之前的亲密关系，面临与父母、亲密好友的分离；如果在大学前有恋人，还可能会面临异地恋或失恋，这些亲密关系的丧失对于大学生是较大的挑战。因为大学生处于情感丰富但不稳定、渴望亲密关系但关系并不稳定的阶段，因此恰当的处理亲密关系的丧失是非常重要的。

（二）学业角色

来到大学前，同学在中学都有过辉煌的历史，都是别人眼中的"学霸"。来到大学后，忽然发现"天外有天，人外有人"，很多同学学习比自己刻苦，成绩比自己好，自己非常努力仍得不到理想的成绩，于是开始怀疑自己是否有能力。

此外，关于学习方法，高中时的学习管理较严，自学时间少，教师的主导作用明显，学生对老师依赖性较强。而大学的自学时间多，学生学习的自主性、选择性、探索性特点突出。

因此，很多同学会感觉自己擅长的学习方法似乎不适用了，失去了高效学习的方法，需要再去探索和挖掘。

最后，关于学业目标，大学前的目标主要是考一所好大学，平时的学业多表现为模仿、记忆以及对知识的理解运用。而大学的目标侧重于培养能力和素质，同学要思考的是如何具有一技之长，未来的生涯规划；平时的学业需要学生进行更多的自主性、创造性、深层次学习。

（三）生活习惯

上大学前，由于课程的时间设置，无论学生是否住宿，生活都是较规律的，饮食、睡眠、体育锻炼等都是相对固定的时间。上大学之后，由于课程时间设置相对宽松，并且宿舍的集体生活更加丰富，部分同学可能会失去良好的作息习惯，出现熬夜、饮食不规律的现象，从而影响身心健康。

【话题讨论】

大学中的得与失

活动实施：请学生分组，针对以下3个问题讨论10分钟，并进行分享发言。

1. 在大学生活中，或是最近，你"丢"了什么？

2. 什么是你之前一直有，你"留下"来的？

3. 在大学生活中，你获得、吸收了什么？

三、如何理解与应对丧失

（一）弗洛伊德的哀伤理论

弗洛伊德在1924年最早提出了哀伤的心理模型。他认为个体对逝去对象曾投入了大量的力比多（心理能量），它代表了个体和逝去对象的心理联结。个体正常的哀伤可以收回逝去对象相关的力比多，将心理能量释放，并向新的对象投入力比多，建立新的联结。反之，如果不能收回逝去对象相关的力比多，而是继续与之保持联结时，就会与现实产生矛盾，产生延长、夸大或病理性的哀伤反应。

（二）双程模型

斯特罗毕（Stroebe）在1999年提出哀伤的双程模型，强调丧失取向和恢复取向的应对方式，代表着两种压力源，在应对丧失的适应过程中发挥着重要作用。丧失取向的应对聚焦于丧失，例如处理丧失有关的闯入想法、处理与逝去对象的心理联结、对丧失进行意义重构等。恢复取向的应对包括适应新的角色和关系，转移注意力等。

丧失和恢复取向的应对针对的是两种压力源，良好的哀伤适应需要个体在丧失和恢复取向中进行灵活的动态摆动。摆动指的就是在两种状态中的切换，例如一个人可以既想家，又能和大学里的同学逐步建立亲密关系。

如果个体固着于丧失取向，回避恢复性的活动，或者固着于恢复取向，过度回避同丧失有关的想法和情绪，都会影响个体的适应。例如，有的同学来到大学后非常想家，总是和家人联系，就会影响大学期间的同伴关系；但如果忽视离家的孤独和思念，可能也会影响对大学的适应。双程模型很好地说明了丧失的动态过程，强调在过去和现在、丧失和恢复间的平衡是适应的关键。

（三）意义重构模型

内米耶尔（Neimeyer）于2006年提出哀伤意义重构的理论模型。总的来说，哀伤意义重构模型强调以下三个核心过程。首先是理解丧失，即理解是什么导致了丧失，丧失的经历对我们而言意味着什么。其次是益处寻求，从丧失经历中发现有意义和积极的部分，像是"积极重评"，它有利于个体的适应。最后是身份改变或是自我重建，个体发展出新的自我感知，可能变得更独立、更自信、更有韧性，能认识到生命是珍贵的，更加珍惜生活，重视与他人的关系。对于经历失恋的个体，首先要理解发生了什么，什么原因导致了分手；其次思考自己从这段关系中得到了什么，从而能投入下一段关系中；最后是通过这段经历，重新认识自我是什么样的人，什么对自己是最重要的，什么样的伴侣对自己是合适的。

哀伤意义重构是一个过程，个体在进行意义重构后，如果新的意义是有用的，能降低痛苦，那么新的意义就被强化。如果新意义不足以帮助个体进行良好的哀伤适应，就需要个体持续的努力。最终，个体会发展出一个相对稳定，可以促进个体进行良好适应的意义结构。

（四）应对丧失的整合性模型

对于人生经历的重大和一般丧失，处理过程中的基本阶段如下所述。

1. 接受哀伤反应

对于丧失，首先要理清和接纳自己的情绪、行为或生理反应。经历越严重的丧失，哀伤反应会越强烈。例如亲人离世后的6个月内出现较频繁的哀伤反应都是正常的，只要不严重影响社会功能即可。其次，对于这些哀伤反应，通过放松训练、正念冥想等方法缓解不良情绪，促进接纳。

2. 稳定生活日程

丧失往往带给我们生活上的变化，例如环境的改变、恋人的失去、亲人的离世等，对此我们要注重生活安排与情绪调节，尽量保持生活结构的稳定和规律（如饮食和睡眠），安排照顾自己的活动等，表达不良的情绪，寻求社会支持。

3. 哀伤平复与成长

面对丧失与应对问题，应对丧失可能引发的一系列现实问题及心理、人际、生活、环境等变化，从而逐步达到哀伤平复的状态。基于意义重构和创伤后成长，个体在经历丧失的同时，也要理解丧失的意义，重新认识自我，并思考自己得到了什么，从而获得个人的成长，或者能更好地应对类似的问题。

第三节　追求自我实现的丰盛人生

一、正确认识死亡

死亡给生命设置了界限。生物医学对死亡的传统解释是身体机能、脏器、器官和所有生命维持系统的功能停止，这一进程是永久且不可逆的。生命是一个机体的新陈代谢过程，有生就有死，所有的生命都会经历死亡的必然性。泰戈尔说过："人不可能永远活下去，也没有什么能永恒。"即使梦想着"长生不老""万寿无疆"，包括你、我、他在内的所有人都会死去。当我们有了这样的认识，便要进行人生规划，活出自己的人生。

死亡是无法预测的，带有其必然性，但是个体在何时、何地、以何种方式死去却是偶然的。可能死于疾病，又有可能死于地震、洪水、台风、海啸等天灾，抑或是死于战争、斗争、凶杀、交通事故等人祸。人无法预测自己会在什么时候、遭遇什么样的危机状况而丧命。死亡的偶然性显示了我们的生命是脆弱的。当海啸突然吞噬了成千上万个体的生命时，当幼小的生命因白血病无辜夭折时……我们的信念是否受到了动摇，以致感叹生命如此脆弱，人在灾难面前如此无能为力！死亡是不可预测的，它不服从我们的计划。这是告诫我们不要对生命悲观，要珍惜生命，活好生命中的每一天。

死亡是引导生命意义的导师。每个人都注定要面对死亡。希腊哲学家塞尼卡（Seneca）说过："人在一生中必须不断学习如何生活，也必须不断学习如何死亡。"没有死亡就没有生命。死亡提醒生命的短暂性，使我们认识到时间的有限性，促使我们更加珍惜现在。罗洛梅说："所有的动物都会死亡，更有灵性的动物知道什么时候会死去，只有人类才拥有预测的能力。"我们越能预测自己的死亡，也就越能计划自己的生命，因为知晓终将死去，所以可以计划和使用自己的生命。理解死亡可以帮助我们更好地珍惜生命。

【潜能训练】

画出你的生命线

请在一张纸上画出一条线段。在这条线段的起点标出你的出生年龄；在线段的终点标出你预测的自己的死亡年龄；再在这条线段上标出你现在的年龄位置，并写上你的年龄。请默默地注视着这条线段5分钟，注意你内心的感受，你有哪些感受？你想到了什么？请你和同学分享你的生命线。

通过上面的练习，你一定很震撼：自己的人生已经走过了四分之一或五分之一，让你感慨生命的短暂。从生命的终点，即从死亡来看人生，让我们认识到，人的生命不是一条没有终点的、无限延长的射线，而是一条有始有终的线段。提醒我们生命是有限的，人无法决定生命长度，只能把握好生命的每一天，才能活好自己的一生，只有有价值地生，才能无愧地面对死。卢梭（Rousseau）曾说："生命本身没有任何价值，它的价值在于你如何使用它。"正因为有了死亡，才有对生命的思考；因为有了终结，才凸显过程的重要；因为死亡的必然性，才显得生命的难能可贵。所以，认识死亡可以使我们更好地珍爱生命，过有价值的人生。

二、追求积极的生命体验

美丽的象牙塔里，同学们每天都要忙于学习、社会工作等，其中有些同学取得了非常优异的成绩，是别人眼中的学霸，然而让人意外的是很多"学霸"似乎并不开心，他们甚至会觉得生命没有意义。他们什么道理都懂，但就是觉得没意思，时间长了可能会产生抑郁情绪，产生消极的自我评价，影响学习和生活。对于这些同学来说，他们从小到大虽然常常很优秀，但常常表达生活中不开心，缺乏积极的生命体验。那么如何建立积极的生命体验呢？

（一）感受当下和心流的能力

《大学》中提到："知止而后有定，定而后能静，静而后能安，安而后能虑，虑而后能得。"心流是一种不可思议的幸福体验。1975年，美国著名心理学家米哈里·希斯赞特米哈伊发表了他在过去15年里所做的研究成果。自1960年以来，米哈里跟踪访谈了许多非常成功的人，包括科学家、艺术家、企业家、政治家、运动员、钢琴家、象棋大师等。结果表明，这些人经常谈论一个共同的经历：在做自己喜欢的工作时，一旦沉浸其中，就会常常忽略了时间的流逝和环境的变化。米哈里把通过灌注全部精力而产生的极乐心理体验称为"心流"，他认为这是最好的体验。在漫长的人类文明史上，许多思想家、哲学家和宗教人士都曾谈论过这种美妙而终极的幸福体验。特别是传统的东方文化，如儒、道、佛，往往指这种由心理活动产生的神奇的快乐体验。

人生是由无数个瞬间组成的，如果能意识到那一瞬间的意义，并推广到每个瞬间上，那么活着就是有意义的。无论是在学习还是工作上，专注于某件事，将注意力集中在新事物上，积极地发现差异，有意义地去工作，这样更容易取得成果，也更容易体验到幸福。

（二）培养兴趣爱好

当人们在做自己喜欢的事情时，他们更有可能沉浸其中，经常会体验到心流状态。比如，喜欢摄影的人，为了拍出自己满意的作品，即使远走他乡、露宿街头、颠沛流离，也会不知疲倦地工作。爱音乐的人在欣赏音乐节奏的同时，也享受着音乐所传达的情感。

从工作中抽离出来，专注于自己的兴趣，可以快速体验心流。它还能让你的大脑"换频道"，从而忘记工作的繁杂。当我们在日常生活中频繁体验到心流，并将这种专注和美好的状态转移到工作中，我们的工作就会变得越来越容易和更有效率。

（三）积极参与体育锻炼

运动能提升幸福感和内在活力，让人从心底感受到热情和生机，也能让人产生心流体验，让人沉迷其中而上瘾。1917年，毛泽东在《新青年》杂志上以"二十八画生"为笔名，发表了《体育之研究》，文中指出："欲文明其精神，先自野蛮其体魄。"这说明体育是培养意志力和文明精神的途径。清华大学的口号是"无体育不清华"，也表明了这一点。很多运动才能出众的年轻人有可能成为"人中龙凤"，而更多的人在体育锻炼中获得了快乐，进行了人际交往，去实现"为祖国健康工作50年"的目标。

三、培养感恩生命的态度

心怀感恩的人会认为"我值得被爱""他人值得信赖""世界是美好的"。所谓感恩，就是领悟并感激生命所赋予的一切，拥抱当下的生存状态，在意现在所拥有的一切，珍惜有限的生命。带着感恩的心生活，我们就永远会发现生活的美丽，感受生命的欢乐。所有快乐的人都懂得感恩，忘恩负义的人都不快乐。

（一）感恩他人

感谢生活中帮助过你的每一个人。正是父母、老师、同学、朋友……这些无私的爱和给予构筑了你多彩的生命，你应该感谢每一个帮助你不断成长的人。感谢给予你生命和爱的父母;感谢启迪你智慧的老师,是他们教会了你怎样做人;感谢与你一起成长的同学、朋友,是他们给予你友情,给予你克服困难的勇气和力量;感谢你在人生道路上遇到的每一个人,你从他们那里得到了恩惠。即使是给人带来不快的人,也会促进你的成熟。

感恩他人、爱他人、爱世界是成熟人性的一部分。感恩是爱的链条。人们给予爱,接受爱,感受爱,再给予爱……生命在爱的传递中得到滋养和成长。

(二)感恩生活

在生活中,有的大学生总是为了自己没有得到的东西而不满:抱怨家境不如别人,抱怨没有进入理想的大学和专业,抱怨学校条件不好,抱怨就业的困难,抱怨社会对自己的不公……他们无视自己所拥有的一切。一位大学生反思自己之后,写道:"我们已经习惯了依赖和抱怨。但是世界上快乐的人都是一样的快乐,而不幸福的人却各有各的不幸。当你抱怨自己没有鞋子穿的时候,别人就没有脚穿鞋。你的脚也很好,你可以跳,你可以跑。即使没有鞋子、赤脚,你的脚触地的那一刻也是你存在的最真实的感觉。此刻,是否有一双鞋还那么重要吗?"是的,与那些残疾人相比,你至少拥有一个健康的躯体;与无数不能上大学的同学相比,至少你已经迈进了大学的门槛;与那些逝去的生命相比,你至少还实实在在地活在世上。因此,当生活令人失望时,应该更多地学会用心去珍惜生活,寻找快乐的理由,列出生活的优点和意义,以己之长比人之短,适时调整目标,改变心态,平和积极地对待生活。

四、加强自我关怀的能力

在生活中,我们遇到失败和挫折的时候,可能会感到孤独、焦虑、沮丧,对生命持消极态度。如果我们不及时关注这些负面情绪,可能会越陷越深。此时,应该如何让自己好起来,拥有心花怒放的人生?关怀自己是一项重要的能力,是实现生命意义的重要方法和路径。

(一)什么是自我关怀

自我关怀又叫自我同情(Self-Compassion),是指个体能以友善和宽容的态度接纳自己的痛苦,客观地看待自己遭受的痛苦以及自身存在的缺点,并认为所有人都会有类似的经验。主要包含以下三个部分。

1. 自我仁慈

理解、善待自己,而不是对自己进行严厉地批评。

2. 共同人性

将自己的经历看作是所有人共同经历的一部分,而不是孤立地看待自己的失败,与所有人的共同经历分离。

3. 正念

平和地对待自己的痛苦思想和情感,而不是过分关注和认同它们,夸大自己遭受的痛苦。

自我关怀不是自我中心:自我关怀不是将自己放在优于他人的位置,一切以自我利益为重。例如,将自己的利益凌驾于他人之上。自我关怀是能平等地看到自己和他人的经历,以一种联结的视角,认识到所有人都会有类似的经验,所有人都值得被尊重和关怀。

自我关怀不是自我放纵。很多人认为安抚自己就是要"想干什么就干什么",有时候这种放纵自己的态度反而会伤害到自己和他人。比如心情不好的时候就暴饮暴食,之后反而让身体负担很重，心情也会随之变得更糟。自我关怀是以一种友善的态度，接纳自己的情绪，而不是通过一些冲动性行为来发泄情绪。

自我关怀也不是被动顺从。自我关怀要求我们在遭遇挫折时不要严厉地自我批评，但这并不意味着忽视失败，而是既能调整心态，为自己创造安全的心理环境，也能客观地评价自己的处境，更加准确地认识和纠正自己不恰当的想法和行为，采取温和有效的措施。

（二）自我关怀的意义

首先，自我关怀不以对自己和他人的评估、理想实现的程度为前提，无论任何情况下，我们都能够进行自我关怀，关注自己的感受，感受到我们的经历与所有人是紧密联系的。因此，自我同情是一种更核心、不容易受外界影响的能力，能提升我们的心理韧性和灵活度。其次，有研究表明，作为一种积极的自我态度，自我关怀能不断地提高人们对自己的友善和关心，预防个体自我批评带来的不良影响，例如抑郁和焦虑；同时也更有助于有益行为的产生。此外，研究发现，那些关怀自己的个体，也更有可能关怀他人。因此，自我关怀能让我们获得一种发自内心地关爱自己，同时也关爱他人的能力。

既然自我关怀这么重要，为什么很多人会认为自我关怀很难呢？因为大多数人，包括我们的父母，都习惯于认为，当我们犯错时，只有批评才能使人看到自己的弱点和不足，使人不断进步。因此在成长中的很多时候，犯错就会被批评，长大以后，这种对待失败和错误的方式被我们内化，一旦犯了错误，更倾向于批评自己，有时候甚至是苛责自己，揪住自己的错误不放。这样的方式既有可能挫败我们的信心，让我们陷入低落，也可能让我们更害怕失败，在做事情时束手束脚，错失很多勇敢尝试的可能性。《自控力》一书中也提到，面对偶尔的失败，自我批评带来的羞耻感往往会让我们自暴自弃，更容易做出与预期完全相反的"错误行为"。因此，面对失败，除了自我苛责之后，我们还应该看到一种更慈悲、更友善的对待自己的方式。

（三）自我关怀的方法

从自我关怀的定义中，我们也能够了解到自我关怀是一种怎么样的状态。同时要明白，这个能力是可以通过有意的练习慢慢培养的。以下是一些初级的、可操作的方式：

1. 练习正念和冥想

在日常生活中，我们可以通过每天 5~10 分钟的冥想或正念，来感知自己的各种情绪和想法。特别是对那些负面的情绪，不断练习不带评判地对待这些情绪。你可以进行一些个性化的比喻，比如我喜欢把这些想法看作马路上的车辆，而我则坐在马路边上，只是看着这些"车辆"来来去去。如果你对冥想和正念还不太熟悉，可以找一些网络上的引导音频。建议你从简单的呼吸练习入门。从想法、情绪中抽离是觉察的第一步，冥想中的腹式呼吸练习通过将注意力集中在呼吸和腹部的一起一伏，来让自己从纷繁的情绪和想法中平静下来。

2. 召唤"关怀自我"

很多时候我们并不是缺乏关怀的能力，而是没能将这种能力用在自己身上。可以想象一下，当你最信任的朋友或最亲密的家人和你一样遇到挫折时，你会怎么对待他们。然后在冥想练习中，想象一个和你容貌一样，并且像你关怀他人那样对你表现出善意的一个"形象"，在需要的时候，常常在脑海中将 Ta 召唤出来，让 Ta 给你一些鼓励和支持。如果你觉得想象这样一个"Ta"的形象太难了,也可以请你的朋友和家人描述一些你关怀他人时的样子。

3. 多给自己一些肢体上的安抚

有时候,不需要别人多说什么,在背上轻轻地拍一拍、一个温柔而坚定的握手,或者是一个轻轻的拥抱就能让我们感觉好一些。其实,你自己也可以常对自己做一些友善的动作,例如用双手环抱自己的双臂、将手掌轻轻放在自己心脏的位置、用一只手轻轻握住另一只手……你可以多探索,然后找到让自己最舒服的方式。将手掌搓热再去做这些动作效果更佳!

4. 多跟"关怀自我"对话

当你能够比较熟练地召唤"关怀自我"的形象之后,你可以在需要的时候多跟 Ta 对话,你可以跟 Ta 说说你的遭遇、你的痛苦,然后听听 Ta 的想法,让 Ta 来关怀你。一开始联系的时候,你可以事先准备一些善意的回应(想一想,当你痛苦时,你最希望听到别人对你说什么),然后在跟 Ta 倾诉完之后,用柔和的语气将这些话念出来,例如:"每个人都会犯错,并不是只有你一个人会这样""感到自责很正常,但这并不好受,我希望你能感觉好一些""我相信你已经很努力了"。强烈建议你真的去试试对着镜子,对自己说出这些话,体会一下自己的感觉。

就跟运动、锻炼肌肉一样,心理能力也需要不断练习。以上这些小技巧,建议大家每天花点时间做练习,相信你会慢慢感觉到,自己跟自己的关系发生了变化,你会越来越能用善意、慈悲的态度对待自己和他人的经历。

五、建立友爱的社交网络

弗兰克尔在《寻找生命的意义》一书中提到,生命的意义主要来自三方面:第一是从事创造性的工作;第二是能从生活中找到爱,同他人积极地联结;第三是即使处于绝境中,也能自我超越,并改变自己。

(一)关爱他人,体现价值

关心他人是一种彰显个人价值的行为。要过有意义的生活,就要学会去爱别人,投入去爱你周围的人,在人生中积极创造有目的和意义的东西。因为每一个生命都不是孤立存在的,而是生活在整个社会中,在爱与被爱中生活、成长和发展。因此,关心自己和关心他人同时构成了生活的重要组成部分。一位大学生对此这样说:"为了我爱的人和爱我的人,要好好地活着,存在便是最大的幸福"。

清华大学的一位同学,2020 年用镜头记录了武汉普通市民在新冠肺炎疫情期间的生活和基层的抗疫行动。在长达 175 小时的影像资料中,他记录了将自己的酒店作为隔离点并亲自担起接待、维修和保洁任务的普通经营者疲惫的身影,记录了从荆州赶到武汉承担医务服务工作的志愿者坚毅的目光,还记录了武汉解除"封城"后又能在室外晒太阳的老人脸上久违的笑容。这些动人的片段驱散了他心中的阴霾,让他获得了"治愈的力量"。四川凉山特布洛村驻村书记牟尔古,在新冠疫情期间走遍了村里 189 户人家,他一边宣讲疫情防控知识,一边摸排村民就业和生活情况,帮助 5 名贫困村民在本地就业,并千方百计为 130 余名村民联系到外出务工的机会。牟尔古用自己的真挚情感和实际行动来报答养育他的大凉山区。对于在温饱线下挣扎的人们来说，摆脱贫困是实现美好生活的起点。

有时候关心别人并不意味着你要做伟大的事情，你只需要把别人放在心里，为他们做一些你能做的事情，你就会感受到生命的温暖，彰显生命的价值。

（二）奉献社会，创造价值

社会是一个"大我"，要实现人生的价值，就必须对社会有所贡献。生命间的相互依存、相互联系组成了多姿多彩的生活，构成了我们赖以生存和发展的社会。没有"小我"就没有"大我"，同样地，没有"大我"也就没有"小我"。当我们从国家和社会得到好处的时候，我们应该承担起对社会的责任。每一代人都有自己的社会责任。从战争时期的"国家安危，匹夫有责"开始，到社会主义建设时代的"两弹"元勋和无数科学家、劳动者的献身精神。从新冠肺炎疫情中数万军人医生奔赴武汉的生命大救援，到祖国各地志愿者的默默担当……让我们看清这就是责任，这就是人生价值的实现。因此，大学生应该拥有博大的心胸，时刻准备承担起对国家、社会应该承担的责任。

"胸怀天下，心系苍生"，当大学生越来越有现实关怀，越来越有使命感，我们的国家、社会也会越来越有生机，我们的内心也会充满爱，生命有了更丰富的价值和色彩。

六、活出心花怒放的人生

自我实现是指个体的各种才能和潜能在适宜的社会环境中得以充分发挥，实现个人理想和抱负的过程。亦指个体身心潜能得到充分发挥的境界。美国心理学家马斯洛认为这是个体对追求未来最高成就的人格倾向性，是人的最高层次的需要。

（一）塑造性格优势

21世纪初，马丁·塞利格曼发起了积极心理学运动，强调心理学研究应该关注人的优势，但不完全否认人的缺陷，从而全面认识真实的个体。性格优势是从心理学的角度来定义的美德，是美德的具体内容。斯托弗·彼德森（Christopher Peterson）和塞利格曼总结研究出人类的六大美德和24种积极的性格优势。

曾经有个记者问米开朗琪罗，你是怎么雕刻出《大卫》这样的巨作的？米开朗琪罗答道："那很简单，我去采石场，看见一块巨大的大理石，我在它身上看到了大卫。我要做的只是凿去多余的石头，去掉那些不该有的大理石。当我凿去多余的大理石时，大卫就诞生了。"就像米开朗琪罗完成大卫雕塑的过程一样，我们自我实现的过程，也是不断发现和完善自己性格优势的过程。这些性格优势就是你的闪光点，更多地去发现和培养你的美德和性格优势，你就会过出心花怒放的人生。

【知识链接】

六大美德及24种优秀品质：你拥有多少？

1. 智慧：知识的获得和应用

（1）好奇心。你对任何事都感到好奇，喜欢探索和发掘新事物。

（2）好学。你喜欢学习，不管是在课堂上还是自学，你都喜爱学习新事物。你喜爱阅读、参观博物馆和任何有学习机会的地方。

（3）创造力。你有创造力和独立思维，能够想出新方法做事是你拥有的重要特质。

（4）开放思想。你有判断力和批判性思维，能从多角度思考和考证事物。你不会妄下结论，只会根据实际的证据做决定，能够变通。

（5）洞察力。你有统揽全局的洞察力和见解，别人乐于向你寻求意见。

2. 勇气：面对选择和冲突时的品质

（6）热忱：精力充沛，做什么事都全心全意。你对生活总是充满活力和激情。

（7）勇敢。无所畏惧，绝不会在威胁、挑战、困难或痛苦前畏缩。你会根据自己的信念而行动。

（8）毅力。无论怎样的工作，你都会尽力准时完成。工作时，你不会分心，并且可以从中获得满足感。

（9）真实性。你以真诚和真挚的态度生活。你是个实事求是的人，不虚伪，是个"真心"的人。

3. 仁爱美德：人际交往的品质

（10）仁慈。你对别人仁慈和宽宏大量。你享受为别人做好事，即使是那些人和你认识不深。

（11）爱与被爱。你重视和别人的亲密关系，乐于互相分享和关怀。那些让你感到亲密的人，他们同样感到跟你很亲密。

（12）情商。在不同的社交场合，你知道该做什么，也知道要做什么，才能使其他人感到自在。

4. 正义：文明的品质

（13）社会责任感。在团体中，你是忠心和热心的，对自己分内工作负责，并为团队的成功而努力。

（14）公平。对所有人公平，是你坚持不变的原则。你不会因为个人的感情，而影响你对别人做出有偏差的判断。

（15）领导力。你在领导方面表现出色。你在组织和筹划方面表现良好，能够鼓励组员完成工作，令每名组员有归属感，并能维持团队的和谐。

5. 修养与节制：谨慎处世的品质

（16）自我管理。你自觉地规范自己的行为，是个自律的人。你对娱乐和情绪有自制力，不会被它们支配。

（17）审慎。你这个人很克制，并遵守行为准则。你不会说令自己后悔的话，或是做会后悔的事。

（18）谦逊。你不追求别人的关注，比较喜欢让自己的成就不言而喻。你不认为自己很特别，而你的谦逊是公认和受重视的。

6. 心灵超越：个体与整体人类相联系的品质

（19）美感。从大自然、艺术、数学、科学至日常生活体验，你都能注意、欣赏和敬畏其美丽、优秀和精巧之处。

（20）感恩。你能留意到发生在自己身上的好事，但从不会视其为理所当然。

（21）乐观。你对未来有最好的期望，并为此努力达成心愿。你相信未来掌握在自己手中。

（22）信仰。你对崇高的人生目标和宇宙的意义有着强烈和贯彻的信念。你的信念塑造了你的行为，也成了你的慰藉之源。

（23）宽恕。你宽恕那些得罪你的人，也经常给别人第二次机会。你的座右铭是慈悲，而不是报复。

（24）幽默。你喜欢大笑和逗别人开心。对你来说，为别人带来欢笑很重要。在任何情况下，你都尝试去看事情轻松的一面。

（二）追求自我实现

马斯洛提出的需要层次理论中强调人有自我实现的倾向，提出了高峰体验的理念。自我实现是指个体的各种才能和潜能在适宜的社会环境中得以充分发挥，实现个人理想和抱负的过程。亦指个体身心潜能得到充分发挥的境界。马斯洛认为这是个体对追求未来最高成就的人格倾向性，是人的最高层次的需要。高峰体验是马斯洛在他的需要层次理论中创造的一个名词，是指人们在追求自我实现的过程中，基本需要获得满足后，达到自我实现时所感受到的短暂的、豁达的、极乐的体验，是一种趋于顶峰、超越时空、超越自我的满足与完美体验。美国的登月者米歇尔，在阿波罗登月舱中，从宇宙中遥望美丽的地球而获得高峰体验。刹那间他知道了"宇宙自有它的意义及方向，在那有形的造化之后有一种层次，人类的追求必须提升到全球的资源共享，世界才会是可持续的"，米歇尔重返地球后，放弃了太空生涯，投身于环境与生态的保护运动。

为什么要追求自我实现呢？一方面，自我实现可以让我们实现自己的高级需求，从而让自己感受到生命的价值，让我们对自己和生命有积极向上的评价。例如高考"金榜题名"，会感到多年的努力有了收获，自己是很棒的，生命也是美好有希望的。另一方面，在追求自我实现的过程中，人们会产生高峰体验，这是非常宝贵的生命体验。在人生中，无可避免会经历一些挫折或波折，而过去自我实现和高峰体验的经验会帮助我们坚持下去，继续努力，追求自我实现。

生如夏花之绚烂，作为大学生的你，为了实现自我价值，过出心花怒放的人生，既需要有兼济天下的志向，也需要有躬行不辍的作为。首届国家最高科学技术奖获得者、杂交水稻研究的开创者袁隆平，是新中国培养的第一代农学专业大学生。1960年，30岁的袁隆平亲历了缺吃少穿的苦难，下决心解决粮食增产问题，不让老百姓挨饿。他致力于杂交水稻技术的研究、应用与推广，数十年如一日守望在田间地头，践行他心中最美的"禾下乘凉梦"和"杂交水稻覆盖全球梦"。清华大学校长邱勇在2020年新生开学典礼中说道："自我实现和成就理想绝不能坐而论道，也不能脚不沾泥，必须俯下身子、沉下心去，在长期的摸爬滚打中历练成长。成就理想绝不是朝夕之功，也不会一帆风顺，必须日积跬步、躬行不辍。"

"溪光初透彻，秋色正清华""无多珪组累，终不负烟霞"，在青春年少时，在自我认识、情绪调节、人际关系、挫折应对、追求生命意义等方面，砥砺前行，脚踏实地，定能享有心花怒放的人生。

【本章回顾】

本章对追寻生命的意义进行了详细阐述,主要内容如下。

1. 对生命的思考和认识是大学生成长中的重要课题。介绍了如何从生理、心理和社会层面去理解生命,强调了生命价值观对人的重要指导作用,并分析了大学生生命价值观的特点和常见问题。

2. 面对学业、恋爱乃至生命,我们都可能会遇到丧失。对大学生的丧失进行了概述,分析大学生中的常见丧失,并学习理解丧失的相关理论,从而帮助我们合理应对丧失。

3. 如何追求自我实现的丰盛人生?从认知、情感、态度,自我关怀和社会联结的角度,分别阐述正确认识生命、追求积极体验和感恩生命态度的重要意义,并认为加强自我关怀和建立友爱的社交网络的必要性。塑造性格优势和追求实现。

【推荐资料】

1. 书籍《哀伤平复自助手册》,约翰·詹姆斯(John W. James)和垃塞尔·弗里德曼(Russell Friedman)著;胡连新,译。

如何走出至爱离世、与爱人分开的痛苦?如何面对失去健康、失去学业动力乃至人生信念等人生所失?这本书为面对人生所失的人提供了如何康复所需要的知识,让读者有机会选择面对缺失,选择再一次拥有完整而健全的心灵,而不是让过去的伤痛尘封在内心的角落。本书提供了这样一份心灵和行动的自助指南,以朴实的语言帮助读者认识丧失,思考人生中的所失所想,并最终帮助读者整合过去,完善自我,从而更坚强地面对未来。

2. 电影《心灵奇旅》,饶晓志导演。

该片讲述了梦想成为爵士钢琴家的男主乔伊·高纳与厌世的灵魂22相遇,它们携手返回现实世界寻找生命的意义的故事。

在乔(Joe)成为他的导师之前,22已经被特蕾莎修女、爱因斯坦、林肯总统等上千位伟人教育过。但是,每一段关系都被它搞砸了。它不知道自己为什么要去地球、为什么要成为人类、为什么要活着,那么,它凭什么要去呢!

"我并不是想死,我只是不知道为什么活着。"电影中的这句话太耳熟了,对于校园里的学生,这样的一个声音常常萦绕在他们脑海中,他们或青春懵懂,或迷茫彷徨,或伤心失望……如果你也有这样的疑惑,可以从该片中获得一些启示。

【话题讨论】

1. 你认为什么样的生命是有价值的?
2. 面对丧失,你能想到什么积极的意义?
3. 你的生命历程中,给你最大的挑战是什么?你是怎么应对的?
4. 追求生命意义的过程中,如何平衡自我和他人?
5. 苦行僧式的生活,是否是做好科研必需的?

【参考文献】

[1] ［奥地利］维克多·弗兰克尔. 追寻生命的意义 [M]. 何忠强, 杨凤池, 译. 北京: 新华出版社, 2003.

[2] ［美］米哈里·希斯赞特米哈伊. 创造力: 心流与创新心理学 [M]. 黄珏苹, 译. 杭州: 浙江人民出版社, 2015.

[3] 上海辞书出版社. 辞海 第七版 [M]. 上海: 上海辞书出版社, 2019.

[4] 刘彩梅. 当代青少年心理发展的影响因素与教育对策 [J]. 教学与管理, 2017（24）: 19-21.

[5] 李若衡, 杨静. 大学生生命价值观的投射测验与内容分析 [J]. 重庆邮电学院学报（社会科学版）, 2006（02）: 229-230+252.

[6] 董扣艳. "丧文化"现象与青年社会心态透视 [J]. 中国青年研究, 2017（11）: 23-28.

[7] Freud S. The Infantile GeniTal Organization of the Libido: A Supplement to the Theory of Sexuality[J]. International Journal of Psychoanalysis, 1924, 5: 125-129.

[8] Stroebe M, Schut H. The Dual Process Model of Coping with Bereavement: Rationale and Description[J]. Death Studies, 1999, 23（03）: 197-224.

[9] Stroebe M, Schut H. The Dual Process Model of Coping with Bereavement: A Decade On[J]. Omega-Journal of Death and Dying, 2010, 61（04）: 273-289.

[10] Stroebe M, Schut H. Overload: A Missing Link in the Dual Process Model?[J] Omega-Journal of Death and Dying, 2016, 74（01）: 96-109.

[11] Gillies J, Neimeyer R A. Loss, Grief, and the Search for Significance: Toward a Model of Meaning Reconstruction in Bereavement[J]. Journal of Constructivist Psychology, 2006, 19（01）: 31-65.

后 记

清华大学学生心理发展指导中心从1995年开始就开设了心理健康课程，由当时的心理中心主任樊富珉教授讲授。后来，陆续有老师开设不同的心理健康课程，其中"大学生心理训练与潜能开发"是开课时间最长、授课教师最多、覆盖学生量最大的课程。"大学生心理训练与潜能开发"获评过清华大学精品课，也获评过清华大学教学成果二等奖，成为大部分清华大学学生了解心理健康知识的主要途径。2017年，以此课为基础的慕课"大学生心理健康"在学堂在线上线，并于2018年获批"国家精品在线开放课程"。本书就是教授本课程的老师根据多年教学经验总结而成的。

这是一本全部由清华大学心理健康课程教学团队独立完成的书稿，充满了清华大学的特色，也充满了教学团队对大学生的理解，以及影响年轻人成长的热忱。我们把大学生开启人生新的旅程中遇到的心理挑战归结成青年成长的十大主题，比如认识自己、建立自信、调控情绪、建立友谊、建立爱情关系、发展人际影响力、应对挫折、职业发展探索、适应社会、找寻生命意义等。大学生心理健康教育是情智教育，是探索自己、认识社会、活出人生的教育，恰恰应该回答如上十大心理挑战。你是谁？你喜欢自己吗？你怎么活出自己？你怎么样才有正能量？你怎么看别人？怎么与他人合作？你如何能拥有影响别人的能力？你怎么过一生才觉得自己是有价值和意义的？等等。这些问题就是本教材回答的问题。

大学是大学生职前教育最后的一个环节，离开大学就表明他们已经完成塑造，开始独立闯荡世界。拥有健康心理和健康人格是大学生在校期间重要的成长任务。专业课程和知识教育能帮助大学生获得职场成功，心理学课程能帮助大学生获得人生幸福。我们很荣幸参与到他们心灵成长的工作中来，参与到他们价值观塑造的工作中来，这是伟大的工作和天使级职业，我们为此感到无限荣耀。

本书第一章由李焰、史光远、杨笑蕾编写，第二章由王旭编写，第三章由阎博编写，第四章由耿睿编写，第五章由刘静远编写，第六章由刘丹编写，第七章由赵嘉路编写，第八章、第九章由沈雨瞳编写，第十章、第十一章由史光远编写。全书由沈雨瞳统稿，李焰审稿。杨笑蕾、张霞做了部分文字处理工作。

本书在阐释理论的基础上力求贴近学生、生动活泼、通俗易懂。它既可作为心理健康课程的教材，也可作为大学生的趣味读本。由于本书成书时间紧迫，不当之处敬请谅解。

李焰

清华大学学生心理发展指导中心

2025 年 3 月 20 日于清华园